张廷银 刘应梅 整理

中国近代人物日记丛书

王伯祥日记

第十六册

中华书局

第十六册目录

1961 年

晴，寒。

晨六时起。八时三刻偕润儿过雪村家，坐谈至十时，乃归。点《事类统编》两页，又点《四库提要·经部》春秋类二，至午完十页。

午饭后小盹片时，二时许即偕润儿，携元、宜两孙出门，信步由无量大人胡同走至米市大街，见八路无轨，遂登之，驶至东单下车，随意阅市，二条胡同东口浮摊甚多，围而观者亦甚夥。所见烟叶、鸡、兔、蒜头等而已。予畏挤，即掉头行，徐步走往青年艺术剧院看电影，盖润儿所在机关代购之票，坚请予出外散心者。予等坐楼上第七排。三时十分开映，为苏联彩色片《暴风雨所诞生的》，惜放映不得法，黯淡不明，转不若我家中之电视，看去非常吃力，四时三刻完。公共交通工具无法使用，只得祖孙父子相将走归。到家已将六时，一路上灯矣。

湜儿已归，谓农场分班休假，一班休卅一及一日，一班休二日、三日。伊为第二班，故亦甫自农场返家云。琴媳告予，所中其芳、平凡、书铭、象钟来访，予以予出，其芳等即他适，独象钟留谈，移时乃行云云。正说话时，其芳复至，遂延谈。诸承关顾，极感！七时许去。

夜饭后，看电视，中央民族歌舞团演出，盖转播民族文化宫晚会也。十时毕，即就寝。

湜儿八时往访敫、清，十时归。拭身易衣卧至十二时许，忽发冷，转热，幸入睡后有汗，未致严重。

1月2日（十一月十六日 乙未）星期一

晴，寒。

晨六时起。湜儿退烧，七时亦仍起。寒疾亦渐瘳。

八时，点读《提要》，十时许，毕春秋类二。方续点《事类统编》，而雪村见过，因与长谈，移时乃去。予又赓点之，抵午尽八页。于是，卅九卷仕进部终矣。

午后点阅《通鉴补正·汉纪十一》，至四时，尽二十页。以气闷罢。即与润儿出散步，信行出大雅宝城豁口，因过瀎儿家，伊等四人正在包饺子(以萝菔丝作馅)。食后昌预且须回校也，惟昌颉竟未归，亦无信来，殊可诧耳。坐至五时一刻起行，仍循原路走返于家。

湜儿于饭后偕基孙(是日来饭)同出，先过汉家，复约同清、敫往三里屯看滋家，六时半归。言滋昨夜亦发烧就医云。

夜饭已，开电视机，同看转播话剧《同志，你走错了路了》，近十时始罢。即寝。

1月3日（十一月十七日 丙申）星期二

拂晓大风撼户作吼，晴不甚朗，严寒。

晨六时起。诸儿孙皆上班入学，惟湜儿今尚休假，八时半亦出访敫。予乃展《通鉴补正》十一，点读焉。至十时毕之。因写信与漱儿，交李妈出寄邮。予又展《提要》点之，抵午完春秋类三廿七页。

湜十时后返,谓在萃华楼取得十九号,今晚可赴餐。适潗儿来,欲往三里屯看滋家,因属转告滋,于午后来,当可同往萃华楼耳。十二时,潗归来。有顷,润儿亦返,遂同饭。

午后续点《提要》春秋类三,至四时点毕。润儿归,滋儿亦至,遂与润、滋、湜三儿偕出,徒步诣八面槽萃华楼。到即入座,菜品陋劣,而所收主食粮票乃独苛,而架子挺大,真悔此一行也。未及六时即出,过东安市场买得笔记簿,复诣百货大楼一看。湜即御骑车行,将往天桥剧场看话剧《五朵红云》。剧终即径往右安门农场接班。须逢休假乃归矣。予与润、滋两儿南走东长安街,乘十路归。抵家,潗、汉俱在,方饭过也。

有顷,看电视,转播影片《冰上姊妹》,八时一刻即完,而文权、清儿皆来,遂共话家常,不免数米计盐,而十时许,权、潗、清皆归去。予等亦各就寝。

日间接陈向平、吕贞白信,仍请将《李白年谱》稿寄沪,如此缠绕,明后日亦只得函送矣。

1 月 4 日 (十一月十八日　丁酉) 星期三

晴,寒,间多云。

晨二时起添炉火。六时披衣起。七时后,汉、润、琴皆出。汉往新华,润、琴则抱小燕诣赵家楼就医。润送到后即赴馆参加劳动,在建国门运回黄土云。九时许,取出《李白年谱》稿,手自装钉,俾便远寄。装竣即写信两通,一致金灿然,属将稿件转沪;一复陈、吕,告以此事惟皆坚属不发表。盖予实不欲问世也。(信未发,待明日分别面致及邮递。)

十一时许,琴媳抱小燕归,谓医断气管炎及扁桃腺肿,打针服药而已。近十二时,潐儿来,琴媳仍赴人教社上班。

十二时后,予与潐儿、元孙午饭。饭后,元孙上学,潐儿出买物,李妈亦派往政协购黄瓜(盖临时有电话招呼者也)。予点阅《四库提要·经部》春秋类四。完后接点春秋类存目一,抵暮又完焉。

下午四时后,李妈及潐儿先后归。适雪村见过,约明日同诣陈希礼眼科大夫看眼睛。谈移时去。

润儿车土未归午饭,垂黑乃返。因候琴媳归,七时左右始夜饭。饭后,看电视,播送影片《英雄诗篇》,盖反映马口事件者,殊精警。九时半毕。潐去。予亦就寝。汉儿是夕未来,有电话通知归家料理炉火云云。

1月5日(十一月十九日　戊戌　小寒)星期四

晴,寒,午前有云翳。

晨六时起。以分致金件及寄沪陈、吕函交润儿,属为分别办理。

八时半出,过邀雪村,遇其助手沈晓寰,谈次知即数年前通过润儿来询问《小腆纪传》注文之诸疑问者。九时许,与雪村偕步往东帅府胡同十九号陈希礼眼科大夫诊所求诊。九时半开诊,予二人即被延入,而陆续来者有十许人。大夫皆一一延接,轮属稍候。予二人检查稍复杂,遂迟至十二时后乃行。真始终其事矣。(门诊时间为九时至十二时。)据断,予白内障,只能配点药水,任其自然。雪村则放瞳孔后知为高度近视,且眼底有病,历试散光诸片,希重配合度眼镜,以补救之。但终无效,亦劝且静养为宜。竟未发药也。予二人仍步行归。先送村返,然后归饭。

午后,点春秋类存目二,至三时许,滋儿来省,知明日再住一天,后早径返农场矣。予止业与谈,数数仅尽廿八页。五时一刻,滋归去。约明日与予及濬儿同游颐和园。

六时后,润、琴归,遂与濬、润、琴、元、宜共进夜饭。饭后,润应工会之招,出看电影。予等则在家看电视。周总理在缅受欢迎情形及缅甸风物,近十时乃毕。汉儿始自清家归。有顷,即就寝。

1 月 6 日（十一月二十日　己亥）星期五

浓雾,旋晴,无风而寒。

晨六时起。七时半,汉赴新华,润、琴亦各上班。濬儿乃至,遂同出会士敦于禄米仓口,同乘十路北行,在东直门大街转七路无轨,往西直门,八时四十二分到,滋儿亦即赶到,乃同上卅二路车,径赴颐和园。九时半,即抵园门。入园后,先往谐趣园,已修竣,丹膜金碧,焕然一新矣。旋上山,经景福阁至画中游,直下至鱼藻轩。茶座已撤,只得西行至石丈亭一探,居然有饭可买,乃排队至十一时,四人同获一饱。饭后尚未及十二时也。昆明湖已坚冻,一时兴发,乃从鱼藻轩下湖,履冰直达知春亭,就茶座啜茗,居然又尝到瓜子仁,虽园中只有淡季,而茶饭俱热,复嗑瓜仁,在近日亦稀有之缘矣。一时许,复履冰回排云门,四人共摄一影于牌坊之西。然后循长廊东出,三时许,即乘卅二路回城。滋儿径往西直门转车返三里屯。明日一早回农村云。予三人则在动物园下车,转乘二路无轨到西单,再转十路东归。不料,车挤特甚,予勉强得上,士敦、濬儿竟被挤未克上。及抵禄米仓始觉之,立候第二辆至,乃见伊二人来,亦可笑矣。

　　下车后,士敫归遂安伯胡胡〔同〕,予偕濬走还小雅宝,四时甫
过耳。濬儿复为予往先农坛集市采购副食品,乃去之不久即归报,
所有集市已取缔两天,据闻为索价乱抬故。只得空手而回云。

　　七时晚饭,汉亦饭已归来矣。

　　饭后看电视。文权来,晓先、士秋来,士敫、清儿来。九时三
刻,电视完,文权等皆去。予等亦各就寝。以日间过度兴奋,并履
冰,不免忍劲,故睡后颇感腰痛。

1月7日（十一月廿一日　庚子）星期六

　　晴,寒。

　　晨六时起。七时半后,汉、润、琴皆出。濬十时三刻乃至,士敫
明日起程赴晋向太原报到。今午约雪村、敫、清来饭,幸前日政协
配有黄瓜二斤,及前储罐肉一器,乃属濬取作羹肴,勉强支应而已。
午后二时,乃乾见过,遂与予及雪村长谈,垂暮始别。

　　予晨夜馀间竟点完《四库提要·经部》春秋类存目二,及孝经
类与孝经类存目。

　　晚七时后看电视。文权、小同来接濬儿,即去。予看完影片
《革命家庭》,至九时半乃罢。十时许就寝。汉儿是夕在家与诸外
孙同叙,未来小雅宝。

1月8日（十一月廿二日　辛丑）星期

　　晴,寒。

　　晨六时起。八时后,展《提要》点读,而炉火为许妈所耽误,竟
致中灭,只得由润儿重升。为避烟熏迷目,乃挈宜孙出散步,由什
方院、南小街、井儿胡同、仓西夹道、禄米仓等处而归。十时许,乃

坐定点读五经总义类,抵午点完廿五页。

今日为琴媳生日,午刻共进汤饼,但以粮食奇紧,只得以烂煮菜面充之。

午后一时半出,乘十路到南河沿下,径诣政协俱乐部第一会议室,仅陈慧一人在。有顷,陆续来者颇多民进中央委员之在京者,几全到,惟未见颉刚与芝轩耳。二时四十分开会,东莼主席,请宾符漫谈莫斯科归来所得之观感。四时半即毕。在食堂候食者众,餐号早发完,而候者麋集,予对此啼笑皆非,奋身便行,仍挤十路赶归。知家人都往章家送士敫行矣。

六时,潘、润等始返,乃属即饭。俾同去政协礼堂参与京剧晚会。予昨属士敫代购五票,今日以日间参会,雅不欲夜间再远出故,分授潘、汉、润、琴、鉴往看之。予则与元、宜两孙在家看电视,演京剧《杨门女将》,八时四十分即完。

九时就寝。十一时许,润、琴乃归。

1 月 9 日(十一月廿三日　壬寅)星期一

阴翳,近午始霁,仍寒。

晨六时起。今晨炉火又不继,八时后,重升火,又遭烟熏,移时乃定,真可恨也。烟定后,点读《通鉴补正·汉纪十二》,抵午终卷。中辍五六日矣。

昨接澄儿信,今接漱儿信,皆关心我近况,而予处境仍悬悬靡宁,亦无从答之也。

十二时半,润儿归,因共饭。饭后,润上班,予遂续摊书点读之,至四时半,点完《提要》五经总义类,并其存目亦毕之。

是日,潘儿未来。傍晚润、琴皆归。遂与元、宜共饭。饭已,润即入馆学习,予挟两孙同看电视,苏联故事片《渴》。有顷,汉儿至,同观。至八时一刻即完。完后,润儿亦归。

九时就寝。

1 月 10 日(十一月廿四日　癸卯)星期二

晴,有风,寒威加酷。

晨二时起溲,加炉火,复睡至六时起。七时半,汉、润、琴皆先后上班去。予独坐,摊书点读《四库提要》,至十一时毕《经部》四书类一,四书类二,凡八十二页。自欣尚堪鼓勇读书也。

十二时半,润下班归,因与共饭。饭后,润入馆。予又续点《提要》,至三时半,毕四书类存目,凡一册。继又点《事类统编》政治部,至四时半,毕《帝德》、《好学》、《尊师》三篇。

六时半晚饭,润、琴皆归。饭后,汉儿来。湜儿亦继至。盖明日轮休,今日下午在厂开会,且得聚餐云。予等看电视,京剧《玉堂春》,八时半即完。予即就寝。而湜又听中台转播音乐,直十二时乃罢,此其好之笃,亦流于痴矣。

1 月 11 日(十一月廿五日　甲辰)星期三

晴,寒。

晨四时起溲,顺添炉火,复睡,六时起。七时半,汉、润、琴皆出,予摊书点《提要·经部》乐类。

九时廿分,偕湜儿出,乘十路往南河沿,走至政协俱乐部,排队取餐号,其时尚早,已有十馀人。十时始发。予乃取得之。遇汉达、独健,各携其女,乃六人共占一桌焉。坐待至十一时,始开饭,十二时四十分乃了,即与湜儿起行。仍乘十路东归。

到家知潞儿曾来,已往省清家矣。润则归饭后已上班云。二时半,予续点《提要》。潞来,湜出(诣税局纳自行车年捐,换取照会也)。至四时,点完乐类及乐类存目,凡一册。

傍晚,潞、湜(潞尝出浴)、润、琴皆归,乃共进晚餐。居然啖得炊饼,各一张也。汉以鉴孙归家,须回去照应,电话见告今晚不来矣。夜饭后,湜出看电影。(在蟾宫看《革命家庭》五彩片,润以工会票转赠之。)予在家看电视,杂技晚会及影片《龙飞凤舞》。文权来,八时三刻电视完毕,潞、权乃偕去。予亦就寝。

十时后,湜儿始归。

1 月 12 日(十一月廿六日 乙巳)星期四

晴,寒。

晨五时三刻起。湜六时半即出,冲寒赴右外农场矣。七时四十分,润、琴亦皆出。予乃摊书点读《四库提要》,日亭午毕小学类一与小学类二,凡一册。潞儿十时后来。

午饭后,予电话询乃乾,知今日不出门,予乃于二时往看之。先乘十路到中山公园,转五路至西华门下,径诣陈家。晤谈至四时许,范允尊至,又长谈,久不作剧谈,甚快,而感累矣。

六时半,离陈家,仍乘五路到人民大会堂,再换十路东返。其时已过下班时间,五路尚可勉上,十路仍挤轧异常,且每有驶过而不停靠者。真不解十路车何以终不能改善乎?

到家已七时一刻,独具餐焉。餐后,看电视,影片《钢铁世家》。漱玉、文权先后至,九时廿分,电视完毕,权、潞、玉皆去。予乃就寝。

润儿今日午后又去拉运猪饲料,右眼为砂子所眯,而明日且竟日要拉运,不得间就医也。

1 月 13 日（十一月廿七日　丙午）星期五

晴明,寒威稍杀。

晨五时起添炉,六时振衣起。七时半,润儿出,拉糟饲豕。有顷,汉儿上班去。琴媳则以李妈须就诊（以浮肿）,在家照料,近午乃赴社。

平伯十时许来访,谈移时去。

潘儿十一时廿分乃来。予续点《提要》,午前点完小学类三之四十七页。午饭后,接点至一时,毕之。则亦尽一册矣。又续点小学类存目一,至四时半亦完,又尽一册。今日乃尽两册也。

润抵暮乃返,衣裤尽为酒糟稀液所沾湿,又值往返在冷风中使劲,竟致感冒发热,少进晚粥即寝。

晚饭后,汉在广和看电影,未即来。予等在家看电视,昆剧《借扇》及《赵匡胤千里送京娘》,八时半毕。潘即偕文权归去。予亦就卧。十时,汉乃归。

1 月 14 日（十一月廿八日　丁未）星期六

晴,寒。

晨四时起溲,旋睡至六时一刻起。七时半后,汉、琴俱出,惟润以热尚未净,请假待医。予则于八时后续点《提要·经部》小学类存目二,至十一时半毕之。亦尽一册也。

午饭前,润始由医院归。中医处方等候配药,故甚迟。据云不太重,休息一两天即可。

午饭后,予展《通鉴补正·汉纪十三》点读之。近晚完二十三页。潽儿未来,汉亦径归其家。惟清儿夜饭后曾来省问,八时半去。予于七时看电视,除新闻外,见到电视剧《耕耘记》及影片《柯山红日》,十时许乃完。即偕元孙同寝。

1 月 15 日 (十一月廿九日　戊申) 星期

晴,有风,寒。

晨六时一刻起。九时许,汉儿来,因同出,乘十路至九条下,走八条访圣陶,晤之。谈至十一时辞归。仍与汉在九条乘十路南行,汉在朝内大街下,再转车回景山东街。予则径至禄米仓下,走归于家。

下午三时,堉孙来,四时许去。予除出访圣陶外,竟日点书,点毕《通鉴补正·汉纪》十三及十四,武帝事迹竟其首尾矣。

夜饭毕,湜儿归。盖明日轮休,故今晚赶回一省也。煮生面半斤与之。清儿来,建昌从,因共看电视,转播话剧《枯木逢春》。清先归去,建昌则于九时三刻看毕电视乃还。少顷,予即就卧。湜又摸索至近十一时,看毕《通鉴》一卷而后寝。

1 月 16 日 (十一月三十日　己酉) 星期一

晴,寒。

晨六时半起。予点读《通鉴补正·汉纪十五》,近午毕之。

十时许,滋儿来,十一时潽儿来,滋今日续假,明日返乡,午前归去。约饭后再来。午饭后,润儿以小极,仍留家休息,服煎药。予与潽、滋、湜三儿出散闷,先乘十路西南行,到南樱桃园,转五路赴陶然亭,询之门者,知今年不售年票矣。予等遂另买票而入,径诣慈悲院西轩茶憩,因知灵台食堂可买份饭,乃于四时半开始时往排队,得十五号,四人遂入就餐,各食鱼尾盖浇饭一份,费粮票二两。五时许即行。滋乘五路往地安门转六路归三里屯。予偕瀋、湜则仍循原路行,在南樱桃园得附十路快车。中途仅停牛街北口、三庙前、石驸马桥、西单、王府井、东单、方巾巷、外交部街,馀不停。予等遂由外交部街东口走归。时间缩减不少,到家未及六时也。晚饭时,仅再进粥一碗耳。

七时许,汉儿来,遂同〈看〉电视,苏联影片《荒凉的河岸上》,九时许完。瀋归去。予等乃各就寝。

1 月 17 日 (十二月　小建己丑　庚戌朔) 星期二

晴,寒。

晨四时起溲,复返床未入睡,至六时即起。六时半,湜儿出赴农场。七时半,汉去新华上班。有顷,润儿、琴媳皆去上班,润虽未全愈,不得不扶病勉干耳。

予八时后,展书点读,抵午毕《四库提要·史部》正史类一。

瀋儿十时半来,即往西单商场换搪瓷器,亦抵午乃返。十二时半,润儿自馆归,乃共饭。

饭后二时,续点《提要》正史类二及存目,四时毕之。

夜饭前,润、琴皆归。饭后,汉、湜亦归。湜为予购得宽幕立体电影票送回者。看电视,京剧《海瑞挦纤》。文权亦至,九时许,电视毕,瀋、权归去,汉往宿清儿家。

1 月 18 日 (十二月初二日　辛亥) 星期三

重雾,近午雾。午后阴合,寒气稍减。

晨六时起。湜儿空腹便出,径赴农场,不识中途得购食否也?

近来口粮勒限至紧,竟无从挹彼注兹,家庭之间亦不得不斤斤计较耳。

八时,潘儿至,遂偕之同往北京医院,盖原迁阜外之门诊部又复于本月十五日搬还,故得就近复诊之焉。乃时值上班,十路车连候数辆,不能上,遂奋然步往;至九时十分乃达,幸昨日预先挂号,故坐待未久,即由郭敏文大夫接诊。据听断结果,血压仍维持前状,每分钟脉搏跳动则已回复至六十四次云。仍给前用之药,并加配施今墨处方之气管炎丸两匣。九时五十分即离院矣。

在院遇力子、彬然、灿然、君立诸人,均得略谈。

出院步至东单,乘十路西往南河沿走诣政协文化俱乐部,正十时十分,当取得食堂号次两个,入食堂憩息,以待之。遇廷谦、效洵、劭先、其翰、汝璈诸人。十一时五十分即得食,十二时半离部。径往王府井散步,在百货大楼及东安市场一转,书摊竟上锁,无人应市,岂亦劳逸结合耶?去之市场北门,居然雇得二乘三轮,遂与潘儿分乘以归。到家已一时半,润儿已饭罢入馆矣。

少坐,予续点《提要·史部》编年类,至四时半,尽卅二页。目昏头岑岑矣,乃罢。潘儿三时许归去。润、琴均归夜饭。汉儿今晚未来。

夜饭后,看电视,罗马尼亚影片《雪山救战友》。

九时就寝。元孙同榻。

1 月 19 日(十二月初三日　壬子)**星期四**

晴,寒。

晨六时三刻起。八时,摊书点读,至十时毕《提要·史部》编年类,并完存目。

　　接圣陶电话,约午后同浴松竹园。午饭毕,即乘十路以赴八条,晤圣陶,遂同行诣东四北大街松竹园浴室,时未及一时半也。二人从容就浴,各得擦背(近时浴堂擦背已取消,为熟人特开)。予又修脚,直至四时许,始离园各归。予在东四雇得三轮一乘,居然车送到家。

　　五时许,润先归来,乃偕之同出,乘十路到方巾巷转廿路去前门外大栅栏,走往大观楼影戏院,看立体电影。六时廿分开演,入场时凭券,取偏光镜,坐定不久即现出,凡两出,一为漓江景色,一为解放军杂技团演技,前后历时仅四十分耳。然以手扶偏光镜之故,左臂大为酸楚也。出院乘五路到中山公园,换十路东返。七时半到家,与润儿共进晚饭。

　　八时四十分,汉儿归来,知在六路无轨上被窃去月票、粮票及出入证等。近来风气大坏,挖窃盛行,此亦人心之忧矣。

　　九时就寝。

1 月 20 日 (十二月初四日　癸丑　大寒) 星期五

　　大雾转晴,多云,仍寒。

　　晨六时一刻起。七时二十分偕汉儿出,空腹赴北京医院化验血糖和尿糖。十路车挤不上,适有一双人三轮过,即雇而乘之,索价六角,当然不之论矣。车到医院,护士方披工作衣,遂得立时进行,以为时早,仅遇涂允檀一人,与略谈而别。步出医院,穿行东单公园,在苏州胡同口送汉儿登六路无轨去上班。予乃北走,返东单,乘十路快车回外交部街,然后徐步返家,从容进早餐,时为八时卅五分也。谚云早起三光,真有味乎其言耳。

　　九时后,续点《提要·史部》纪事本末类及存目,十时半即读毕。又续点别史类,抵午亦毕焉。

十二时半,润归,遂与共饭。饭后,予即行,先乘十路到民族宫下,再至佟麟阁路转七路,径诣政协礼堂,途遇独健,偕入焉。乘电梯诣三楼大厅,人已坐满,予见方荫及渭川,遂介坐其间。二时开始,愈之主席,说明今日之会为本会文化教育组及医药卫生组联合召开者,将由此分组互谈,仿各民主党派开神仙会云。继由本会副秘书长国务院文教办公室副主任徐迈进发言,以为创端。所谈为关于当前文教工作的意见,至五时一刻始完。末由医卫组长傅连暲讲话,五时半散会。予以至善见询,乃趋小卖部领券晚餐。予吃第一种,计三元半,与至善、纯甫、汉达同桌,别桌熟人太多,未及遍晤,仅与觉明、公培谈半时许耳。

六时十分离堂,仍乘七路转十路,在麟阁路久立风中候车,遇洁琼及世英,候至第五辆,始得挤上,到家已七时半。润等正待予夜饭焉。又啜粥一碗,停箸后即看电视,为评剧《庵堂认母》,八时半即完。而汉儿来。潜儿今日未来,据家中人言,文权曾来告,盖感冒在家未出也。

九时就寝。

1 月 21 日 (十二月初五日　甲寅) 星期六

晴,寒。

凌晨喘咳痰涌,不能寐,坐起倚枕以待晓,然至六时,不得不起矣。

八时半出,乘十路转五路往西华门访乃乾。长谈竟,留彼午饭。饭后二时,复偕其夫妇同往北海闲眺。园中荒瑟殊甚,而双虹榭茶座则满坑满谷。予等只得缓行琼岛一周,复在堆云坊西公椅上曝日闲谈,至四时一刻出园,适有一三轮在,因雇之,遂别乃乾夫妇,乘以东归。

到家正五时,两孙已下学归。六时半,润、琴亦归,乃共进晚餐。餐已,湜儿归,谓又改星二休息,今特归报,明晨仍照常到农场值班云。北屋炉突已漏烟,且有堵塞不通处,(原装之匠技劣而懒,竟未能及格。)乃由润、湜、琴三人合力重装,梯焉、凳焉、洒焉、扫焉,栗乱至七时半始竣。仍得及看电视也。是夕,电视为影片《秘密的伴侣》,八时半即完。

九时就寝。

1 月 22 日(十二月初六日　乙卯)**星期**

晴,回暖,积冻多化者。

晨六时起。湜儿即行,骑车径赴右安门外农场矣。润儿于八时挈宜孙出,同游颐和园。午后三时乃归。潜儿三日未来,午后二时,琴媳往看之,移时归报,热已退,明日如有力气,当来小雅宝云。

元孙上午在家侍予看电视,影片《烽火列车》,下午伊又独往米市大街红星影院看《老兵新传》。予午后静坐,摊书点毕《四库提要·史部》别史类存目及杂史类与杂史类存目一。外孙黄升埙来告,以寒假缩短,不拟返筑省亲矣,并云已与升基共同商定,且将修函禀其父母云。少坐即去。

夜饭后,看电视,青年舞蹈学校演出芭蕾舞《西班牙的女儿》,近九时毕。即与元孙就寝。

1 月 23 日(十二月初七日　丙辰)**星期一**

晴兼多云,寒而不烈。

晨六时起。八时展书点读，至十一时，尽《四库提要·史部》杂史类存目二、三两卷，凡一册。午后续点一卷，则诏令奏议类也，三时半毕。腰酸背硬矣。

调孚午前见过，谈半小时，假《全唐诗》八册去。午后续点《提要》近晚毕诏令奏议类。

晚饭后，清、汉、湜皆归来。伊三人同往城外看潜儿，予在家看电视，苏联影片《我了解他》，八时半完。汉、湜归。清则径回矣。润晚间学习，八时始归饭。九时就寝。

1 月 24 日 (十二月初八日　丁巳) 星期二

晓前雪，晨起积寸许，八时半止，阴翳，寒威未烈也。

晨六时起。湜儿今日轮休。七时半，汉出上班。润、琴继去。

八时许，予展卷读《通鉴补正·汉纪十六》，近午点毕。天亦云开显日矣。湜儿九时出就浴。十二时许归，居然并理发亦了之。有顷湜即与元孙先饭。予俟润儿返，同食已将一时矣。

饭后一时四十分，予偕湜儿出，乘十路北行，在文化部前转一路无轨，径往西郊动物园，先诣天文馆，欲一觇星际旅行，乃售票处窗口紧闭，亦无布告，只得废然而行。遂入动物园，即门首购得公园年票焉。入园后，直往豳风堂前茶棚茗憩。三时许即出，竟未一观任何动物也。由门前乘七路至西直门，转五路无轨，到西单商场，在旧书摊一转，无所欲得，即行。在南货部买得饼干半斤，付粮票三两(本价二元)，挟之南走，过大街一布店，居然于无意中买到油布一方(不要布票)，湜亦随购一方，同趋西长安街，在长安戏院门前挤上十路。到家未及五时也。而元、宜两孙俱已下学归来矣。

六时半，与润、琴、湜、元、宜共饭，啖面片汤。餐后看电视《女审》(即秦香莲审斩陈世美),八时三刻即完。九时就寝。

潗儿仍未来,汉亦住清儿家未来。润因写思想汇报,彻夜未睡。

1 月 25 日(十二月初九日　戊午)星期三

晴,寒。

晨六时起。渑六时一刻空腹出,径赴农场。润儿近八时乃就睡,九时三刻起。十时,予偕润出,乘十路到南河沿下,走文化俱乐部取号,入食堂坐待至十一时半乃发动定餐,在场遇颉刚夫妇、廷谦夫妇,及寿萱等熟人甚多。十二时半食毕,即偕润逛王府井,由西堂子胡同等地步归于家。

到家滋儿在,盖前晚返城,昨赴医院诊病,医嘱休息云云。谈至傍晚辞去。

夜饭后,汉归来。潗则于滋去后来家,因及同看电视。八时许,潗即归去。盖身体尚未复元也。九时就寝。

1 月 26 日(十二月初十日　己未)星期四

晴,寒。

晨六时起。七时半,汉儿出,润、琴继之。润昨夜续写,仍未能好睡也。

八时点读《提要》,至九时半,滋来,予亦点毕史部诏令奏议类,并及其存目。稍稍收拾,便与滋偕出,乘十路到南河沿,十时诣政协文化俱乐部,取得餐券,即坐食堂候之。晤君珊、君箴、止庵、力子。十二时四十分始出,在门首遇其芳,匆匆数语而别。偕滋徐步东行,至东单北转米市大街、东四南大街,折东入内务部街,滋诣结核防疗所复请检验。予送至门前,扬长东归。到家已午后二时半矣。

点阅《提要·史部》传记类。四时许,湜儿自防疗所来,谓候时不少,结果尚好云。又谈至薄暮,归去。

夜饭后,湜儿、汉儿先后归。湜为鞋破车坏,归修之故云。予却颇感突兀耳。看电视,影片《前哨》。九时半就寝。

1 月 27 日(十二月十一日　庚申)星期五

晴,寒。

晨二时起溲,复睡,六时起。湜儿六时即出,仍御骑车赴右外农场矣。七时半,汉、润皆出。有顷,琴亦出。予乃续点《提要》,至十一时半,尽两卷,为传记类一,传记类二。濬儿十一时十分来。

午饭后一时即出,乘十路西行,在麟阁路北口换七路,赴政协礼堂,径诣第五会议室,参加本会文教医卫联合分组座谈会。予参加第九组,即历史文物组。到场时仅一高履芳(文物出版社女社长)在。良久,始陆续至,共到吕振羽、翁独健、裴文中、张全新、顾颉刚、向达、宋云彬、张珩、邵循正、齐思和、胡厚宣、唐兰、徐邦达、陈万里、王毅、白寿彝、傅乐焕及予与高等二十一人(馀二人不之识)。三时开会,振羽主席。循正、寿彝、颉刚、思和、唐兰先后发言。五时半散。予乃偕颉刚、觉明、云彬登楼就食于小卖部。遇平伯、研因、廷谦诸熟人。六时一刻食已,即偕颉刚、云彬乘七路南行,在石驸马桥转十路东归。车仍拥挤,予勉得坐耳。至外交部街东口,云彬先下,予与颉刚则在禄米仓口下,握手各别。

到家已七时。汉儿尚未归,家中人甫晚饭过也。看电视,至九时,文权来接濬儿同归去。有顷,予亦就寝。

1 月 28 日（十二月十二日　辛酉）星期六

阴，不甚寒。

晨六时起。七时润出，越半时汉出，八时许琴出。予八时坐定，写信两封，分复筑澄、沪漱。盖两儿前昨皆有信来询家中情况，乃详告一切也。既而，点读《四库提要》，抵午毕传记类存目一。潴儿十一时来。

午饭后，续点传记类存目二，至四时毕之。刘锦汉来访，谈半小时去。甚感垂念也。今日起，家下大小人口试行各按定量分制粥饭，俾易于掌握粮食，不致寅吃卯粮。予中午蒸三两米，得两碗饭，夜间煮三两米得四碗粥，当啜三碗，留一碗供明晨早餐。于是安排妥帖，不致竭蹶矣。以此推例，人各得所，只壮丁大量及大孩定量不敷外，大概可以轧平云。

夜饭后，清、汉及元锴、元镇、升埙、升基、建昌、小逸、建新俱来看电视。文权亦至。盖古巴芭蕾舞团首次来我国访问，今日在首都剧场开幕演出，并由电视转播，故得吸引观众也。七时一刻始，十时一刻终。潴、清、汉三儿各偕其家属归去。予等亦分头就寝。惜湜儿未归，不能共享耳。

下午四时许，雪村偕沈君来访，据雪村告士敫顷来信，已派在太原山西大学图书馆工作，并已搬入馆中矣。闻之不胜大慰。今后当能一展所长乎？

1 月 29 日（十二月十三日　壬戌）星期

晴，微有风，寒不甚烈。盖有先春之兆矣。

晨六时起。八时后独坐无俚，展书点读，日亭午尽《提要·史部》传记类存目三、存目四两卷,共一册。午饭后,续点传记类存目五。滋儿三时来省。越半时,清儿亦来省。予亦点毕矣。因与共话家常。有顷,润儿亦午睡起,与琴媳同来谈话,近五时,清、滋皆辞归。未及六时,予遂与润、琴、元、宜共进晚餐。餐前予又点完传记类存目六。于是,此一类全毕矣。

餐后,揭开电视看之,乃越南民主共和国歌舞团访华演出也。节目不少,且多精彩,近十时始完。予即就卧。

1 月 30 日 (十二月十四日　癸亥) 星期一

阴,寒。午前飘雪,方幸丰兆可期,乃午后风大起,雪意全消,竟杲杲出日焉。

晨六时起。八时过清儿,同往北京医院。途遇毛星夫妇,立谈片晌。出遂安伯、无量大人胡同,在金鱼胡同口乘六路无轨,到苏州胡同下,穿公园径达医院挂号,入候知郭大夫敏文临时去急诊间,由沈大夫玉农接诊。据云血压渐平,以后萝芙木可减少一次,其他药亦未用完者,可照常服用。糖尿亦减轻,只一度(开营养证并悉一度仅有蔬菜),建议再作心电图。因诣该室作检视。九时半即离院。潜儿适赶至,于是,父女三人复乘十路到天安门,步入故宫,穿行内外三殿,出神武门已十时半,乃乘九路无轨出朝阳门,抵呼家楼转乘六路西北行,至三里屯下,走诣服务楼午饭,时十一时方过,已坐满,付粮票亦须排长队矣。俟有食毕者,始得挨座焉。十二时半,食毕离楼。正天阴飘雪花。乘六路至九条转十路。雪转大,深幸有雪,而到家后即闻风吼。少焉,红日冉冉升云端,甚为失望。

予等抵家,润儿正在午饭。饭后即行,并告晚间开会,夜饭不归家,即在食堂进餐云。

下午点读《四库提要》,抵暮毕史钞类存目,并完载记类十四页。

四时半,力子、学文见过。坐谈至五时一刻去。夜饭时,琴媳归。夜饭后,汉儿归。遂共看电视,故事影片《春满人间》,八时半完。湜儿本约今晚归,迄九时半未至,不免念念。少坐即寝。时户外风吼似虎,而月明如昼,欲雪而不可得,奈之何哉!

1 月 31 日（十二月十五日　甲子）星期二

晴,严寒。

晨四时起添炉,返床未寐,六时起。

七时,汉即出。八时后,润、琴亦行。

九时,友琴来访,商榷《不怕鬼故事》注释问题,至十一时全部解决。友琴辞去。予接展《提要》载记类点读之。日加午,并其存目亦毕之。

潚儿十时半来,午后即去。

予午后一时即出,乘十路至麟阁路,转七路,遇刚主,因同赴政协礼堂。下车时,遇独健,径诣第二会议室,参加抗议美帝掠夺我国文物扩大座谈会。二时半开始,愈之主席,文教界在京专家几乎毕集,挤满一堂。真是激昂慷慨,发言盈庭。美帝文化侵略之罪行抉露无遗矣。五时半始散。予与云彬、渭川上三楼小卖部进晚点,仍购得茶叶一两。六时一刻,与云彬离礼堂,仍乘七路到民族宫前,转十路归。

候车颇久,抵家已七时许。润等夜饭甫毕也。有顷,湜儿归。盖又改星三休息云。

予仍看电视,为尚小云剧团所演《墙头马上》,九时就寝。汉儿以诸孩假归,今日起将住归若干天云。

2 月 1 日(十二月十六日　乙丑)星期三

晴,寒。

晨六时起。七时半,点读《提要》,至九时半,毕《史部》时令类及其存目。

十时,偕湜儿、元孙出,乘十路北去,转一路无轨到北海,茶于山顶揽翠轩。十一时三刻下,即漪澜堂仿膳午饭。三人份食已涨至十七元矣。质未见佳,勉徇湜儿之请耳。

一时出园,循原路归。坐定后,点读《提要·史部》地理类一,至四时尽廿三页。锴孙三时许来省,盖放寒假矣,傍晚去。晚六时半,与琴、湜、元、宜共饭。潏儿未来。润则参加开会,在外夜餐矣。看电视。建昌、建新、小逸皆来,七时许即去。予则看完影片《地下航线》后,洗足濯身,易衷衣,九时后就寝。

2 月 2 日(十二月十七日　丙寅)星期四

晴,寒。

晨三时即醒,为红蕉预撰挽其外姑叶母朱太夫人一联。盖日前,晓先来言,红蕉有信与绍铭,托予撰联,属晓先代书者。昨夜得圣陶电话,知老伯母已在弥留状态中,故匆匆枕上拟之,录如下:

三千程北望燕云定当常违惭半子

一百岁馀钟闰朔期颐克届仰高龄

六时起,湜儿即行,仍空腹出门,骑车前往农场矣。八时,续展《提要·史部》地理类一点读之,至午毕,凡通前六十八页,盈一厚册焉。

十一时,潘儿来。

午饭后,乃乾电约同往圣陶家访问。予于二时许,乘十路前往,晤圣陶,并诣上房,见老伯母已臻弥留,深为引忧,与圣陶谈至三时后,乃乾始偕其夫人来叶家。复谈至近五时,同离八条,乘十路偕至小雅宝我家小坐,垂暮辞去。

潘儿三时归去。六时三刻,与润、琴、元、宜共饭。饭后,汉儿至,同看电视《红鹰展翅》,八时四十分毕。汉儿归去。予亦就寝。

2月3日(十二月十八日 丁卯)星期五

晴,寒。

晨六时起。七时半,展书点读,抵午毕《提要·史部》地理类二及三两卷,凡一厚册。

十时半,潘儿来。

接民进中央电话,约五日上午九时在南河沿文化俱乐部过组织生活云。午后一时许即出,乘十路至民族饭店下,在麟阁路转七路赴政协礼堂,径诣第五会议室,参加本会文教医卫组扩大座谈第九组第二次会。晤万里、云彬、立庵、葱玉、厚宣、广铭、愈之、独健、斐云、文中、藏云等人。二时半开会,与第一组合开,由愈之主席,会上颇有争辩,几致不欢。五时即散。予乃登三楼诣小食部就食。与廷谦、翰青同席。六时半食毕。仍循原路回民族饭店候十路。下班人挤,竟不得上,适有一三轮自西来,乃雇而乘焉。但蹬行甚慢,至七时后始到家,家中夜饭早过矣。

看电视《生死牌》(中国京剧院第二团演出),九时许罢。接满子电话,告叶老伯母八时半逝世矣。(享年九十六,积闰已届百龄矣,故为红蕉拟联云然。)并属转告晓先,因令许妈往丁家转告焉。

宜孙午后及晚泄泻,腹痛。八时许,琴媳、李妈携往东单三条儿童医院求急诊,十时后乃归。谓恐系痢疾,须明晨取粪便化验,乃能定注射给药,而还云寒热能即退,将无大患也。予即睡。

2 月 4 日(十二月十九日　戊辰　立春)**星期六**

晴,寒。入夜有雪意,宵深果雪。

晨四时醒,六时起。八时出,往演乐胡同访晓先,同乘十路北去,走诣叶家唁问。晤圣陶后即为料理杂务并协同晓先写挽联题幛光等,即饭其家。雪村、云彬、彬然、文叔、藏云皆至,少留便行。予于午后二时五十分,偕圣陶、晓先车诣嘉兴寺,至则乃乾已先在,既而叶氏亲友都至,因又晤蠖生、龙文、祖璋、元善、雪村、彬然、灿然、调孚、介泉等。三时半,叶老伯母遗体接至寺,即入殓,家属亲友分班行礼毕,灵枢即暂厝别屋中,候坟工粗毕,定于十二日上午九时受吊,即刻发引安葬于西郊福田公墓云。

四时后各散。予与潘儿陪雪村夫妇共乘七路无轨,到东直门南小街下,转十路回禄米仓。予先归,潘则送雪村等归去,然后返。但稍坐即归去。宜孙今晨又往儿童医院诊治,化验结果确为急性痢疾,打针服药,居然控制住矣。下午即未便泄。至晓,热已退尽矣。为之大慰。

夜饭后,看电视,汉儿偕锴、鉴两孙来参观(汉亦去嘉兴寺,归家夜饭后,再挈儿女来)。适为苏丹文化代表团访华演出,看至十时许,汉等归去,予亦就寝。

2月5日（十二月二十日　己巳）星期

雪，寒。

晨六时起，庭中积雪寸许，纷纷续降不已，扫径初开，旋即白漫。今日上午九时，本有民进之约，只得作罢矣。

九时后展《四库提要》点读，至十一时，点毕《史部》地理类四。

午饭后，雪未止。予续点地理类存目一，至三时毕之。而农祥见过，方谈顷，友琴继至，谈半时后，农祥辞去。乃与友琴商谈《不怕鬼故事》注释体例等问题。盖序文已揭登今日《人民日报》及本年三——四期《红旗》中，春节前出版，故急须商定也。五时许，友琴始辞去。大氐皆解决矣。

六时许，即夜饭。饭后，湜儿归，取菜单（移农场用日用菜量），但以购菜（家中）已逾量，不果行。适电视放映《茶花女》，遂留观。有顷，潘儿、文权、昌预、昌硕、清儿、建昌、建新、小逸、升埻、汉儿、元锴、元鉴、大璐陆续至，皆来看《茶花女》者。亦可谓轰动一时矣。时，雪已止，有晴兆，予以人多，不及挤坐，乃退处书案，续点地理类存目二、三两卷。电视毕，予亦点毕。九时前，清、新、逸先去。湜继行，仍须赶回也。十时，潘、权、汉等皆归去。予亦就寝。

宜孙已如常，今日下午起行矣。慰慰！

2月6日（十二月廿一日　庚午）星期一

晴，融雪化，地泞难。晨暮仍凛寒也。

晨六时起。

九时后，调孚派臧华云来借《全唐诗》下半部（上半部十六册

用毕见还）。未几，清儿来，乃偕之出，乘十路到南河沿下，走诣政
协文化俱乐部，时为十时一刻，即取得菜券，径赴食堂，坐第一号
桌。待至十一时一刻，始换兑粮票。有顷，便得授餐。与予等同桌
者为吴晓邦父子，其他熟人颇多，交谈者有王复初、梅汝璈、张纲
伯、黄翔夫人及平伯伉俪。十二时许即毕，走出大门时，晤徐伯昕、
张纪元、葛志诚、冯宾符。仍乘十路回禄米仓。

清儿归去，准备赴厂接中班。予乃独归。到家有顷，润儿始
归，遂观其挟元、宜两孙同饭。元孙已在寒假，宜孙则今日仍令在
家休息也。

一时许，佩媳来，买得水仙头八枚为献。乃洗盆排植之，供案
头焉。二时许，上班去。下午，予点读《四库提要》，至五时，毕地
理类存目四、五两卷。六时三刻夜饭，湜儿赶归。盖又值明日轮休
也。以突如其来，不及煮饭，只得以予明晨所需移享之。

今晚电视为影片《五朵金花》，八时半完。予复点《提要·地
理类》存目六，及就卧，又得十五页。

2 月 7 日 (十二月廿二日　辛未) 星期二

雾封弥久，近午乃见霁。风中仍感寒冷。

晨六时起。七时半，即摊书点读，抵午尽《提要·史部》地理
类存目六与七，凡一册。

下午，湜儿出看电影。潜儿薄暮归去。予午后续点《提要》，
至夜，完史部职官类及其存目。

夜饭后，看电视，汉剧《二度梅》影片，八时三刻完。再接点
《提要·史部》政书类一。九时半就寝。寝前尽十二页。

2 月 8 日（十二月二十三日　壬申）星期三

晴，寒。

晨六时起。湜六时十分即出，仍御骑车，径赴右安门外农场矣。

八时，宜、燕两孙皆赴赵家楼门诊部诊治，润、琴相携同往。九时许，润将孩回，知宜痢疾尚未除根，须续服药，燕则微为感冒耳。琴已径去上班，润则送孩归后，亦仍上班去。予八时续点《提要政书类一》，润等归，适毕之。即赓点《政书类二》，及午饭，又尽三十三页。

潚儿十时后来，告文权已得领导关照，亦将外调，惟地点及具体工作仍未宣露。于是，心上又平添一层忐忑矣。饭后出，乘十路去民族饭〈店〉前转七路，赴政协礼堂，途遇厚宣，因偕入第五会议室。二时半，历史文物组第三次座谈开始。除工作人员二人外，凡到吕振羽、翁独健、白寿彝、裴文中、赵万里、胡厚宣、高履芳、张葱玉、王毅、金灿然及予十一人。五时一刻散。约定以后每月叙会一次，临时通知云。厚宣告我，颉刚亦患浮肿，医嘱卧息一周云云。因知屡次组会不到，托我（电话托）请假，职此故耳。甚念之。散会后，登三楼就食，晤张纪元、章廷谦、查阜西等，及六时许食毕，离礼堂，又在门首遇庄明远，立谈片晌而别。仍循原路东返，居然坐以到禄米仓也。

抵家，润、琴、元、宜等方饭罢，而潚则早已归去云。七时许，开看电视，苏联片《鲨鱼的牙齿》。建昌、建新兄妹来参加，八时三刻完，昌、新归去。润儿出看电影，十时乃返。予已就寝矣。

2 月 9 日（十二月廿四日   癸酉）星期四

晴，寒。

晨六时起。宜孙于八时由李妈陪往赵家楼门诊部复诊。盖痢疾尚未肃清，仍须彻治也。九时始归。

八时，予续点《提要》政书类二，至十时毕，接点政书类存目一，亭午亦毕焉。雪村偕清儿十时许来，谈移时乃去。携来士敫信，知已在山西大学图书馆着手工作。于编目分类诸务有所请质也。

午饭后，续点政书类存目二，至三时毕之。少休之后，又开点史部目录类一，抵暮亦完。

夜饭后，元锴、元镇、汉儿、昌硕、潏儿、文权、元鉴先后来，共看电视，海影厂制片《红色的种子》，九时许毕。潏等亦陆续去。

十时就寝。

2 月 10 日（十二月廿五日   甲戌）星期五

阴，寒。

晨六时起。润儿昨晚临睡即感寒热，今晨询悉，体温高达卅九度半。宜孙痢疾亦未肃清，因于八时，由琴媳陪往赵家楼门诊部求诊。移时归。据断，润亦患痢矣。医嘱休息二天云。

予八时展书点读，至亭午毕《提要·史部》目录类二。

九时许，曾飘雪，近午又日出矣。旱象难除，殆已成兆乎？

点书之前，曾写信复漱儿，以前日接其信，又询家中近况也。乃以文权将外调告之。即嘱琴媳带出投邮。

午饭后，续点目录类存目，三时半毕。又接点《史评类》，五时毕八番。佩媳午后来省,少停便去。夜饭后,又点《史评类》七番。然后开看电视,转播北昆演出《痴梦》、《赠剑》两折。九时许毕。即睡。

是夕元孙与予同榻。午后,外孙升埻来,旋往城外看濬家。夜饭时,湜儿归视,带大葱一束(配买者)为献。匆匆即行。盖其工作单位今夕举行春节联欢,外文出版社印刷厂、农场合并办理,前往参加后,仍须赶回场中也。

2 月 11 日(十二月廿六日　乙亥)星期六

晴,寒。

晨六时起。八时写信复无锡水产养殖场电工徐文兴,盖日前由文学出版社经科学院文学所转来徐信,询问《史记》全部情形。嘉其青年好学,特详告之也。写毕,接点《提要·史部》史评类,十时完。

润儿寒热已退,而痢未止,宜孙亦未届肃清,以余药未完,定明日再去复诊。

十时后,续点史评类存目一,至午完。

午后一时廿分出步往建国门文学研究所,遇世德、绍基,同诣历史所礼堂,听海军某部政治部李部长作报告。晤书铭、平凡、冠英等。休息后,移文学所二楼会议室(以历史所礼堂太冷故),续行,于五时半散。大倡延安作风,敦勉艰苦朴素,诚切时良言也。归途遇绍华,因承伴送到门,甚感之。

夜饭前点毕史评类存目二。夜饭后,看电视,《乔老爷上轿》影片,情节颇类三笑中之王老虎抢亲,甚松。九时半就寝。

2 月 12 日（十二月廿七日　丙子）**星期**

晴,寒。

晨六时起。七时四十分出,过邀清儿同赴嘉兴寺吊叶老伯母。在无量大人胡同西口乘十一路无轨行。到寺时宾客尚稀,有顷,陆续至,多教育部及人教社领导人物,其他皆叶家亲戚、老友,因晤元善、云彬、晓先、介泉、乃乾、龙文、芝九、绍华、达人、雁冰、仲仁、均正、韵镛、叔湘、晓风诸人。十时致祭起灵,分乘三车出西直门,径赴福田公墓。予与乃乾与圣陶共载。临穴会葬毕,已午后一时许。亲友于归途中沿路各散。予则仍偕圣陶返其家。至二时后始进面。餐后,与至诚、至美闲谈,三时三刻行。在九条东口乘十路南归。到家已四时十分。颇感倦累矣。

夜饭后,清儿、汉儿、元锴、元鉴、建昌皆来。因同看电视。顺林亦至。且看且谈,电视转播铁道文工团演出歌剧《洪湖赤卫队》,九时半,清、汉、顺林等咸去。十时许演毕。予乃就寝。

2 月 13 日（十二月廿八日　丁丑）**星期一**

晴,寒,有风。

晨六时起。本想过访颉刚,以昨闻其夫人云患喘卧床也,而风劲惮于出门,竟未果行。八时后,摊书点读,至午尽《提要·子部》儒家类一。

午饭后,升基来。有顷,滋儿亦至。盖昨晚归来,已放春节假矣。因与润儿共谈。润痫未痊,仍休息在家。故得兄弟叙首也。三时许,升基去。四时半滋儿亦归去。予乃续点儒家类二,垂暮尽三十九页。倦甚,乃止。

夜饭后,看电视新闻,中苏友好互助条约签订十一周年(明日正日),首都联欢情形,及中苏合作影片《风从东方来》,八时三刻完。予取汤拭身濯足,易衷衣就寝。十时后,始入睡。

时风作有声,撼户震窗。

2月14日(十二月廿九日　戊寅　除夕)星期二

晴,寒。

晨六时起。七时半,续点《提要》儒家类二,至九时半毕之。润儿挈宜孙于八时同诣赵家楼门诊部就诊,近十一时乃还,谓宜孙已痊,虽续服药,而不须再往矣。润则尚未肃清,三天后仍须复诊云。予于其间续点儒家类三,午饭后,赓为之,至三时半,并儒家类四亦尽之。

午前接政协秘书处通知,明日春节之夕,人民大会堂举行春节联欢大会,又接湜儿自右安门外农场来信,以春节值班不能归,特书此向予及全家拜岁也。滋儿昨约今日下午来省,候至三时,来电话,谓铿孙小不适,不能来云。六时许,琴媳下班归。于是与润、琴、元、宜、燕及许娲团坐吃年夜饭。虽物资供应较紧,亦居然欢度庚子岁矣。惟滋家住城外,未能共餐。湜亦以值班故,不及赶回。李妈则已于昨晚乘车返顺义耳。潘已数日未来,汉亦仅通电话,清则于下午四时许曾挈新新来省焉。

夜饭后,看电视春节晚会,节目甚富,六时半即开始,殿以海燕厂新制片《黄浦江的故事》(陈西禾编),十一时半乃毕。润、琴且看且搓制小汤圆,元孙十时即睡。其他皆未睡,予则于电视收场后,从容就寝,已十二时,交辛丑岁首矣。

2 月 15 日（辛丑岁正月　大建庚寅　己卯朔　春节）星期三

晴，不甚寒。宜有阳春景象矣。傍晚，日食，予等皆未及见。

晨六时起。八时偕润、琴、元、宜、燕过章家拜年，在座晤云彬、雪舟。九时许，偕雪村、元孙走往干面胡同看颉刚及藏云。各谈半小时，十时半回家。

坐定后，刚主见过。有顷，绍基、劳洪至。又有顷，冠英、友琴至。绍基、劳洪行。予等四人谈至午刻方罢，刚主、冠英、友琴同去。时汉儿一家饭后来拜年。潘儿、文权、清儿一家，湜亦以值夜班故赶回。因共进午饭。升基亦饭而后至。

是日来饭者各携主食、副食会同合餐。适应当前环境，抑亦生活史上刱例也。

午后，芝九、尔松至，趾华至，言方自厂甸来，今年无例设，竟无一摊也。芝九三人先后各去。四时后，静庐至，倾谈抵暮始去。

予家六时即晚饭，湜仍去值夜班。潘等亦都去。故晚饭时，仍与平日一般耳。饭毕，予即偕润儿挈元孙出，乘十路至天安门，车上遇平凡，遂偕入人民大会堂。盖今日为京中六大单位（一全国人民代表大会常务委员会办公厅；二中华人民共和国国务院秘书厅；三中国人民政治协商会议全国委员会秘书处；四中共中央华北局办公厅；五中国共产党北京市委员会办公厅；六北京市人民委员会办公厅）联合举办春节联欢晚会。予被邀参加也。先后接两柬，先为政协寄来者，注明可带家属，后为所中送来者，每柬注明一人云。予等祖孙三人携两柬以往，可谓双料参加矣。正堪自哂矣。是夕，邀请面广，到者綦多，每一开放处所皆挤满，即休憩饮茶处亦几无隙地，而寄存衣帽各处尤都告满，只得手挟外衣，寻一较隙处坐息。

润、元则各处逛逛,竟无一处坐定观览也。在场偶遇李俊龙、唐立庵、陈公培而已。他熟人则茫茫人海更无觅处耳。(日间约云彬在彼相晤,竟无见面之机。)九时半即离会堂,走至天安门东首,始得乘十路(会堂东门、北门外停放汽车皆满,并公共汽车亦无从停靠。)径归禄米仓,徐步归于家。

少坐即就寝。栗六竟日,劳倦甚矣。是日日蚀。

2 月 16 日 (正月初二日　庚辰) 星期四

晴,和。

晨六时四十分起。八时,雪村、翙如来。湜儿亦下班归来矣。与雪村等谈至九时许,别去。予亦继出,乘十路到朝内大街下,遇冠英,立谈数句,即往头条访友琴。途遇厚宣、天木及王毅,招呼而已。至友琴家,友琴适出,予即径诣十六号访介泉夫妇,皆晤及,畅谈有顷,友琴亦至,复谈至十时半行。仍乘十路返家。来往车挤,自可想象也。

到家未久,佳生见过,正谈顷,晓先率其子女来,佳生旋去。予与士秋、士方等谈至午刻,乃辞去。

午后未出,滋儿来,四时去。潜儿、汉儿、元鉴皆来。五时半,元鉴返校。潜、汉为予裹饺子。夜饭后,昌硕、建昌、士秋、士中皆来,同看电视影片《林海雪原》。元锴、元镇亦至。(升埙午间来,三时许返校。)九时半,电视完毕,士中讲述亲遇剧中真人,所述事实真相尤为振奋,十时半许乃已。潜、汉、锴、镇、硕、昌、秋、中皆归去。予亦与湜儿就寝,已十一时许矣。

刘锦汉下午四时三刻来访,少坐即行。

2 月 17 日（正月初三日　辛巳）星期五

晴，和。

晨六时起。九时，与润儿挈元、宜两孙出，乘十路北至东四九条东口下，在十条东转六路赴三里屯，下车南行，滋儿已抱铿孙在接候矣。到滋家，坐息多时，至十一时三刻，濬、清、汉三儿至，十二时半，湜儿至（八时出看电影，至是始赶到）。于是，共坐午饭。饭后二时行。濬径归，汉同乘六路至十条，径去。予与元孙走访八条叶宅，知圣陶偕至美、至诚等往荣宝斋，仅晤满子，少坐便行。挈元孙在六条东口，仍乘十路南归。到家则湜已骑车先归。润亦携宜孙得雇三轮安返矣。上午农祥见过，未晤为歉。

傍晚，予偕润、湜、琴、元、宜、燕同往遂安伯胡同章家夜饭，汉、滋，皆踵至。濬则以倦未到耳。迩来每至一家各携壶飧自随，已成惯例，则亦甚安，并皆欢畅。饭后谈至八时，予偕滋儿先行。滋送予回家乃去。未几，润、琴、湜等亦归。仍看电视，播送杂技魔术。九时许罢，即就寝。

十时后，接政协送来最急件，启视则徐秘书长邀约十九日下午五时在第一会议室为文史资料进行座谈，并备便餐云。

2 月 18 日（正月初四日　壬午）星期六

晴，和。

晨六时起。九时，沈晓寰见过，谈次，朱继文至，晓寰旋去。继文云即将下放往皖北。谈至十时半去。十一时，灿然车来相接，盖愈之今午在四川饭店请客，特嘱顺道过接者。维时车中已载灿然父子及彬然、调孚，予坐入后又过接云彬，径诣绒线胡同西口里四川饭店。直入内院,则愈之、燕铭、圣陶、平伯、文叔及陈翰伯、赵平生已先在。稍坐至十二时许,即开宴,肴既丰腆,酒亦清冽,予为开戒饮四川黄酒斤许也。宴罢,长谈于文章作风、标点适宜等诸问题,各抒所见。一时三刻,愈之先行,以须赴体育场参加抗议美帝阴谋杀害刚果总理卢蒙巴也。予等续谈至二时乃起行。仍坐原车送回家门。

琴媳告予,政协有电话来言,明日下午之会改于上午十一时举行云。

五时前,润儿挈元、宜两孙归。上午伊等偕湜儿同过汉儿家,顷方言旋。湜则别往听音乐矣。有顷,滋儿、佩媳来,言方过潃家,全家外出未之晤。少停便偕往汉家。顺告铿孙患肺炎,昨晚滋归后抱往医院求急诊,经注射下药,今日已平复云。滋等行后,予摊书续点《提要·子部》儒家类存目一,至五时完。

夜饭后,看电视,文权、潃儿、预、颉、硕、锴、镇五外孙皆来。播送节目为伊拉克队与中国青年队篮球赛,及科学影片《星际旅行》。予倦眼屡合,勉强终局,权等皆去,予即就寝。

2月19日(正月初五日　癸未　雨水)星期

晴,和。

晨六时起。拂拭书案,整理楹架。

十时十分出,乘十路至石驸马桥下,再转七路到政协。本当在麟阁路换车,因两站相距远,欲择较近距之点调乘,故出此,讵料石驸马桥两路(十路与七路)停靠之站亦正不近,殊堪自哂多事耳。

到政协礼堂正十一时,晤颉刚、循正、修和、东莼、伯纯诸人。

坐定不久,即由徐冰宣告座谈会开始,并言所邀请者为政协文史资料研究委员会委员及文史馆(中央及北京市)馆员。随谈文史资料如何展开征集、研讨诸问题云。继由范仲沄报告本会经过大端,旋复由徐冰声称今日之会兼为欢迎新的工作委员七位,一一提名介绍。首举溥仪,(予已先得载涛介绍,谓系本人舍侄云。)并云前皇帝陛下,溥即起立言系中华人民共和国公民,全场报以掌声。继介绍杜聿明、王耀武、宋希濂等(馀人未听清)合座一一鼓掌应之。继由陈毅副总理讲话,于国际形势言之甚详。谈次,周总理至。午后一时许,皆起就席。凡七席,中设一席,两翼各列三席,主人周总理、陈副总理、李维汉、徐冰两部长偕叔通、颉刚诸老坐中间,予与觉明、循正、独健、公培、研因及其他三位(一未请教,馀二位皆政协秘书处人。)同坐西首第三席。是日,盛设饮茅台酒,周、陈、李、徐遍巡敬酒,溥仪等诸人亦如之。畅饮至二时后乃罢。

散席后,予偕觉明即行,乘七路到和平门下,转十四路出城,抵琉璃厂径诣来薰阁参观古书展览。予看定明刻汤显祖《书经讲意》及精刻巾箱本《四书集注》、文氏《姑苏名贤小纪》等三书。先为登记,俟展毕后处理云。旋往东琉璃文物商店参观所陈列法书名画碑帖文物诸室,遇佳生、厚宣、政烺、真如诸人。并在文物店购得梁山舟字屏四幅(价只六元)。遂别觉明,挟以行。仍乘十四路进和平门,在六部口转十路东归。车挤异常,竟植立至禄米仓口,然后步返于家。

润儿今日上班,琴媳则明日乃始上班,故仍在家料理。元孙今日生日,整十龄矣。夜间以汤饼作饭,汉儿亦及焉。

夜饭后,开看电视,文权、潆儿、预、颉、硕、锴、鉴五孙皆至。清儿亦来。电视所播为苏联影片《火热的心》，八时三刻即完。滋儿踵至，告今晨去农场后社中即召回，属即刻携袱被返城，明日谈话确定往何处干农业第一战线工作云。是将与继文等同时下放矣。谈至十时许，归去。濬等亦去。予亦就寝。

2月20日(正月初六日　甲申)**星期一**

晴，和。中昼前后大见春煦矣。

晨六时起，待滋儿来报下放洽谈情形，直至十一时许，乃来言，已与社中负责人谈过，知为参加下放万人干部，三月上旬出发，先赴合肥报到，然后转安庆，即分发在皖南地区农村第一线当干部，为期三年，将来是否仍回原单位工作则未能定。在此三年期内，一切工资待遇均照北京原单位办理，眷属则仍居北京，佩媳工作岗位不动云云。予惟有勉励而已。

濬儿十时来，十二时许去。午饭后偕滋、湜两儿及元孙出游，先乘十路到东单，步出崇文门乘有轨电车赴天坛北门，径诣皇穹宇西侧茶棚下茗憩。四时许起行，仍出北门，乘电车返崇文门，再转三路无轨往东安市场，试往湖南馆子奇珍阁一探，居然在楼下觅得一座，四人份菜十七元，量尚丰，而口味不甚与予合，但滋、湜、元皆满意获饱，则亦大慰矣。六时半离去，步行归家。抵门已七时，家中人亦已饭毕矣。

予开看电视，故事影片《母亲》，八时廿分即完。润未归晚饭，在馆中开会后始返，已将九时。琴媳晚偕清、汉往看吴述琇，九时半始归。

滋儿晚八时归去。明日开始学习，准备下放也。十时就寝。

是日上午平伯见过，长谈并出除夕所作《重游鸡鸣寺感旧赋》,予低徊诵读,爰命湜儿录存之。

2 月 21 日(正月初七日 乙酉)星期二

晴,煦。

晨六时起。九时,昌硕先来,谓其母及二姊将来看电视《聂耳》。有顷,濬儿偕昌预、昌颉至,乃开电视观之。予则以其间点读《提要》。十一时半,电视毕,濬等去。予延读至十二时,点毕子部儒家类存目二。

午饭后,与湜儿偕出,乘十路到中山公园,换五路至西华门走访乃乾。谈移时,三人同出,乘五路到大栅栏,步往琉璃厂,先过宝古斋一看文物,复诣荣宝斋及来薰阁一看笺、扇及古籍。予已再至,湜则初往。途遇厚宣,立谈片刻,到来薰阁晤王子霖,盘桓闲眺,四时五十分行。与乃乾同乘十四路北行,予父子在六部口下,再换十路东行。车仍挤,五时半乃得抵家也。

夜饭后,汉儿、元镇、元鉴、建昌皆来看电视,转播北京京剧团演出之《刘三姐》,八时半,建昌即去。九时半,电视毕。十时,汉等去,予亦就寝。

2 月 22 日(正月初八日 丙戌)星期三

是日,文学所转来三件:一越特金贺春节片;一中华书局上海编辑所信,告别缄寄回《李白年谱》,谓已抄成副本,留供参考,极为感谢,如能仍寄去出版,则更感云云;一即寄回之《李白年谱》稿也。因收贮于箧,并将中华迭次来信附存焉。(纸不足,移别册。)

2 月 22 日[①]（辛丑岁正月　小建庚寅　己卯朔　初八日　丙戌）**星期三**

晴，和。

晨六时起。湜儿六时四十分出，御骑车径赴右安门外榔子井廿九号外文印刷厂农副业生产队上工，或须下星期二乃归休也。

七时后，料理杂具，分别归聚。盖春节已过，客用杯皿等皆当收拾耳。

八时半坐定展书，点读《四库提要·子部》儒家类存目三，至十一时毕之。

近午接十九日漱儿来信，详告上海副食品供应情形，力请去沪小住。予未尝不为心动也，然诸儿多有外调及下放之讯，中心不无波动，恐短时期内未必遂成事实耳。

午后续点《提要》至四时，毕《子部》儒家类存目四。于是，儒家类之书尽矣。滋儿四时来言，今日参加学习，明日将在家写东郊工作时思想总结，下午赴结核防治所复查，然后再来家省视云。谈至五时半归去。

夜饭后，看电视《十二次列车》故事片。潴、权、硕皆来，知预、颉都分别返校，准备开学云。八时卅五分，电视毕。潴等归去。予坐至九时后亦寝。

2 月 23 日（正月初九日　丁亥）**星期四**

晴，煦。

晨六时起。八时点读《提要·子部》兵家类。九时，外孙卢元

---

①底本为："一九六一年二月廿二日至四月廿五日日记"。原注："廿六晨巽老人自署。"

镇来省。十时,屠思聪见过,谈至十一时半,辞去。元镇则先已告
归矣。予又续点兵家类,饭前毕之。

午后点读《通鉴补正·汉纪十七》,中辍垂一月矣。迄三时,
仅完十八页。滋儿约午后可早至,待至三时未见来,乃写信复漱
儿,以滋下放事告之,并言不能即赴上海之故。四时许,滋儿至,谓
在医院复查极道地,又摄得透视片,据断可参加一般劳动云。正因
此故,所以来迟,且少停仍须赴社参加检定也。未几,即行。予即
以寄复漱儿之信交伊带出投邮。

上午思聪来前,沈晓寰曾来访,假去《公孙龙子》、《尸子》合一
册(备要印本)。夜饭后,看电视,影片《三八河边》。九时就寝。

2 月 24 日(正月初十　戊子)星期五

晴,煦。午前及晚间有风。

晨六时起。八时续点《通鉴补正·汉纪十七》,至十时毕之。
赓点《汉纪十八》,亭午亦完。久辍复读,亦复津津焉。

午饭后,滋儿至,谓社中以各人须写书面检定放假半天,俾在
家捉笔。伊昨晚已先写成,故来省。予因请同出散步,遂偕行至禄
米仓西口,乘十路北去,在文化部前改乘一路无轨赴西郊。在二里
沟下,步往紫竹院食堂,有鱼可餐,而为时过早,未合素习,而茶座
却椅位撤除,灶不生烟,只得登土山之巅,坐亭槛纵眺西山秀色。
时日晶无风,旷怀领略久之。四时下土山,扬长出紫竹院,在白石
桥乘卅二路返西直门,再转五路无轨径达正阳门外大栅栏,盖闻老
正兴已恢复往昔供应,好奇一往访之。至则办法与仿膳诸家同,分
人数供应份菜耳。仍须挨座立候。予与滋儿望之然而去。即乘二
十路入城,到南河沿下走往政协文化俱乐部,途遇至善,立谈片晌

握别后径赴食堂,得座就餐(已不需取餐号)。餐次晤梁纯夫、曾世英、庄明远、张明养。六时半离部,仍乘十路东返。甚挤,勉强立到禄米仓耳。归家已七时。润、琴、元、宜等已晚饭过矣。

予坐定,开电视看之,为评剧《红色联络站》。潏儿、文权适至,遂同观焉。八时三刻罢,潏、权去。予乃取汤就炉旁濯身洗足,易衷衣。就寝已将十时。

2 月 25 日(正月十一日　己丑)星期六

晴,煦。

晨六时起。八时点读《提要·子部》兵家类存目,十时毕之。适尽一百卷,得全书之半矣。

午饭后,打盹片刻。三时四十分出,乘十路到麟阁路,转七路赴政协礼堂,径上三楼,购得茶叶及糖水苹果一瓶,旋就小食部定得二类点膳一份。晤涂允檀、邵循正、周亚卫、吴世鹤、王复初、戴叔源。五时半乃得食。食已,吕叔湘至,与少谈即离礼堂赋归。出门遇章廷谦及陈青士,仍乘七路回麟阁路,候转十路,人挤不得上,等三辆过后,始得被拥而上。至西单居然得坐,但沿途上载有如潮涌,比到禄米仓竟阻不得下,被带至演乐胡同东口,始得被拥而下,只索乘月走归。到家已七时矣。

七时半,开电视看之。八时廿分,潏儿、文权、昌预来,同看电视故事片《太阳刚出山》。十时许毕,潏等去。予乃就寝。

琴媳言遇汉儿,谓今晚当来小雅宝,迄未至,不识何故,滋儿亦未来,并无电话,皆念之。午前,中华朱树春电话,询属钉书册之纸张为几开?予告之伊云,即属钉工张瑞方来洽。有顷,张至,据云乃乾嘱托购纸后,三次只买到八十张,仅敷钉十册,且乏切齐刀具,只得毛钉。予诺之。是今后日记难可望如往昔矣。

2 月 26 日(正月十二日　庚寅)星期

晴,煦。

晨六时起。八时点读《通鉴补正·汉纪十九》,至午完。于是汉宣帝事终矣。

午后偕润儿出,乘十路至南樱桃园转五路到陶然亭,茶于慈悲院之西廊。于时,风日清和,颇饶春意,坐至四时起行,出东园门,南走达永定门车站,适值班车抵站,公共汽车及电车两站排队成龙,殆及千人登车,势已无望,乃还陶然亭,再出北园门,仍乘五路北抵长安门西,再转十路返。到家已六时十分矣。

晚饭后,看电视,话剧《上海屋檐下》。潜、权、清、汉皆至。昌昌、元鉴亦来。十时许毕,潜等去。知滋儿、佩媳午后曾来省,未之见也。十时半就寝。

2 月 27 日(正月十三日　辛卯)星期一

晴,时昙。室外颇有料峭之感。

晨六时起。待潜儿至,八时半不至,乃独出赴北京医院,在禄米仓口候十路车。人多,挤不上,适有一三轮自北来,乃雇以乘之,径到医院。挂号后,坐待就诊。遇孔德芷、徐眉坤、周海婴、沈雁冰等。未几,即由郭普远大夫接诊。八九月来未遇郭大夫矣。今又值之,自有旧雨之情。据言一切稳定,不发展在病情说可谓一般正常,但属转眼科仍须检查眼底有无变化,遂依属转往。结果亦云十月来无变化(去年五月查过),十一时半始离院。(放瞳孔点药须历一小时,验后又须点收敛水。)郭大夫处方只用萝芙木一种,继又加维生素 B10 及芦丁片。眼科则未配药。出门后以放过瞳孔,颇茫然,幸濬儿于九时许踵至,得相将返东单,乘十路去南河沿,走往文化俱乐部食堂进午餐。意外不挤,坐定即得传食。十二时十分即罢。仍乘十路东返。到家正十二时四十分。润儿尚未归饭也。有顷,润归。滋儿亦饭已来省。因与濬、润、滋谈家常。

二时,润上班去,濬儿旋亦去。滋则至四时许归去。予小盹片晌,六时即夜饭矣。

湜儿七时归,谓明日不休息,早九时即当在永定门车站集合,又须从右安门农场徙往京津线安定站附近之农场矣。(原右安门外之场地交还当地人民公社,另拨安定农地与外文社,故先遣十人前往,湜在其中。将来农场全移往。)有顷,濬儿复至,汉儿亦来。乃开电视机看之。沈云瑞、吴述琇伉俪来访,因同看苏联影片《海军少尉巴宁》,八时廿分即完,复与云瑞等长谈。八时半,濬儿归去。九时,润儿归。九时半,云瑞、述琇去。十时,琴媳乃归。

十时半就寝。予与湜儿同榻。汉儿与元孙同寝。

2 月 28 日(正月十四日　壬辰)星期二

初昙,旋晴,气薄寒。

晨六时起。汉七时半上班去。湜儿八时出,径赴永定门车站,趋期会。予偶兴为平伯近作《感旧赋》撰跋语。十时许,湜儿归,谓到站晤接头人知车票未买妥,且待下午四时车行,三时再在该站集合云。因为予归聚已往各期《历史研究》及《文物》杂志,分年包扎标号入架,以积久尘封,急切又不得觅人装钉,只得出此暂计耳。

午前为中华书局审阅浦二田《读杜心解》出版说明,即函复调孚,于午后交润儿带还之(此件即由润昨日携回者)。饭后,滋儿来。二时,湜儿动身重赴永定门车站。滋儿偕送前往。予乃点读《四库提要·子部》法家类。三时许,友琴来谈,并与商略数事,四时半去。

六时,润儿归。未几,即晚饭。滋儿亦到。谓亲送湜儿到站后,已在前门外用过晚饭矣。有顷,汉儿来,因同看电视,中国京剧院第一团演出之《野猪林》。八时后滋儿归去。予乘电视休息之顷,点完法家类及其存目。托乃乾转嘱张瑞芳,代钉之纸册十本已由朱树春交润儿于今日带回。纸钉毛装,亦别开生面也。十时就寝。汉儿留宿。

3 月 1 日(正月十五日 癸巳 元宵节)星期三

晴,煦。

晨六时起。七时后,汉、润、琴皆上班去。八时,始重读《说文》,依段注本点阅每一部毕,再以《说文诂林》诸说参之。今后拟上午读《说文》,下午轮点《通鉴补正》及《四库提要》,姑以此为程,不识能贯彻否耳。近来视力尚能看大字,乘此炳烛之明,或克温故知新,为古为今用复效涓埃壤流之助乎? 至午后二时始读毕一部,及《诂林》一部诸说。

午后,滋儿来省,谓顷得领导通知,四日或六日即成行云。谈至四时半去。五时许,清儿来省,谈有顷,得滋儿电话,约明晚聚餐,已在森隆打听过,可不成问题云。续谈至近六时,清归去。而润儿随归。未几,琴媳亦归。遂共夜饭。饭毕,启电视看之。文权、潘儿来,顺林亦至。同看故事影片《换了人间》,九时半完。潘、权、顺皆去。予亦就寝。接元鉴电话,告其母今晚偕伊看三舅,同归景山东街矣。

3月2日（正月十六日　甲午）星期四

昙，时阴，亦偶见日。气却料峭。

晨六时起。八时点读《说文》段注上部，并参《诂林》上部罗列各说，抵午乃毕。友琴九时许来谈，顺以所作《谈杜甫题画诗》一文相视。予为略提意见，十时半辞去。

午饭后，滋儿来。有顷，佩媳有电话与之，匆匆即返三里屯去。

午前接湜儿昨所发信，知前日傍晚即安抵大兴安定站，步往农场仅十分钟。是离车站不远也。一切详情当有续报耳。

二时半，滋儿复来，与谈外出工作应行注意各项事宜。三时半，藏云见过。因亦于滋儿参加万人干部事多所勉勖，真蔼然长者之言也。四时三刻乃去。

五时许，予留条与润儿，嘱见条即行，遂偕滋儿同出，徐步往金鱼胡同西口森隆菜馆定得三楼一室，并备十人用肴具一席，瀹茗坐待。六时许，陆续见到。先为清儿，继为潘儿、文权、汉儿、佩媳、琴媳，最后润儿乃至。九人团叙共致欢庆。（一为予生日；二为潘儿五十岁；三为铿孙、燕孙周岁；四为诸儿之下放外调者祖送；五为合家新春志喜，兼赏元宵。）六时三刻开始，七时半乃罢。肴核质量皆佳，价虽提高（二十元主食，酒浆在外）而丰腴足偿所欲。近年稀有之遇矣。所惜湜儿适在安定，未克同预斯席，不免向隅耳。

七时四十分，离森隆，滋、佩骑车径返三里屯。润、琴亦骑车前驱归家安顿。权、潘、清、汉侍予缓步东行，先送清归遂安伯胡同，然后同归小雅宝。家中饮茶闲谈至十时许，潘、权归去。予与汉亦就寝。是夕月蚀。

3 月 3 日 (正月十七日　乙未) 星期五

晴,午后大风扬尘,风中颇冷。夜深月明如昼。

晨六时起。七时半,汉等陆续出门上班。八时后,予为所中阅新出版《不怕鬼的故事》(此书昨日佩媳为予购到),颇有选题欠妥或注释未安处,拟逐一签出,俟便交友琴参酌。

午饭后,滋儿来省。告知八日成行矣。因与偕出,乘十路到天安门,步入故宫,在历代艺术馆第二室浏览一周,即过青铜器馆,前后部涉历一过,以风起未携外套,三时半即出神武门,乘一路返南小街转十路南归于家。

坐息多时,始回暖。五时许,滋儿归去。

傍晚润、琴相继归。即晚饭。饭后,汉儿至,因同看电视,北昆《挡马过关》及《相梁刺梁》,九时半毕。即寝。

3 月 4 日 (正月十八日　丙申) 星期六

晴,较前昨为和。

晨六时起。七时半,汉儿出,既而润、琴亦上班去。

八时续看《不怕鬼的故事》,直至下午三时乃通读一过。凡签出十四处,尤于科举制度涉及者,详述之,有便当送与友琴参酌之也。

午后,濬儿尝来,一转即去。知清儿患感冒,伊陪之就医两处,皆碰壁,盖,星六下午拒诊云。此亦大可诧叹之事矣。病亦可随便耽阁耶?(制度如此,无奈之何? 夫复何言!)

四时后点读《提要·子部》农家类,并其存目,毕之。

六时半,润、琴俱归夜饭。饭后看电视剧《长发妹》及保加利亚影片《第一课》。昌预、昌硕来同看之。九时半完,预、硕去。予小坐至十时许,亦就寝。

是夕,汉以诸孩皆假归,须料理诸事,下班后径归其家未来。

3月5日（正月十九日　丁酉）星期

晴,和。

晨六时半起。今日为燕孙周岁,午前,滋儿、佩媳挈铿孙先至,汉儿及锴、镇、鉴三孙,与大璐继至。清儿及昌、新两孙后至,皆齐集进面。潛儿、文权及预、硕两孙则饭后乃到。午后就庭中摄景十数帧,润、滋、锴轮为之,直至四时许,锴、镇、鉴、璐、清、昌、新、预、硕皆去。有顷,雪英至。权、潛去。

五时半,汉儿、琴媳送雪英归,顺访朱继文及卢漱玉。六时许,滋儿、佩媳挈铿孙归去。夜饭后,润儿往工人体育馆参观开幕典礼。九时一刻归,云潛、滋虽都在场,以人多地大,竟未遇也。

予等在家看电视,冶金工业部文工团越剧团演出《红楼梦》,十时后始毕。汉儿旋去。予亦就寝。夜半起溲,月明如昼。

3月6日（正月二十日　戊戌　惊蛰）星期一

晴,较昨稍冷,夜月仍姣。

晨六时半起。竟日未出,谛读《说文诂林·示部》各家说,抵暮仅及祀篆也。

滋儿未来,下午有电话,谓报户口理行李等,不可开交,四时后,又须赴团中央开会云。旋又接清儿电话,知今日已上班,下班时过滋儿,帮同滋将行李送至青年出版社矣。

夜饭时,汉儿来(已饭过),琴旋归。润则因学习未归晚饭。

七时看电视,故事片《万紫千红总是春》,九时许毕。润亦归,遂各就寝。

3月7日(正月廿一日　己亥)星期二

晴,有雾,薄寒,午后有风。

晨六时起。七时半,汉儿赴新华上班,予亦继出,携干糇诣乃乾所,(先乘十路,后转五路。)谈至八时三刻,偕其伉俪同出,乘五路到地安门转七路无轨,到西直门,再换卅二路,径赴万寿山。十时廿分入颐和园,循长廊直至石丈亭,排队就食者已成长蛇阵,久立风中,殊不耐,遂北抵宿云檐上后山,先至画中游,继至须弥灵境,直下北宫门,循后河北岸(所谓苏州街已全改旧观)东行,达谐趣园之岚冶,遂下,沿涵远堂、知春堂、知鱼桥等处出谐趣园宅门,经赤城霞起,穿德和园(俗呼大戏台)径达文昌阁下,觅座瀹茗,各出糇代饭,从容以茶下之。遇敏宜、铨庵、克贤,匆匆立谈数语而已。午后二时起行,入玉澜堂,穿宜芸馆,登山西诣佛香阁,又茶。茶罢,乃西下铜亭,摩挲久之,始拾级循排云殿之西,达于排云门,择地呼照相师,为三人合摄一景,然后扬长而东,仍循长廊,经宜芸馆、玉澜堂,迤逦出园东门,乘卅二路返动物园,乃乾夫妇乘三路无轨,予则乘一路无轨各归。予到南小街,再换十路而南,五时许抵家矣。知潏、滋两儿都来过云。六时半,润儿归。遂同夜饭。饭后看电视,评剧《无双传》。潏、权、汉、滋、锴、清先后来,乃撤电视共谈。滋儿明晨七时二十分车,径赴皖省(知为直抵蚌埠,即候分配,不再转合肥去安庆云。)矣。予于其行也多致鼓励,并书数语于花笺,属佩览,俾如时亲我謦欬也。近十时,潏等皆各归去。未几,琴媳亦归,盖为工作赶干,夜饭亦未及归来也。

十时半就寝。

3月8日(正月廿二日　庚子)**星期三**

晴间多云,仍寒。

晨六时起。六时四十分,润、琴俱出,径诣车站送滋儿行。将会濬、清、汉、锴等同晤佩媳也。予于滋之行,为其为人民服务,站在农业为基础之第一线也实赞成之,庆其走上当前最光荣的岗位焉。而父子之爱不能无私,于其别且久也,又内不能自克制,故不赴车站亲送,免临岐多感焉。此亦一大矛盾耳。如之何决之?

续看《诂林·示部》诸家说,抵午看至祖篆止。

接溆儿六日来信,告托人带食物与我,设法去取。下午续看《说文诂林·示部》,抵暮完祊、禧、祏、祉、祠、礿六篆。

夜饭后汉儿来同看电视,故事影片《向阳花开》,九时半毕,汉儿以鉴孙在家,即归去。

十时就寝。

3月9日(正月廿三日　辛丑)**星期四**

阴翳,近午始见晴,气仍薄寒。

晨六时起。八时展读《说文》段注,并参《诂林》诸家说,至午完禘、祫、祼、爨、祝、褶、祓、祈、祷、禜十篆。午后点阅《四库提要·子部》医家类一,卅二页。又点《事类统编》用贤、务农两篇。五时停罢。不尔辄数滋儿行程念之也。且亦兼及湜儿动定耳。

润、琴日来又为工作忙,晚间加班(琴且须延至十五日)不及归饭,只予及两孙同饭。饭后,看电视,苏联影片《伊里斯顿的儿子》。濬儿、文权至,有顷,清、汉偕至。八时半,润儿归。九时许,电视毕。潜、清、权归去。予即以漱信交潜,属向王树基(漱所托之便人)取食物。汉儿留。

十时就寝。十时半,琴媳始归。

下午五时,元善、颉刚见过。约下星二午后三时在政协礼堂三楼茶,并属转邀圣陶、平伯,六时一刻去。

3 月 10 日(正月廿四日　壬寅)星期五

晴,较和。

晨六时起。七时十分,汉出,径赴新华书店上班。有顷,琴媳亦上班去,惟润儿则八时一刻始出。盖指定九时在中直俱乐部听报告也。八时写信两封,分致平伯、圣陶,转告元善、颉刚之约也。

旋即专意看《说文诂林》,上午阅襄、襘、禅、御、褚、襟、褶、祆、祸、裯十一篆。下午阅社、禓、祲、祸、祟、禖、祙、禁、禫、祢、祧、祆、祚、十三篆。于是,示部全毕。又阅毕三部(无从属之字,亦考诸家说耳),殆傍晚矣。

潜儿午后来,为予出购物,五时许又予往德胜门外航空学院宿舍王树基所取漱儿托带之物。

六时,润儿归,即共夜饭。饭后,润出就浴。予启电视机看之。且看且待潜之归,乃久久弗至,殊焦急。夜深路远,惧有蹉失也。幸是夕电视转播北京京剧团演出之《文姬归汉》历时较长,十时后始毕。润、琴皆已归,而潜仍未见来。又有顷,乃偕汉至,盖潜先过汉,同诣航院,而航院门禁森严,不容访问,展转绕道抵宿舍已昏黑,又良久乃寻见树基。取物后,在站等候入城公共汽车,复耽阁许久,故至晚间十时半乃得到此。少坐后,潜即归家。汉留宿。十一时始就寝。

3 月 11 日（正月廿五日　癸卯）星期六

阴、昙、雾间作，午后始略晴，微有风，甚感料峭，夜有雨。

晨六时起。七时一刻，与汉偕出，拟乘十路去天安门，车挤未克登，会有三轮自北来，乃雇而乘之。汉则自去。予到天安门时尚早，乃入中山公园一转，然后再赴人民大会堂参加中共中央统一战线工作部召开之报告会。八时入堂，坐大厅卅排卅二号。九时开始，由陈毅副总理兼外长作国际形势报告。十二时半始毕。与年初五在政协礼堂宴会前所听者略同。而政策精神则加邑，妙绪泉涌，闻者忘倦。休息时遇平伯及其芳（亦坐卅排），于是散会时得乘所中车送归。（予出后，老赵即驾所中汽车来接，以事前未洽，竟相左。）车中与其芳、蔡仪、平伯闲谈，因及《不怕鬼故事》，其芳因索观予所签注之本，车过我门时，即取与之，并将平伯《感旧赋》亦面还焉。

到家已将二时，润及元孙等俱已出。予草草取食，才足果腹耳。

接澄儿六日贵阳来信，知尚未分配宿舍也。佩媳饭后尝来省，予归已行矣。午后写信两通，分复澄筑、漱沪。傍晚，润下班归，即令付邮。

四时许，中国书店店友刘清源来，为予送到中华书局新印《食货志十五种综合引得》一册、《艺文志二十种综合引得》三册、《能改斋漫录》三册，又上海美术出版社新印《明清扇画选》一百帧合装一匣，计价九十三元一角，即付讫。延谈有顷，乃去。据刘友云，伊服务之处已由隆福寺迁至国子监五号，称新华书店古书部某科（已记不真切）。扇面画选原色精印，几可乱真，偶一翻帑，致足欣赏。近岁所得，此其最矣。

今日星六，琴归晚饭。

七时，看电视，主片为八一厂出品《龙飞凤舞》，十时许乃完。清儿挈建昌、建新、小逸八时半来看电视，时已有雨，及看毕归去，雨虽略止，而路湿矣。知雪村伉俪今晨赴南京士敢家小住，为期将一月云。

十时半就寝。

3 月 12 日（正月廿六日　甲辰）**星期**

时昙，时阴，下午曾见细雨，气还暖。

晨六时起。上午欣赏《明清扇面画选集》六十帧。下午农祥、晓先先后来访，两度接谈，颇感疲。客去，天垂垂暮矣。外孙卢元锴亦偕其同学来听唱片，傍晚乃去。

润儿休息在家，上午理出旧书报若干，送废旧品收购处售去。下午督同许妈及元孙三人杜制煤球（利用碎积煤灰煤屑），亦至垂暮才毕。犹馀不少，须下次有机会时再续作云。

琴媳仍赴出版社加班，下午四时归。六时许共进晚饭。七时半，开看电视，古巴芭蕾舞团告别演出。潘、权、硕及润儿同事三人都来集，十时半毕。潘及客等皆去。予亦就寝。

3 月 13 日（正月廿七日　乙巳）**星期一**

晴，仍薄寒。

晨六时起。八时为平伯《感旧赋》重撰跋语，别纸书之，将于明日晤时归之。续赏《明清扇面画选集》，十一时阅足百帧。旋接点段《说文》王部，仍参《诂林》诸家说。午后二时，亦全毕之（王、闰、皇三篆）。

二时半独出，乘十路到九条下，走八条访圣陶。晤其父子，伊父子正忙于改文，予坐至四时即行。知明日政协之会未克践也。予离叶家，信步出八条西口，适六路无轨自南来，遂乘以赴东直门大街，在北小街口转十路南行，在禄米仓口下，走归于家五时矣。

随意点阅《提要·子部》医家类一，抵晚，仅数页耳。

六时半夜饭，与元、宜两孙俱。盖润儿参加学习，琴媳事忙加班，皆未归饭也。

饭前，佩媳来省，出滋儿蚌埠寄来两信，知尚在招待所学习及参观，究派何处工作则仍未分晓。七时许，佩归去。饭时，潛、权、汉皆来，七时开电视共看之，为苏联故事片《两姊妹》。予以不了然此事始末，头绪难绅，遂别就灯下续点医家类一，至八时完此一卷。八时廿分，电视毕，潛、汉、权复谈家常，九时半始见润归。潛、权去。有顷，琴媳乃归。

十时就寝。

3 月 14 日（正月廿八日　丙午）星期二

昙，仍冷。

晨六时一刻起。七时一刻，汉儿出，其后润、琴相继出。予拂几整书，摩挲至九时乃定。读《通鉴补正》，久旷矣。今乃展卷续读，至午毕《汉纪二十》，此后拟间日为之。所中送《中国文学简史》第一册、及《不怕鬼故事》两册，属读后提意见。后书我已先签出，当再细读之。《文学简史》为冠英、念贻、道衡三人分章执笔，尤宜谛阅，冀有所贡献也。

午后二时许将出，而介泉伉俪至，谈半时许，同出，伊等过外交部街访王硕甫，予则乘十路往麟阁路转七路到政协礼堂，赴元善、颉刚约。径登三楼，元善、颉刚、平伯三人都已先在矣。茗谈甚适。至四时半，同入食堂用膳。晤均正、之介、阜西、载涛、絅伯、寰澄、李觉诸人。六时食毕，仍留休息室茗谈。絅伯来会，谈至七时始起行。予仍乘七路转十路归家。

八时半，濬、汉、权自清家来省。九时三刻，权、濬归去。予与汉亦各就卧。润、琴则先已返家矣。

3月15日(正月廿九日　丁未)**星期三**

初阴转晴，气温如昨。

晨六时起。七时，汉儿即赴新华。八时后，接农祥电话，告湜儿工作地址(大兴县安定公社小营村对外文委农场)，但云恐不日又须搬移。予因即写一信，试寄彼处，一探究竟，盖湜离家已逾半月，未免惦念也。

十时半，冠英见过，谈《宋书·乐志》后低两格语，究属何氏问题？予谓，恐出刻书时附入之识语，似非沈休文原文也。谈至十一时三刻去。

午后二时，乘三轮往访乃乾，长谈至四时同出。过中山公园，在瑞珍厚各进八宝饭及糖火烧。旋过唐花坞一赏梅、菊、海棠，然后扬长出门，与乃乾别。乘十路东行，只以时届下班，较空之车仅到方巾巷，予姑登之，及抵方巾巷，续来之车益挤，竟缓步以归。到家已六时。予以过饱，仅啜稀粥一盂。

六时半，开看电视，濬、权、汉皆至，云瑞亦继来。九时半毕，濬等皆去。汉亦归视其女矣。

据告文权已发表调在东直门中医学院教英文，明日即往报到。

是仍隶卫生部，不必离京也。为之大慰。予日间啖八宝饭过饱，且莲子、栗子诸物掺杂太半，以此晚间腹中彭亨，泄泻三次，幸未作痛。十时就寝后，即未起便旋也。

夜接滋儿淮上信，告即将派往阜阳专区亳县工作，是接近河南商丘矣。

3月16日（正月三十日　戊申）星期四

薄寒，微阴。

晨六时十分起。泄泻已止。八时后，点读《通鉴补正》，至午仅及《汉纪廿一》之太半。

饭后偕潍儿出（上午十一时来），同乘十路往东单，步诣北京医院门诊部，接受身体检查。遇冠英、彦生、季康、棣华。二时开始，遍历内、外、眼、耳、牙、透视各科，并抽血验小便等，四时半始毕。惟大便须明晨补送耳。离院返东单，仍乘十路归。

夜饭后，文权来，同开电视，为苏联影片《阴暗的早晨》。予以未明其事之本末，竟辍看，仍续点《补正》，至八时半毕之。有顷，电视亦完，潍、权皆去。予亦就寝。

文权今日往中医学院报到，未遇负责同志，约明日下午往洽云。

十一时许，电话铃声大作，予谓必系误打，未之起。阅十下许，亦辍响矣。及十二时许，门铃声又大作，以为顷之电话乃政协所发或为有急件，故专人送信耳。亟披衣出，启门，则湜儿自安定归也。相对默然，各纳头睡，是电话亦伊所打出也。

3月17日（二月　小建辛卯　己酉朔）星期五

时昙时阴，气温不爽适，夜深有雨。

晨六时起。为湜儿事烦恼之至,竟不能定心阅书,不得不打五关(抹牌)为遣,勉强午饭。饭后即出,乘十路到麟阁路转七路,赴政协礼堂参加文教医卫联合组第九组组会。顺在小卖部购得水果、茶叶、花生、瓜子等,二时半开会,吕振羽主席,裴文中、唐兰、顾颉刚、张政烺、邓广铭、李祖荫、费孝通、赵君迈等皆发言,皆就百家争鸣、百花齐放问题发表意见,五时半始散会,(在场遇云彬、厚宣、觉明、斐云、王毅及从文、寿萱。)乃就食堂晚餐。与颉刚、云彬、祖荫同桌。六时半食已,予先行。仍循原路遄返,车虽挤,犹未误时也。

到家即开电视,为越剧《贩马记》、《写状》及《十美图·盘夫》。潘、权、清、汉、佩、鉴、昌、逸、新都来,鉴且携一同学来也。十时许毕。清等先去。潘等及鉴亦去。润儿归,为湜事同汉共向作苦口,予虽先睡,终不能寐,伊三人十二时始睡,予竟彻宵未合眼,三时曾起服安眠药,亦竟无效也。

3 月 18 日 (二月初二日　庚戌) 星期六

阴雨,微冷。

晨六时仍即起,竟夕未寐,当然疲软也。九时,本有所中座谈会,只得缺席矣。书勖湜儿,八时三刻即遣之行,俾即赴永定门车站,乘车前往安定。点阅《段注说文》玉部,仍参《诂林》诸家说。抵午止于珠篆。接所中电话,下午二时院中有会,属在家候车,当来接云。又接汉儿电话,知后天去通县劳动矣。

二时一刻,老赵驾车来接,冠英偕焉。遂乘以往科学院哲学社会科学学部二楼会议室。二时半开会,潘梓年主席,刘导生副之。谓将组设学习座谈会,今日为始,以后每周或两周举行一次,视情形而定云。即展开漫谈,由各所代表汇报各本所学习情况。文学所由冠英、唐弢发言。在座遇颉刚、叔湘、金岳霖、徐旭生诸人。六时许始散。予与冠英、唐弢同车,先送予归。时雨未歇,天气陡寒,闻人云曾间有小雪云。

夜饭后,看电视,《万水千山》。潜儿、文权偕来,九时许毕,即偕去。予以连宵失寐,即就枕,居然不久即入睡,醒来已翌晨四时矣。因起便旋。

3 月 19 日(二月初三日　辛亥)星期

晴,寒。

晨六时起。八时廿分出,乘十路到南河沿,径诣政协文化俱乐部第五会议室,参加民进中央小组组织生活。陈慧、董守义已先在。有顷,顾颉刚至,遂展开漫谈,于中美关系及联合国问题皆有涉及。十时四十分,梁纯夫至,又谈至十一时十分,予辞出先行。居然仍乘十路回禄米仓,比走归家中,潜、权、锴、镇已在。有顷,汉、预、硕继至。十二时许,佩媳挈铿孙至,潜、汉遂往清家邀之同来。盖润、汉皆将有暂离北京,分往唐山及通县劳动。特于今日提前为予七旬晋二生日叙餐志庆也。十二时半午饭,煮面作羹,各人又自携盘餐如曩例,甚欢叕。

下午三时后,潜等陆续归去。四时,佩、铿行,命润送之。四时半,友琴见过,就商注释数事。长谈至六时许乃去。润归告,已送铿等归三里屯。遂共晚饭。琴媳制苹果脯为予寿。予一引觞,以坊售露酒进。盖近日真酒难得进,是糖水耳。好在予已止饮。酒乎!酒乎!亦聊示形也乎?

饭后,看电视,转播青年艺术剧院演出席勒名著《阴谋与爱情》,十时半始毕,就寝已十一时。

3 月 20 日 (二月初四日　壬子) 星期一

初昙,旋晴,仍薄寒。

晨六时起。八时续点《说文》玉部,至午,毕璿、球、琳、璧、瑗、环、璜、琼、琥九篆。

午饭后,闷损甚,独出散步,信行至禄米仓西口,乘十路西南去,在牛街北口下,信步西去,适四路无轨迎面来,遂登之,直返东安市场。旧有新印旧书摊都已收却,只见过期杂志成堆待售而已。予遂望望然而去之。过丰盛公一转,亦未能引起食欲,即出金鱼胡同,乘三轮以归。到家未及五时也。

夜饭后,元孙为其李老师唤去。润在馆中学习,琴在社中加班,仅予与宜孙同看电视,苏联影片《我了解你》。正注视中,顺林来,八时半看完。润归,元亦随归。顺林告其母即将返苏,因邀请住来我家,俾就近登程云。九时半,顺林辞去。十时许,琴归。

晚接滋儿十六日亳县来信,知已安抵县中,但尚未派定究在何社耳。

十时十分就寝。

3 月 21 日 (二月初五日　癸丑　春分) 星期二

晴,和。

晨八时半出,乘十路北行,在文化部前转九路到北海,再换五路访乃乾。晤其伉俪,谈至十时许,同出,仍乘五路南行,至珠市口下,偕往煤市街丰泽园午饭。饮、馔质量俱已恢复,价则倍蓰不啻矣。十二时许即离席,联袂步出大栅栏,予约一三轮,遂别以先登,径归于家。时润儿方饭毕，尚未上班也。

二时十分予复出，乘十路到民族宫，再转七路，径诣政协礼堂三楼休息室，则元善、颉刚、研因、勖成已先在。谈次，圣陶亦至。话题纵横，颇有裨益。乡里数十年老友，仍得聚首交谈，诚宜珍重矣。五时许，移就小卖部用点膳，即代晚饭。饭已仍茶叙，至六时半乃起行。予与元善附圣陶车行。到家将七时。家中晚饭方过。予乃开电视看之，盖评剧《降龙伏虎》也。九时半闭机，取汤洗身濯足，易衷衣就寝。

3月22日（二月初六日　甲寅）星期三

晴，和。

晨六时起。七时半，写信贺亲家花甲寿辰，并附二十元为祝嘏之资。以润儿今早袚被去唐坊助春播，琴媳又匆匆入社工作，未及付邮。当俟琴有暇时寄出耳。

九时后，续点《四库提要·子部》医家类二，至午仍未能点完此卷也。

午后无聊甚，独出散闷，乘十路到中山公园一游。适中山堂正在展吊陈赓大将，人众道拥，予乃循东廊绕来今雨轩出园东门，入阙右门转入午门，径诣宁寿宫参观古代十大画家展览会。凡陈列晋顾恺之；唐李思训；宋王诜、米芾、米友仁、李公麟；元倪瓒；明王绂、徐渭；清朱耷作品及后来传派各家作品一百馀件。有手卷、有册页、有挂轴（画外有法书尺牍及诗文杂稿）。皇极殿、宁寿宫两处皆满矣。依次涉览一过，兼及两庑所陈近代画家作品。四时许始穿行珍宝馆出神武门，乘一路无轨到朝内南小街转十路归。盖风中颇冷，予未御大氅也。

夜饭后,看电视,故事影片《龙须沟》,九时三刻始毕。即就寝。琴媳加班归来,竟未之闻。

3 月 23 日（二月初七日　乙卯）**星期四**

晴,和。

晨六时起。七时四十分,琴媳上班去,因即以昨所写信交伊付邮。八时后,点《段注说文》,仍参《诂林》,至下午四时,凡毕《玉部》琬、璋、琰、玠、瑒、瓃、珽、瑂、瑞、璬、珩、玦、珥、瑱、琫、珌、璏、瑶、璩、珇、璪、璪,二十二篆。目倦神疲矣。

濬儿午前十时半来,午后四时去。为予晒衣。佩媳午后来省,未几即上班去。

予为乃乾向平伯托购昆曲研习社公演券六枚,今日午前,朱树春来代取去。傍晚,接湜儿昨日寄发信,告十八日抵安定后甚好,已订改造计划,争取早日成功。刻责既深,想能逐渐实现愿望耳。为之大慰。

晚饭后,启看电视,先为快板说唱《不怕鬼故事》,即以宋定伯捉鬼一事敷演成章,有声有色,可见此事大为推动矣。继为故事影片《海上神鹰》,九时后乃毕。即寝。琴媳晚班归,仍未之闻。

3 月 24 日（二月初八日　丙辰）**星期五**

阴,寒,午前后晴。

晨六时起。七时后,写信一寄友琴,属为《参考消息》续阅出证明;一复湜儿勉加劲,并告润、滋等近况;一复汉儿(十时许接来信报状),顺告湜信大概,寄湜者并附四月份粮票等(即属琴媳用特种信封寄出)。

　　九时许,佳生见过,谈移时去。

　　潏儿十时后来,同饭后偕往北海,一赏桃林之胜。去时乘十路南行,在方巾巷换十一路无轨到北海后门入,造濠濮间穿土山桃林,小憩亭中,花尚未臻极盛也。自土山下,绕琼岛一周,知仿膳已改点菜,居然牌悬红烧活鱼段云。暇时或可一过之矣。四时出园,乘九路至南小街,换十路南归。到家正四时半,潏儿送予到家,旋亦归去。时已见细雨。

　　予独坐久之,乃取《提要》医家类二续点之,至上灯时点完,即夜饭。饭后雨又作,予开电视看之。所放映评剧《呼延庆打擂》,系北京青年评剧团演出。颇有精彩,遂忍冷看完(以室内炉火已停)。十时始寝。

　　琴媳十二时始归,时雨大至,竟遭淋漓焉。

3 月 25 日(二月初九日　丁巳)星期六

　　阴雨,转寒。

　　晨六时起,因感冷,重升炉火,盖熄炉已多日矣。乃许妈术疏,生而复熄。再度燃柴,烟漫室中,又值雨不能出外以避之,遂尔饱受烟熏,良久始定。

　　九时后,展卷点读,抵午尽《四库提要·子部》医家类存目。今日为予七旬晋二诞辰,潏、清皆来会食。琴、佩两媳亦赶回,其实何必尔耶!

　　下午点阅《段注说文》玉部璗至瑞八篆,仍参《诂林》诸家说。

　　接澄儿贵阳来信,润儿唐坊来片,惟滋儿尚无信续至,未能通讯,尤为惦念耳。

　　六时晚饭,文权来,饭后因偕权、潏及元孙同往王府大街文联

大楼参观北京昆曲研习社第八次彩排。乘十路转一路无轨,至珠
市大街下,走抵大楼已将七时半,座客已满,予以敏宣招呼,得插坐
第二排,未几即开演。一、袁美成、过丽亚之《藏舟》;二、许淑春、
吴受璩之《琴挑》;三、王亨恺、陈颖、陈曙辉、金树华之《梳妆掷戟》
(仅及梳妆而止);四、韦梅之《思凡》;五、邹慧兰、王剑侯之《借
茶》,其中除剑侯熟识外,馀皆新人物,且多少年爱好者。演来认
真、活泼,视艺人无多让,殊称俊赏也。韦梅乃平伯之外孙女,年仅
十馀龄,全出周铨庵传授,尤具典型。十时一刻散,与元孙乘三轮
以归。在场见元善、芝九、颉刚、乃乾、圣陶、至善、农祥、叔源等。
人挤时促,竟未及多谈。

　　到家知元锴、元镇、昌硕、三外孙并锴之同学二人曾来我家看
电视,予归,去不多时也。

　　十一时就寝。

3 月 26 日(二月初十日　戊午)星期

　　晴间多云,仍感料峭。

　　晨四时半醒起便,旋返床,看《文史资料选辑》第十二,以待天
明。五时半,听广播新闻,六时起身。八时廿分,顺林奉其母至,谓
十一时四十分即须在新站启程。有顷,潏儿来,谈至十时许,潏儿
即送之赴车站,匆匆未能一饭,亦无一物可以相赠,至感歉仄。临
行时,托带二十元与幽若姊妹,亦聊表微意耳。

　　顺林等行后,予挟两孙看电视,先为童话片,继为苏联幻想科
学片《我是太阳的卫星》,描述宇宙航行安返地球情形,将来终能
达此愿望也,颇为兴奋。十一时半,潏儿返,告已送二姨母赴站,俟
其得坐乃还云。

午饭后,无聊甚,乃飘然独出,乘十路转一路无轨到北海,走至北长街访乃乾闲谈。四时十分辞出,乘五路至人民大会堂前转十路东归。十路挤时较多,竟摇摇立人丛中,直抵禄米仓乃下。

归家时,知濬儿已归去。琴媳则加班甫回也。近日心绪不宁,在家思出外遣闷,一出门,又复思家,恨不即时回到己室,如此情形,颇类珏人初起病时情景。或者予亦有类似之症中身乎?

夜饭后,看电视转播,中国京剧院四团演出折子戏三出,一《装箱待嫁》;二《宝钏守窑》;三《徐策跑城》。清儿偕小逸、建新来,九时三刻毕。清等去。予亦就寝。

3月27日(二月十一日　己未)**星期一**

晴,薄寒。

晨六时起。七时半,琴媳上班,予即以所中证件属向邮局办理《参考消息》续阅手续。

八时,濬儿来,因与偕出,同乘十路去东单,由大华路走诣北京医院门诊部内科复诊,并探询此番检查结果。坐待一时许,晤翦伯赞、何家槐,旋由蒋国培大夫(即日前任检查之内科大夫)接诊。据云一切平静,不发展,惟尿中仍有糖分,一月后再验血糖,仍处方开前药,又加维生素C一味。十时离院,过新华食品店,与濬儿同排队,各购得灌装香蕉一事、点心一斤(生平第一次乘兴),遂扬长而西,至文化俱乐部午饭。甚清,仅遇四五人,晤陈达一人而已。十一时五十分,即食讫。在南河沿乘十路东归。到家十二时二十分耳。元孙尚未归饭。有顷,元归,琴媳亦随至。谓饭已用过,邮局事已办妥云。二时前,琴仍去上班。予接湜信,知予所寄之信及粮票等尚未收到,因即写信详告,属即去小营村(伊近搬站上村)

洽取。并书告润儿以家中近况(伊到唐坊后曾有信来)。三时许,潏儿归去,即以此两信交伊付邮。

予展读《说文》段氏注瑕、琢、瑂、珍、玩五篆,仍参《诂林》说。五时即罢,目已不胜矣。

夜饭后,佩媳来,知滋儿仍留亳县未行。目前或已派到大杨公社云。予积念已久,明日当去函大杨公社一试之。未几,佩即去。适琴媳归视小儿,仍去加班,因同出。

予仍看电视,故事影片《两代人》,八时即完。九时就寝。

琴媳十时半归,予已入睡。翌晨见告始知之。

3 月 28 日(二月十二日　庚申)星期二

晴,气温如昨。

晨六时起。八时后,写信四封,分致贵阳、通县、上海、亳县,澄、汉、潄、滋四儿。十一时始毕。又为颉刚看所开苏州出殡仪仗单,颇有点定。盖颉所列已阑入民国非纯正清代仪仗也。

十二时午饭,饭已即行。乘十路至中山公园易五路到西华门,走访乃乾。谈至二时,偕行诣北海,由庆霄楼西侧径上揽翠轩,在白塔下遇颉刚,因同出轩北临台瀹茗。有顷,彦驯至,介汪季文同谈。又有顷,琢如伉俪至,甫坐定,叔衡至,分头纵谈,最后平伯至,复谈至四时半,一起下山,就漪澜堂仿膳晚餐,由彦驯、承行公局,此处饮馔一新,似已恢复畴景矣。是日,在局者以齿论,叶叔衡(景梓)八十一,予七十二,钱琢如(宝琮)伉俪皆七十,章彦驯、元善亦七十,顾颉刚六十九,陈乃乾六十六,俞平伯(铭衡)六十二,汪季文最幼亦五十六矣。凡九人不啻香山盛会也。六时一刻散,予与琢如伉俪及平伯乘一路无轨东归。由南小街步归于家。未及七时,天犹未黑透也。

坐定开看电视,为川剧《红梅记》,甚佳。九时三刻始毕。予亦就寝。

十时半,琴媳归。

3 月 29 日 (二月十三日　辛酉) 星期三

晴,较温,夜有风。

晨六时起。八时半,老赵车接冠英、友琴、平伯来过,遂同乘以趋文学研究所。九时开座谈会,其芳主持,叔平、晓铃亦来会,对《不怕鬼故事》序文编写经过有所报告。旋共同讨论句读、注释诸问题。除本所同人意见外,兼采圣陶、叔湘、从文三人所提者,仔细斟酌,十二时许,仅及四之一,乃车归午饭。午后二时半,又接去续开至六时,甫及半耳。因仍车送各归。约后日(卅一日)上午八时半赓为之云。

夜饭后,看电视,苏联故事影片《仇恨的旋风》,近九时乃毕。

元孙夜饭后应老师号召,月下往日坛修树苗,九时半始归。予俟其归乃就寝。十时后,琴媳归。

晚接湜廿七日信。予寄去之信及粮票犹未收到,颇为焦灼。

3 月 30 日 (二月十四日　壬戌) 星期四

晴,和。

晨六时起。七时半,续点《段注说文》,兼参《诂林》诸说,至十时毕玲、玪、玎、玪、琐、瑝、瑀七篆。

清儿来省,潜儿继至。因同出,乘十路转九路无轨到北海,径赴漪澜堂仿膳就餐。十二时半食已,潜儿为予赴前门大栅栏内联陞购布鞋,予与清儿仍乘九路转十路归家。清径返,备中班上工。予走返于家,适佩媳在,因与长谈,知铿孙牛痘已见回,甚以为慰。惟明后两天佩须赴东郊六里屯劳动,家中不无失照云。二时许,佩上班去。

有顷,溎儿自前门来,谓走遍大栅栏及王府井各家鞋店,或无货,或有亦非大即小,如予所用一般尺寸竟不能一遇,徒费时间不能必得云。据闻抢购所致,累及正当用户也。一叹而罢。

接颉刚电话,约在政协礼堂会晤。予于三时后出,乘十路到民族饭店转七路赴政协,径登三楼晤之。盖颉刚月例八次之晚餐已早满,而今天其夫人静秋适在彼开会,知予尚馀多次,故邀往共叙,俾可分享其伉俪耳。至此,予尚馀餐券两次,购物证四次也。三人晚餐毕,天尚未黑,伊等须留看电影,予则循原路先归。到家未及六时半。

七时,开看电视,为朝鲜故事片《金刚山的姑娘》,九时后毕,予即寝。

时月色洒阶,一汪如水也。琴媳何时归未之知。

接湜儿廿九信,知去信已收到。

3 月 31 日(二月十五日　癸亥)星期五

晴。

晨四时半起,挑灯查书,应友琴之属也。六时写出,备告之。八时一刻车来,冠英、友琴、平伯已先在。予即以黎明所书之件交友琴。到所时,其芳已在,即继续讨论《不怕鬼故事》诸问题。有顷,叔平始至,晓铃则早在门口同入者。抵午全部讨论毕,决先就重要各点作勘误表,馀待重排且将择要抽换也。散后仍车送归。

明日上午八时半,在北海庆霄楼有集会,院中哲学社会科学学部通知举行,盖承前周末之会,而来展开学习也。同时知照自带粮票。是是日当备有午饭耳。

午后小倦,打盹片晌。三时后,展《明清扇面画选》玩之,自五一至一百页,五时半乃罢。

夜饭后,看电视,转播江苏省扬剧团演出《百岁挂帅》(即佘太君挂帅),九时半毕。即就寝。琴媳十时归。

4月1日(二月十六日　甲子)星期六

晴,温。下午有风。夜月清朗。

晨六时起。八时老赵驾车来接,即乘以过平伯,同赴北海。由陟山门驶入,径抵堆云坊下,步上庆霄楼,应科学院哲学社会科学学部中心学习组之召,举行座谈会。到学部所属各单位,被邀人员本所出席者为唐棣华、俞平伯、唐弢及予四人。共到二十馀人。八时半开,由潘梓年主持,说明漫谈"两百"政策的问题,继由刘导生阐明"百家争鸣,百花齐放"政策推行中所发见诸问题。后由李俨、贺麟、金岳霖、陆志韦、唐弢、徐炳昶发言。十二时半始散。遂移座漪澜堂东首别厅,分两圆桌共进午餐。(人纳四元,并各带粮票自定分量。)予与夏鼐、唐棣华、俞平伯、唐弢、胡厚宣、聂崇岐等同席(馀四人不熟),一时三刻罢。各归。

予因走访乃乾,长谈至四时半乃行。五路已挤,至人大会堂前转十路更挤,几难于喘息矣。勉至禄米仓,费力硬挤,乃得下,苦甚。

夜饭时,琴媳归同饭。七时后,濬儿文权来,同看电视,话剧

《伊索》。元锴亦来，送其母通县信，未完即行。九时半，电视毕，潏、权去。予亦就寝。

4 月 2 日 (二月十七日　乙丑) 星期

晴，风中仍微冷。

晨六时起。八时写信两通，分寄通县汉儿及大兴湜儿。旋展卷点《说文》，至午毕玤、玲、璧、琚、璓、玖、珇、珢、瑰、瓅、玭、瑨、璁、璑、玮、瑿、瓕、玽、琄、璗、瑝、玚、瑬、璐、玘、玗，廿六篆。

午饭后，挈元孙步出雅宝路，径诣日坛公园散步。旋出南门，道由新修大道南出使馆区(新指定建筑)直达建国外头道街，适有九路车自东来，遂乘以西迈，径抵前门，乃由西河沿入劝业场后门，登楼一转，人多而无所可购，遂迤逦出前门，由廊房头条、门框胡同出大栅栏，行人益挤，复由前门大街回廊房头条，仍穿劝业场出西河沿，到前门站，仍乘九路，行至方巾巷下，徐步走归。

锴孙偕同学来听唱片。五时三刻去。

六时半夜饭。饭后看电视转播，越剧片《追鱼》。七时半，琴媳归。九时三刻，电视毕，即就寝。十二时许起溲。

4 月 3 日 (二月十八日　丙寅) 星期一

晴兼多云，仍薄寒。

晨四时半醒，起溲便。六时披衣起，强自修脚。

昨晚接滋儿卅一日来信，告已住定，并言自行起伙，与朱继文、陈建梁、闫德利四人同居一空屋云。予八时详复之，于生活学习处事三方面都有敦切指示，适潏儿、文权来省(文权春假)，谓将出城省权姊，遂以此信交伊付邮。宜孙赤眼患已五天，今日火势始渐退,再过一两日,或能即瘥耶。

九时后,点阅《四库提要·子部》天文算法类一,抵午尽二十四页。午饭后,独出访圣陶,乘十路以赴之。比晤,知其即将赴人民大会堂听报告,谈至二时半即附其车返禄米仓,会有十路自北来,乃夷然复登之,任其所至,直到南樱桃园下,转五路赴陶然亭,坐东湖北岸闲眺。平沼曲堤列柳缀其间,默然出神久之。起行出园东门,行至太平街乘五路东北行,至珠市口转六路无轨,直达东直门南小街,又转十路南行,仍返禄米仓,步行归家正五时。

夜饭后,看电视。濬、权来,少坐即行。接伯衡复书及润、湜信,润言如无变更,六日当可归。湜则言粮票已亏,望支援。九时许,电视毕即寝。

琴媳十时半乃归。

4 月 4 日（二月十九日　丁卯）星期二

凌晨大风撼户作声,禺中日出,风仍未息。炉火久停,昨以浴身易衷衣,故晚间重升火,今晨风冷,遂续燃焉。

六时起。八时后续点《提要》天文算法类一,至十一时点完。

午饭后,濬、权来,少选即去。佩媳继至,出滋儿信呈予。二时许亦上班去。

予旋出,乘十路到王府井下,走往百货大楼南面王府井茶馆,应元善等上星二之约。至则该馆不售茶水,只卖点心,不能在彼久候,只得在百货大楼前立候诸友之来。良久,元善至,有顷,平伯至,又有顷,叔衡至,乃入馆啜咖啡。又有顷,季文至,坐至四时,乃乾竟未至,而元善有事先行矣。叔衡言就食尚早,盖过其家小坐,乃偕往煤渣胡同甲九号叶宅,在其斋头长谈。五时十分,同往金鱼胡同和平宾馆茶室晚餐。季文亦有事引去。只予及叔衡、颉刚、平伯四人共坐,各进炒面一器。六时许即离彼各归。予则与颉刚过其家,少休,颉又送予归家,借《历代名人生卒年表》去。

七时廿分,开看电视,为川剧《绣襦记》,十时十分始毕。又接映下午所收廿六届世界乒乓锦标赛,在东郊工人体育馆举行开幕仪式,直至近十一时乃完。予亦就寝。

十二时半,风大作,予起便旋,而月色仍明也。

4 月 5 日 (二月二十日　戊辰　清明) 星期三

晴,冷,有大风。

晨六时起。潘、权本约早来同往颐和园赏玉兰,九时不至,想为风势所止耳。迨十时半,施施来,谓可同往福田扫墓?予以风大却之。伊亦遂止,抵午同饭。饭后佩媳来,为予购得罐鱼等,即与潘纵谈至二时许,三人同出,佩去上班,潘、权则归其家矣。

予独坐静摄,乃展《段注说文》续点之,至五时,毕批、瑶、珧、玟、瑰、玑、琅、玗、珊、瑚、珊、玲、璧、璗、霝,十五篆。于段本玉部尽矣。惟《诂林·诸说》则尚有新附诸字未之遍阅耳。

午后风加厉,天容为之黄暗,入暮风稍戢。

夜饭后,看电视,元鉴来同观。先为影片《中医》,中为乒乓赛,后为影片《漫步北京》。十时完,元鉴归去。予亦就寝。

十时半,琴媳归。十二时半,门铃大作,予谓湜儿又突然归来矣,起则琴媳已早应门,润儿自唐坊工毕归家也。据告四时即到天津,以买不到快车票,延乘慢车,遂迟迟至此耳。风尘劳苦,亟令休息。

4 月 6 日(二月廿一日　己巳)星期四

晴,较和。傍晚有微风。

晨六时起。八时接圣陶电话,约十时会中山公园,共饭四川饭店。九时十分出,乘十路去天安门,到中山公园,径诣唐花坞。托儿所儿童之来园作春游者络绎不绝,花坞为必到之地,以是挤甚,竟难回翔也。即出,由社稷坛等处看花,小步至十时十分,仍还唐花坞,期与圣陶相会。至则圣陶偕满子已在,乃共赏时花。出坐廊槛上待亦秀,盖亦秀今日休息,圣陶亦约伊共会者。十一时许,亦秀来,乃偕赴绒线胡同四川饭店,以联襟并谈,只索步行,十一时半始抵饭店,正屋已满,东屋勉与人并桌矣。食东坡鱼、宫保鸭丁、大拼盘、三丝汤、蟹肉鲜菜,啜五粮液(川中新酿品种,味胜泸州大曲),甚惬。一时半罢。四人共乘七路到和平门,转十四路诣琉璃厂,步往荣宝斋参观工场,坐憩久之。晤其经理侯开。四时始出,(在彼购得格子印本及印泥等物。)信步过来薰阁,一转即行。过东琉璃厂宝古斋,亦一转即行。顺道东出杨梅竹斜街,由大栅栏到前门大街,乘六路无轨北行,亦秀在崇文门转八路归去。予则在米市大街下。圣陶、满子径归魏家胡同走还八条矣。予下车后,步由无量大人胡同归于家。

六时,琴媳归,因与润、琴及元、宜两孙共进夜饭。饭后,琴媳持予票去工人体育馆看乒乓赛,元、宜孙等看电视(亦为乒乓赛)。予则记当天日记云。

九时三刻,琴归。家中电视犹在转播苏联队与日本队热烈竞赛也。十时,电视毕。予亦就寝。

4 月 7 日（二月廿二日　庚午）星期五

晴，日中有大风。仍有料峭之感。

晨六时起。

许妈之夫去世，晨得电话，即属归去料理，八时前即去。事交李妈兼摄，大约有两三天耽延也。

《说文诂林》玉部新附诸字予涉历一过，亦于八时毕之。

九时许，友琴见过，商榷修订《不怕鬼故事》注释若干条。十一时许辞去。在友琴未来之前，写信一通，复天津大学外孙聂昌颉，盖昨晚接其来信，嘉其关心老人，特复奖之。午后为友琴拟注释四则，别纸写出，作函寄其寓。

夜看电视，锴、昌、新、逸皆来，清儿、鉴孙亦与。镇孙则来借望远镜，亲往工人体育馆参观，都为乒乓赛，有关键性比赛耳。截至目下止，中国男女团体赛皆保持优胜，群情自见鼓舞也。十时许，电视毕，清等皆归去。琴媳亦返。予遂就寝。

4 月 8 日（二月廿三日　辛未）星期六

晴，风力已微，较和。

晨六时起。八时写信寄漱儿，复其二日来书。九时，挈宜孙出付邮。顺在禄米仓西口乘十路西南行，至广安门大街下，转四路无轨东还，到王府井南口下。遇顺林骑车自北来，因立谈片刻，知其母已安返苏州，并得来信安好云。

再走至煤炭工业部前乘十路东归。在禄米仓口旧货商店见一旧砚，系紫端石，质并不甚佳，而琢成方桥瓦式，颇不俗，因出二元易以归。亲洗试之，遂书此记。

午后点《说文》段注，珏、气、中、丨四部，《诂林》则未能全完。

四时许，农祥见过，长谈至六时去。约明晨九时在东单公园相会，共谋午饭云。

镇孙二时来看乒乓赛电视，四时去。六时半，润、琴相继归，遂共夜饭。元、宜、燕三孙与焉。皆啖葱油面。七时半，权、潚来共看电视，仍为乒乓球锦标赛。其后，昌硕、建昌亦至。九时三刻停映。

湜儿归。盖明后两天例得休假，故乘晚归家也。有顷，权等皆去。予亦就寝。

4月9日（二月廿四日　壬申）星期

晴，午后仍有风。仍料峭。

晨六时起。八时半出，乘三轮到东单公园，应农祥之约。甫择坐赏花，榆叶梅朱紫竞艳，连翘花金黄敷腴，衬以树冠初成嫩绿舒色之稚杨。正默赏间，农祥至，遂共坐闲谈，并联步园场久之。九时三刻出园，在苏州胡同口乘十路无轨，循崇文、正阳、宣武城根到西单南安福胡同站下，步往绒线胡同四川饭店。时庭中四廊皆已有人候食，十一时许开厅，予与农祥遂入占一座，与人同桌。啖豆瓣黄鱼、五花烧白等，甚惬。十一时三刻罢，即行。走西单乘十路往南樱桃园转五路到陶然亭，茶于慈悲院西台。正对碧波，縠纹微起，贴岸嫩柳疏条翳之，丝丝下垂，有如帘栊，偶有游艇往来其间，真不啻穿梭线纫也。至为悠然。坐至三时许始起行。乘五路到珠市口，转六路无轨往金鱼胡同，下车后步往东安市场丰盛公啜核桃酥，啜罢与农祥别，独过文物出版社订购赵斐云著《中国版刻图录》，然后乘三轮归家。

到家潚、权、锴、镇、鉴、硕、昌等皆在看电视转播乒乓赛。有顷

罢,各归夜饭。饭后七时,去者复集,振甫夫妇亦至,润儿之同事、
锴孙、鉴孙之同学、元孙之小友亦多有来看乒乓决赛者,二十馀人
挤北屋一室中,热闹甚矣。当最后决定中国队获得世界冠军时,室
内狂欢声与工人体育馆场上喊声织成一片,真希有盛况矣。十一
时收场,观者各散,予亦就寝。

日间不免多食,夜间竟起泻两次。

4 月 10 日 (二月廿五日　癸酉) 星期一

晴,较温。

晨五时半起。七时四十分出,徐步往王府大街文联大楼礼堂
听报告。晤其芳、水夫、冠英、贯之、友琴、积贤、叔平诸人。盖文学
所及民族文学组放送戏剧研究会上陈毅、康生之谈话录音也。自
八时半直至十二时三刻乃罢。不得三轮,仍走还。到家已一时四
十分,草草进食,饥疲甚矣。

湜儿晨与清儿往历史博物馆参观,适逢星一休息,遂过中山公
园,亦甫饭而后返。三时许,濬儿来。三时一刻,湜儿去,即赴永
定门站乘火车去安定矣。大约须半月后乃归耳。四时写信复滋儿
(昨夜接伊六日来信),顺告亳县沿革,应其请也。

晚与濬、元、宜共饭。饭后看电视,故事片《今天我休息》。写
一民警于休假日为人民服务,倍忙于平日,并其婚事亦几耽阁。既
热烈亦风趣,佳片也。予在电视中已再度见之矣。九时半毕,濬
去。予亦就寝。

4 月 11 日 (二月廿六日　甲戌) 星期二

晴,和

晨五时半起。七时许，潞儿至，少选即偕出，候十路两辆，然后得登，径抵南河沿，走诣文化俱乐部，照登记表所载缴费，（三日前来通知即宜治联系登记者，每人纳膳费四元，车费五角，粮票三两。）即与潞登政协预备之大轿车第二号，为苏联制长途卧车。设备与飞机舱相当，舒适之至。（凡四辆。）予与元善夫妇、芝轩夫妇、云彬、颉刚等同车。八时半出发，出复兴门直达颐和园，为时四十分耳。入园后，先过德和园、谐趣园，然后由后山西抵宿云檐，已十一时，乃徐步赴听鹂馆。政协同人大半已在。遂入东屋休息，十二时开饭于别厅，凡设十五席，予与潞儿、云彬、颉刚、芝轩夫妇同席（馀四人不识）。食毕，予等六人乃缓步西堤，历三桥，小坐即还，历长廊，穿宜芸馆、玉澜堂，步出东大门，已将四时，即登车候发。未几即开行。四时卅五分抵南河沿。芝轩夫妇别去。颉刚乘四路，予与潞儿、云彬乘十路，五时廿分到禄米仓，过旧货商店，见有旧书架，一索价十五元，即购定。到家后，由潞儿、李妈往抬取。许妈已来。

夜饭后看电视，元孙之李老师、陈老师及其同学两人亦来看。九时许，两老师等皆去。潞则先已赋归矣。九时半，电视播映乒乓赛犹未已，予则倦甚矣，乃闭机就寝。

4月12日（二月廿七日　乙亥）星期三

晴，和。

晨五时三刻起。八时半，挈宜孙出，乘十路往中山公园观鱼，穿山看花，至十时十分离园。乘四路至王府井，转四路无轨至东安市场，走金鱼胡同、和平宾馆小食部谋食。为时尚早，不开门，乃折回市场。路遇介泉夫妇，立谈片晌即别。予祖孙在百货大楼盘桓有顷,再回金鱼胡同,遇叶叔衡,又立谈片时,复至和平小食部,则门既启矣。入坐唤炒面及干炙鱼食之。十二时五分出,乘三轮归家,刚十二时一刻。元孙方午餐。润、琴二人正赶制馄饨,尚未得食也。

午后一时半,润儿上班去,琴则以连续赶工故,昨、今两日得休假,故在家料理也。

乃乾为予购得王校本《郡斋读书志》十册,属朱树春带至中华书局,午前交由润儿携归,甚感之。此书合衢袁两本校刻,省后人精力不少,今日正少此等书耳。

夜饭后,看电视,外孙元鉴偕其同学来,濬儿、权婿亦踵至,仍重在乒乓比赛也。九时许,予倦甚,即寝。濬等何时归去,竟未之知,一切启闭等事皆由润、琴为之。

4 月 13 日(二月廿八日 　丙子)星期四

昧爽,有风,多云,近午开晴,仍感微寒。

晨六时起。八时,续阅《说文诂林》,至午后一时半,自士部至丨部皆毕。(发见《诂林》缺二二四页一页。)于是,《说文解字》第一篇上经已细读一过矣。

濬儿十时来,旋往西单剧场购上海评弹票,十二时始还。今明两晚者都已客满,仅购得后天日场四券耳。预计又将轰动一时也。

午饭后,续点段氏《说文》,注中部中、屯、每、毒、芬五篆,兼参《诂林》诸家之说,四时四十分毕之。

六时半夜饭。饭后看电视,濬、权及镨、鉴两孙来参观,鉴同学关迺燕仍来。盖乒乓赛已进入决赛阶段矣。

昨日苏联发射宇宙飞船,加加林少校乘以出发,当日下午三时安全在预定地点着陆。是人类历史从未有过之事,宜其全球震动奋兴,而帝国主义之好战分子不得不惊叹丧气焉。昨晚电视中即报告此事,今日各节新闻广播中连绵布送,真全人类之莫大福音矣。

予九时就寝,未及待乒乓赛之结果。濟等何时归去,何人为收拾电视,概未之知。

4 月 14 日（二月廿九日　丁丑）星期五

晴,有风,气尚和。

晨三时醒,起便旋,五时又醒,六时起。七时五十分出,过访云彬,同乘十路至方巾巷,走往东单东首,临时二路车站攀乘指定之车东驶工人体育馆看廿六届世界乒乓球锦标赛决赛。车中挤甚,予虽得坐,而左胁着铁栏之杠立者群倾压来,几不能支,幸为时不久即到场南门,凭券(政协预先代买)入东门,展转缘梯盘上,寻至南面棕区,再问讯,始见册四排五十号座位(云彬为八十号)已末后第二排矣。予后为杨钟健,右隔一座为李培基。再隔两座为一政协老者(常见而未识名),馀则处处挤满,亦难辨认何者稔友矣。八时册五分坐定,九时十五分开始比赛,予坐既高远,临视甚艰,又不熟悉参加比赛者名氏,但见活跃愈烈,掌声则愈聒耳。是知表现精彩而已。坐至十一时许,以休息之间,即独自下楼出西门,走至中街站附六路西行,到九条口转十路,径达南河沿,诣文化俱乐部午饭。在门口遇其芳,遂同入,十二时许食已,予即行。在南河沿乘十路东归。到家润儿刚饭已,元孙已入学,宜孙尚在桌上未竟食也。

下午,翻阅《故宫周刊》,欣赏其所载书画印谱。四时许,中华书局编辑部介绍空军政治部丁德演来访,先在电话中询问关于诸葛亮《后出师表》中句读及释解问题,以听不清,阅时仍来家面谈。予为引证数事,释解而去。盖即日前友琴所问之事也。

夜饭后,看电视乒乓决赛,来看者一如上次,团体赛决胜时,今晚连举闭幕式及给奖,故时间延长至近十二时乃毕。诸外住者皆去,予始就寝。据此次报告,我国参加廿六届世界乒乓球锦标赛之成绩特佳,凡获男子团体赛冠军,女子团体赛亚军,而个人名义竞赛者庄则栋得男子单打冠军,李富荣为亚军,邱钟惠得女子单打冠军。邱钟惠、孙梅英得女子双打亚军,李富荣、韩玉珍得男女混合双打亚军。其他名列第三者亦不少,特记之,以志吾喜。

4 月 15 日 (三月　大建壬辰　戊寅朔)星期六

晴,和。

晨六时起。今日元孙放春假,而校不组织春游,仅就影院看电视,未餍所望。予乃于八时半携之出,乘十路至朝内大街,备转车赴西郊动物园,乃挤上一路无轨,讵知正为小学生郊游故,竟难插足,倾侧勉立,势岌岌,至东四即将元孙下,步至王府大街北口,转乘十一路无轨径驶西直门,见卅二路车之往颐和园者常车快车两站俱排长队,预度连来三车亦未必能上也,予祖孙二人只索西行,步诣动物园,在水禽湖边流连久之,园中小学生亦满坑满谷焉。十时半出园,乘三路无轨到北池子口,再换三路车直达南河沿政协文化俱乐部,径往食堂午饭。遇绚伯,因同桌共谈。十二时许毕,即乘十路东归。到家润等方据案共饭也。知芝轩伉俪曾见过,失迓甚歉。

午后一时,潘儿来,知十七至十九三场评弹票都买到,少坐便去,谓明日径往西单剧场相候云。二时后,展《故宫周刊》续赏之,垂暮始罢,犹未毕三百期也。

夜饭后,看电视《台尔曼传》上集,未及毕,即闭机洗足,易衷衣就寝。十时后入睡。

夜接湜儿报安抵信,视邮戳为十四日十九时,信封写十三日,信笺写十二日,盖十二晚写,十三晨寄(似托人带出),十四乃经第四支局耳。路匪甚遥,而一信往还须一周,亦可笑矣。

4 月 16 日(三月初二日 己卯)星期

晴,微曇,气尚和。

晨六时起。八时半出,走访芝轩于羊尾巴胡同,谈移时,其夫人亦自外归,复共谈至十一时,辞归。

到家佩媳挈铿孙在,盘桓至十二时许归去。予与琴媳亦进午饭。盖今晨文化部有园游会之组织,润儿携元、宜两孙参加之,故家中只琴媳、燕孙在耳。出门前写一信复湜儿,于访金时亲过邮筒投付之。

午后二时十分,偕琴媳同出,乘十路到西单,径往西单剧场听书。盖上海市人民评弹团来京演出,先令潜儿买票者。至则正在演电影,未散。候刻许始入座。予与琴媳坐次为十四排十三、十五号。开书后,潜儿、文权方至,坐同排十七、十九号。三时开,五时半毕。一、杨言唱开篇《莺莺操琴》;二、赵开生、石文磊演唱短篇时事《礼拜天》;三、张效声说《英烈传》《胡大海智斩貔貅将》;四、徐丽仙、赵开生唱《王魁负桂英》《桂英阳告》;五、杨振雄唱开篇《剑阁闻铃》;六、朱雪琴、郭彬卿唱《珍珠塔》,方卿唱《道情》。场场精采,尤以《礼拜天》短篇较现实,亦更松快。振雄中气犹昔,设身处地以听之,真感回肠荡气也。惟朱调不免油滑,人多称之,诚酸咸异趣耳。书场散出,四人同乘十路而东,潏、权在王府井南口先下,予与琴则径归。

润、元、宜早已赋归。予等在禄米仓上车时即见之,比予等回乃共进夜饭。饭后开看电视《林海雪原》。清儿来。九时,予先就寝,清于电视完后归去。

是日,在书场遇调孚夫妇、琢如夫妇,皆略谈,遥见查阜西则未及招呼,及散出,潏于门首遇圣陶、绍铭、满子等,予则挤散,未之晤也。

4 月 17 日(三月初三日　庚辰)星期一

晴,微风,薄寒。

晨六时起。上午展赏《故宫周刊》。近午得圣陶电话,知明晨即偕晓峰去秦、蜀、楚、湘、赣各省旅行休假,然后由宁返京。此行当须月馀乃归,(先日琴媳电告谓顷有事往叶家知此。)并约午后同浴松竹园。

宜孙患赤眼已半月馀,迄未痊愈,在家休息过久,转畏赴学,因望早痊,俾送入学。昨日润儿弄来中药一二味,吞洗兼施,或可早日轰功乎?

午饭后,即乘十路北到九条口,走访圣陶,少留便与同出,偕赴松竹园。浴后修脚,三时半离园,过青年出版社试验场访亦秀,顺看培养小球藻,坐谈移时行。圣陶归去,予于钱粮胡同口得雇三轮乘以归家。四时卅五分抵门,潏儿亦方到家不久也。

五时半夜饭,将偕潏往西单听书也。接清儿电话,知方自工厂下班归家,因属在家等候,饭后即令潏往偕同听书去。予则留家看电视。原有上海牌收音机前日忽失灵,连日由润儿取往南小街耀明电料店修理,去两次,今日傍晚乃修好,取回试之,果如前矣。

电视转播中缅、中日乒乓友谊赛。至九时,予即闭机就寝。未及看结果也。

4 月 18 日(三月初四日　辛巳)星期二

晴,轻寒如昨。

晨六时起。八时续展《通鉴补正·汉纪廿二》点读之,至午点完。回视前卷,相隔已匝月有馀,虽中间亦尝点阅《说文》及《提要》诸籍,究多因循玩愒时耳。涉笔记此不免自恧也。

午后一时廿分出,乘十路到麟阁路转七路,赴政协礼堂听报告。车上遇寿萱,因同登三楼大厅。二时半开始,由茅以升主席,请科学院力学研究所所长钱学森、中国人民解放军医务科学院副院长蔡翘、科学院地球物理研究所所长赵九章,分题报告苏联载人飞船成功航行安全返陆诸问题,直至五时四十分方散。是日听讲者多,食堂已供应难周,只得步至缸瓦市,乘五路无轨往西单就湖南馆曲园晚餐,仅唉花卷两枚、卤猪舌一盘,费粮票二两,人民币四元馀矣。

食已将七时,即匆匆赶往西单剧院听书。遇颉刚夫妇、满子、绍铭、荫浏、铨庵、克贤等。予径入七排廿六号就坐。潘儿已先在。七时十分开书,一、石文磊唱毛主席《蝶恋花》词;二、孙淑英、沈伟辰唱《西厢记·闹柬》;三、朱雪琴、郭斌卿唱《宝玉夜探》;四、徐丽仙唱开篇《黛玉焚稿》;五、周云瑞、郭斌卿唱《珍珠塔·八面观音》;六、杨振雄、杨振言、张效声合唱《大红袍》、《闹公堂》。十时十分散。与潘儿步至西长安街长安戏院前雇得三轮,予即乘以东归。潘乃乘九路无轨径归其家。

予到家已将十一时,润尚未归。予坐候至十二时,仍未归,即就寝。至一时半犹未回,琴媳打电话询之,据答有事须赶夜作,今晚不归矣。予为此耽阁,睡魔竟退避三舍,直至三时后始得朦胧,至五时又醒矣。

4 月 19 日(三月初五日　壬午)星期三

晴,时昙时阴,颇闷。

晨六时起。上午点阅《说文》中部关,熏两篆及艸部艸、莊、蔙三篆。

午后小睡至三时半起。

五时半夜饭,六时十分与潗儿同出(是日潗上午来),乘十路西迈,六时三刻便达西单剧场。予坐七排廿一号,潗坐廿三号。有顷,平伯至,坐同排十七号(与予仅隔一号)。七时十分开书,一、孙淑英、沈伟辰唱《落金扇》双云自叹;二、张效声《说英烈》;(时袁敏宣至,即坐予右十九号。)三、周云瑞、赵开生唱《珍珠塔》、《碧梧堂联姻》;四、孙淑英唱《支援古巴》(临时编唱,政治挂帅);(其时平伯已因事先行矣。)五、徐丽仙唱《罗汉钱》;六、朱雪琴、石文磊唱《梁红玉擂鼓战金山》;七、杨振言、杨振雄唱《西厢记·佳期》。今日为西单收场之日,特别精采,坐虽久,竟不觉疲也。十时四十分散出,仍在西长安街西口雇得三轮,潗儿仍径乘九路无轨归去。予所乘三轮,行尚稳快,惟索价至一元,则亦未免过求耳。

到家已十一时十分,润、琴尚未睡,接谈少顷,乃各就寝。

4 月 20 日(三月初六日　癸未　谷雨)星期四

昙,微有风,气温如昨。

晨六时起。八时后撰《再续〈行水金鉴〉跋语》一通书其后。盖此书虽近印，而二十年已甚罕觏，乃乾昨日托朱士春带来赠予，为喜而作之。

午后独出，乘三轮往北长街访乃乾，还其代垫书款，并纵谈书林故实，又承赠石印熊廷弼《狱中手迹》及王念孙、段玉裁墓志手稿各一纸。四时半起行，得乘五路转十路返于家。

夜饭后，看电视，先播弹词三开篇（朱雪琴、徐丽仙及杨振雄），继播影片《战斗的古巴》，八时半完。清儿来省，九时去。予亦就寝。

傍晚颉刚见过，还予前所借去之两书，六时半乃去。

4 月 21 日（三月初七日　甲申）星期五

初阴闷致雨，近午乃开晴，气暖。

晨六时起。八时许，觉下颚齿缝似有物介之，用舌一舔义齿，竟折为两段，乃亟觅旧有者，勉配上，即乘三轮遄往北京医院牙科求治。挂号守候，九时四十分始得遇昔之汤大夫，属为重装新齿，修接旧齿，因揿模再三，至十时三刻乃已。在院遇淑明、之琳、季康及李明扬，皆略谈。十时五十分，走至东单乘十路往南河沿，径诣文化俱乐部就食。时为十一时，予为第一号。少坐便得食。食次遇明远、宝航、陈达。十一时三刻即了，匆匆走南河沿，乘十路东归。到家为十二时一刻。润等正在午饭也。

十九日，美国竟发动雇佣兵入侵古巴，公然登陆，一时势极嚣张，经卡斯特罗号召起义兵及民兵奋起抗击，今晨广播已将入侵者围歼。帝国主义者当然挫气。我国各大城市本有集会示威之举，今乃益奋，下午二时半，电视中亦广播盛况。伯恩来访将欲看之，讵天忽放晴,予家窗帘太薄,无法取准,只得罢看。两人长谈而已。至三时许,伯恳辞去。

四时许,润儿归,予遂偕之同出,乘十路至朝内大街,转一路无轨到白塔寺下,走往政协礼堂购物就食。餐牌上只有第三种,其它都已售缺。踵予等至者仅两人得馀券,续来者并此无之矣。五时廿分得食,四十分即毕。就服务台前瀹茗,小憩至六时一刻下楼,诣礼堂来听评弹者已占坐泰半矣。予父子初与颉刚、静秋、绍铭、满子及芝轩夫人坐在一起,后颉等皆移坐向前,只予父子与芝轩夫人并坐,及平伯伉俪移坐于予后排云。未开书前,在场晤及宾符、君箴、国华、云彬、蕴庄、纪元、震东等人。七时半,晚会开始,由上海市人民评弹团演出。一、石文磊唱《蝶恋花》;二、张效声说《林海雪原打虎》;三、孙淑英、沈伟辰唱《昭君出塞》;四、周云瑞唱《晴雯补裘》;五、插曲,石文磊《支援古巴》;六、朱雪琴、郭彬卿唱《珍珠塔》下楼梯;七、徐丽仙唱《新木兰辞》;八、杨振雄、振言唱《西厢记》回柬。十时半始毕。予父子即走缸瓦市,乘四路环行车到王府井,转十路回禄米仓,步抵家门。琴媳亦方自社中工毕归来也。时已十一时四十分,少坐,各就寝。予以过于兴奋,且走路未免过多,竟致失寐,二时后乃入睡。

4 月 22 日(三月初八日　乙酉)星期六

晴,暖,有微风,有时多云。

晨六时起。九时许出,乘三轮往北京医院,略候即遇汤大夫,为修装下颚断牙,经一小时之细琢,始安贴如常。十时半,仍乘十路回家。

濬儿九时来,即出买北京剧场评弹票。十一时半返,居然连买到廿四至廿六三场,伊颇欣然矣。

接湜儿十八日来信,知今晚或可回城休假云。

午后小睡,四时起。虽未能入睡,究得休息,此后当勉行之。人多劝予午睡,予终不甚习也。

夜饭后,潗儿、琴媳往北京剧场听评弹。予在家看电视,小逸、新新来。八时半,湜儿果归。明后两天可以休息。九时,予以倦就寝。至二时乃起便旋,仍入睡。

4 月 23 日（三月初九日　丙戌）星期

昨夜有雨,予竟未之闻,今晨六时起,阴沉,时有细雨。八时半,湜儿往三里屯看佩华及铿孙。予写信复漱儿,告此间近况,并属时常去信滋、湜,多加鼓励。午饭时,湜儿未归,想在滋家饭矣。

午后小睡,二时半起。开电视机看之,为特播节目,在人民大会堂欢迎老挝首相苏发那富马亲王,及其弟苏发努冯亲王而设,三时半即完。

清儿挈新新来,湜儿亦自三里屯归,果佩华请伊在服务部食堂午饭也。四时五十分,清儿、新孙归去。六时晚饭,啖韭菜馅儿饼,啜稀粥,甚适。餐后湜儿即出,盖予以书票予之,令往北京剧场听评弹也。时仍有雨,携伞而往,当能与潗儿相晤耳。

予灯下点《段注说文》,九时即就寝。雨渐急,湜儿何时归,予竟未之闻。然睡眠固断续相间,且中间曾起便旋也。

4 月 24 日（三月初十日　丁亥）星期一

阴,颇有雨意,禺中开霁,午后晴,气仍暖。

晨五时四十分起。九时半,潗儿来。十时许,去访佩华,送今晚书票,顺送滋儿今晨来信。

有顷,予与湜儿出,乘十路到天安门,一逛广场,十一时回,抵南河沿俱乐部午饭。遇绸伯。十二时许食毕,偕出,东至台吉厂北口,乘三路无轨赴西郊动物园。先过鸣禽室、水禽湖、狮虎山、象房、猴山等处,又观赏白孔雀等,乃出园乘七路到西直门,再转五路无轨往前门外蒋家胡同下,由施家胡同出煤市街。因湜儿为同事在彼处洗染店取衣也。取衣后仍由施家胡同回前门大街,乘廿路到方巾巷南口,转十路。归家正四时十分。

六时半夜饭。饭后独出,乘三轮赴东安门大街北京剧场听评弹。坐第十排十号,遇绍铭、满子,乃乾夫妇及其女儿燕铭,迈进亦在座。七时一刻开书。一、石文磊开篇《毛泽东思想放光芒》;二、沈伟辰、孙淑英唱《西厢》新妆;三、张效声说《林海雪原》打虎;四、徐丽仙唱《新木兰辞》;五、朱雪琴、郭彬卿唱《珍珠塔》、《妆台报喜》(七十二个他);六、杨振雄、振言唱演狮子楼《武松杀庆》。第二节目上场时,佩媳始来,坐予旁十二号。十时半散,予走至金鱼胡同西口,得一三轮,乘之以归。佩媳御骑车,追踪至干面胡同,送予归小雅宝。十时五十分抵家门。润儿正待门,琴媳加夜班犹未归也。佩媳少坐即行,骑车返三里屯。十一时十分,予就寝。又有顷,琴媳乃归。

4 月 25 日 (三月十一日　戊子) 星期二

晴,和。

晨五时三刻起。七时半,濬儿来,同出,乘十路赴中山公园看花。牡丹已半放矣。徘徊欣赏久之,至九时乃过历史博物馆参观,以五一将至,序幕馆及原始社会馆正在修理,即从奴隶社会馆开始。十一时乃出,仍过中山公园,诣来今雨轩午饭。

饭后乘十路归家。小睡至三时起。三时半,复偕澛儿出,乘十路至麟阁路转七路到政协礼堂,直上三楼,在小卖部仅购得苹果一斤,餐室亦只有第四种矣。五时就餐,各啖包子及素面。六时许食毕,离堂走至白塔寺前,乘三路无轨到王府井诣百货大楼一逛,购得十二色水彩颜料及调色盆,备用色笔点书也。又过东安市场,在碗摊购到青花瓷茶壶、奶盂、糖缸各一事,时已将七时,乃与澛儿徐步向北京剧场。先在休息室小坐,晤陈万里(在政协晤吕振羽、庄明远、张绚伯),七时一刻就坐,仍在第十排。润儿亦赶至。(三人共坐十八、二十、廿二三号。)平伯夫妇亦在场,同坐第十排。是夕节目:一、孙淑英唱开片《西厢记》长亭饯别;二、杨振雄、振言唱演《长生殿》脱靴;三、赵开生、石文磊唱演《礼拜天》;四、徐丽仙唱开片《红叶题诗》及《推广普通话》;五、朱雪琴、郭彬卿唱《珍珠塔》方卿二次见姑娘。十时半散,澛乘九路归去。予与润步归,以无三轮可得也。到家已十一时,靧脸洗足,然后就寝。

琴媳在厂赶校,有电话知照润儿,今晚不及归家,即住厂中赶作矣。

汉儿今日下午返京,有电话来家,润儿往看之,未晤。想明日当能来省耳。

4月26日①(辛丑岁三月　大建壬辰　戊寅朔　十二日　己丑)**星期三**

晴,和。

晨五时半起。补记前昨两天日记,以前线装本子已用毕,今日接用此本亦费力甚大,始托乃乾展转买到少许纸张,属中华修书工

<hr/>

①底本为:"一九六一年四月廿六日至六月十日日记"。原注:"十一日清晨八时止叟自署。"

人毛钉成此者,亦仅六册耳。将来形势好转,必能重加切装,且可多量得好纸也。所谓克服前进中的困难,亦将于此等处下之。

八时许,琴媳归,昨夜通宵赶工,故归即就卧,闻下午仍须上班云。

九时许,接汉儿电话,今日休息,因属来饭。未几,接清儿电话,告得达先书,五一将请假回京一行。予即以汉儿归来告之,属午前亦来小雅宝,俾姊妹可聚首共谈也。写信复滋儿,甫及半,有孙奇(女)、赵荦者来访,盖北京出版社编辑人员。为踵《不怕鬼的故事》拟编大兴调查研究之风的调查研究故事而来访问者。予为指陈书籍若干种,谈移时乃辞去。

十一时,汉儿来,十二时许,清儿亦来,遂与润、琴等共饭。饭后,琴媳仍赴出版社上班,予约清、汉四时在北海双虹榭相会,共赴政协礼堂晚餐。予乃先乘十路转一路无轨去沟沿,走至礼堂,取得餐券三纸,并在小卖部买到葡萄酒、鲜橘、茶叶等。遂先雇一三轮送物归家,然后再赴北海,已四时半,晤清、汉,小坐片刻即行。复乘三路无轨到沟沿,走往礼堂,径登三楼餐室。遇叔湘夫妇、芝轩夫妇及之介。六时十分离礼堂,回到白塔寺前,汉乘三路无轨往东安门听评弹,予与清则乘一路无轨到朝内南小街下,徐步走归。行至禄米仓口,清别去。

到家少坐,开电视看之,未终局即就寝。十时入睡。

4月27日(三月十三日　庚寅)**星期四**

晴,和,微有风。

晨五时三刻起。七时五十分,濬儿来,八时一刻偕出,乘十路到东单,联步往北京医院门诊部挂内科。坐有顷即由郭敏文大夫接诊。量血压及听断,结果无变化,仍开前药,又加烟酸及氨茶碱片(去维生素 Bco 一味)。前药者萝芙木、芦丁及维生素 C 也。据测病情稳定矣。十时许,即转牙科,晤汤大夫,适有先约者三号插入,予坐待至十一时乃得诊。先试牙托,继捏牙床,须细琢细雕,反复按试,至十二时许乃了。约五月三日上午八时半再去试装。时其他医务工作者皆卸去外衣下班就餐矣。予与潙儿走出院门,本拟往文化俱乐部午饭,以时已较晏,或不得座,遂乘十路归家。抵家,润儿方饭。予与潙乃属许妈煮挂面当餐。

在院时,晤介泉夫人来取药,据告,介泉确系神经病,因今日单独来院,故敢相告云云。予为惋惜久之。又晤棣华、冠英。出院时复遇芝轩。

午后小睡未熟,三时起。潙儿去政协礼堂为予购物。四时,予往遂安伯访雪村,盖昨晚自宁归来矣。路遇静庵,立谈片刻。到章家晤其夫妇、昆仲(雪村三弟亦来),而潙儿已先在。有顷,元孙亦至。谈到六时许,乃偕潙、元步归。

是夕人教社难得无事,琴媳居然傍晚归来。

夜饭后,予与元孙看电视,潙即归去。润儿以学习未归夜饭。八时半,润归。予看《鲁班故事》亦毕,乃就寝。

4 月 28 日(三月十四日　辛卯)星期五

晴,和。

晨五时三刻起。整治几案,拂拭久之。八时后,续点《四库提要》子部天文算法类二,向午毕之。今日为予与珏人结缡五十周年之辰,而珏人逝世已届六载。人亡物在,能不摧痛? 强自抑制,俯案点书,终不能排此悲怀也。午后强睡,不能入寐,挨延至三时,霍然起。

宜孙牙痛,三时由李妈陪往齿科医院就诊。濬儿亦以其时来,旋复往政协礼堂购物。

五时许,宜孙始归,仍须五月十一日下午复诊云。越半时,濬儿亦归。

夜饭后,看电视,濬儿旋归去。予亦未终局即就寝。

4 月 29 日(三月十五日　壬辰)星期六

晴昙兼作,近午起风,转阴。初暖旋凉。

晨五时半起。七时半,接政协通知,今日上午九时在赵登禹路礼堂三楼大厅开常务委员会第十五次扩大会议,请参加列席,听取轻工业部李烛尘部长关于轻工业生产问题报告。前此十三、十四两次卫生部、商业部报告俱以事未往,今颇思一往听之。乃八时许临行时接所中张慧珠电话,谓九时其芳、蔡仪在本所三楼礼堂作传达最近陆定一、周扬两部长讲话报告,属参加。予即于八时廿五分,漫步往建国门。行至贡院西街,卞之琳踵来,遂同行到所。晤棣华、平凡、书铭、友琴、积贤诸人。九时开会,书铭主席,先由蔡仪传达周扬讲话。继由其芳传达陆定一讲话,最后书铭报告劳动生产措施情况,本所生产基地在高碑店云云。十二时散时风大作,飞尘高扬,书铭坚嘱老赵驾车送归。其芳、蔡仪附乘至方巾巷南口下,健吾附至方巾巷北口下。蔚林附至禄米仓口下,然后送予到家。遂与润儿、元孙共饭。

饭后,元孙上学去。一时四十分,润儿上班去。风霾加甚,予乃就榻小休。三时半起,雨已过,未审何时作也。润儿接濬儿电话,谓风大且有砂子吹入眼中,今日不来矣。因令润下班后为予去政协购物。

接廿六日滋儿亳县来信,复予十日去信。则予廿六去信未必能递到伊手也。六时半,琴媳归,遂与元、宜两孙共饭,燕孙亦旁与焉。七时四十分,润儿购物归,已饭,复加餐焉。

清、汉、镇皆来共看电视,以情节不甚了了,只索闭机共谈。九时半,清等皆归去。予亦就寝。

4 月 30 日(三月十六日　癸巳)星期

晴,和,微有风。

晨五时三刻起。八时续点《四库提要·子部》天文算法类存目。未几,刚主见过,畅谈饱游苏杭归来诸况,并及整理明代笔记等事。纵谈至近十时,乃辞去。予复赓点《提要》旋即完毕此存目一卷,乃接点术数类一,抵午尽十页。

潗儿来共饭,润亦归。饭后,佩媳来省,出滋信呈予。其言与上予之书仿佛。二时前上班去。

潗儿三时许去。予二时小睡,四时起。时风又急,扬尘复起,本欲携宜孙出游,遂罢。少坐复续点《提要》,垂暮毕术数类一数学之属。

六时左右,汉、润、琴皆归来,汉已去政协礼堂为予购得酒类、罐头等物送来也。六时半,与汉、润、琴、元、宜、燕共进晚餐。酌葡萄酿,啖苹果脯,甚欢畅。饭后,同看电视,播送影片《黄浦江故事》,近十时毕。汉儿归去。予等亦各就寝。予过欢,不免多食,颇感腹胀,临睡前大解乃已。

5 月 1 日(三月十七日　甲午)星期一

初昙,旋晴,先冷后热。

晨五时起。八时半，偕润儿、琴媳、元孙、宜孙出，徐步诣日坛公园参加五一节园游会。坐花径旁看游行队行列陆续入园，至九时十分，同出园北门，由神路街出朝外大街，在百货店购得唐化度寺智月龙诞香一匣，遂东北行，经由工人体育场，予与琴媳径往三里屯滋儿家。润挈元、宜两孙则入场看足球。予等到滋家，晤佩媳及看铿孙，十时五十分，润等亦至，遂偕同佩、铿等一行过三里屯服务楼食堂就餐。甲部已坐满，排队候买者犹长如游龙，乃就乙部坐。甲部有肉类供应，乙部则仅有鱼、鸭。予等叫得大拼盘黄焖鸭块、肝浆腐竹、三鲜汤及素烧茄子，以花卷、米饭下之，亦痛快度节矣。食后，上楼至茶点部，欲啜冰结凌，无供应，既上，只得饮咖啡一杯及以点心三件，分给三孙而已。自服务楼出，仍到滋家憩息，至二时半，仍与润、琴、元、宜同行，乘六路西抵九条口，再转十路南返禄米仓（六路甚挤，十路尚好），走归小雅宝已三时十分。

六时即夜饭。饭后看电视，分播民族文化宫歌舞演出，及天安门广场狂欢情况。焰火缤纷，歌舞载途，较之身临其境者尤得普遍欣会之快！至此，方知放弃天安门东二台之邀请，亦未为失也。十时半，电视毕，予亦就寝。

5 月 2 日（三月十八日　乙未）星期二

晴，有风，风中仍感冷。

晨六时起。八时写信复滋儿，告近状，并加鼓励。

十时后，续点《提要》，近午完术数类一占候之属，及术数类二相宅相墓之属，占卜之属。

午后小睡，二时后清、汉来省，即起。三时半，农祥来谈。汉往看潏家，润为予往政协礼堂购物。五时后，农祥去。潏、权、预、颉、硕皆来。有顷，濬等去。润归。遂与清、汉、润、琴、元、宜等共饭。佩媳抱铿孙至，后食焉。又有顷，镇、鉴、昌、新等至，共看电视，为京剧《小忽雷》，大家乱哄哄，竟未能谛审之。

九时半，见雨，濬等皆去。（佩、清先行，濬等继行，汉等最后行。）电视续播京剧《五人义》，予乃独看完。十时半始就寝。

是日虽休假，而润儿在家乃大忙，处理冬炉善后，屡出买物，竟致日昃不遑耳。晚接三十日漱儿信，知雪英一日归京，托带食物云。

5月3日（三月十九日　丙申）星期三

阴转晴，有风，较前昨大凉。

晨六时起。七时晓先来，知其夫人昨已归来，漱托带之竹笋、豌豆、笋油、咸蛋、笋油糕饵等都带到，并漱致汉款（家具代售）二百廿五元亦送到，甚感。

七时四十分，濬儿来，因与偕出，在禄米仓口候公共汽车。久不得（来数次，皆挤不上），适有一三轮来，乃独乘之先行，至东单大华路口。濬亦乘十路踵至，同到北京医院门诊部。予径赴牙科，晤汤大夫，八时半，始为试装新牙，修整至九时三刻，未能带走，仍装旧牙行。约八日上午九时四十分，再往修装云。出至东单，仍乘十路行，到禄米仓。走归已将十时半。濬儿为处理沪来食物，午间乃得油煮笋、淡煮豌豆、笋丝炒蛋诸品佐餐。朵颐兴快，乃不禁乡思油然，转感骨肉天涯耳。

饭后，倦甚，小睡至四时方起。少盖棉被，起后颇感不适，勉饮热茶，又御棉服以求汗。良久，始稍好。

濬儿四时半去。午前即书复漱儿，告丁家带物都到。午后，属李妈至中心商店取补助菜证时,顺便投邮。

六时半,润归。因与元、宜等共进晚餐。七时后,看电视,汉儿偕镇、鉴两孙来同看,阿尔巴尼亚民间歌舞团访华演出。十时许,汉等归去。有顷,琴媳归。

十时半,电视毕,予亦就寝。

5 月 4 日（三月二十日　丁酉）星期四

晴,和。

晨五时半起。七时续点《提要》术数类二,命书相书之属。八时十分毕。廿分,镇、锴两孙来;卅分,濬儿及预、颉两孙来,遂同出,乘十路至方巾巷,转廿路往天坛。元孙亦携同前往。先诣祈年殿,继至皇穹宇、圜丘等处,逐一讲解,然后经斋宫外周仍出坛西门,乘廿路北行,在大栅栏下,即往老正兴午饭,并属鉴孙过新华书店邀汉儿俱来。八人共食,藉庆五四青年节。老正兴号称恢复供应,而价昂过前,质不如昔,殊不能令人满意也。十二时廿分食毕。预孙即御车返友谊医院参加五四活动,濬儿亦携同元孙先归,俾元孙依时入学。予偕汉、颉、镇、鉴同乘五路到中山公园,茶于来今雨轩棚下。一时四十分,汉先行,赴新华上班。予等坐至三时许,亦起行。巡行社稷坛、唐花坞等处,步出园门。走至天安门东首,送颉孙上廿路去永定门车站,俾乘火车回天津大学。鉴孙伴同前往。予与镇孙走至南河沿,同乘十路返小雅宝。四时,镇孙归去。四时半,鉴孙亦自永定门车站来,少停亦归去。

六时,琴媳归,润儿亦归。遂与濬、元、宜等同进晚饭。饭后,琴媳仍往人教社上班加工。有顷,濬儿归去。

予八时半听联合广播,九时就寝。未开电视。琴媳以社中停电无灯，携件归作，故九时前亦归来。

5月5日（三月廿一日　戊戌）**星期五**

晴，较凉于昨。

晨五时半起。七时后，续点《提要》，八时半点完术数类二，阴阳五行之属。因接点存目，除午饭暂停外，未之辍，至下午三时一刻，点完术数类存目两卷，以下当接艺术类矣。甫点毕而濬儿至，许妈昨日午假归，亦甫于今午后归来也。

夜饭后，看电视，评剧《画梅》及孙继皋《卖水》。九时，濬儿归去。清儿亦来，先濬去。

十时就寝。枕上听侯宝林相声，十一时后入睡。

5月6日（三月廿二日　己亥　立夏）**星期六**

晴，暖。

晨五时起。八时出，乘十路转一路无轨，到北海，径诣庆霄楼，参加科学院哲学社会科学学部座谈会。部属各所皆有人出席。文学所有唐棣华、唐弢及予三人。其它晤及者有潘梓年、范文澜、侯外庐、顾颉刚、夏作铭、吕叔湘、金岳霖、贺麟、徐旭生、陆志韦、胡厚宣、聂崇岐、姜君辰、郑介石、冯家升等。八时卅五分开会，梓年主席。先后发言者颉刚、文澜、予、作铭、崇岐、旭生、君辰、唐弢八人。十二时十分结束，同诣漪澜堂东院会餐。踵前例也。

午后一时半散。予偕颉刚、厚宣过双虹榭会乃乾。盖乃乾今晨电约者。互谈至三时三刻，起行。颉刚、厚宣先归。予与乃乾乃度陟山桥往画舫斋参观第四届书画扇面展览。巡历一周，五时始出，复南返，出陟山门，与乃乾同乘五路南行，伊于西华门下，予则至天安门广场下,再转十路东归。

傍晚,润、琴俱归,遂与家人共饭。饭后,看电视,八时许,湜儿归,据云休息三天,可于下星三之晨返生产队也。

九时,予就寝。

5 月 7 日 (三月廿三日　庚子) 星期

晴,暖。

晨五时半起。十时许,偕湜儿挈元、宜两孙出,迤逦东游日坛,遇小岑,略谈。时风起渐顿渐大,不半时,飞砂扬尘矣,至不可耐,遂西迈至观音寺街潏儿家,至则元镇、升埁已先在。有顷,汉儿偕元鉴至,又有顷,佩媳偕升基挈铿孙至。近午,润儿、琴媳亦至。十二时一刻,清儿奉其姑及挈领建昌、建新至。盖今日为潏儿五旬初度,在京诸亲属集饮其家也。午后,建新侍其祖母先归。予等谈至三时后亦起行。全回小雅宝本宅。清、埁、昌未几即去。汉、镇、鉴则夜饭后归去。

七时,看电视,本为话剧《文成公主》,临时撤改为故事影片《地下航线》。清儿为《文成公主》挈昌、新来看,致失望。但亦看完乃归去。时已九时半,予即拭身洗足,易衷衣就寝。十时后乃入睡。

5 月 8 日 (三月廿四日　辛丑) 星期一

晴,暖。午后又起风沙。

晨五时起。八时许,潏儿来,予遂偕潏、湜两儿同出,乘十路往东单,由大华路步至北京医院门诊部牙科就诊。途遇刘大年。在院遇顾颉刚、周亚卫、李明扬。及至牙科,据护士言,技士有病,今日不能取牙,商请予改后至十八日上午,始往装配取货云。予只得退出,三人穿东单公园,至崇文门,乘三路无轨到东安市场,在美术用品社选购毛笔五枝,笔记本两册。然后过同升和及百货大楼,欲买鞋,据陈列之品而无男鞋,望然去之。此等现象不识何日始能好转耳。

十时许,三人走王府井南口,先过美术服务部及文物出版社一转,乘十路至西单,步往绒线胡同四川饭店午饭。在庭中立待至十一时始入座。化高价而形同托钵,心头终觉不甚熨帖也。

十二时三刻,食毕。仍回西单,潜乘十路先回小雅宝,予与湜儿乃乘九路无轨到北海,走北长街访乃乾。谈至二时,达人来,本拟与彼二人出城访觉明,以风大作而止。即与湜儿乘五路抵天安门广场,转十路东归。到家已将三时,颇感倦矣。

接四日澄儿贵阳来书,知已在龚家寨配到住屋,其工作即派在六〇二厂子弟学校专办事务云。夜饭后,湜儿往政协礼堂看京剧院四团晚会演出,盖招待本会文教医卫两组成员之晚会,予惮于夜出,即以请柬交湜代行也。晚七时半,晓先、雪英夫妇来,因同看电视。八时半毕,晓、雪、潜皆归去。予亦就寝。

5 月 9 日(三月廿五日　壬寅)星期二

昙,闷,恐致雨,乃午后竟转晴,气亦渐爽。

晨五时起。电台广播今日有雨。七时五十分,得乃乾夫人电话,谓乃乾昨自北大访问归,感气喘,今日国子监同游之约不果行。予亦连日出外觉累,且怵于风雨,遂电话告颉刚,今日下午陶然亭之约亦报罢云。

八时后,续点《四库提要》子部艺术类。有顷,北京出版社赵莘见访，承以该社所出明沈榜撰《宛署杂记》为赠。谈乾嘉学风，并及调查研究故事之选集等，移时乃去。续点《提要》，至午尽艺术类一之廿五页。

接滋儿四日复书，并附复清儿者，知生活艰苦，而尤以定粮不敷为最，但矢志历练，努力加以克服云云。写信复澄儿。午后湜儿出看电影，属携出投邮。

一时许，予就榻小休，倚枕阅《宛署杂记》，旋入睡。三时乃起。

四时三刻，湜儿归。夜饭后，看电视，河北梆子戏《挡马》及《杜十娘》。九时后，予即就寝。未及看毕《杜十娘》也。润儿回家同进晚餐。琴媳之归，大约在十时后，竟未之闻。

5 月 10 日 (三月廿六日　癸卯) 星期三

晴，暖，午后昙而闷。

晨五时起。七时许，续点《提要》艺术类一，至八时许，又尽十二页。而潜儿至，乃与偕出，乘十路至东单，步往北京医院门诊部复诊。少坐便由郭敏文大夫接诊。量血压及听心脉搏动。据告尚无大异，仍用前开之药，而加以治糖尿之剂，曰 D860 者十片，约十日后再往诊。九时半出院，乃乘十路复西，止于中山公园。在唐花坞逢陆轶程 (钦颐)，立谈良久，知伊退休以来，经常出入于各公园，辨认花木，谛审物候，随有所得辄笔之于书，萧然自乐，诚得却老之方者矣，深羡之。因约后期冀常相晤叙焉。再往牡丹圃一探，则花时早过，残英且扫除一空矣。遇伯球，告坛墙内芍药正盛开，乃亟往赏之。至十一时始出园，仍乘十路东返。

午饭后，小睡至三时起。续点艺术类一，至四时半，点完此卷。

潗儿三时往政协礼堂为予购物,五时许归。六时一刻,润、琴亦归,遂同进晚饭。

饭后,琴媳仍赴出版社加班,清儿挈新新、小逸、小鲁来玩,因同看电视影片《真金烈火》。九时许,潗、清等去。又越半小时,电视完毕,予乃就寝。琴之归时,竟未闻也。

是日午后二时半,政协民族组与文教组扩大座谈会第九组召开座谈,讨论民族历史问题,予以连日劳累,且于民族问题鲜有接触,遂未往。

5 月 11 日(三月廿七日　甲辰)星期四

阴雨,转凉。

晨五时起。六时,偶兴为昨晚手装之《郡斋读书志》作跋语,书诸封面,予喜涂抹,每得书册,不论良窳,往往有题辞及短跋,或制赞语冠其首,向不录存。此跋则于予收藏目录之书颇有因缘,可志且以见近日物力之艰,爰过存之于此。

> 晁氏《郡斋读书志》二十卷,赵氏《附志》二卷。长沙王益吾(先谦)用衢本、袁本及诸家钞校本汇校,光绪甲申仲春刊行。予于疏略,簿录诸籍,颇知笃好,独王氏合校之本庋架久虚,今岁辛丑暮春,乃乾为予购致之。回溯刊板之日,已周七十八年,顾原藏此书者不甚爱惜,首册书面脱烂无存,而馀册题封及书簽又皆题作《群斋读书志》,且钤有朱文藏印曰"东西文化藏书处"章。刻工庸劣,不成体段。盖一度收存于不知谁某某图书室者。是亦饱经沧桑矣。亟欲装治,稍还旧观,而近日线料奇缺,钉工凋零,有愿莫偿,不得已,乃觅取外来寄件之大封,裁剪翻转,聊资固护。遂手加绮串,顺识颠末。

九时写信复滋儿，备加鼓励，并钞孟子《告子》下篇《舜发畎亩》章勖之。

午饭后，天放晴，予就榻小休，三时乃起。写信复天津大学聂昌颉外孙（昨晚接来信，询天坛照片），告照片印好即寄。五时，续点《提要》，至暮尽艺术类二之十二页。

夜饭后，看电视。雪村之三弟挈新新、小逸、小鲁来同赏。先为杂技绳鞭、蹬技、杂拌子，后为影片《激流》。九时许，润归，客皆去。九时半，琴归。予亦就寝。润、琴皆未归晚饭。一赶工作，一参加学习也。

5 月 12 日（三月廿八日　乙巳）星期五

晴，和，午后略有风。

晨五时起。八时二十分出，乘十路赴中山公园，应政协联络委员会之招，参加园游茶会，集体欣赏芍药。与会者皆老人，到陈半丁、陈叔通、陈云诰、载涛、康同璧、王绍鏊、仇鳌、高崇民、周士观、王葆真、吴研因、王复初、叶景莘、朱启钤、邢冀亭等二十馀人。先在中山堂后北京市政协会堂少休，然后联襼至芍药圃观赏，并由工作人员为予等摄影。立有顷，仍回会堂共进茶点。当时推陈云诰写一题名缘起，到会者序齿署名。予名之下不过四五人矣。可证今日之会，予仍不失为小弟弟也。陈叔通出句云："芍药也有翻身日，居然压倒牡丹王。"陈半丁即挥毫作芍药圃题此句于上。吴研因赋一绝云："满园春色趁东风，鹤发童颜白映红。芍药开时形势好，老人心与花同。"亦由周士观代书并作泼墨芍药，以补纸空。皆顷刻而就。擅丹青者真能开顷刻花耶。甚羡之。十一时半辞出，仍乘十路归家。

午饭后，小睡，三时起。

傍晚风又大作。六时半，润儿归。遂与元、宜两孙共饭。饭后，濬儿来。有顷，清儿亦来，同看电视转播北昆《吴越春秋》。九时半，清先归去。十时许，濬亦去。予亦未及剧终即就寝矣。十时半后始闻琴媳归来。

5月13日（三月廿九日　丙午）星期六

晴，暖。大类夏日。黄昏时尤奇热。

晨五时起。七时后，续点《四库提要》，至九时点完子部艺术类二。接乃乾电话，约同访国子监中国书店，各自前往，会于门前。予收拾一过即出，乘十路北至东直门大街，转六路无轨往北新桥，然后步行诣成贤街，抵国子监大门。乃乾未至，候至成贤街西口，未见来，乃返至国子监，先入。经进士题名碑林入大成门左门，达大成殿东庑中国书店，即全占东庑诸屋，凡分新印古籍期刊部，经史部、子部、集部、丛书部五大部。其大成左门迤东面北诸则俱规为办公室。庭中各大碑亭俱暂作仓库，专储各地收到旧籍之尚未整理者。大都成捆整扎纵横堆积，人手虽不少，恐处理亦正匪易耳。初在经史部参看，挑得赵一清《水经注释》等十许种，以时晏，恐误午饭，遂与乃乾出，走至安定门大街，乘四路无轨到王府井百货大楼下，即往帅府园全聚德，登楼就餐。肴品寡薄，售价至昂，而服务态度又欠佳，殊感不快也。

一时许，离全聚德，东诣美协，参观江苏国画展览。有傅抱石、俞彤甫、吴松岩诸人作品，大都写生为主。盖去冬秦、蜀、浙诸省旅行之作也。二时一刻，复乘四路无轨北至方家胡同西口下，再诣国子监参观中国书店集部、丛书部、子部三室。又挑得《宛委别藏》

之一种,俱交店友,并开发票,过日送家云。

五时半,始离国子监。遇周扬,匆匆点头而已。乃乾归去。予仍在成贤街东口乘十三路到北新桥,转七路无轨,往东直门南小街,再转十路南返禄米仓,步行归家。

到家,潏儿在。六时半后,润儿、琴媳俱归,遂共夜饭。饭后,清、汉及镇、新诸孙皆来。盖汉儿甫自通县乡间劳动归来也。文权亦至。续谈至近十一时,乃各归去。予亦就寝。十二时后乃入睡。

5 月 14 日(三月三十日　丁未)星期

昙,热。下午曾有雨,闷热,入夜犹未退。

晨五时起。七时后接汉儿电话,约游北海。琴媳仍加班。予与润儿于八时三刻挈元、宜两孙同出,乘十路到朝内大街,转一路无轨赴北海。入园度积翠堆云桥至双虹榭,则汉儿及大璐、元镇、元鉴已先在。有顷,清儿偕建昌、建新及小逸亦至。居然大家吃到冰结凌。坐至十时半起行,东度陟山桥出陟山门,进入景山山右里门,遂憩于山后寿皇殿前柏林中。十一时许,同诣景山东街菜根香饭馆吃午饭。琴媳下班过迟,未及同坐。因携食返汉家,招与进餐焉。予饭过汉家小休。一时许,镇、鉴两外孙伴予行,穿故宫行,由神武门入稍于太和门。至二时,属镇、鉴归去。

予即出午门,西经阙右门入中山公园东边门,徐步绕社稷坛,径诣市政协会堂之西厅,参加民进中央常委廿四次扩大会议。王恪丞、杨东莼、许广平、冯宾符、谢冰心、赵朴初、吴研因、金芝轩、顾颉刚、陈青士、余之介、林汉达、雷洁琼、严景耀、吴文藻、董守义、顾均正、葛志成、张纪元、梁纯夫、章廷谦等皆到。二时半开会,恪丞主席。先后由许广平、谢冰心报告去日本归来的观感。许率领妇女代表团,谢参加亚非作家会议。赵朴初、冯宾符报告去印度归来观感。二人同参加世界和平理事会议者。言之娓娓,有委宛处,有激昂处,直至六时一刻乃散。总之,中国国际威信日高。所到之日本、印度,凡人民皆热烈真诚欢迎,而统治阶级愈益不安。因之态度冷暖不同耳。

散会后,予独赴汉家,因全家在彼晚饭,约好等予前往吃饺子也。予遂出园东门,穿阙右、阙左两门,绕至东华门,拟乘三路北行,乃候车不至,只索步行,由北池子、沙滩、松公府夹道、景山东街回至汉儿家。多走路又兼闷热,觉疲累极矣。

晚饭后,琴媳骑车先归。九时许,予与润儿及元、宜两孙由汉儿伴送至沙滩乘一路无轨,回朝内大街,再转十路南返于家。小坐未久,即取汤濯身,易衷衣乃寝。初不能御被,入睡前始拉被聊覆,醒来犹汗沈浃体也。北地气候之难测如此乎?

5 月 15 日(四月　小建癸巳　戊申朔)星期一

晴旭澄朗,气转爽快。

晨六时起。八时续点《提要》,及午毕《子部》艺术类存目。午饭后汉儿来,看元错寄来之信,二时前上班去。润儿归饭,亦二时前去。予二时小睡,四时起。积疲未苏,腰背仍感不舒也。五时后,续点《提要·子部》谱录类,抵暮完十三页,即夜饭。

饭后看电视,歌舞晚会,清儿及建新来同看之。八时许,清等即去。清之来呈予阅定复滋儿函,顺告社方通知,将调伊去山西,并属廿五日即行云。予适写好一信,寄天坛照片与颉孙,遂令带出并付邮筒。

九时就卧。

润、琴之归,予已将入睡矣。

5 月 16 日(四月初二日　己酉)星期二

昙,暖,下午时阴,傍晚起风。

晨五时起。七时续点《提要》谱录类,九时止完卅一页,器物之属,适尽矣。辍笔起,独出访乃乾。乘十路至中山公园,转五路往晤之。长谈至十一时,二人偕出,步至北海前乘九路无轨,往西单安福胡同口下,走往绒线胡同四川饭店午饭。一时许起行,仍乘九路无轨回北海,转五路至乃乾家。少休。本拟出席政协常委十六次扩大会议,听文化部齐燕铭副部长作关于文化工作情况报告,乃乾知颉刚在西郊动物园与元善、琢如茶叙,坚邀予同往会之,遂改计从之。仍至北海乘一路无轨,径往动物园豳风堂,竟未见颉刚等,时风起天末,兴亦阑珊,乃效仿戴故事,翩然赋归。仍乘一路无轨东还,至北海下,二人偕入诣双虹榭,欲啜冰结凌,无所得,只得各饮啤酒一杯而行。出陟山门,乘五路南行,乃乾在西华门下,予至南长街口亦下,走往人民大会堂北门,乘十路东归。

到家已将五时,清儿来言,厂事已交代,只待作检定,即往看潘,有所商。六时半,润儿归,乃与共夜饭。饭后,琴媳亦归,以清事欲与汉洽,遂骑车仍回人教社探汉儿归未,以汉儿今日又下乡劳动,电话亦无法通,故亲往一看之也。九时许,归言晤及汉,少停,汉将来会清。越久,潘、汉、清皆未至,迨十时,清来谓,在潘家晚饭,饭后长谈,故来迟。潘则今晚不来矣。又久之,汉始至,予已就寝。润、琴与接谈。

是夕,汉即宿清家。

5 月 17 日（四月初三日　庚戌）星期三

昙阴相间，风不烈而仍燥。夜雨。

晨五时半起。七时，点《提要》谱录类，至九时半，点完之，凡六十四页。又接点此类存目十七页。而国子监中国书店书友刘清源至，送到十三日在彼选定之书九种。坐谈有顷，收款而去。

接滋儿十一日写十三日寄出之信，复予二日去信。予十一日去信当然未到，但此时必已读悉矣。十一时，潜儿来，午间，润儿归，遂同饭。饭后，摸娑刘友送来诸书，分别展视入册。至二时小睡，三时半起，赓为之，五时五十分乃毕事。三时四十分，潜儿为予赴政协礼堂购物，知伊过邀清儿同往，六时许，潜归，知清亦归家收拾矣。夜饭后，潜即归去。入晚，雨作，予启看电视，故事片《奇袭》，八时半完。九时雨少止，汉儿来，琴媳夜饭后即归，未值雨。润儿未归晚饭，九时三刻乃归。予九时半就寝。汉儿宿西屋。夜雨尚透。

5 月 18 日（四月初四日　辛亥）星期四

晴朗，温和。下午略有云翳，入晚渐闷。

晨五时起。八时，潜儿来，因同出，乘十路到东单，走往北京医院门诊部，晤汤大夫，试装义齿，仍欠适，汤因约廿二晨八时再往复试。九时即离院。遂偕潜走台吉厂头条，至东长安街乘三路无轨，出阜成门，径诣动物园，一看水禽、河马、象、金丝猴等，已十一时，乃仍乘三路无轨回在北池子，换三路车直抵南河沿政协文化俱乐部门首，入就午餐。遇宾符、陈达等。十二时一刻出，走王府井同陞和及百货大楼，买到布鞋及点心等。乘四路无轨南至东长安街转十路东归。到家,润儿犹在家,元孙亦未上学也。

有顷润上班,元就学皆去。予乃小睡,四时许始起。

书友刘清源送来日本刻袖珍本《四书集注》一函,及予在涵芬楼备书时所校印南沙三余氏《南明野史》三册,盖为予物色得之者。惜未之晤面,款亦未带去也。

清儿五时许来言,已与达先用长途电话接谈,知清之调晋,达亦未知,此刻将向组织洽谈云。并知亦秀亦有调晋说。予因电话询农祥,果然。然则,清之赴晋,同伴有人矣。六时四十分,与瀋、清、元、宜同进夜饭。润、琴皆因学习或加班未归饭。

饭后,瀋、清皆归去。予与元、宜两孙看电视,故事影片《聂耳》。九时,琴、润皆归。予亦就寝。

5 月 19 日（四月初五日　壬子）星期五

阴,微雨,气仍闷暖。

晨四时半即起。七时后,写信两封,分复亳县滋儿及大兴浞儿。（滋前晚有信至,浞昨晚有信至。）九时半,令元孙投邮。自九时后,撰书跋二首,一《南明野史》;一《读史论略》,及午毕。

瀋儿午后一时半来,予已饭后小休。三时半,予起,复撰抄本《郡县名》跋一首,六时乃毕。瀋儿四时去三里屯探省滋家。五时携铿孙来省。盘桓至六时,又送之归去。出门不久,佩媳至,少顷,汉儿亦至。七时许,瀋归。润已归,饭后开会去。予与瀋、汉、元、宜共晚饭。佩乃返三里屯。饭后,农祥来访,谈亦、农调晋事。知渠亦可能同往也。九时许,农祥辞去。九时半,润归。瀋归去。汉留宿。十时,予就寝。琴媳归。

今日所撰三跋与予幼年教育及备书情况有关涉处,爰专录如左：

清季二十二省府厅州县录跋

　　光绪壬辰，予方三龄，先大父裁红纸作方块，亲书周兴嗣千文教予识字，期年毕事，兼及日用杂字数百言矣。先大父喜则抱置膝上，令握笔，把予腕教写字。比稍长，塾课之馀，即抽架上《爵秩便览》，俗所谓《搢绅录》者授予，令就当时京省府厅州县之名，按序移录，旋钞旋读，务求成诵。而后，已间及地名、眉上所题之古称。盖先大父望予切，恐稍纵即荒于嬉也。予初以为苦，久之，亦渐甘。予得少稔我国舆地沿革者，实植基于此。顾得鱼忘筌，幼之所钞渐就凌替。数十年来，播迁遭燹，更无着落矣。今岁春杪，偕乃乾游国子监，在大成殿东庑中国书店书库史部中获睹此册，题曰《中国十八省郡县录》。书首撕去一页，书尾撕去两页，既无序跋，无由推知出于谁某之手，仅钤朱文印章曰"南通冯氏景岫楼藏书"而已。予顿触旧绪，喜如己作，亟购归细读，若温昔梦。此书书写甚工，且十八省外兼及东北三省与西域新疆，而盛京省已列洮南府。是在光绪末年矣。爰核其实改署曰"清季二十二省府厅州县录"云。

跋杜紫纶诏《读史论略》原刻本

　　忆十五岁时，先大父弃养，先父在张家口任职察哈尔右翼垦务局，闻耗奔丧，归箧中携有杜氏《读史论略》。知予方习作史论，即畀予诵习。当时亦尝自加句读，随手涂抹。其后佣书南北，每以自随时一玩索。辛壬倭难，乃与架书同化寒烟。

　　今岁夏初，阅肆得此，以其童时素习，怳觌故人，距始见时已五十有七年矣。风木之痛，因感而发，援笔志之，不禁泫然。

南沙三余氏南明野史跋

此书为予佣书涵芬楼时所校印。辛壬之交,淞沪倭变,家毁于燹,片楮不存。事定后,经年物色,迄未一遇。迨移家京华,亦尝索诸坊肆,仍无能一偿斯愿。

辛丑仲夏,国子监书友刘清源为予致此,欣喜过望,如还遗珠。卷首有红铅笔署名及钤章曰"王相如"。虽未识其人,而循名绎义,固亦慕蔺马之为人者。

是原藏此册之人,盖我宗之希古尚气者流乎? 回顾失书之日,距今已三十年,岁月迁流,倏焉阅世。摩挲旧稿,安得不老。爱书末简,藉志因缘。

5 月 20 日（四月初六日　癸丑）星期六

晴,和。午后略有云翳。

晨五时起。七时二十分,与汉儿偕出,共赴北京医院复诊。以十路正值各机关上班,非常拥挤,予适得一三轮,先乘以行。汉则仍乘十路继踪焉。七时三刻,先后到达。予因预期挂号,八时开始,即得第一号就诊于大夫郭敏文。告以服 D860 后反应情况,即停开此药。馀仍照旧。量血压亦无变动。八时半,即离院矣。

予以天时清和,因令汉随予一游紫竹院。遂乘三路无轨径达二里沟下,步往白石桥,顺长河西抵紫竹院。坐池畔槐荫下,远眺西山,翠黛屏峙;俯瞰碧潭,游鲜可数。池周缀以疏屋危桥,池上时有扁舟荡漾,风物颇类杭州明圣湖之一角,而恬静闲适过之矣。领略久之,十时半乃起行。在白石桥乘卅二路至动物园,换三路无轨入阜成门。车抵北池子,复转三路往南河沿,遂入政协俱乐部午餐。时方十一时半也。遇张绌伯、严景耀、毛子芬、张静秋等。十二时半出,仍乘十路东归。

抵家,润儿方与锴孙饭毕闲谈,盖锴孙自怀柔假返省母,清早乘火车来京者。一时半,汉、润皆赴工作所上班,锴亦自去。予乃就榻小睡,近四时始起。

芝轩伉俪来访未值,留条见告廿三日去莫干山疗养云。

夜饭后,润儿挈元、宜、燕三孙往省清家,琴媳在家接待其妹慧英及其姑。予独自坐看电视,故事影片《烽火列车》,十时始毕。润等亦归。慧英等归去。润言清家甚热闹,权、瀿、汉、锴、镇、鉴等俱在。盖清将离家,应有此聚晤耳。接漱儿十八日来信,复予三日去信。顺询家中近况。

十时就寝。

5 月 21 日(四月初七日　甲寅　小满)星期

晴。

晨四时半起洗脚。早餐后闲翻架书,至八时独出,走至禄米仓西口,雇得三轮,遂乘以往南河沿政协俱乐部,参加民进组织生活。车至大门首,陈慧踵至,遂同入,径诣第五会议室。有顷,董守义至、顾颉刚至,徐楚波至。最后梁纯夫至。漫谈工作情形,及内外大好形势,十一时半散。走食堂谋食,人已挤满,盖今日星期,不家食者更多耳。因与颉刚出,过北京餐厅,亦如之,连过王府井、东安市场,各家皆然,最后至森隆,店友以号头见与,已为一八八号,只得坐待,直至下午一时十分,始得食。两人合进烧四宝、砂锅牛肉两味,各啖烧饼四枚(各二两),外啤酒一瓶而已,价十六元七角半,可谓昂矣。但烹调甚佳,四宝鲜美之至,惜太少耳。食后各别。予仍乘三轮遄返。

到家后知元锴曾来辞,今日又回怀柔矣。二时半,就枕小睡。三时许,晓先来访,晓先近薙去长须,骤见颇为错愕。盖二十八年蓄之,一旦薙夷之,自不觉眼生矣。谈至四时半去。

接汉儿电话,知潜、权、清、佩等皆在其家,盘桓近晚各归,伊将于明日下班后来小雅宝看予云。

夜饭后,记日记,听广播,未看电视也。九时就寝。

5 月 22 日(四月初八日 乙卯)星期一

晴,不甚朗。午后渐阴,气尚爽。

晨五时起。七时前,与润儿同出,走金鱼胡同东口,乘六路无轨南行,至苏州胡同西口下,穿东单公园,诣大华路北京医院,在园中亭上小坐至七时半,入院即往化验室取瓶交验小便,并由护士取耳血待验血糖,乃取所携干粮啖之。八时至口腔科,汤大夫尚未来。有顷,汤至,延予入内,别请一年较高之大夫为予端相齿位,并以新作义齿试装,指示修改,历时三刻许乃已。再约廿九日上午八时复往试戴云。

九时,与润儿离院,穿公园至崇文门,乘三路到王府井南口,再转十路东行,抵外交部街东口下,润儿赴馆上班,予则过羊尾巴胡同六号访芝轩。适芝轩亦以去北京医院取药,未之晤。晤其夫人,谈至十一时许,芝轩仍未见还,予即起辞,由万宝盖胡同步行归家。

十二时一刻,润儿归,遂同午饭。饭后小睡,三时起。润则二时已上班去矣。起后续点《提要·子部》谱录类存目,六时许点毕。

夜饭后,潜、汉来省,同看电视《多瑙河之波》。八时许,琴媳亦归。润则学习故未归晚饭。九时,电视毕,潜、汉皆去。予亦就寝。润儿亦归。

5月23日（四月初九日　丙辰）星期二

破晓阴，辰刻转晴，气未较暖。

晨五时一刻起。整治摩挲，七时始定。八时后，展《四库提要·子部》杂家类，援朱笔点读之，至十时完一卷。所谓杂学之属毕矣。八时前，写一信复漱儿，顺告清儿将调往太原事，即交润儿于上班时带出付邮。

清儿十一时来，因与同饭。饭时接润儿电话，知在石驸马街为出版管理处拉菜，须阅一小时始得归。果于午后一时乃归饭。饭毕，即上班去。二时，予与清同出，清往交道口看电影，予则乘十路往中山公园，径诣来今雨轩。晤彦驯、季文。有顷，颉刚来，知与乃乾在西部太平花坛前啜茗。予三人遂移坐就之。又有顷，琢如夫妇来，并桌共谈，甚快！至四时四十分，七人同走至东安市场森隆菜馆晚餐。六时半散。予即乘三轮返。润儿等晚饭未毕也。

汉儿来，偕润过访清儿。九时就寝。润儿、琴媳俱于予寝后乃归来。

5月24日（四月初十日　丁巳）星期三

晴，和。日中较暖。

晨五时起。六时半潆儿来，同时，清儿电话约在禄米仓口公共汽车站相晤，同赴香山静宜园。予偕潆赴之。清已偕雪村、雪澄、建新在彼矣。相将登十路北行，在东直门大街换七路无轨西向西直门，再换卅二路达颐和园，又转车西去，于九时直达香山站。六人徐步向静宜园，径趋玉华山庄，欲得茶憩，乃阒其无人，门加键焉。平台桌椅虽具，而炉灶无烟，只得冷坐稍休而已。十一时下山，即香山饭店午餐。餐毕，同过双清别墅香山寺听流松。迤逦至见心斋，予独坐池畔槛上暂息，馀皆往看琉璃塔。二时半，乃偕过眼镜湖，出园北便门，诣碧云寺，即大殿东侧茶憩。时已甚疲，乃始得茶。坐至三时三刻，偕同下山，仍诣香山站候车东返，循原路归家。到家已五时半。

夜饭后，士敩偕建昌来，盖今晨敩自太原返京，将接同清等赴晋也。与谈至九时，辞去。予亦就寝。寝前濯身洗足。

5 月 25 日（四月十一日　戊午）星期四

晴，和。日中稍暖，入晚尤热。

晨五时一刻起。八时后点阅《四库提要·子部》杂家类二。九时许，平伯见过。长谈并佐之翻书查典，十时半后始辞去。借书七册。平伯去后，续点《提要》至午，仅得十五页。

饭后小睡，三时许起，无聊甚，乃独出散闷，先乘十路南至方巾巷，转八路无轨到安定门，拟转十九路车，乃城内城外觅寻未得，遂南行至方家胡同西口乘四路无轨直达广安门内牛街，换乘十路径行东归。

到家，湜儿方自安定公社归来，知可连休三天。傍晚，汉儿、润儿、琴媳皆归，乃共进晚餐。宜孙、燕孙患感冒，就诊后仍未退热。

夜饭后，潗儿、清儿、士敩、佩媳皆来，顺看电视，相声及影片，皆为征服世界最高峰珠穆朗玛峰，盖登山队攀登此峰一周年矣。九时半完，又谈至十时后，乃各归去。汉儿则留宿焉。

予十时四十分就寝。以兴奋过当，说话较多，竟失寐，直至二时后始入睡。五时已醒矣。

5 月 26 日（四月十二日　己未）星期五

晴，不甚朗，气仍暖。

晨五时一刻起。汉儿七时出，径赴新华。八时后，湜儿往清儿家帮同理物。予则摊书续点《提要》，着手未久，轶程见过，长谈至十时三刻辞去。乃续点《提要》，抵午完《子部》杂家类二。

午饭后小休片时，二时一刻出，乘十路至麟阁路，转七路赴政协礼堂，参加扩大常务会议。先上三楼取餐券，时尚未到三时，而黑板上各种餐目俱已擦去。临时探询执事者，入厨咨问，仅有素面及鱼肉包尚有馀剩，乃缴粮票三两，定得素面两碗、鱼包三枚，然后下楼入礼堂。三时开会，包尔汉主席，请教育部副部长蒋南翔报告教育上两个问题。

五时许散，登楼就食，遇至善及云彬，遂与云彬夫妇及其女蕴庄同席。南①时半同出礼堂，同乘七路至石驸马桥转十路回南小街，云彬等在外交部街下，予则在禄米仓下，步归于家。

湜儿、元、宜两孙已夜饭过。有顷，琴媳亦归。据闻明日补假一天云。润儿以学习未归夜饭。予亦未看电视，只听各地联合广播新闻。九时即寝。寝前润儿亦归。

5 月 27 日（四月十三日　庚申）星期六

早见微雨，遂致绵绵，午后开霁，气乃大凉。

晨五时一刻起。七时四十分，平伯见过。又查书多时，八时十分同出，乘十路到南河沿下，径往政协文化俱乐部，参加科学院哲

---

①　"南"，原稿如此，疑有误。

学社会科学学部学习中心小组所召开之座谈会。颉刚等为一组，在第五号室，予等为一组，在第六号室，五号室之一组由哲学所、历史所、近代史所、考古所、经济所参加；六号室之一组由文学所、语言所、少数民族语言所、亚非民族所参加。文学所出席者三人：棣华、平伯及予。其他晤及者有吕叔湘、郑介石、陆志韦、傅懋勣、丁声树、张铁生、刘导生等。九时，分头开会，予组由导生主持，丁、傅、陆、吕、唐先后发言。十二时半乃移坐就餐。

　　一时半散出。予与颉刚、平伯同乘三路至北池子北口，颉刚转十一路无轨，予与平伯转九路无轨，各返。予则在南小街再换十路而归。

　　到家小休，三时半乃起。湜儿出理发，先往东安市场，五时许来电话，谓已在奇珍阁觅得房间，请早往。时濬儿已来过，云先过士敷同去矣。五时半，予偕琴媳出，同乘三轮赴奇珍阁。坐有顷，濬始至，又有顷，润儿至，文权至，清儿、士敷亦至。七时十分，佩媳乃到，因共进晚膳。饮馔尚腆，不失湖南本色。此次宴集，为清、敷祖饯，兼为佩媳暖寿，盖明日为伊生日也。八时十分餐毕。乃共往王府井明昌照相馆合摄一影，藉资留念。濬、清、汉三姊妹又别摄一影焉。遇二十年前老摄影师何佐民亦在此店服务，娓娓话旧，历久始别。

　　予乘三轮先归。馀人陆续来小雅宝，又长谈至十时，乃各归。予十时半乃就寝。

　　接廿五日滋儿信。

5 月 28 日（四月十四日　辛酉）星期

　　晴，和。

　　晨五时一刻起。七时半，晓先见过，长谈至八时半乃去。九时半,湜儿挈元、宜两孙出看电影。予乃写信,分复滋儿及颉孙。十一时三刻,湜等归,未获看电影,仅游中山公园而已。

午饭后小休,三时起。令湜儿往政协礼堂购物。晓先复来,絮谈移时始去,借去精装《廿五史》第一册。有顷,湜儿归。佩媳挈铿孙亦至,携面看俱来,先有电话见告,琴媳亲至禄米仓口车站迓之。又有顷,文权、清儿、升基、新新皆来,共进面餐。知潏、汉皆病,未能同来,甚念之。

十时许,佩媳、铿孙等都归去。予亦倦极,就寝矣。

5月29日(四月十五日　壬戌)星期一

晴,暖。

晨四时即起。湜儿五时许出,径赴永定门车站,候车归安定公社站上村矣。七时,点读《四库提要·子部》杂家类三,至八时廿分,尽十二页。即出门,步往建国门科学院文学所,参加中国文学简史座谈会。到者甚多,晤其芳、棣华、蔡仪、冠英、平伯、叔平、友琴、念贻、道衡、世德、象钟、绍基、晓铃、唐弢等。冠英报告初稿完成后,各地征求意见情形,世德归纳各项意见,胪陈得失。十一时后始毕。棣华、导生、唐弢及予皆发言。十二时许散。下午将续开,予辞焉。

走归午饭,汉儿已在,盖伊前晚发高烧,今由清儿接送来家者。已知就诊建国门医院,据断为感冒云。

饭后小睡,三时起。挈元孙出,乘十路到中山公园一游。因伊入队已届一周年,今日考试又得满分,故奖之。在园耽玩至五时,遂与偕出,步至南河沿文化俱乐部食堂共进晚餐。餐后乘十路归家。潏、权均在,惟润、琴皆未归。乃与潏、汉、权、元、宜一同啜粥。粥已,正启看电视,苏联影片《欧也尼·葛兰台》,乃电掣云起,雷声殷殷,权、濬遂归去。予等看完,琴、润亦归。竟无雨。

九时半就寝。

5 月 30 日(四月十六日　癸亥)星期二

晴,暖。午后黄昏皆热,如伏暑矣。

晨四时醒,五时起。上午濬、清皆来看汉,汉疾已稍瘳。十二时清归去。今日傍晚偕士敦挈建新启程赴晋矣。

午间与濬、汉、润、元共饭。

饭后一时半出,乘十路到中山公园,径诣来今雨轩,茶棚中人已坐满,只得西行,过藤棚太平花等处,直出西门,拟往看乃乾。出门未远,即见其夫妇迎面来。遂复返园中,在西部择座冷饮,并瀹茗以待诸友。有顷,轶程至,万里至。又有顷,季文至,颉刚至。知来今雨轩已挨得一座,乃迁往就之。则平伯、琢如、王仲田及恽老皆在,并桌长谈,上天下地,无所不及,致快也。四时三刻起行,恽老外十人联袂东行,徐步达金鱼胡同森隆酒楼。叶叔衡已先在,仍在三楼三号房聚餐。六时半散。乘三轮归。

下周之会约仍到中山公园聚谈。晚在西单同春园会餐,由王仲田定菜云。濬、权、润等皆至车站送清等行,已回到家。知同行多熟人,少慰。预计明晨六时即可安抵太原也。

看电视,曲剧《回春记》,九时半完。濬等去。汉仍留宿。

予取汤濯身洗足,易衷衣,亦就寝。

5 月 31 日(四月十七日　甲子)星期三

晴间多云,仍热。

晨四时半醒,五时起。

汉儿六时三刻出，扶病上班矣。润儿七时出，前往通县富豪村文化部生产队作农牧劳动，为期一个月，将于七月初回京云。

七时半，濬儿来，偕予乘十路至东单，走往北京医院复诊。仍由郭敏文大夫接诊。量血压及以检查血糖、尿糖结果见告，皆稳定无恶化。续方仍照前药，无所变更。

八时四十分即离院，与濬儿同走交民巷台吉厂口，乘四路无轨到东安市场，同诣东安门大街公共汽车公司换购月票，顺道北走灯市西口，乘八路无轨南至方巾巷，再转十路北行回禄米仓西口。到家未及九时半也。甚见迅利云。

午饭后，小睡至三时起。本有政协礼堂听传达报告，以时晏未赴。濬儿仍为予往购物，五时半乃归。予三时起后，续点《提要·子部》杂家类三残页，及杂家类四，抵晚毕之。

夜饭后，濬即归去。予与两孙看电视，儿童节目木偶戏《宝斧》，九时乃完。

接汉儿电话，归家后颇倦，今晚不来小雅宝矣。

九时半就寝。琴媳十时后始归。盖近日工作又加剧矣。

6月1日（四月十八日　乙丑）星期四

晴，热，有类深夏。

晨四时醒，五时起。七时展书点阅，至十时，点《提要·子部》杂家类五卅页，即收书起。独出，乘十路到东单下，步往北京医院口腔科访汤大夫，戴上新牙，虽尚合式，而上颚仍不甚紧，据云牙床浅，殊不易深吸耳。姑用之，约八日上午十时再往修整。

十一时半出，即往南河沿文化俱乐部午餐。餐已，乘十路返。下午一时三刻复出，仍乘十路到石驸马桥换七路往政协礼堂，参加本会民族组与文教组联合第九组座谈会。到载涛、吕振羽、张政烺、陈明达、李祖荫、韩寿萱、邵循正、胡厚宣、冯家升、秦德君、夏鼐、顾颉刚及予十三人。载涛主席,谈文化教育工作问题。五时半散,即在食堂晚餐。遇吴大琨,略谈片晌。食毕即行。仍循原路归家。到家未及七时也。

接卅一日湜儿信,告安抵工地。

看电视,木偶皮影戏《孙悟空三打白骨精》,十时就寝。琴媳九时半归。

6 月 2 日(四月十九日　丙寅)星期五

阴,偶飘微雨,不但不破块,竟亦未沾尘也。旱象加剧,殆不免乎! 气温乃较昨稍凉耳。

晨四时半醒,五时起。七时后,续点《四库提要》,至午未辍,点完《子部》杂家类五及杂家类六。

潘儿九时半来,为予往朝内市场购配物,十一时半乃还。

午后小休,三时半起。四时领回宜孙,补行六一节。五时,与潘儿挈同宜孙,乘十路往南河沿文化俱乐部共进晚餐。餐后,仍乘十路归,时已起风,气温骤降,亟归添衣。

七时,开看电视,京剧《黑旋风》。潘八时许即归去。汉儿七时来省,至是,与潘同去。九时半,电视毕,琴媳亦归。

十时就寝。

以农历计,今日为珏人逝世六周年。

6 月 3 日(四月二十日　丁卯)星期六

拦朝大雨,气凉有类深秋。七时雨止,向午渐露日光,午后晴,傍晚又有细雨,夜见星。

　　晨五时一刻起。七时半出,扶伞代杖,徐步诣文学所。盖昨日接张慧珠电话,今晨八时所中有时事报告也。应召而往。全所除在郊外从事文学史撰写工作者外皆到。平伯却未见。至时,由平凡主席,由杨耀民作报告。结合传达及学习所得,详言国际局势,分析老挝、古巴、刚果及亚洲各方面情形,真乃大好形势。我国国际地位空前高涨云。聆之大为奋兴。九时半即散。所中坚嘱老赵驾车送予归,辞之不获,良足感愧。

　　午饭后小睡,二时半即起,写两信,分寄南郊湜儿及皖北滋儿。惟润儿去通县已多日,迄无信来,岂亦如前此湜寄滋书之故事,又俇洪乔耶?

　　晚饭后,琴媳归,接取元、宜两孙同往蟾宫看儿童影片,亦补祝六一儿童节之意耳。

　　夜七时半,农祥见过,长谈,亦秀调晋情形,渠亦有同往之讯,须亦秀布置稍有头绪,乃行也。九时半始辞去。

　　琴等三人九时十分即归。据云外间颇凉矣。

　　十时就寝。抽架上郎仁宝《七修类稿》阅之籍以催眠。其实日常如此已成老例,兹特偶拈以见一斑耳。

6月4日（四月廿一日　戊辰）星期

　　晴,和。

　　晨五时起。七时写信与润儿,询何以去后无信。九时,琴媳加班,因属携出付邮。甫带出,而伊二日所发之书乃递至,是予心太急矣。此书告劳动生活之状甚悉。

　　十一时半,元镇、汉儿、元鉴、潚儿、文权、佩媳、铿孙、昌硕陆续至,十二时半,琴媳亦归。乃共饭。各携主副食会餐。亦近年风会矣。

午后小睡，二时半即起。三时半，濬等皆去。琴媳已于二时又去加班云。诸人去后，转见静寂，乃摊《提要》点读之，至六时，毕《子部》杂家类七及存目一，并撰影写元至正本《群书通要》跋一首。

夜饭后，建昌来送画报与元孙。八时三刻去。九时就寝。今日牙型不舒，牵绊致于轧出小泡，非但咀嚼为难，即掀涕吐痰亦感不适。夜饭后亟撤去义齿，而影响已不小，头部后右侧时作抽痛，就枕更剧，遂致失寐，苦痛甚矣。

6 月 5 日(四月廿二日　己巳)星期一

昨夜十一时，今晨二时、四时俱为头痛促醒，挨至五时半强起。昙阴间作，屋外仍凉，以头痛时剧，不免目眩。七时半，强自鼓兴，扶筇携宜孙出，送之上学，冀移想易境或能稍劙此苦。乃头痛时时增剧，不得不折回，瞑目枯坐，孤恓甚矣。老来失伴，其苦乃如是乎？继念就枕偃息，或将更致病端，只索奋起，扶痛出行，乘十路至文化部前，欲换车赴故宫，忽车站牌移去，不得不展转寻觅，乃迁在北小街东首。立候三车，始乘一路诣景山，步入故宫神武门，径往皇极殿、宁寿宫一参十大画家展览。盖今日闭幕矣。头岑岑作痛，闭目咬牙，强忍之。时已日出稍暖。

十一时许，出东华门，乘三路至南河沿南口，过俱乐部午餐。以牙床浮肿，又牵动头痛，只啜一汤一通心粉而已。含胡下咽也。

十二时一刻，在南河沿乘十路遄返。元孙方自学归，就食毕。予亟脱齿洗脸就榻偃卧，盖至此已不复能忍矣。琴媳晨出，知予头痛，汉儿昨晚归去，知予牙型轧肿，皆于午饭后来省。二时前，皆上班去。难得想到，而予仍终不免踽踽凉凉耳。

四时许起，头痛暂息，亟捉笔记之，惧稍纵即逝也。五时后，天尚未黑，而无聊益甚，乃续点《提要·子部》杂家类存目二，抵晚上灯，尽十五页。

夜饭后，看电视，苏联影片《蓝箭》。汉儿复来省，留宿焉。琴媳亦于九时返。九时半就寝。连服索密通两片，头痛渐止矣。此药目下市上无售，乃珏人病中所遗下者。取服之馀，不禁又钩起莫名惆怅耳。

6月6日（四月廿三日　庚午　芒种）星期二

阴，偶见微雨，旋转霁，气亦渐暖。

晨五时一刻起。头痛已略愈。七时后，汉儿上班去。知亦临时劳动，为浇水工作。佩媳今明两天亦为劳动，则拔草云。

八时后，摊书点读，至十一时，点毕《提要·子部》杂家类存目二残页及存目三整卷。

午饭后即出，乘十路往中山公园，转五路到西华门访乃乾。谈至二时，偕过中山公园，径诣来今雨轩，则勋成、元善、季文、颉刚、万里俱在。有顷，琢如夫妇及硕甫亦至。长谈达五时许，乃离园乘廿二路往西单，季文以事未往。予等九人皆到同春园菜馆，登楼，与执事者洽，以王仲田之先介，得辟室宽坐焉。（仲田本人以事未到。）坐定，轶程、平伯、叔衡先后至。遂围坐就饮。只有葡萄酒，十二人共饮一瓶。菜品尚多，但乞灵于灌装者不少，真材实烹者仅红烧鲤鱼一尾耳。主食有烧卖、花卷等亦好。食毕付钞，人摊六元三角二分也。七时三刻散，予与硕甫、颉刚附十路东归，至外交部街东口，硕、颉皆下，颉送硕归。予则到禄米仓西口下，遇腾云，立谈久之,比走还家中,已八时矣。以昼长,尚未甚见暮色也。

八时四十分,汉儿来,谓竟日劳动,已归家,浴后再来省予也。予竟日头痛甚微,方自庆幸,乃九时就枕后,又隐隐加剧,夜深人静益痛,竟汗出如沈,右后脑一若经受十槌击伤,然咬牙强忍而已。然睡眠则大为折减矣。苦甚!

6 月 7 日 (四月廿四日　辛未)星期三

昙阴间作,时有细雨,气闷损,颇类黄霉天矣。

晨四时即感头痛不安,五时一刻起,亟索索密通吞之。七时,汉儿出上班。八时写信两封,一寄通县润儿,一复上海漱儿(昨晚接伊来信)。十时许,潜儿来,为予出购物,因属将两信带出付邮。

宜孙以微热,昨今都在家休息,且皆由李妈陪往赵家楼医院求诊。李妈归报轻描淡写,述医言无大碍云。

近午闻雷,旋见雨作,稍稍大矣。午饭后,汉儿来省,二时前上班去。予小睡至三时起。潜儿三时半出,为予向政协礼堂购点心及茶叶等,六时后归,居然带回西点等件。

晚饭后,雪英来,与潜长谈。近九时,以雷作,皆去。予亦就寝。

琴媳以工作忙迫,仍于近十时许始归也。

日间陆续点阅《提要·子部》杂家类存目四,凡完三十页。

6 月 8 日 (四月廿五日　壬申)星期四

晴,暖。

晨四时醒,五时起。七时,汉儿来,偕予同出,步往南小街外交部街口,候十路快车,拟赴北京医院就诊,乃立待多时,竟无快车,(禄米仓口只有常车,人挤难上,故特走至外交部街口乘快车,讵事有凑巧,偏常车连至,独缺快车徒等半小时。)只得仍挤上常车,八时前赶到医院,即由郭敏文大夫接诊。听量结果,属再检查血糖等,仍配索密通止痛,谓系神经痛云。时为八时三刻,预约口腔科看牙尚须至十时始接诊。乃与汉儿过对面公园一逛,至九时三刻,复到口腔科,即由汤大夫接诊。修整义齿,十时半完,便与汉儿离院,徐步至台吉厂,乘三路无轨到景山公园小憩,然后再乘三路回南河沿,径诣文化俱乐部午餐。餐后,汉仍伴予乘十路归家。

到家,潘儿在。予小坐后即就枕小睡,三时醒来,汉已上班去矣。

清儿六日来信,知住太原省级机关招待所,不久便可分派工作云。傍晚,文权、汉儿皆来共饭。

饭后,坐庭中纳凉,居然夏夜景象矣。有顷,佩媳来,以明日为珏人忌辰,佩及汉皆持花束来设供云。又有顷,琴媳亦归,携归润儿上予书,盖知前书交错,以为遗失,特补封寄人教社耳。京通咫尺地,徒以城乡阻隔,邮递往往致舛如此也。九时半,诸人皆归去,予乃就寝。

6月9日(四月廿六日　癸酉)星期五

晴,热。

晨五时一刻起。七时,潘儿来。予早餐后即点《提要·子部》杂家类存目四残页至九时半,并存目五亦毕之。

锴孙来,盖昨晚夜车自怀柔归校,今甫从家中来省也。谈农村工作状况甚悉。午饭时,潘、汉、锴皆同餐。饭后,汉仍上班去。

予小睡至三时起。偕锴外出,乘十路至南樱桃园换五路到陶然亭,坐树荫下长谈。五时许,循原路回长安街御河桥,诣文化俱乐部晚餐。餐已,仍乘十路归家。

夜饭后,看电视,评剧《乾坤带》,演秦英打张奎故事。佩媳携铿孙八时许来拜祖母遗像。九时,锴孙归去。九时半,潏归去。琴媳归。有顷,佩、铿归去。琴、元送至禄米仓,视其登车而后返。

予取汤洗足,濯身,易衷衣就寝。陡热,汗不止,初遭盛暑之味,殊不好当也。

6 月 10 日 (四月廿七日　甲戌) 星期六

晴,热。陡类伏暑。

晨五时起。八时即出,在禄米仓西口得乘三轮赴南河沿政协文化俱乐部,出席科学院哲学社会科学部中心学习组座谈会。晤刘斗奎等学部人员。九时,分组开会,予参加之组由刘导生主持。到郑介石、傅懋勣、李俨、徐炳昶、张铁生、唐棣华、吕叔湘、陆志韦及予。继续讨论培干问题。十二时半,两组聚餐。颉刚、厚宣、崇岐、外庐、贺麟等,乃会坐就食。

一时半散出,予偕颉刚乘十路到中山公园,转五路至西华门,走访乃乾。一路炎歊地热如焚,入室清凉竟不敢复出矣。因与主人纵谈,述新话旧,靡所弗言,畅甚。至五时半,辞归。仍与颉刚乘五路回人民大会堂东门,伊乘四路,予乘十路各归于家。

到家六时十分。佩媳、湜儿俱甫到家。湜明后两日休假。佩告后日起将去六里屯拔麦十天,须离铿孙外宿,不免依依泪下。予慰之,实亦无可奈何也。夜饭闷甚,饭后竟赤膊露身矣。

农祥八时许来访,谈至九时半辞去。亦不免系念亦秀,故打听清儿有无来信耳。客去,予亦就寝。

6 月 11 日① (四月　小建癸巳　戊申朔　乙亥) 星期

晴，炎热。

晨五时一刻听毕广播新闻即起。竟日未出，科头露臂危坐点书，除午后小睡二小时外，自上午八时至下午六时止，点阅《四库提要·子部》杂家类存目六、七、八，凡三卷皆毕之。

午后四时命湜儿往政协礼堂购物，六时归，仅得瓶酒及罐头荔支耳。傍晚琴珠偕汉儿及锴孙来。接润儿通县长途电话，事忙，一星期内不能有信寄家云。

夜饭后，琴、汉往省佩媳，以其明晨须下乡十日，集体拔麦也。

予与留家诸人开看电视，话剧《雷雨》，十时前琴归。知汉已径归矣。锴孙则留与湜儿同宿。

十一时半，电视毕，予乃就寝。

6 月 12 日 (四月廿九日　丙子) 星期一

昙，热，炎威稍杀于前昨。

晨五时起，促琴媳去社拔麦，俾可适时集合。

七时偕湜儿出，步至米市大街，乘六路无轨到崇内大街苏州胡同口下，穿东单公园，诣北京医院门诊部，径往治疗室抽血、检小溲，然后出干粮坐食之。盖非空腹不行也。嗣后每隔一小时作一次，七时五十分与八时五十分间在公园中坐待，八时五十分后则坐院中挨时矣。其间晤及雁冰夫妇及眉坤。十时许乃毕事离院，与湜儿信步出崇文门，乘七路电车到天桥，在彼一转，无可驻足，遂

---

①底本为："一九六一年六月十一日至七月廿五日日记"。原注："七月一日至二十日旅居青岛休养所所记亦包其内。廿六晨止叟记。"

行，即乘二十路车入城，十一时到南河沿，走诣政协文化俱乐部午餐。遇张纲伯、陈达、周亚卫。十二时食已，乘十路归家。

到家元孙方饭，接亳县八日滋儿来告工作及生活情形甚悉，并知予上月廿八日去信（附有湜信）已收到，近已移在刘小庙大队工作，属今后去信不必再写刘匠大队云。

阅信后即小睡。湜乃出看电影。三时予起，点阅《四库提要·子部》杂家类存目九，抵暮毕之。

六时后，湜儿归，潸儿亦至，因共夜饭。饭后恐有阵雨，潸儿即去。予看电视，越南影片《同一条江》，待琴媳归来，至十时许未至，极念，电视完后乃就寝。

十一时门铃作，李妈起开门，琴媳方归。盖八时犹在安定站待车也。张而不弛如此乎！

6 月 13 日（五月　大建甲午　丁丑朔）星期二

晴，时昙，午前气温与昨相当，午后时阴，晡时风作，间以微雨，有时大点挥洒，气乃陡凉，类深秋，较三日前恍隔一季矣。北地天气之难测有如此者。

晨四时半，湜儿辞家回安定生产队。予亦旋起。八时出，过访颉刚、藏云，同赴国子监中国书店。在灯市东口乘六路无轨至北新桥转十三路车以往。至则乃乾已先在，盖预期会晤者憩南屋办公室，见书友孙景润、刘清源在其东屋书库中，得见道光七年重刻本《古今类传》八册，康熙初董农山（谷士）编，书题《古今类传》，而仅有岁时类四卷，当为未完之本，顾四季故实及十二月日次摘句无缺，足称后来秦氏《月令粹编》之先河。每类开首皆用朱字别刷，亦见生面也。又见光绪丙戌琉璃厂松竹斋刻《朝市丛载》八册（亦题八卷),上自朝章官典,下至食宿玩乐,拉杂刊载,且多宣传本斋所刻,各书间亦揽载各业广告,不著编撰人姓名。盖坊间射利之书。但于当时京都社会状态不无可供稽考之处,实为后来新出版业竞印各地游览指南一类之滥觞。版本亦复可玩,因皆购之。诚不贤识小耳。

十一时半离国子监。藏云先归,予与乃乾、颉刚走安定门大街,乘四路无轨南行至王府大街下,乃乾以咳喘气急,先转车归去。予二人乃诣华侨大厦大同酒家午饭,遇吴羹梅在彼,居然吃到鲜黄鱼及鲜明虾,近日稀有之遇矣。一时十分起行,仍偕颉刚乘四路无轨至台基厂转十路赴中山公园,径诣来今雨轩。时为一时四十分,座已占满,且多独占两椅作午睡者。勉得两座,与人并桌,坐待良久,恽功甫、陈万里、陆轶程、汪季文先后至。四时许风起尘扬,雨亦随至(但不大),不禁陡感衣单,颉刚、季文皆遄归添衣,予尚能支持,只索忍之。

五时起行,与轶程、万里、功甫共乘五路至北海,转一路无轨到王府大街,复诣大同酒家,至则琢如已先在,五时半,觅坐先坐。有顷,叔衡、平伯、颉刚、琢如夫人陆续来,凡九人。肴核颇精,迥胜同春园矣。皆大欢喜,遂约下星期仍在彼会餐云。

六时三刻散出。气冷衣单,竟不自胜,适有三轮过予前,乃傫而乘之,径归于家。知大儿媳琴珠上午休息,下午仍照常上班矣。

颉刚知予注意乡邦文献,特以光绪乙巳刻本《苏州府长元吴三邑诸生谱》二册见贻,至感其诚。

夜坐息听广播新闻,九时半就寝。十时闻琴媳归。

6月14日(五月初二日　戊寅)星期三

晴,多云,气不甚热。

晨五时一刻起。八时后电话询乃乾昨日归后竟发烧,其夫人接话,谓顷已稍退云。接满子电话,谓圣翁已归来,念我,属询安否?予明后日当往一谈。

下午民进中央常委会本有座谈之约,予以昨晚受凉,不欲出门,适民进有电话来询,能去否?予因谢之。

午后小睡,近三时起,写三信,分寄清、润、滋三儿,告近状。夜饭后汉儿来,以所买粽子见享,盖新华食堂为端阳将到,制以应节景者。知潜儿患腹疾(上午文权来言,予转告汉知之),遂携同元、宜、燕三孙前往探省。李妈亦从去。九时许,汉儿仍率三孙返,坐谈有顷,琴媳亦归,十时汉归去,予亦就寝。

6 月 15 日(五月初三日　己卯)星期四

拂晓雨作,敲窗有声,未久即止,九时许日色微露矣,旋复阴,午后又时雨,气乃大凉。

晨五时一刻起。七时,点阅《四库提要·子部》杂家类存目十、存目十一,至九时半皆完。接点类书类一,抵午亦完。

午接佩媳电话,知归视铿孙,仍即返乡。三四天后便可回出版社云。

饭后小睡,二时半书友刘清源送书来,斐云所编《中国版刻图录增订本》八册一函,及清初刻《唐诗直解》十册俱来,《版刻图录》价一百八十元,可谓昂贵之至,然突过以前一切书影,且得综核刻板刷印之进展,不啻我国出版史概略矣。《唐诗直解》七卷,附《古诗直解》十二卷,《唐诗》为明李攀龙选,蒋一葵释,钟惺评,叶羲昂补。《古诗》则叶所选,释者亦尚见法度,足偿嗜书之望耳。刘友少坐即行,知渠十七日即将下乡劳动也。

五时许，文权来，借去日报兼告濬儿腹疾已痊。

昨日接清与汉信，知亦秀转放晋北，即将去大同报到，因与农祥通电话，渠亦接信云。

《版刻图录》前曾向文物出版社预定，今刘友先送到，遂电话知照文物社顾梅同志撤销前约。

夜饭后，看电视，故事片《红鹰展翅》。润同事女同志某来言，伊与润同在通县同一机构工作，今因送一病人返京，特来访问，顺询有无口信带去云云。承情极感，接谈称谢，少坐便去。只知其即住小雅宝廿八号，未便再叩姓氏。已送行后，有元孙同学两人来看电视，直至九时三刻乃毕，客去，予亦就寝。十时许琴媳归。

6 月 16 日（五月初四日　庚辰）星期五

晴，和，向晚微阴。

晨五时一刻起。

七时，汉儿来，七时半与之同出，乘十路去东单，走往北京医院门诊部。八时十分即由郭敏文大夫接诊，据告检查结果肝功能正常，血糖空腹尚无大坏，食后骤见增加，当掌握饮食，少吃甜食，仍须保持休息及睡眠云。续配前用之药，嘱烟酸片不间断，氨茶碱片服十日停一两日，萝芙木一片晨餐后用，一片临睡用，以此片亦有安眠作用也。九时即竣事。

在院遇介泉伉俪，见介泉情况依然，说话仍少，似未减轻也。九时半诣口腔科修牙，汤大夫未见，由王大夫代接。上牙床未动，下牙床摆脚太长，太锐，略为修锉，十时即好。未预约，俟有不适再挂号云。离院后偕汉信步至王府井，欲购置凉帽，乃盛锡福及百货大楼均无之，盖货出即抢买一空，今夏恐无续出之望矣。怅然去之,时已近十一时。乃走金鱼胡同森隆午饭,遇静庐,遂与并桌。十一时,静庐先行,予等以等待炒面,至十二时许乃毕事。

出森隆在帅府园西口乘三路无轨到台吉厂北口,转十路东归。十二时半到家。元孙方饭,琴媳亦饭后归视,顺携所购米粽送回应景。盖明日端午,往时节物竟一无所有也。

二时前,汉儿、琴媳分头上班去。予乃就榻小休,颇感疲乏矣。李妈见告,书友刘清源上午来过,已将书款一百八十八元交其带去矣。惟别有新要之书则并未带来云。

五时,予起,知许妈三时许即赴菜场购物,六时半始归,谓排队候买,才能买得黄鱼两尾、苋菜两把而已,副食之难得如此,一方固见物资缺乏,一方亦反映生活提高,一般购买力都随涨耳。

七时夜饭,饭后看电视,北昆演出《霞笺记》。

九时半,汉儿来省,同看电视,十时许毕,汉归去,琴媳归来。予就寝未久,闻叩门声,则润儿以事入城,顷搭乘运货车到朝阳门走返也。具道乡间情况,并知昨日来访之女同志姓米云,又知明日下午三时前须赶回工次,故早饭即行。予以其无意中赶归度节,颇为欣慰也。

6 月 17 日 (五月初五日　辛巳　端阳) 星期六

晴间阴,入夜雨,气稍转暖,雨前且甚闷。

晨五时廿分起。上午点阅《提要·子部》类书类二。十一时许,潜儿来,知腹泻稍好。润儿早出访友及洽公,十一时亦自外归,且已理发,因共饭。饭后润即辞家,仍去工次,盖三时须上工也。

潜二时归去。予小睡至近五时乃起。

琴媳、汉儿皆归来夜饭。饭后建昌来同看电视影片《草原风暴》，八时半汉归去。建昌则九时三刻电视完毕乃归去。

十时就寝。

6 月 18 日（五月初六日　壬午）星期

阴，时有细雨，下午三时后雨较大，旋止，气乃大凉。

晨五时一刻起。七时廿分，偕琴媳出，乘十路到南河沿，径诣俱乐部办参加游览手续后，即登政二大汽车，与圣陶、至善、满子同车。有顷，汉儿至，八时一刻开车，三大车鱼贯而行，西出复兴门，径石景山模式口渡浑河至门头沟，路渐盘渐高，越岭渐盘而降，十时一刻抵潭柘，入寺游览，遍历大殿、戒坛、毗卢阁、观音阁、清行宫，猗玕亭等处，并瞻帝王、配王两大银杏及两娑罗大树，即饭于寺中。寺本名嘉福，后改龙泉，及清康熙赐额岫云，然人皆知寺有妙严公主拜佛脚印，及潭（龙潭）、柘（柘树），本名遂鲜注意矣。

饭后稍憩，二时回辕，半时许，过戒坛寺，此寺予尚初临，寺枕西山极乐峰下，距潭柘东南十四里，兴于唐武德年，初名慧聚寺，山门东向，大殿后千佛阁，结构玲珑，惜檐摧榱折，危不得登。阁后高台复有殿堂，堂北有金天德年碑，天德为海陵王年号，因推潭柘所见金碑漫漶不辨何年，当系天会、天眷间物，以嘉福、龙泉之后金熙宗曾赐名大万寿寺也。正殿之左为北宫，清恭亲王奕诉建为别邸。颇修洁精雅，叠石甚佳。而遍植木芍药，故俗称牡丹，为驻足流连久之。院外当门之左，有大桧，号九龙松。又北石栏之内有松斜出，回抱栏外砖塔，号抱塔松。循栏而南，当殿门之左，有巨松穿栏而出，横偃夭矫，若游龙，号卧龙松。又南当殿门之右，直立栏外者，号自在松；若别无依傍，悠然自得者。最南一松荫蔽一院，牵其一枝,全身皆动,号活动松。戒坛以松胜,而卧龙为尤杰出,活动松则光绪十七年已枯萎,此盖寺僧别指一松以当之耳。

三时一刻自戒坛开车,循原路东返,过石景山雨渐大,至永定路已若无雨,然比至天安门,竟似不知有雨者,盖地旷气燥,湿氛早散矣。四时一刻到南河沿,各散归。锴孙在彼相候,坚欲邀予同饭其家,予以颇倦,亟思归休,未如所请。由伊接母归去。予则与琴媳转十路遄归矣。

此行冒雨出发,乃竟未遇雨沾衣,且气爽无汗,又不扬尘,诚意外奇遇矣。往回同车者,除圣陶一家外,有李祖荫、何鲁、林仲易及章乃器、黄药眠、叶浅予等三对夫妇,馀则未识姓名者亦不少,在潭柘同席午饭者,叶家与予家外,有董守义及一不忆姓名之熟人,(此人似姓张,治药物学者,在林汉达家曾见之,且与谈过,今已忘失姓名,未便再开口请教。)此外,遇及熟人有涂允檀、倪征燠、韩寿萱、李觉、黄洛峰、黄振勋、浦熙修等。

夜饭后琴媳挈元、宜、燕三孙往看濬儿,予以劳倦,七时即就榻偃卧。八时半,琴等归,知濬昨日归后仍腹泻七八次,今日尚须就诊云。

九时入睡,醒来已翌晨四时矣。

6 月 19 日 (五月初七日　癸未) 星期一

晨五时一刻起。天阴。七时后记昨日日记,八时后天渐霁,近午则隐隐现日矣。九时,点阅《提要》,至十一时半点毕《子部》类书类存目一。

午饭后天晴,予小睡至四时起。独出散步,在禄米仓西口正有十路车南来,予举足欲上,而滋家女佣抱铿孙下,一若预期相接然,为之大喜，因与同折回，到家便令李妈往幼儿园接宜孙归，三孙同嬉，顾而乐之矣。六时，铿孙归去。

夜饭后，汉儿来，少坐即往城外看濬儿，径行归去矣。予与两孙看电视影片《红霞》。九时三刻乃毕，琴媳亦归。十时就寝。

6 月 20 日（五月初八日　甲申）星期二

晴，回暖。

晨五时一刻起。六时点阅《提要》，至七时半，点毕《子部》类书类存目二、三。十时独出，乘十路往王府井转三路无轨至东安市场，徐步登森隆二楼谋午餐，时为十时半，座已将满，与一客对坐，唤小笼包子一笼（八枚）、肉末炒茄子、烩鸭血各一，从容以生啤下之，又唤银丝卷一，至十一时半起行，携所馀包子四枚及卷子半截，备归飨诸孙矣。由市场西门乘三路无轨，往北海转五路到西华门，径造乃乾家。乃乾小病初愈，正在啜菜汤，予至乃大高兴，纵谈《皇明经世文编》编目事，并及近日学术界动态，至下午四时三刻始起行。走至北海乘一路无轨东返王府大街，径赴大同之约，至则颉刚、硕甫、万里、季文、彦驯皆先在茶座矣。至五时半，移坐餐厅，平伯、琢如夫妇及颉刚夫人先后来，凡十人团坐晚餐。饮山西竹叶青酒，近七时乃起行。予与硕甫及琢如夫妇同乘一路无轨东行，至小街琢如夫妇去，予与硕甫同转十路南行，予在禄米仓口下，嘱售票员到外交部街口扶掖硕甫下车，然后徐步归家。

到家濬儿在，已夜饭毕，坐定后开电视，同看梅剧团演出《捉放曹》及《醉酒》，捉放中陈宫由李宗义饰，醉酒中贵妃由李慧芳饰，皆好。十时许毕，予即就寝。濬儿九时归去。琴媳明日起须往安定劳动半个月，故下班较早，俾整治行装。

6 月 21 日 (五月初九日　乙酉　夏至) 星期三

晴,热。

晨五时一刻起。七时半,平伯见过,查书并商谈,近九时乃去。潇儿七时三刻来,八时送琴媳去永定门车站,襆被包裹分携以去。

九时三刻,接润儿十八来信,因即复之,告以琴媳去安定劳动事。十一时潇始归,谓琴去安定须十时五十分乃开车,在站等待至十时十分,史晓峰等始至,伊遂返家云。少选即偕潇及元孙出,同乘十路赴南河沿政协文化俱乐部午餐。遇向觉明、唐晦庵夫妇、陈达夫妇、张纲伯、吴大琨、严济慈。十二时半仍乘十路遄返。汉儿在,盖伊陡患腹疾,就医后嘱休息两天,故来家偃息耳。上午八时与所中人事科高同志联系,定七月一日去青岛休养,八月一日归,具体办法须临时再告云。因于寄润书中亦提及之。

午后一时半小睡,三时五十分起,点阅《四库提要·子部》小说家类一,抵暮尽卅一页。

夜饭后,佩媳挈铿孙来省,八时五十分,潇儿归去。鉴孙来省其母,未几即归去。汉则留宿西屋矣。九时四十分,佩、铿归去。予取汤濯身洗足即寝。

6 月 22 日 (五月初十日　丙戌) 星期四

晴,热。傍晚西南风大作,卷土扬尘,入夜雷电有大点雨,旋止。月色转朗矣。

晨五时一刻起。六时半点阅《提要·子部》小说家类一,自卅二页起,至八时点到卅八页,而农祥来谈。有顷,潇儿亦至,伊腹疾已痊,汉则仍在家休息也。九时,予偕农祥出,乘十路到中山公园茶憩于来今雨轩。十时半起,往唐花坞一赏时花,即绕池西转出大门,沿天安门而东,步入南池子,转菖蒲河,径诣政协俱乐部午餐。餐后,乘三路到王府井转三路无轨,赴城西动物园,茶于牡丹亭,至三时半起行,先经河马、犀牛、长颈鹿三馆,穿行鹿苑,掠水禽湖出园,同乘三路无轨东归。农祥在百货大楼下,予则至王府井南口下,再转十路归家。行至禄米仓中间,风尘卷扑,浴土而归。适潜儿为予去政协礼堂购物归,在小雅宝中龙凤口相遇,同抵家门。予入门后亟掸衣拭面,喘息始定。

接滋儿十八日来信,知予三日去信已收到,十四日去信则尚未收得云。傍晚,预孙来,因与潜、汉、预、元、宜共进晚饭。饭后看电视转播西安歌舞团在民族文化宫演出节目。九时前,潜、预归去。汉仍留。十时,电视毕,各归寝。予乃濯身而后就枕,挥扇犹汗沈淋漓也。暴热天气真难受哉!

6 月 23 日（五月十一日　丁亥）星期五

晴,热。

晨五时一刻起。七时一刻汉上班去。

八时后,点阅《提要》,抵午点完小说家类一及小说家类二廿五页。未点书前写一详信复滋儿。

午后小睡,三时半起。四时半,与潜、汉俱出,乘十路到民族宫西转七路赴政协礼堂,盖今晚七时半本会联络组召开晚会,有古琴研究会古乐演出,须参加,而潜上午即来,下午为予先赴礼堂购物及取得餐券,汉亦以馀恙未清,下午归来休息,故偕以同往也。

五时十分到礼堂三楼餐室,遇平伯,遂同座进餐。餐后在休息室瀹茗,以待晚会。晤征燠、云彬夫妇及其女筠庄。七时廿分,偕入大厅,同座听乐。遇见熟人甚多,颉刚夫妇、高君箴、邵力子等,不悉数。查阜西、溥雪斋、管平湖、陈长龄、吴景略、陈重、李素瑾等奏七弦琴,李琬芬弹筝,陈重箫笛,王振声笛,查阜西箫,马圣龙、杨大钧、吴国梁琵琶,邓修良二胡,其间杨洁秋唱姜白石《古怨》,尹澄唱《阳关三叠》,最后查阜西唱秦少游《忆王孙》及苏东坡《大江东去》,俞平伯按鼓板以节之。

九时十分散。与筠庄、湝、汉同走白塔寺,时阵雨初过,凉风习习,虽天际犹掣电,而心神甚畅,夷然各就归途矣。筠庄乘十三路车行,予等三人乘一路无轨行,到南小街下,湝转九路无轨径归。予与汉转十路南归。

到家刚十时,少坐后拭身就寝。

6月24日(五月十二日　戊子)**星期六**

晴阴间作,仍热。

晨五时一刻起。七时,汉儿出。八时,平伯见过,谈移时去。

写信复周浦王梦岩,以昨晚接其信,嘱为其儿媳设法调回上海(现在皖),即恺〔剀〕切陈词,一切只有服从领导,听由组织分配,竟无能为力也。

湝儿十时半来,汉儿十一时三刻来(以就诊后医嘱再休息两天),遂同饭。

饭前点完《提要·子部》小说家类二。

饭后小睡。佩媳来,即起。二时,佩去。

三时颉刚来,谈至四时一刻去。

四时半,湝归去。傍晚湜儿归,明后两日仍得例假。

夜饭后,锴、镇、预、硕、昌五外孙皆来看电视影片《马克辛青年时代》。予以午睡未果，颇倦，即先偃卧。九时半，汉及锴、镇归去。十时半，电视毕，预、硕、昌亦归去。予复起拭身易衣就寝。

6月25日（五月十三日　己丑）星期

晴昙兼作，时洒细雨，气闷热。

晨五时一刻起。六时半点阅《提要·子部》小说家类三。至八时一刻，偕湜儿出，同过云彬。乘十路到天安门，持柬径赴革命博物馆参观预展。场中陈列自鸦片战争起，略依人民英雄纪念碑碑跌浮雕顺序至社会革命时期止，搜集资料颇备，并具地势模型，分期说明，极称当。在场晤觉农夫妇，其他熟人亦不少也。九时入馆，十一时乃出，亦仅匆匆走马看花耳。暇当分期详看之。离馆东行，步往南河沿政协文化俱乐部午餐，坐已满，别在礼堂幕后列桌得坐，三人共餐已，甫十二时半，即在御河桥乘十路东归于家。

一时后，略睡片时起，续点小说类提要三，毕之已近晚矣。

夜饭后，元锴来，盘桓至十一时乃去。在湜儿房大开唱片，予九时半就寝后竟为唱片声所震，烦腻遂致失眠，及锴去，转侧不寐，翌晨二时后始渐朦胧，苦极。

6月26日（五月十四日　庚寅）星期一

晴，热。

晨五时一刻起，精神颓唐，只得偃息在床。十时许，潏儿来，十二时起午饭。饭后复睡，二时起。潏、湜、元往首都电影院看电影，予偶忆二十日在大同酒家所闻元善之言，感赋七古一首录下：

　　近日鱼腥久绝市，家家猫儿馋欲死。

　　章君有猫时不归，往往羁迹在邻里。

      时或归来卧榻畔,日见肥腯讶且喜。

      岁俭食贵各自珍,馀甘及物何乃尔。

      一夕此猫复出游,从此不归如脱屣。

      久乃诇得真实情,早被宰烹充稚豕。

      杀机先萌偏施惠,欲取姑与诱此豸。

      偿来之食何足恋,伤哉此猫不知止。

      我家有猫亦雄健,时从宅外攫兔雉。

      骤闻君言大耸动,不觉汗流背如沘。

      人间机阱本难防,戋戋微物安知此。

      只争时间久与暂,刀下棰下等死耳。

      但愿胜残去杀各坦怀,笑指明月下视水。

    五时三刻,濬、湜、元归来,为予在曲园购得炒鳝丝及合子酥,乃共晚饭分享之,能购炒菜回家自乐,近年绝无之事也。其有泰来之兆乎?

    佩媳、汉儿皆至,大谈乐。夜九时半,濬等都去。予等亦各就寝。

    是日点完《提要·子部》小说家类存目一。

6 月 27 日(五月十五日　辛卯)星期二

    晴,热。傍晚起阵未果雨。

    晨四时起。湜儿四时半即出门,径返安定工次。七时写信,分复漱儿、琴媳,以前昨收到伊两人来信也。八时半出,即以此两信投邮。便乘十路去中山公园,转五路到西华门访乃乾。谈《皇明经世文编》编目事。十一时与偕出,过北海漪澜堂仿膳饭,啖蒸饺。饭后徜徉于海东林荫下,至二时入画舫斋参观北京市书法篆刻展览,四时茶于双虹榭,三刻出园,乘九路无轨赴四川饭店之约。车中遇平伯,遂同行至安福胡同口下,走往四川饭店。诸同约者已多在中院西屋齐集矣。

六时一刻开饮,到王硕辅、叶叔衡、钱琢如、陈万里、陆轶程、顾颉刚、章彦驯、俞平伯、汪季文、陈乃乾及硕、轶、颉三夫人,并予凡十四人,以圆桌不能兼容,三夫人乃就东屋别餐焉。餐后随谈,八时始出,予走西单乘十路归。车抵禄米仓站已入暮久,汉儿、宜、燕两孙及李妈在站相候,遂同归。九时半,汉儿归去。予亦浴身就寝。

6月28日(五月十六日　壬辰)星期三

破晓雨作,打窗有声,七时雨止天霁,午后畅晴,气亦先凉后热。

晨五时一刻起。潴儿八时来,八时半予与偕出,乘十路到东单,走至北京医院复诊,以郭敏文大夫出差,改由汪松梅大夫接诊。血压又高出二十度,据云或因近日失眠之故。以此仍配原用之药,外加配安眠药片,且以将去青岛休养,药量配一月云。

十时离院,徐步至台吉厂乘四路无轨南行,径达广安门。闲步西行,过铁路线至达官庄,乘西来之十七路车入城,到菜市口换九路无轨东北行,入宣武门,直达北池子,再换三路到南河沿,时已十一时半,遂入俱乐部午餐。

餐后复乘十路还禄米仓走归家中。元孙正在午饭。至二时许,元孙入学,予乃就榻小睡,四时半始起。

接慧珠电话,明晨八时在所中二楼会议室听毛星作传达报告,当往一听也。六时,潴儿为予购物归。夜饭后看电视影片《红色娘子军》,十时始毕。潆儿归去。予亦浴而后寝。

深夜二时半,燕孙大啼,亟起视之,李妈云不知何因,哄久之始平。予亦由此欠寐矣。

日间接金芝轩莫斯科信及本市章彦驯信,一则属为介绍当地名胜,一则讨论日前所作猫诗也。

6月29日(五月十七日　癸巳)星期四

晴昙兼至,傍晚雷阵,雨不大旋止。仍感闷热。

晨五时一刻起。七时半出,步往文学所听毛星作传达报告。先晤人事科高同志,即将去青岛休假所之介绍信及代买车票与调换全国通用粮票证明书并交于予。

八时半报告开始,平凡主持之,毛星转述周总理及康生两报告,至十一时三刻乃毕。二公剀切陈词,语重心长。下午即展开讨论,予以衰乏,特嘱不必参加云。

散会走归,即与潆儿、元孙午饭。饭后元孙入学,潆为予去政协礼堂购物,及领取餐券,予则小睡。三时半,予起,提笔复彦驯。锴孙至,与谈且写,四时半乃毕。

五时许,潆归,宜孙亦领归,方拟挈同前往政协礼堂进晚膳,而润儿自通县归来,谓将有新工作待办,故得提前一天回京云。欣慰之至。与略谈后即与潆、锴、宜出,锴径返校,予等三人乘十路至麟阁路转七路到政协礼堂,直上三楼,在餐室进晚膳。遇大琨、俊龙等。六时半即返,循原路至石驸马桥,转十路快车回外交部街东口下,时已见雨,急行归。入门始洒大点,未沾衣亦幸矣。

七时半,汉儿来,文权来,共谈至九时,潆、权去,汉留宿。予乃就浴即寝。

6 月 30 日（五月十八日　甲午）星期五

晴，热。

晨五时起。六时许，汉、润俱出，往米市大街上海小吃店谋早点，予则写信复芝轩夫妇。

七时半，润归，知汉去上班矣。予亦旋出，走往文学所，续听报告。八时半，由毛星传达周扬三次讲话，畅言文艺政策，十二时一刻始散。遇人事科高同志及张慧珠，约下午六时来接，同赴人民大会堂参加庆祝中国共产党成立四十周年大会。出所与健吾、剑冰同行至东总布胡同、宝珠子胡同而别。

到家则瀄、清、汉、润俱在。清盖以候派尚未确定岗位，准假返京，于今晨甫到。而汉则知其事而赶来相晤者。

饭后，佩媳亦来。二时许，汉、佩皆上班去，予小睡。未久调孚见访，遂起与谈，移时去。予亦不复睡矣。

五时晚餐，五时三刻老赵偕小韩驾车来接，予即附以行。先过老君堂接俞平伯，继过十条豁口接戈宝权，王大人胡同接王平凡，铁狮子胡同接唐弢，然后直赴人民大会堂，停车东门。余与唐弢坐一楼后二区，平伯坐后一区，宝权上二楼，平凡则直上三楼云。

七时开幕，毛主席以次党政领导人俱出席。先由刘主席讲话，继由各民主党派及民主人士与全国工商联联合献词。休息后，为音乐舞蹈节目，直至十一时始尽欢而散。仍由老赵驾车以次送归。予为末一人，到家已十二时矣。瀄、清、润亦以在家看电视，尚未睡，且候予归也。

是夕瀄、清皆留宿焉。予少坐后浴身就寝。恐兴奋过当，便服安眠片一枚，以此睡尚好。

7 月 1 日 (五月十九日　乙未)星期六

时阴时雨,闷热殊甚。

晨五时一刻起。八时五十分与润儿出,乘十路至朝内大街转十二路无轨,往东四走隆福寺,欲配眼镜一小螺钉。据眼睛摊人言,现无此货,试诣王府井明昌公司或可如望云。乃复走王府大街北口,乘三路无轨到百货大楼下,径如明昌,居然配到,立等二十分钟取戴以行,然形制非复原状,且已受挫损缺矣。奈之何哉! 一路细雨霏微,且时已向午,乃步往南河沿文化俱乐部谋午餐。十一时开始,予等第一批得食,十二时五十分食毕,即乘十路东归,到家未及一时半也。

小睡片晌,润入馆上班。潘、清晨去。汉上班。午后三时,清、汉来,四时后润亦归。

晚饭后,佩媳、铿孙皆来。锴孙、文权、雪英亦续至,坐院子乘凉,共谈与众期人多,不必都送至车站,只清、汉、润三人可耳。九时半,令清、润先发往车站,九时四十分,老赵车来,彦生及其子、与子之女友已在车中。予察势不能并坐,乃止汉不行,予独附之。到站后会清、润,乘电梯上,即登卅九次京青通车五号车厢廿一号下铺位。彦生坐硬席,上车即分坐。历乱至十时廿分方定,清、润乃下车,在站台相候,十时半开车,清、润始归去。

予入坐即识同行者杨纪珂(松江人,美国留学生,现任科学院化工冶金所副研究员)。馀两人则未之谈,但知亦为去青岛休养者也。开车后,即睡,闷热,一时难入睡,过天津后始朦胧,似眠耳。

7 月 1 日①(五月十九日　乙未)**星期六**

（上略）晚饭后与家人亲属坐庭中纳凉，且谈且候车。予料人多，因申言不必都送至车站，只令清、汉、润三人前往即可。九时半，令清、润先发，在站相候。九时四十分，老赵车来，彦生及其子、与子之女友已在车中，予察势不能并坐，乃止汉不行，予独附之。到站后会清、润，予乃与彦生乘电梯上站台，即登卅九次京青通车五号车厢廿一号铺位。彦生坐硬席，上车后即分坐，历乱至十时廿分方定，清、润乃下车，在站台相候。十时半开车，清、润始归去。

予入车后即识同行者杨纪珂。（松江人，美国留学生，现任科学院化工冶金所副研究员。）馀两人则未深谈，但知亦去青岛休养者耳。开车后即倚枕待眠，以闷热一时难寐，过天津后始朦胧入睡也。

7 月 2 日(五月二十日　丙申)**星期**

黎明即醒，已入鲁境矣。晨光熹微中起如厕，顺即盥洗。返室后，人皆未醒也。卧以待大明。见窗外地湿，且有积水窪，知昨夜得雨也。七时过德州，犹未得食。八时至济南，转入胶济线，放下一批旅客后，乃由乘务员招呼入餐车早餐，颇饿矣。各人一碗粥，三片面包（有果酱），价五角。在济南站，刚主亦至，伊盖先一日行，已饱游历下大明湖矣。不期而遇，欣喜过望。（时又降雨。）在餐车中又遇本院民族所研究员王静如，亦同行。至此，本院同人之赴青岛休养者并予为五人，殊不落寞矣。一路谈笑，不觉已过张

①底本为："青岛休养日记"。原注："7.1—7.21，凡廿一天。"现按时间顺序编排——整理者。

店、潍坊市而至坊子站,时已十二时,又同往餐车午饭。人各一烧带鱼、一酱油汤、两馍馍,价一元,殊饱,馀一馍,携而归室。(时又阵雨,旋止。)三时四十分安抵青岛,即在青岛车站招待室打电话与休养所,乃星期少人值班,竟未通。久候难耐,即分乘三轮五辆以行沿海盘坡,半小时后方到栖霞路十五号。当由本处杨所长及管理干部严同志招接入内,(三轮价每辆一元二角。)安排在东楼三楼居住,人各一室,(予所住为东楼三楼三〇六号室。)设备极佳,有席蒙思床、玻璃镜大橱、写字台、夜壶箱及会客用两沙发、一茶几并痰盂等。惟浴室及厕所公用,另外有三间打通之室以供应用。此所地处半山,四周皆是花木,郁郁苍苍中微露海面一角,真理想境界矣。惟潮湿特甚,极似广州东山招待所,所有衣衾什具,皆粘粘不爽,柔柔润润,毫无松脆之感,则一大缺点也。(杨所长怕予年老,初安排予住一楼,予力主同住三楼,至此,乃觉得可矣。)

六时晚餐,人各一菜一汤,(一盘小黄鱼,两条,极新鲜,一碗蛋花青菜汤。)米饭、馒头随用。据严同志见告,早餐七时半开,有粥,有馒头;午餐十二时开,一菜,一汤,与午餐同。粮票米饭每碗二两,馒头每个亦二两,粥则一碗一两。(晚餐本无粥,问予如何,予答以吃粥亦好,已预备明晚加添稀饭云。)伙食费本定每天一元五角,现以供应较紧,只能暂收每日一元,十五日后或可好转,则再加收。啤酒、香烟俱有,可以供应云云。予当时即饮青岛啤酒一瓶,价四角。

晚饭后与刚主、彦生、静如同出散步。附近即中山公园,从前门穿行出后门,足足历一小时,(七时出,八时回。)可以想见此园之大矣。园中树木成林,花草繁茂,所惜完全洋味,竟看不出丝毫中国民族形式耳。盖迭经德、日帝国主义经营,已成定型,不便遽加改变也。

归寓后，拭身抹足，易睡衣就卧。（带来睡衣甚合用，临睡换一套干燥衣裤，真受用不尽。）睡颇佳。

在京诸儿孙辈：

　　我已安抵此间，今后每日将日记分批寄回，不复写信了。

容老人手泐。

7月3晨7时

7月3日（五月廿一日　丁酉）星期一

天未明醒，摸枕畔手表视之。讵在车上忘开，已停在十时廿分上，不悉何时？只得待至微明，乃起如厕。挑帘一望，雾气四塞，盖海滨有山林处之常例。予遂乘空补作前昨两日日记，至似现日光始讫。

刚主在窗外视予，乃询知已将七时。起半时即早餐，啜粥一碗，点心两枚（本厨特制，甚松香，且趁热吃。）馒头一枚，甚适。下粥小菜两小撮，盛一碟中，虽寡而可口，恰如其分，不溢亦不缺，真若量腹而为之计者也。食后颇思出游，天忽阴，有雨意，大家均作休息想，不复出。予遂将新写日记另纸录出，函寄京寓，示儿孙辈，告以今后将赓为之，不复述作信中语矣。

八时半，天又开朗，虽海上雾气时作，而变幻中似不致立见雨至者。静如云，还是出去走走罢。予与彦生、刚主、纪珂遂偕之行，予携伞作杖，防万一焉。沿坡南下，迤逦达莱阳路，即近海滨。途遇从文自西来，（昨日曾在途遇见，匆匆未及下车告语，仅告以住址，故今日特来访问。）乃共入鲁迅公园。五人徐行岩石海水间，随堤陟降，度桥越岗，真似置身画图中。波光云影，又复随时掩映，与群松相应合。(青岛多树,本以松著。)其海水之斗入石隙者,激沫成声,亦时有拍岸惊涛。而水色清澈若澄渟然,亦他处海岸所罕见者。以予曩昔所见者证之,厦门鼓浪屿之林家花园差可仿佛,而海水碧鲜则远不逮此也。因择松下一轩坐谈,留连久之。从文、纪珂各为游侣摄一景,遂信步至水族馆。馆即在公园中部,屋为城堡式,纯以花岗石砌成。入内,湿气甚重,地板颇有朽烂象。陈列标本不多,不若外间所传之赫赫也。所见各物以海豹及玳瑁、大赤蠵为较大,馀皆不甚有巨伟者。(只有已剥制之前口蝠鲼标本为大如车轮耳。)其鬼鲉及马面鲀最奇。前者头部峥嵘,俨然古墓中发掘所得之守墓兽;后者则正面看去真如马头也。尚有不知名之腔肠动物,状如菊花或葵花,每一花瓣形,能伸缩摄取所需,而颜色又各显特征,极为美丽。生物界之奥秘,诚探讨无穷乎! 十一时半,与从文别,予等乃走还。抵寓舍,已十一时半。一路天色变幻,忽晴忽阴,冷暖亦顷刻顿殊,颇难捉摸。

稍坐后,即拭面下楼午饭。啖馒头米饭各一,饮啤酒,菜则香肠炒洋白菜一盘、西红柿鸡蛋汤一碗。饭后少休,二时半起,作上午日记。四时许,展读携来三家评注《李长吉歌诗》王琦汇解,至五时半,毕卷首并《李凭箜篌引》及《残丝曲》两首。坐廊上看海山景色,且与谢、王、罗、杨闲谈。六时下楼晚餐,仍饮啤酒,啖米饭、烧饼各一。下饭菜为嫩豇豆炒肉片及王瓜鸡子汤,胃口似大开,三顿竟用粮票(小两)十二两。粗粗估计,如不再增,尚不致亏缺也。

午饭后曾量体重,为一百一十磅。俟将来离此时,一验究竟有无增重耳。夜饭后,五人同出散步,由屋后山坡东行而上,至山腰,折而西回,七时四十分到宿所。沿途彳亍,如在画中行,至以为快! 到所,即用凉水拭身,(热水供应不畅,闻星期四乃开放热水浴。)

汗衫仍忍垢穿上。盖此间潮湿，晾衣难干。洗衣者并不每日来。据服务员言，即马上取去，亦须四五天才得交件。予今晨换下汗衫、短裤仍团置室内，未曾取去。如果自洗，别无晾处，且亦难干，此则至为不适耳。且今日上午在水族馆闻人言，最近半月内实无畅晴之望云。以此，益感恐慌。

八时半别纸钞写本日所记，备寄家，未逮三分之一即眼倦欲闭，乃息灯就寝。然睡不甚好，连起小溲。至十二时许始入睡。

（此记翌晨六时五十分乃钞完。）

7月4日（五月廿二日　戊戌）星期二

四时半醒。俟窗外有光，即起。推窗犹见弦月，而东方微有朝霞，山海一时俱明。苍翠欲滴者，如沐之林；赤碧相间者，高下参差之屋。而一抹白云，平施于远峰与林屋之间，岂止横拖匹练而已。叹为绝妙。纪珂亦出廊共观，足征有同好耳。须臾，渐成雾障，茫茫一片都不见矣，诚稍纵即逝哉！返室，仍续钞昨记，至六时犹未及半，乃辍作盥洗。旋又续钞，至六时五十分始毕。

过刚主室闲谈，静如来共话。七时半下楼早餐，啜粥一碗，饮牛乳半杯，唼馒头一枚，盐虀如故。八时一刻，与彦生、刚主、静如同出，拟往市中心一览，且答访从文（纪珂未行）。先至中山公园后门，购票穿行至前门，候公共汽车。有顷，六路车自浮山所北来，乘以南行。转西，经前日自火车站来之路，在大学路站折而北，入中山路。经栈桥站，到中国剧院站下，盖已抵市中心矣。道路宽洁，极似上海北四川路。（此路亦子午向，且在本市为唯一南北纵干路。）惟路随山坡之势，不得不呈波浪形耳。在左近百货大楼等处参观。（物资并不比他处宽，即有可购之物，欲买不得。盖陈列日用品亦不多,且必须凭证或凭票方可限购。我辈旅客,安得此证,只好看看。故谓之参观,甚贴切也。)平素著名土产,如紫菜、虾米、高粱饴等,皆绝迹。理发亦须排队。中国古旧书店限制更严,拒人尤深,刚主乃大失望。至十时许,仅在道旁一家冷饮铺啜得冰结凌一盂而已。返栈桥站,知市人委交际处即在附近,乃寻往一访从文。讵知伊已出门,来休养所访予等矣。彼处服务人员甚周到,瀹茗相享,因坐客厅休憩久之。有顷四人离所,即走至海滨,一赏栈桥之胜。此桥实一长堤,斗入海中约里许。尽头处建一阁,颇壮丽。本为海军上下舰艇之码头,今为公众游览地。阁有竖额,郭沫若题为中苏友好之阁。初,予与彦生、刚主坐堤上铁椅观海,渔舟正布网捞捕,浮标四散,点点若群鸥。静如则返市购提包。无意中竟遇从文,遂偕以俱来。彼此喜甚,五人联袂度堤至阁下。阁门不启,乃倚栏谈,憩眺良久。十一时许,与从文约,明日上午如不雨,九时左右在中山公园前门相候,共游湛山寺。握别后,趋栈桥站,欲乘车还。乃站上人挤,势不得上,且每次开车须隔半小时,颇见焦急。从文教以倒乘至尽头瓦窑沟,再乘车回公园则得矣。依其言,果顺利获乘,径返公园只十一时五十分,从容走还寓所,食堂犹未竣事也。予等预属留待,更不成问题。登楼洗面始就食,啖馒头、米饭各一,仍饮啤酒。下饭为葱炒鸡子一盘、海带青菜汤一碗。食后小休,偃卧至三时半起,濡笔记午前所历,历一小时乃完。天色时晴时起云雾,窗外亦时而山林如绘,时而一片茫茫,五人佥未出,随时闲谈而已。

六时晚餐,啖馒头一,啜粥一碗(为予特备),仍饮啤酒。餐后亦未出,集予室中长谈,各道所闻,亦颇舒适也。其间亦尝抽空写两信,分寄佩媳、湜儿,告有日记寄家,可传观。九时濯身洗足,一切凉水,擦干后就寝。恐再失眠,服安眠剂两片。一时许起溲,仍入睡,再醒已翌晨四时半矣。

7月5日（五月廿三日　己亥）星期三

晨五时起,雾中有日。盥洗讫,记完昨日事。六时写信与滋儿、漱儿,皆告安抵青岛,并将三日记续寄京宅。（第二号）。七时半早餐,唉卷子一枚,啜粥一碗,小菜一碟、咸鱼三片、盐菜一撮。餐后上楼,静如介绍,晤狄超白（经济所所长）,昨方自京来休养,同住三楼,予等本有湛山之约,因邀同往,遂于八时半六人同发,步至公园前门,彦生入视,从文已在,适六路车至,七人相将登之,东过两站便达湛山站。下车后遇一村童,引导向寺。雾中先见塔,乃度阡越陌而行,约半小时乃达。入寺,气象甚伟,髹漆尚新。依山筑屋,渐进渐高,房廊颇多,位置亦妥,客厅严锁不得入,一龙钟老僧谓主僧（所谓当家的）不在家,竟只得在窗外窥之而已。内有沙发、大荣台等,颇像样。予等就松下石台坐憩,至十一时许出寺,上东阜塔下作野餐,亦有石台。予等六人预属所中备有烤馒头及燻黄鱼并啤酒（分携而行）,从文亦携有北京带来之高级点心及苹果等。以此,且谈且饮唉,颇自在,实胜馆子多多也。十二时许下山,从容由大道行,亦半小时,抵疗养院站。立待未久,浮山所出发之六路车至,乃挤上西行。不久即到中山公园,予等皆下,从文则径往栈桥交际处去矣。予等回到寓所,未及一时也。各人归房拭身,分头就卧休息。予以洗衣者久不来,而身上汗衫已穿三天,汗渍不胜,只得换一干净者。眼看脱下脏衣一堆,如何得了,乃发愤自洗涤。涤后勉强用手杖、衣架等胡乱支晾,然后就眠。三时半起,小宋（服务员,海阳人,十七岁之小姑娘也。）来,谓洗衣者来取件矣。

予适已自洗,只得婉谢之。随据案记上午所历。至五时一刻乃搁笔。

随阅王琦汇解长吉诗五首。六时下楼晚餐,啜粥啖馒如昨,菜为洋葱炒鸡子、虾米冬瓜汤。七时许,五人同出散步,缘山坡高下,西南行,达于山东海洋学院门前,(即山东大学原址,今大学已迁济南。)折向南,信步陟降,不觉抵海滨浴场矣(此时尚未开放)。时风起雾散,天宇澄澈,远望一湾碧水,白线层层界之,盖微浪随风涌起,迭向滩边推进也。四围屋树参差,浓荫密翠,掩映如画。坐石栏上,怡然出神久之。暮色渐浓,乃循路返寓,八时抵舍,灯火莹然矣。一路路转峰回,逐步移行,竟不辨孰为原路,孰为生路也。九时拭身抹足,易睡衣(即带来之着睏衣)就寝,仍服药一片。

7 月 6 日(五月廿四日　庚子)星期四

昨夜透雨。今晨五时起,晴。须臾又雾合。海濒气润,又兼树多,宜其有此变幻;而影响起居却不甚佳耳。昨日所洗之衣,依然漉湿。换下之短裤与袜,不敢再贸然落水(实亦无地晾开),只得卷而藏之,仅将手绢洗涤,贴玻门上一试何物先干也。

七时半早餐,粥、馒如故,小菜一碟则炸咸鱼两小块、海蜇皮一小撮。(泡制甚嫩,钝齿居然胜之。)八时半,五人同出,拟一观博物馆。超白与其同所张志毅(醴陵人,是否此二字则待证。)亦欣然同往。沿坡上下西南行,绕至大学路。道旁有建筑,黄屋红墙类宫殿。询之人,知为世界红卍字会旧址。今作何用未之知。深叹彼其时反动组织之勾结,势亦太盛矣。旋至天后宫,门悬招牌为"青岛市博物馆筹备处陈列室",知尚在发展中,未正式成馆也。时已九时十分,门尚未启。予等叩门请观,有老道延入,谓陈列室今日休息,不开放。遂纵观其屋宇,及正殿而出,折回鲁迅公园,坐海滨观海。其时日虽隐而雾扫,全澳一览,风景最胜,良久始起行。循日前所历之磴道达于水族馆外。超白入览,予等坐息以待。超白出,乃复东,参观海洋产业馆。屋内结构布置,略同水族馆、而陈列标本较多,且多联系说明,于海产价值,介绍颇详。然屋外形制与水族馆迥然不同,类庙宇,亦类亭台。彦生言,青岛在德人占领时,建屋不得类同,须每一屋有特殊风格方允筑。其后日人续据,渐变此风,今则全无此限云。参观时,予最后出,彦生与张君在外相候,馀人不见,意谓先行返寓矣,三人乃徐行东归,十一时半抵舍。有顷,纪珂、静如、刚主、超白乃来。谓在产业馆楼上参观,比下楼,则不见予等矣。因笑彼此相左,以滋误会,而予三人却漏去楼上未观,颇悔孟浪。

十二时下楼午餐,饭、馍各一,菜乃有土豆烧猪肉、王瓜鸡蛋汤,仍饮啤酒。食毕回楼,贴在玻门上之手绢已脱下先干矣。亟摸所晾汗衫及短裤,亦有干望,殊喜。

盥洗讫,倚沙发小睡。二时三刻醒,即起记午前所历,三时一刻罢。忽思汗渍之衣卷藏终非计,乃鼓勇打开自洗。历半小时将平板布外衣、黄短裤及袜子一气洗出,撇半干之衣,替出竹架,分别晾开。少休,钞本日日记。未及半,刚主过谈,乃辍作。既而刚主出近作《济南一日游》见示,因读一过,为点窜若干处,归之。

六时下楼晚餐,仍饮啤酒,仍啜粥啖花卷。菜则白鲞干烧卷心菜、海带蛋皮汤。食后登楼,坐廊上与静如、刚主、纪珂、超白闲谈,考古所郭宝钧今日来此,亦接谈,久之乃去(住二楼二〇一号)。予五人深谈至八时乃各入室。(惟彦生不与,大概耳不灵之故。)

今日星期四,例供热水,同人多就浴。予于八时半取汤归室,遍濯上下身,易睡衣坐,记毕今日日记。九时乃就寝,仍服药一片。

（以上七月七日早六时前钞完。）

琴珠想已回,润华能常从通县回家否? 诸孩如何? 应买之物都不漏否? 均望告我! 房中地上小匣内尚有鸡蛋,必须吃掉它。特泐。

7 月 7 日（五月廿五日 辛丑）星期五

一时半起溲,仍睡,五时乃醒,即起。天色清朗。盥洗后即续钞昨日所记,至六时半乃完,时已杲杲日出矣。即将所钞四、五、六日日记寄京(第三号),并批注所欲闻者。刚主过谈。

七时半,下楼早餐,饮牛乳半杯,啖蜂糖糕两块,啜粥一碗,王瓜片、白菜丝各撮,共盛一碟为小菜,下粥甚适。食后登楼,本拟休息。彦生谓顷接从文电话,九时在中山公园相候,同游海滩,乃于八时半偕静如、超白、刚主、彦生同往公园,坐树下长谈。九时后从文始至,于是同走海滨,宛转委曲,绕体育场后身,乃达海军浴场。予等坐沙滩眺望海色,且谈且饮啤酒。从文携来青州银瓜一枚,形与南方香瓜同,而皮为银色,体亦较大(有小冬瓜那样大)。剖享同行者,各尝两片。香脆甜嫩,兼而有之,真特产也。(据闻交际处配给,纳费两元,休养所却无此例。)十时三刻,从文别去。予等亦缓步走还。到寓所,已十一时半。休息有顷。十二时下楼午餐,仍饮啤酒,进馒头一枚、米饭一碗,菜则煎小黄鱼及虾米白菜蛋花汤。食后上楼,浴室水犹有馀温。静如趁此入浴。一时一刻,静如来云,尚可趁热,劝速往。予即脱衣携巾前去,则已有人在内矣。遂取汤回房抹拭全身,依沙发小休,须臾入睡。三时十分醒,仍有热水,乃重加盥洗焉(四时后即无热水)。三时半后续读《长吉诗》,

并及姚文燮《昌谷集注》诸序,五时三刻乃罢。徘徊廊上,领略景色。五时五十分,静如偕宝钧见过,谈至六时,共下楼晚餐。啖馒头、卷子各一,啜粥一碗,小菜为洋葱薜蓝丝炒肉丝蛋及虾米白菜汤。餐后上楼,即未出。坐廊上纳凉,与静如、刚主、超白谈。八时半入室,拟拂床就寝。静如敲窗,谓有美景须看。乃复出视,则四山皆放探照灯,与湾中军舰所发者互为应答,寒光四射,伸缩明暗自如也。较天安门前助礼花作典仪者有殊。立观久之,觉凉,乃返室就榻。十一时半起溲。

7月8日(五月廿六日　壬寅)星期六

未明即醒,四时半起如厕。返室拂拭盥洗,一切停当,刚五时。立廊上延眺久之,红日始从东山后背升起,霞光与雾气交融,终乃皎然,大概可以放晴矣。五时半,钞昨日日记,六时毕。随翻《解放战争回忆录》聂凤智中将所写《上海激战三昼夜》。七时二十分看完,感动之至。

七时半早餐,饮牛乳半杯,啜粥一碗、馒头一枚,小菜为红炙小块盐鱼六七粒、拌白菜丝一小撮。八时半,偕彦生、超白、静如、刚主往中山公园。先看花卉园。旋坐紫藤长廊大谈。彦生所述生活经历为多,殊丰富动人。继乃就茶棚啜茗(亦每人二角),赓谈往事,娓娓不倦,直至十时三刻乃起行,参观动物园,有狮、虎、熊、狼及金丝猴等。位置疏朗,似较北京动物园为精致。盘桓至十一时离园,徐步走归。在门首遇纪珂,盖一人去海滨游泳归来矣。遂相将同入宿舍。少休后即抽笔记所历。其时天宇澄鲜,薄有云彩,远近胥清,来此后第一晴日也。快然立廊上当风久之。

十二时下楼午餐。饮啤酒,进馒首、米饭各一,下饭则豇豆炒肉片、番茄鸡蛋汤。饭后登楼,洗面休息,仍依沙发小睡。二时半即醒,乃取身上汗衫及格子纺衬衫自行涤洗,撤两竹衣架晾之。自谓老去生涯始学得生活技能一件,亦足自慰耳。三时一刻钞顷所记,半小时毕。看《解放战争回忆录》闫长林写《胸中自有雄师百万》,五时半完,极佩毛主席用兵之神。偶至二楼文艺室,桌上见有六日发来之清儿信,亟拆视,报予家中近况平安,兼附汉儿数月〔语〕,知潽、汉俱将有信来,至慰。另附元孙信,知将大考。写来尚清晰,亦可喜也。六时下楼晚餐,以天气陡凉,未饮啤酒,啖小卷子两枚,啜粥一碗,下饭为四季豆炒蛋、番茄王瓜虾米汤。七时坐廊上听彦生谈留学欧美时花絮种种,至堪发噱,大足写为"海外儒林外史"也。渐看晚霞照海,上下皆呈五彩,极可赏。既而暮色渐浓,灯光点点透林梢,竟体生凉,有类深秋矣。亟返室加衣,再坐听续谈希腊故事。八时四十分始各回房。予乃就灯下记完本日事。九时一刻,服药就寝。

七月九日晨六时前钞完。即寄京代复。

在京诸儿辈均览:

元孙要好好度暑假。第一,听大人话,不要多出去;第二,对弟弟、妹妹要特别照顾。

(第四号)

7 月 9 日 (五月廿七日　癸卯) 星期

未明醒,视枕畔手表为一时廿分,亟起小溲,返室复卧。未几即渐明,视表仍一时廿分,知表已停,大约已将五时矣。少延,即起如厕,盥洗整拂,越三刻许乃定。钞昨日所记,六时乃毕。即批注其尾,封作第四号寄家。(即叙入清、汉、元来信。)

　　七时看《长吉诗》，读完《河南府试十二月乐词》。下楼早餐。啜粥一碗，啖花卷、丝卷各一枚，小菜则拌王瓜片与四季豆共一碟。今日星期，公共汽车及公园等处人必挤。揆以首都常态，此间宜亦不异。乃建言同游五人者休息一天。众谋金同。予乃伏案读李璧笺注《王荆文公诗》。十时一刻，毕其序、跋及年谱、本传。目倦，依沙发打盹片晌。十一时许，过静如谈。既而超白亦至。近午，刚主来，谓顷从中山路回，购得青州银瓜一，颇得意。（即于饭后分享。）十二时，同下食堂午饭。饮啤酒，啖馒首米饭各一，下饭为葱烤小黄鱼及卷心菜汤。一时许小睡。二时三刻起。记上午所历，并钞录别纸，（改用毛笔，乃较钢笔或圆珠笔便捷，予真落后之人矣。）三时半结束。读《长吉诗》六首。六时一刻乃闻铃晚餐，啖馒头、小卷各一枚，啜粥一碗，未饮啤酒，小菜为洋葱末炒鸡蛋及虾米卷心菜汤。

　　七时，与超白、静如、纪珂同出散步，入中山公园，一逛其所谓小西湖者。旋由紫薇路转到茶棚前，坐道旁铁椅上闲谈科举制度及清末官场情况。八时一刻始走还宿舍。小宋为予取得热水一盆，乃闭户拭身洗足，易睡衣。八时四十分续记所历，九时乃毕。少顷，服药就寝。

7 月 10 日（五月廿八日　甲辰）星期一

　　三时三刻起溲，返床不寐。四时一刻起如厕，盥洗拂拭整治讫，已五时廿五分，乃续钞昨日所记，至四十分完。旭辉甚丽，不久即有轻雷薄氛，六时许见雨，点大而稀，气即大凉。予乃穿两单夹衬绒线马甲焉。七时半早餐。饮牛乳半杯，进点心两件、小卷一枚、粥一碗，小菜为盐菜王瓜片。餐后雨又作，但山海仍清。予等不能出，即与彦生、静如、刚主、超白坐廊上闲谈。十一时一刻始各返室。十时许，严同志引海洋研究所医生来，为年老者量血压。据告予高者为一百五十，低者为七十五云。返室后记上午事，并抄好之。十二时五分午餐，进米饭、馒头各一，饮啤酒，菜则卷心菜炒肉片与虾米蛋汤（多换卷心菜丝）。邻座有购得海蛤者，属厨房用葱姜油炒之，盛两大盘，每桌分惠；予桌以饮酒故，尤见多贻。此蛤大小如蚶子而略带椭圆，壳光滑而有黄色斑纹，（线条与点子相间，拙朴似古匋片，极美。）骤视之，颇似麻雀蛋，肉形似蛏子而略短，亦有两肉须，味极鲜嫩，兼蚶蛏之美，（盛在盘内，极类放大之海瓜子。）殊快朵颐。据云极便宜，惜未能多购久储耳。午饭时，念生（彦生本名）自办公室来，携有京中寄来之信，内有七日琴媳寄予者。阅悉家中近况，并知伊于六日下午五时安抵家中，极慰。饭后小睡，二时半即起如厕，取昨夜替下之汗衫、短裤、袜子自涤之。但今日有雨，湿气较前昨为大重，恐难快干耳。三时半，正在续记日记，而从文至，遂与念生、刚主、静如长谈。四时半，从文辞去，予等四人送之。予与静如、刚主由福山路转坡入栖霞路，扬长而归，五时十分抵舍。念生则径伴从文去矣。

六时晚餐，念生亦归。仍饮啤酒，啜粥一碗，唉馒一枚，下饭则面拖白鲞干与虾米白菜汤。餐后未出，即在廊上闲谈，六人各言所闻，颇快然。而纪珂谈美国生活情形甚悉。八时半，返室续完本日日记。九时，服药就寝。十一时起小溲，复睡。

7 月 11 日（五月廿九日 乙巳）星期二

三时三刻起如厕，归室犹未黎明。偃息至四时起，开灯钩摹青市轮廓，（昨晚由静如向本所游艺室假得青岛游览手册示予，有简

图三幅,予摹其一存观,粗率仅辨方向耳。)半小时毕。挑帘一望,
天色微明,但见茫茫一片大雾,仅露附近树木而已。遂穿衣盥洗,
整治床褥。及就绪,已五时十分,犹未大明也。出廊一摸昨日所洗
之衣,漉湿如初起水然。约略估计,除非放晴,则必须三五天乃得
就燥也。返室即续钞昨记,近七时完之。(今日姑止于此。)

　　附复:

　　　　琴媳七日来信,已阅悉。甚慰。清儿太原有消息否?汉
　　儿是否可以缓下乡?潗儿能常到小雅宝照看,我极放心。佩
　　媳亦常来小雅宝否?元、宜、铿、燕都好,诸外孙想也好。润、
　　湜都返家过否?我现在不需要什么。所中补助油票送来否?
　　薪水可划到折上否?政协应购之物及朝内市场配购之物不致
　　漏失否?病号补助菜曾否照买?均念。最好不要忘掉!此致
　　　　在京诸儿孙辈均览。

　　　　容翁客中泐。十一晨九时。

7 月 11 日(五月廿九日　乙巳)星期二

　　(前略)七时已感饿,待至四十分始闻铃下楼早餐。啜小卷三
枚,啜粥一碗,庿一小碟下之。登楼稍憩,乃接钞今日所记之片段,
备寄家兼复琴媳。九时一刻始发出(第五号)。纪珂晨起,以昨夜
所作《青岛休养杂咏四绝句》示我,深佩英年劬学,于沉浸尖端科
学之馀,犹不废吟哦,诚近来所稀见矣。且句意清新,颇见工力,尤
为难能。复以别纸录近作三首见属,附语恳挚,谬托知己,盖亦具
有深心远虑者,非一般时下人常谈也。重雾,时间濛雨,同楼住者
多未出。予亦独坐室中读《昌谷诗》。十一时,雾稍开,微露日光。
刚主人市访友且赴宴,予托其代购点心。盖此间早餐太晏而予又

早起,每闻铃进粥,已饥肠辘辘矣。

　　十二时十分午餐,啖馒、饭各一,饮啤酒,菜为带鱼及蛋汤。饭后略憩。二时一刻,超白、静如见邀,再作市中心之行。仍走至中山公园前门,(途遇刚主饭毕归来,点心即代予带回寓所。)乘六路车到中山路中国剧院站下,沿路闲眺,徜徉参观而已。(超白在百货公司买得一银瓜。)曾在百货大楼屋顶一望,颇畅揽市区及海港之貌,惜阴氛时遮,终嫌碍目耳。返至剧院站候车,直立至五时五分乃得上(足足四十分钟),回到鲁迅公园站下。步归寓舍,已五时五十分。少顷晚餐,仍饮啤酒,啖馒头一枚,啜粥一碗,下饭为豇豆炒肉片、虾米番茄蛋汤。邻座一女同志亦购得海蛤,命厨如法烹之,亦承分惠。

　　餐后登楼,雾又渐合,气亦陡凉,添衣坐廊上,与狄、王、谢、罗、杨啖瓜闲谈。杨续谈美国生活之阴暗面,小宋亦来听。(小宋送配购什物来,计辣味炸子鸡、糖水杏子、苹果酱各一罐,俱青岛产,价共五元八角七分。)直谈至九时,乃各返室就寝。予仍服药。十一时半起溲,仍入睡。晚饭时闻京中续来人言,北京奇热不雨,至为惦念,不识家口有否影响也?

7 月 12 日 (五月三十日　丙午) 星期三

　　晨四时一刻醒,即起如厕。归室后盥洗。五时一刻进蛋糕、奶酥各一,以白开水下之。(昨购点心,付粮票四两,价三元六角七分,易得蛋糕小而桃形者七枚,奶油酥六枚半。)旋补足昨日日记,适交六时矣。出廊眺望,雾甚淡,微有云气,或能转晴乎?未几,入室钞录日记,六时半完。天又阴合,似将雨,诚难测度哉!七时下楼早餐。有小点心如饼干大,予啖其二,又馒头一,复啜粥一碗,小菜为炙盐鱼小块八九粒、薜蓝丝一小撮。餐后阴翳如故。狄、王、谢、罗、张（至此始知其名为之毅）及予同出散步。由中山公园西门入，迤逦而东北，渐次登山，憩于中苏友好画廊。既而出园东北门，盖已高踞山腰以上矣。顺大道上坡，至坡顶一望，见北面山下红瓦栉比，烟突林立，知为工业区。乃穿林登道旁一小山，（或即太平山之支阜。）六人毕登，则山海互连，与工厂相掩映，颇资快览。因憩谈久之。念生言，附近诸山，除有禁约不能攀登者（多为国防设备）外，此为最高峰矣。予闻而自壮，体力尚可支持耶！又闻超白言，前日分惠海蛤者即童第周，亦足弥一缺矣。（惟昨日晚饭时惠蛤之女同志则仍未知谁某？）十时许下山，循京山路，过青岛市第一公墓（即在公园之北，休养所之东）规模不小，整洁异常。越半小时，回到寓楼，洗脸饮茶，倚沙发憩息，盖甚累矣。有顷，记顷所历，十一时二十分记毕，随钞于此纸，至十二时亦毕。午餐仍饮啤酒，进米饭、馒头各一，下饭为羊肉及海带虾米汤。饭时，严同志送到润儿通县八日写九日发信，及湜儿京寓九日发信。知润在通工作不须半月，且目下亦能时常归家；湜八日返城例假，并告此间寄回之信已接到一至三号矣。（七日所寄者已到，九日、十一日所寄者则尚未达，可见一单程亦必三日以后始能接信耳。）午后一时，依沙发略盹，以气湿褥润，不敢沾恋也。近日此间天气，所谓凉而不爽者近是。三时半，刚主偕其友黄公渚（名孝纾，闽人，青岛寓公，山大教授。）见过，谈移时乃去。时日光渐露，气益湿，几案皆润，纸乃浮松不受墨，不适殊甚。

六时晚餐，啖馒头一枚，啜粥一碗，未饮啤酒，下饭为烧杂鱼及蛋皮汤。杨所长发起，往光陆戏院看吕剧《小忽雷》。（青岛市吕剧团演出。）筹得大卡车、小吉普各一，七时十分出发。予以年老，与王、谢、罗三公及两位同住二楼者共乘吉普(予独坐司机旁),馀皆攀登大卡车。车迂回西行,缘坡上下,历二十分乃达。方向既一时难辨,又兼黄昏,更不知究在何处耳? 随众入场,坐池前四排十二号。坐定即开幕,十时半始散。此剧演唐文宗时郑盈盈事,出孔东塘所作传奇,展转改编,已大类时行越剧。盖一再加工,演技均提高,而地方色彩乃大减矣。返寓时严同志以一条见示,知云彬已来青岛,住金口一路四十一号,俞寰老亦同来。今晚七时半伊曾偕倪征燠来访未值云。

回房拭身洗足,服药就寝,已十一时半。

7 月 13 日(六月　建乙未　丁未朔)星期四

五时起如厕。回房盥洗讫,即进蛋糕两枚。随补完昨日日记,并钞此纸备寄京。六时三刻罢。

(以下待续)

在京儿孙辈均览:我每隔一日必寄日记,知一至三号信都到了。(见混信)现在又过多日,想四、五两号也当接到吧? 今乘纸有馀白,再写此信。清信中言及澄、汉均将给我来信,但至今未见,是否有遗失? 我到此竟未见日历,因此把节气和六月的大小月也无法知道。故今天的日记上,六月两字下留出空白,预备回京后查填。京中干热,据闻很厉害,不识现已转凉些否? 我在此洗衣太不便,而且潮湿太甚,恐怕住不到一个月的。我何时回家,当拍电报告知你们。容叟手渧。七月十三晨。

7 月 13 日(六月初一日　丁未)星期四

晨四时三刻起如厕。回房盥洗,进蛋糕两枚,即补足昨日日记,六时完,即钞下寄京,以纸尾尚多,遂附信一通,封作第六号书寄家人。时天色苍润,未能放晴,以是颇不舒爽。七时,洗汗衫,其他不敢替下也。七时半早餐,饮牛乳半杯,啖甜馒头一枚,啜粥一碗,盐菜丝下之。返楼未出,读昌谷诗。十一时许,刚主过谈,又出新作小文见商,历二十分许,返室去。十二时五分午餐,饮啤酒,啖馒头一枚半,(今日未见米饭。)下饭为洋葱薛蓝炒肉片、海带青菜汤。午后一时,本约超白同访云彬,届时超白来言,云等下午或有集体活动,改日再去如何。予韪之,遂与坐谈。二时一刻,超白返室,予亦就沙发小睡。三时一刻起,借刚主济南所购《宋诗钞补》读之。傍晚雨,雨后闷热。六时一刻晚餐,啜粥一碗,啖馒一枚,饮啤酒,以烧带鱼及番茄蛋汤下之。饭后立廊上闲谈,看海潮渐涨。闻纪珂谈鲨鱼吃人故事。八时许,取热汤回室,遍体洗拭。(本日例得就浴,人多竟难伺隙。)热甚,不得不再出廊纳凉。岂知雨后绝风,挥扇良久,犹未能解愠也。且扇且与杨、罗、谢、王谈,始渐见汗收。九时半,正欲返室就寝,而小宋携分配之高粱饴至,各人限购四包,价一元一角。(外间偶见专供儿童,且须凭证。)三刻就寝,闷热之至,终宵有汗。十一时许,曾起小溲,雨声未歇,想见雨大。

7月14日(六月初二日　戊申)星期五

四时三刻醒,遍体汗沈,褥单亦沾润矣。不舒之至。亟起卸下贴身小衫,仍将昨夜脱下之衣裤穿上,反较干。(所谓瘪扭扭也。)少顷即如厕,便在彼处外间洗脸并涤小衫,返室展晾,已五时三刻。立廊上眺望,雨不甚大而瀌瀌震耳,盖楼东一小涧正聚水下流也。始悟昨夜枕上之雨声,即涧中下泻之泉流矣。公园旧名汇泉乃有着落。(附近一带总称汇泉,殆即此故。)进点两件,即记此,搁笔已六时四十分。仍钞别纸备寄,钞完正七时。七时卅五分早餐,啖点心四件,啜粥一碗,蕭一碟。回房仍郁热,方拟脱衣,小宋来言,有人电话招予,心知是云彬,乃下楼过西楼办公室听之,果然。约今日下午予与狄公同过之。二楼相距咫尺,乃天雨地湿,鞋竟渗透,亟易之。八时后坐廊上看《宋诗钞补》。蛙鸣涧底,蝉噪树巅,竟无能久宁也。远望海上,渔帆出没,而耳畔泉声淙淙,更难强抑此心矣,只索掩卷饱览景色耳。九时四十分,海洋所大夫又来量血压(154—70),虽未断药物,仍见略高云。十二时午餐,进米饭、馒头各一,下饭为虾米南瓜汤及茄子炒肉片。下午三时许,偕超白、刚主走访云彬于金口一路四十一号,晤其伉俪,并及寰澄、征燠。长谈至五时乃行。闻声来会者有叶叔衡、梅汝璈,皆送至路口而别。(闻寿韩萱亦同来。)云彬则径送至文登路、莱阳路口也。到寓所少息,六时即晚餐。啖馒头二枚,啜粥一碗,饮啤酒,下饭则烧带鱼、紫菜番茄汤。(静如、刚主皆北人,对此竟不免攒眉矣。)食后上楼,立廊上与超白等谈,宝钧亦至。八时乃各返室。刚主复来谈,近九时乃去。予倦甚就榻,竟忘服药,睡遂未熟。十一时半起溲,然后入寐。

7 月 15 日(六月初三日　己酉)星期六

晨四时三刻起如厕。返室以隔宿暖壶水洗抹全身,易衷衣及袜,始稍舒。坐定已饥,乃进点心三件。时已五时卅五分,雾锁远山,渐及近树,恐又难望放晴也。六时钞日记备寄,并就馀纸作书示家人,盖浩然有归思矣。(第七号)

　　(待续)

　　在京诸儿孙辈均览:

截至目前止,先后接到清、琴、润、湜各一信,对家中情形略知梗概。但在外稍一停息,便尔想家。且此间潮湿太甚,热水供应太少,换衣一事,竟成一大难关。以此,颇思归来矣。现在唯一等候者,望能组织一次劳山之行耳。(距此很远,非舟车不能达。)如此愿一遂,即准备返京。届时当电告。此信到时,如润已回家,可属伊打听飞机场接送方便否?如无问题,想一试飞机矣。(姑作此想,十之九当仍乘40次通车耳。)且待润复到再定。匆匆,即问

全体儿孙安好!

容翁手泐。七月十五晨。

7 月 15 日（六月初三日　己酉）星期六

(前略)七时半下楼早餐,进粥、馍,仍佐以盐菜两小撮。餐后,渐见开霁。超白、静如见邀,遂与念生从之偕出。先至第一浴场之滨一小市集,狄、王二人诣一理发店理发。予与念生即在其隔壁一邮电所各购邮票。然后我二人南行,就浴场之沙滩伫眺海景。时天已放晴,云翳渐扫,下映海面,在在变色。时而一往深碧,时而浅绿荡漾;时而弥望蔚蓝,与长天共色。有群童戏水弄波,与在操之海军兵士同浴其间。右望鲁迅公园沿岸一带,岩石凿列,绿松参差。海水推近时,激浪飞沫,别饶画趣。越二十分,乃走还理发店候狄、王,二公适事竣出来,因共谋一试帆船泛海之乐。迨复至浴场,仅有之两船已为他人所先扬帆离岸矣,怅怅而已。于是变计,遵南海路而东,转入山海关路,即见第二浴场。浴场之西,临海有一亭,予等登其上,当风而坐,益畅厥观。盖其地南临黄海(所谓外海),海天相际,无所障眼矣。万顷

洪涛,惊浪拍岸,溅雪飞霜不啻也。流连久之。循路返舍,比到
寓楼,已十一时五十分矣。

接清儿十一日来书,知予所寄三号、四号信已到。并知京中亢
热,至本日始雨(发信时雨犹未止),略转凉。因忆昨日在云彬所
闻人言,十四日应来青岛之卅九次车在德州阻水,须晚间十二时始
到云云,从可知鲁境久旱,又逢涝厄,为之悚然。

十二时五分午餐,进饭馒各一,下饭为倭瓜炒肉片、菜汤。刚
主往访公渚,饭而后归。予饭后小休,二时即起,记上午所历。四
时许,坐廊上闲眺,时已畅晴,凉风袭衣袂,颇可人意。盖来此半
月,难得朗爽也。有顷,刚主、静如、超白、纪珂不期来会,(念生往
访其侄于浮山廿五中学。)谈瀛说古,直至六时下楼晚餐始止。晚
餐仍进粥馒,菜则煎带鱼(与烧卷心菜双拼)及蛋花汤。餐后返楼
续谈,至八时三刻乃各返室。时星斗漫天,银河朗耀,(来此后第一
次见到灿灿列星也。)纪珂为指点房、心、尾三宿构成苍龙状,静如
复为补说辰、龙二字在甲骨上俱作天空苍龙形。予又多识数星,真
获益不鲜耳。快甚!甫入室,念生在窗外见招,盖伊方自侄所来,
携有新煮田鸡,特呼予等共赏也。于是狄、王、谢、杨一时俱集。此
肴系川法烹制,用辣椒、花椒、豆豉、好酱油炙煮而成,鲜美异常,虽
分尝一脔,足快朵颐矣。且以青岛啤酒下之,咸欢然称意。食罢,
复剖瓜分食。(德州西瓜,薄皮红瓤,甘脆多汁,佳甚。)此瓜日间
在食堂所买者,特留以待念生之归乃共享也。十时半始各归房就
寝。予服药登床,须臾入睡。十二时溲急乃醒,如厕小解后复睡。

7 月 16 日(六月初四日　庚戌　初伏)星期

晨四时三刻醒,窗外雾封,茫茫一白。如厕梳洗后,进点三小

件。(刚主为予所市者,至此尽矣。)伏案补作昨日日记,六时半始毕,雾尚未开也。钞别纸备寄,至七时廿分早餐。有点心、馒头、粥,仍盐菜一碟。餐后上楼续钞,八时半钞完昨记。天稍开霁,即与狄、王、谢、罗同出。诣海滨公园(即鲁迅园)。予与念生登海产博物馆楼上补课,看到胶州湾全盘地势模型及瓶储各项海产标本不少,凡列三室。又看到海带生殖循环图,方知海带亦动物也,此行真不虚矣,谓之补课,洵非虚言。历半小时下楼,与狄、王、谢会于馆后铁椅上,并坐观海久之。继复随磴而北,登观海亭。亭左临第一浴场,群童之习游泳者已麇集。予等坐至十时一刻返。徐步由南海、文登、王村诸路行,抵寓楼,已十一时廿分,知寰老曾来访,未值为歉。十二时廿分始午饭,饭前作上午日记兼钞于别纸。午饭菜肴全与昨同,亦未饮啤酒也。午后倚沙发小休,二时廿分起。读昌谷诗《恼公篇》,至三时粗毕,尚待细读。四时许,与狄、王、谢、罗往中山公园茶棚小坐啜茗,闲谈至六时回抵寓楼。六时廿分晚餐,有大蒸饺及粥,番茄蛋汤下之。时纪珂赴车站接夫人尚未回,恐又误点乎?及予等返楼坐定,正在吃花生米(小宋送来),而纪珂偕其夫人汪安琦至。予等即以花生米欢迎之,而伊等亦以北京携来之糖果相享也。七时四十分与狄、王坐廊上谈。九时乃返室。少坐,记毕本日日记,即服药就寝。初不能寐,至十一时起溲后乃入睡。

　　　第七号信想已先到。兹打听明白,此间飞机不直达北京。须乘火车至济南乃得候班航京。如此周折,已决定放弃,仍乘四十次通车返京矣。大约二十日左右即拟归来,届时电示。此谕在京诸儿孙辈。

　　　容老人七月十七日清晨六时

7 月 17 日（六月初五日　辛亥）星期一

晨四时三刻起，梳洗停当，正六时，乃就钞毕日记之尾，写第八号信寄家。

展《昌谷集》重读《恼公诗》，并顺读以下诸篇，终第二卷，正七时。七时半早餐，饮牛乳，进粥、馍。八时半，偕超白、静如、念生、刚主、之毅同出，在中山公园门首乘六路车往大窑沟，参观工艺品展览馆。念生先在栈桥站下，过约从文。予等立馆门前待之，移时，彼二人乃施施来。先登三楼，以次而下。经从文指说，恍然于产品之水平，多不中程，未免盲目浪费。而服务人员甚好，不惮反复取看，且能一一道所从来。十一时离馆，循中山路北行，在附近一家清真馆午餐，登楼入座。饮本地名产栈桥白干及樱桃酒，唉馅儿饼并炒菜两大盘，颇佳。（刚主先已来过，故发起重临其地。）此店门额大书馅饼粥三字，别无牌号（其实无粥），大概北京馅饼周之名，一似稻香春之戤稻香村，营业乃转胜被冒之家耳。食后瀹茗小憩，复资畅谈。一时许，过物资交流会及书法美术展览会一看，仍在中国剧院站乘六路车返中山公园，走还寓所，正下午二时半。小休至三时半，即抽笔记顷间所历，四时乃罢。读《昌谷诗》。六时晚餐，唉面条，有炸酱、蛋汤两色作浇头。休养所布告，明后日如无特殊大风，将用海洋所汽轮载送至劳山游览。同住者皆欣然。果尔，则可以提前返京矣。入晚雾气渐重，竟类小雨，廊上不可坐，乃退处室中。七时半，钞本日所记于别纸，八时十分完之。九时服药就寝。十时起溲，然后入睡。

7 月 18 日（六月初六日　壬子）星期二

三时半醒。三刻起，如厕盥拂，一切舒齐，才四时半，天甫黎明,昼已渐缩可知。雾气迷漫,不识劳山之行去得成否? 姑坐以待之。乃展读《解放战争回忆录》,至五时半,读毕吴玉老《蒋美和平阴谋的破产》一文。时已雾转为雨,虽细如喷沫,而沾窗濡壁,无转晴之望矣。四围人声寂静,一若预知其然而故意不起者,益见予之颛诚为可笑也。六时半后始渐有人走动声,比晤刚主,始知昨晚即有人通知延期,以予已熄灯,未即告耳。予亦为之哑然。七时半早餐,粥馍如故。餐后渐霁,予与静如出访友。(先为静如访海洋研究所张尔玉所长玺,继为予访云彬及政协诸友。)所中放一车来,导予等往。刚主出理发,附至南海路口下,予二人径至海洋所,登三楼晤张。谈有顷即行。予与静如步由金口一路,径诣四十一号,晤云彬夫妇及叶、俞二老,并及倪征燠、梅汝璈、于学忠诸公。惟韩寿萱未之见也。谈至十一时起行,从容由文登、栖霞二路步归寓楼,刚主亦早返矣。十二时午餐,进饭馍各一,下饭为烧鱼块及番茄蛋汤。饭时,严同志送到滋儿十三日来信,复告秋收有望,惟夏荒仍解除,且当地气候与伊不甚相宜,每感气短云云。则予不免悬悬也。饭后一时小休,二时即起,记午前所历,且钞于别纸。三时乃止。时天色已晴,但未几又雾锁山顶矣。(待续)

　　(续前)只索写信,一寄家(第九号),告二十日或可动身返京;一寄亳县滋儿,复告予近况,并告当以日记寄阅。四时写毕寄出。四时半云彬、寿萱见过,盖自海滨浴场来,谈至五时四十分去。六时晚餐(午晚皆饮啤酒),粥、馍如故,以番茄炒蛋下之(菜及汤同)。餐后坐廊上闲谈,八时返室。九时就寝,以关窗故,颇难入睡。十时后起溲,始能寐,二时又起溲。

7 月 19 日(六月初七日　癸丑)星期三

　　晨四时起,梳洗讫,天始明。居然晴霁,蝉唱高枝矣! 似劳山之行必果,闻四围住客亦皆络绎有声。至五时振铃开饭,有牛乳、粥、馍。餐后即向莱阳廿八号海洋研究所进发,予与宝钧、静如、刚主及兰州昨日新到之西北分院徐院长(未请教名号)共乘一车,馀俱步行。六时许,一行卅馀人到齐,即由杨所长引导,走院后海滨,历岩石十馀,达乘船处,用舢板往返送上停泊海中之海鸥渔轮,凡三度乃毕登,六时四十分起碇出海,时波平浪静,又值破晓未久,浮标犹见残灯,阳光不烈,微风拂面,予与从文(念生电约来会)、念生、宝钧、静如等坐船尾甲板上,刚主、超白、纪珂伉俪则缘升顶蓬,各资畅览。转舵东驶入黄海,左则群山耸翠,岛屿潆洄;右则浩渺连天,偶见远山数点而已。惜无图籍可参,竟莫能悉数其名也。离岸渐远,海水益深,虽无风,波却劲,船身舱位只六十吨,在此茫茫大海,真乃眇如一叶。以此,颠簸渐剧,有时海水飞激上甲板矣! 同舟之人颇有呕吐者,同去之服务女同志小赵首先作,继之者遂前后相望,杨所长亦如之,随行前往之女卫生员亦不免。静如乃入舱偃卧(仍未免),予支持至九时三刻,已近劳山,无由控制,亦大吐。远望劳山,雄伟秀丽,兼有其长,无奈无心赏览矣! 十时十分始泊太清宫小湾中,以多岩礁,不能近岸,仍用舢板驳运,亦三次,予列第二次,在小舟中又吐,渔轮在航行中尚有鼓浪之力,至此下碇,乃惟有独受冲激,无法自持。以是摇摆更甚,竟无片响宁静矣! 驳送之际亦甚惊险,舢板靠近船舷后,随浪上下,相距不啻丈馀,必待两舷凑合之一瞬,乃得过渡,操舟之子与船员之精壮者协力扶助,始安然抵岸,回顾渔轮犹摇荡飘浮,弄姿于烟波中,同游者念此归途,不免心悸也。登岸在一新筑石埠之东一浅滩上,当前有一碑亭碑上大书"渤海澄波"四字,额题"楼船明月",阴额题"闾里和风",而碑阴之文已铲去,疑为韩复榘或沈鸿烈辈所为,解放后以其反动而劚去之耳。碑面犹有粉书"坚决镇压反革命"标语可证。予等初登陆,不免脚软神疲,因就碑后林荫中稍憩,然后问津太清宫,从林荫北行,穿田畦,其间冢墓林立,多树碑志,题"羽化先师某公讳某之墓"。过冢区,即一片竹林,蓊翳天日,林中凿池构栏,亦见清泉。出林为三皇殿,奉伏羲、神农、轩辕三氏,配以十大先医。未久留,即行,径抵太清宫。古木盘郁,多银杏、朴榆(大可数抱),亦杂莳花卉,客厅前辛夷一树,正盛开,老道为予等启钥延入,并煮水为享。予等即散坐休息,出所携糇果分啖之,予虽经吐后,仍勉强啖茶叶蛋两枚、馒头一枚、燻鱼少许,填空补虚,转觉稍舒矣。食已,已十一时半,同行之壮健者,鼓勇登山,寻胜上清宫。予以惫,谢不敏,愿在此留守。约下午二时半须来此会齐,一同下船。于是从文、念生、刚主、静如、宝钧及杨所长、小赵皆留,且休且谈,并得老道之许可,诣三清殿一展道藏殿,在客厅之西北,背山面海,气势朴壮,殿内奉三清像,设两旁即高厨遮壁,下踞石台,上抵承尘,皆道藏也。橱门开处巨屉露焉,每一屉中,盛经折装本四幢,封面为山东茧绸,随取两本翻之,均为正统刻万历刷本,老道谓系大明太宗皇帝时钞本,实不然也。阅后、珍重道别,在庭前一瞻,碑刻有万历颁藏敕旨,有磨去下截重刻检藏题名之碑。(大多磨泐重镌,原迹残毁者多矣。)出门随览则景色大佳,殿后高山削壁,巉岩历历,而石间多生绿树,远而望之,真不啻范宽所作矾头矣。前瞻则一片苍翠,修竹万竿,外即来时路也。返客厅坐息,顺与从文谈画,直待至三时四十分,去上清宫者始陆续回,乃齐赴海,仍憩林荫下,待渡时晴日悬空,海天一碧,虽涉波宜有所戒,而心旷神怡则远胜。四时始渡,从石码头发,较来时稍好,予乘第三次后尚有七人,登船时适浪激回湍,竟为余灌顶,衣袂尽湿矣。在太清宫时,杨所长戏谓予曰:"今日真个锻炼矣!"予答谓:"今日之机缘诚难得,即考入海军学校,初年级生,亦未必有此佳遇也。"相对大笑。又闻宝钧言,航海须先作精神准备,要顺其低昂,不稍抗拒,便可安然。予回程即深体此旨,居然安济。沿途饱看山色海光,舷旁纵有飞涛回雪,亦不敌远眺中之千峰叠翠矣!归程水顺,七时半即安抵小青岛对面之栈桥。大家安全登陆,又省却一度驳送之烦,快甚。予与宝钧、静如、超白、刚主、从文、念生出栈桥,念生从从文去,属予关照小宋,为留菜若干俾返食。目前以呕吐疲累,先过从文所休息再行耳。予与狄、郭、王、谢同行,在公共汽车站旁见地摊上有大苹果各选购为游青留念。不久,六路车至,予等五人毕登,到中山公园站下,步月而归,抵寓楼正八时半。

接润儿十六日来信,知家中一切平安,(琴媳有附语,言之甚悉。)劝予在青多住几日,但严同志送此信时已告明日四十次通车软席卧铺(下铺)票已定妥矣,当然成行,然儿辈愿予多舒服些,则其意可嘉也。九时晚餐,仍饮啤酒,啖馒头两枚,下饭为土豆煨羊肉、紫菜汤。静如只能啜粥,他皆不敢近,于是刚主乃独吃两份,快然大足矣!十时许,用暖壶水濯身洗足,服安眠药两片,少坐至十时半就榻,未几即入睡,醒来已翌晨三时五十分矣!

7 月 20 日 (六月初八日 甲寅) 星期四

四时起,曙色满窗,晴峦献翠,快甚。如厕梳洗讫,正五时,虽头脑尚有馀晕,而精神仍振奋如昨晨,乃抽笔作昨日日记,以较长,时断时续。七时半下楼早餐,啜粥两碗。八时后往办公室晤严同志,托打电报回家,并缴车票等费,因当临别为书一束,谢此间负责同志及服务同志,尤对小宋同志特示敬意,末后向司炊同志亦表谢忱。归室时刚主又入市往访黄公渚。予因得记完劳山游记,并记今日顷间所历,十时乃毕。十时半理行箧。旋与超白、静如闲谈。十二时一刻午餐,饭馍各一,以芹丁炒肉末、番茄汤下之。午后一时,云彬来约超白同浴海滨,超白遂出银瓜一枚,分享予等。一时四十分,云、超出就海浴,予乃倚沙发小休。三时起,诣浴室一探,热水尚未至,仍用凉水洗抹。四时后,独坐廊上闲眺,陡然思家,虽当前美景,仍有惹人留恋之处,而终不敌归思之浓厚,颇望能即时乘车返京矣!五时后刚主始回寓,予则与超白、静如、纪珂闲谈。六时廿分下楼晚餐,进粥馍,下饭为南瓜丝汤及杂菜拌蛋花。七时许严同志送车票至,并结清帐目,且云十时有车来送上火车站。黄昏待发,与刚主、静如、超白、念生、纪珂、安琦及小宋长谈,大有殷殷惜别之意,尤以小宋为肫挚,十时车来,予与刚、静携行李登焉,初定小宋送车站,而杨所长坚欲自送,小宋遂下,予等至车站,刚主入四号车,予与静如入软席车,各占下铺(予为第五号,静为第七号)。杨为予等安排后回去。少坐至十时四十分,四十次通车开行,予即拂榻就眠,过胶县即入睡。

7 月 21 日(六月初九日　乙卯)星期五

四时半醒,车已过张店到周村,即起如厕梳洗。七时许到济南,雨加大,盖昨夜沿途已有小雨矣。过济南转入津浦路,就餐车早餐,进面包三片、稀粥一碗,价六角。车过晏城,一片涝象,仍有雨,车行甚缓,逊于奔马,比过德州,入冀境已将午。至沧县始饭馍头一大枚、腊肠七八片,价一元。车行既迟,遂致误点,过天津,天大晴,比到北京站已五时十五分,延后一时馀。车进站台只见清儿与新新在,大失望,几乎无法将行李携出,勉强出站雇得三轮,分乘而归,到家已六时许。元、宜两孙甫自学归。(元孙明起暑假。燕孙已能自行相迎,为之一慰。)拭身稍休,即煮面为餐,盖今日为滋儿生日,亦巧遇耳。傍晚接润儿长途电话,知明日下午四时即可归。

夜,潘、汉、预、硕、昌皆来,琴媳亦早返,顺林亦适至,因与同谈。谈至九时半,潘等归去,汉留。十时半就寝,十一时三刻乃入睡。

廿二日湜华钞毕。廿三晨容老人校点一过。

7 月 22 日(六月初十日   丙辰)星期六

阴雨竟日,有时甚大,气仍见大凉,但较青岛为爽适。

晨五时一刻起。清理积件,拂拭整理直至近午,始告一段落。午后补记两日来日记毕。

佩媳来谒,知伊决下调皖省与滋同派工作,将在彼落户,闻之不免怅怅,然亦不能不鼓励服从组织也。谈至三时许,雨中去。当诣青年出版社洽事云。湜儿午后一时半雨中归,明后日仍例假,因雨故,早收工得早返,但尚未饭,即具餐焉。四时三刻,润儿亦雨中归,在通工作已结束,将于廿六日去上海赶任务,为期或须三个月云。

清儿言汉亦要外调,惟何处尚未定。因大雨不止,潘、汉俱未能来。晚饭后看电视,但不能久持,九时许即寝。

清、润、湜长谈,十一时半乃就寝,以是予亦至十二时后乃入睡。是夕雨达旦,气凉,引被自盖焉。

7月23日(六月十一日　丁巳　大暑)星期

晴兼多云,气较湿闷。

晨五时半起。午前将予外出时书店送来之书籍逐一入册,并为元孙批改文卷。(居然能对题抒写,语句连贯矣。)旅青日记之尾,昨晚由湜儿钞下,今晨为校阅一过,仍命湜线穿成册,备寄漱、滋、淑等轮阅之。外孙元镇今年二十初度,在今日乘星期休假,诸亲属齐集小雅宝,各出主副食聚餐,藉志欢庆,潜、权、预、硕、清、昌、新、汉、错、镇、鉴、润、琴、元、宜、燕、佩、铿皆在,午间分两桌坐,热闹甚。午后剖西瓜两枚分享焉。晚间亦然,直至夜十时许乃各散归。(佩、铿未晚饭即归去。)

上午雪村见过,下午农祥、尔松见过。湜儿午后即出,深夜十一时许始归。盖又去听音乐也。

予回到家中便感尘扰,今日又历乱终日,兼晚睡,竟失眠,三时后始合眼,未至五时又醒矣,劳惫甚矣。

7月24日(六月十二日　戊午)星期一

五时半起。阴霾,旋微见日光,不久又阴,闷热甚。九时后又现日。

八时写信与漱儿,寄旅青日记并告家中诸人动态,属湜儿亲往东单邮局付寄。阅鄂人刘禺生(成禺)《世载堂杂忆》,多近代史料,遗闻轶事络绎行间,真不忍释手也。

午与润、湜、元共饭。饭后以积疲就卧偃息,一时入睡,三时醒即起,仍阅《世载堂杂忆》,亦有误忆及脱漏处,然口述传闻每不能免此,在善听善核而已。

六时半润儿下班归,清、新亦早来(上午去遂安伯),宜孙已接归,遂与清、润、湜、元、新、宜晚餐。餐后在庭中纳凉。潜、汉先后至,(汉已于午后来过,至此复来。)润则开会去。八时许,琴媳归,潜乃归去。予等又续话家常,至十时后,润会毕归,汉始归去。予亦返室就寝。服安眠药两片,未几即入睡。

7 月 25 日(六月十三日　己未)星期二

晨四时半醒,湜儿已起,五时,湜出门前往安定站上村生产队。予亦旋起。

六时晴日高照矣。润儿决于明晨去上海作临时突击工作(国庆前当可返),今日仍上班。

七时三时,予偕清儿赴北京医院,乘廿四路车到东单(新改路线,东直门到东单为廿四路,原十路改由北京站西南至南菜园。)下,穿由东单公园达院门,以先挂号,到即得诊,据护士言郭敏文已调往协和医院,汪松梅今日不上班,询有何熟悉大夫,予乃以吴玉丽对,居然即时接诊。据听诊及量血压,仍无大变化,开单属再检验血糖及尿糖,(以已进食,只得改天再行。)仍开前药,及八月营养证,一切舒齐,循廿四路返家,未及十时也。

随翻王濬卿《冷眼观》阅之,此书本六卷,光绪三十三年小说林社刊行。写清季维新运动经过情形,近已罕见(作者署名八宝王郎),阿英编入《晚清文学丛钞》小说第四卷中,由中华书局出版。抵午阅毕六回。

清儿挈新新返遂安伯家中,以其姑今晚将携小逸赴哈尔滨省视小逸父母也。

接青岛本院休养所退回瀋、清、汉、润寄青之四信，遂逐一细看，虽事等黄花，而体味深长，亦值得回忆者也。

润儿归来午饭，下午休息，准备明晨赴沪行装。午后小睡，三时起。清儿、新孙亦已来。润则为予去政协礼堂购物矣。予昨接上海《辞海》编辑所寄来语词九十多条，属于一星期内审阅寄回，因思润儿明日即行，不如交伊带去更为妥速，遂展读校点，颇有舛误，继灯连看至夜十时乃毕，于是封交润儿，完一受托之任。

晚饭后，佩媳来，汉儿、镇孙亦至，知滋儿处已去电属返，准备移家。

八时许，佩归去。清、汉、润、琴及元、宜、新都往视瀋家，十时后返，云瀋淋巴腺结发炎，浮热尚未退去，明日将续诊。汉、镇则已径返矣。时予已校毕，浴竟坐庭中纳凉，明月在天，四壁莹然，清等归，予亦就寝。然室内背风，甚热，良久乃得入睡。

7月26日①（辛丑岁六月 小建乙未 丁未朔十四日 庚申 中伏）星期三

晨五时一刻起。六时许，清、琴送润儿至车站。七时廿分归，谓已安全登车，且得坐位，卧铺亦且登记矣。甚慰。时天风大作，云翳蔽日，据电台预报或将有雷雨耳。不久，果雷声大作，雨势亦盛，凡两度，至十时许止，且又日出矣。

午后就榻小睡，三时半起。午前阅《世载堂杂忆》。午后阅《冷眼观》。四时半，昌昌来。五时许，清儿挈昌昌、新新往省瀋

①底本为："一九六一年七月廿六日至九月三十日日记"。原注："十月二日午前，巽斋止叟。"

家,七时前回。知潘已退热,惟形成流火仍肿胀云。

晚饭后,看电视,以今日为古巴武装起义八周年,皆放映关于古巴革命的故事和新闻。时雷电大作,雨忽如注,电视不无影响,勉撑至九时许,遂停罢。缘此一雨,气遂凉爽,就枕甚适。十一时半起溲后,仍入睡。睡前见窗外月色又皎然矣。

佳生见过,谈移时去。知即将下调赴合肥任教安大云。

7 月 27 日(六月十五日　辛酉)星期四

晴,热。

晨五时半醒,即起。

七时许,清儿挈新新出,未归午饭。

予续阅《冷眼观》。午与元孙共饭。饭后小睡,三时半起。接佩媳电话,谓已得滋儿亳县回电,云电悉即返。是日内必可来京矣。有顷,清偕新归来,谓上午去历史博物馆参观云。

六时半夜饭。饭后看电视,汉儿来看,时适有雷雨。九时半,电视毕,雨亦早止,汉归去。予乃就寝。琴媳亦于雨前遄返也。

7 月 28 日(六月十六日　壬戌)星期五

晨四时四十分醒,五时一刻听毕广播新闻起。天色多云。七时许,微日隐现,洒大点雨,不一刻,呆呆日出,风扇晴光矣。

雪村、雪澄昆仲见过。澄明日即回南云。谈有顷,潘、清偕来,潘已告痊。八时许,村、澄辞去。

阅毕《冷眼观》,凡三十回,但原著未完(当时即然),此书揭发社会黑暗尤于官场丑态暴露无馀,惟措辞尖刻,固李伯元、吴趼人一流人物耳。当时文风然也。接青岛休养所转来漱儿廿二日寄青信,其实寄信时予已归矣。此时润已到沪,必可洽悉。予亦早已去书,想能知之也。

午饭后小休,二时半起。阅《世载堂杂忆》。六时晚饭。饭后坐庭中纳凉,雪英来,潚、清与谈。予乃入室就灯下续看《杂忆》,至九时许,除其中关于清陵被盗一长节未细看外,馀皆阅毕。考核此书记载翔实,龙于民国史事多所阐述有裨治史者不鲜,虽间有误忆,及排校有舛谬处,大体上不害其为近代一大好史料也。九时半,雪英、潚儿皆去。予亦洗足抹身,易衣就寝。

十时半,雷声大作,琴媳犹未归,为之悬悬,十一时,琴乃归。谓在社赶校样,送出始行云。予错过时机,竟致失寐,直至中夜一时半,犹难合眼,遂起取安眠药两枚吞之。时月色又明矣。就床不半时入睡。

7 月 29 日（六月十七日　癸亥）星期六

晴,热。

晨五时廿分为电话所惊醒,乃揉眼起,恧甚。电话为雪村打来,招清儿归去,备赴车站送雪澄南返者。予醒后,例不能再睡,因霍然起耳。

八时许,乃乾电话见招,予因于九时前出门,乘廿四路北行,在文化部前换一路无轨到北海,再换五路到西华门,径诣乃乾。谈至十时许同出,乘五路南往人民大会堂换十路到南河沿下,走往文化俱乐部食堂午餐。遇孟大夫。十二时食已,与乃乾偕过帅府园美协,欲参观上海花鸟画展览,乃悬牌休息,须下午二时始开门。乃各乘三轮归家。

予到家洗拭,就榻小休,三时半始起。阅晚清小说《轰天雷》。

夜饭后,潜、权、汉、预、硕、昌、基皆来,团坐庭中纳凉,并剖西瓜两枚分享之。谈至十时,潜等皆去。予等亦各就寝。

7 月 30 日 (六月十八日　甲子) 星期

晴,热。背风处闷湿。

晨五时半起。上午偶点《四库提要·子部》小说家类存目二。晓先来谈。九时半,祖文继来,三人长谈至十一时,二客先后去。予乃续点《提要》。

十二时午饭。饭后小休,顺看《轰天雷》小说,毕之。四时起。埙、基兄弟来,尚知八月一日埙将去贵阳省其双亲云。基则以左肋骨有病,须乘此暑假在京连续疗治也。清儿挈新孙、元孙上午往三里屯看佩媳、铿孙,知滋儿尚未到京。午后归告,今日傍晚佩将往车站试接之。六时,佩媳来,匆匆晚饭,饭已即偕建昌前往车站。有顷,汉儿、镇孙来。埙、基返校去。潜、权来。

七时半,建昌返,告二舅未接到,二舅母已径返三里屯去矣。接滋未到,盼润信亦未至,不免怅怅。予独坐庭中纳凉,馀都在屋内看电视转播话剧《八一风暴》。

九时半,潜、权先去。十时半,话剧完,汉、镇、昌亦归去。予即略为收拾就榻,十一时后入睡。

7 月 31 日 (六月十九日　乙丑) 星期一

晨五时起。清儿独往车站试接滋儿,时天昙而闷热,恐不免有阵雨也。七时许,清儿归,果未接着,为之闷闷。

八时半后,大雨忽至,檐瀑远飞,庭潦顿积,幸十时后雨即止,积潦亦渐退。至十一时又杲杲日出矣。十一时接滋儿电话,谓昨夜乘慢车到永定门已十一时半,沿途患病。大姊清晨来三里屯,阻雨未得便行,顷已归去。下午当即来小雅宝云。予出不意,甚喜,且待面倾一切耳。

清儿归遂安伯午饭。上午阅晚清小说《雪岩外传》,写同光间巨侩胡光墉奢淫致败状。旋又续点《提要》,至午毕小说家类存目及释家类书与其存目。

午间与元孙共饭。饭时接佩媳电话,谓顷与滋同出,正拟来省,路中滋感冷发抖,只得折回。予即属伊赶快就医,且缓来家。以是颇为悬悬。

饭后倚榻小休,三时许醒。潜、清俱已来,潜告本晨晤及滋状,知沿途狼狈万分,其病在亳接电时即已兆端,又受行旅辛苦,因而加剧,或似疟疾云。三时三刻,潜、清偕出(时又值雷雨初过),潜为予购公共汽车月票,清则往三里屯看滋矣。予为滋事颇感不宁,润又不在侧(且无信),闷损之至,只索摊书,点阅《提要·子部》道家类,抵暮毕之。

国子监书友刘清源来。

傍晚接润廿九日来信。

六时半,与元、宜、新三孙晚饭。饭后坐庭中纳凉。汉儿来。有顷,清儿亦归。知滋儿就朝阳医院门诊后,断为疟疾,恐有其它并发症待检查,即留住隔离病室三五三号。转得静养之所,亦尚可少慰也。

九时许,汉儿归去。十时就寝。睡尚好。

8月1日(六月二十 丙寅)星期二

晨五时一刻起,天色阴霾。八时许略现日光。仍感郁闷不舒,宜尚有阵雨也。

上午续点《提要》，饭前点毕道家类存目。饭后，濬儿来。一时许，予小睡，三时许起，又大雨一阵，有雷。续点《提要·集部》楚辞类，至晚并其存目毕之。

五时五十分，佩媳来告，滋儿病状刻已退热，但仍在检查其它病证，并已分向中国青年出版社及人民文学出版社报告云。清儿六时一刻出，往首都影院会汉儿，同看《柯山红日》。七时许，佩媳归去。予亦与元、宜、新三孙晚饭毕。有顷，文权来，遂偕濬、元、新等看电视。予则独坐庭中纳凉。九时后，天色又渐暗，小雨洒淅，电视适完，濬、权归去。琴媳旋归。清儿亦归。予乃拭身就寝。

8 月 2 日（六月廿一日　丁卯）星期三

阴，有风，午后晴。

晨五时一刻起。八时写信寄湜儿，告滋归家狼狈状，属循例假乃归，勿急切赶回也。同时，清儿写信复润儿。予乃省此一笔。至十时三刻，清回遂安伯时，两信同付邮筒。予写毕与湜儿信后，随取冯友兰《中国哲学史》阅之（近由中华书局取商务旧版重印），至午毕第一篇第一章。

午饭后，汉儿来省，谈至二时前去上班。予亦小休。三时，清儿归来，予亦起。点《提要》，抵暮毕《集部》别集类一，及别集类二之十三页。接佩媳电话，知滋儿热势已退，但仍须诊察有无其它并发症，其带回之行李尚存永定门车站，将往为之提取云。晚饭时濬、权、清、昌等皆在。饭后权等看电视，予坐庭中纳凉，雪英来谈。九时三刻，雪英去。电视亦毕，濬、权等归去。予亦就寝。就榻前琴媳归告，知甫自三里屯来，会见汉儿，顷亦同出各返云。

8月3日（六月廿二日　戊辰）星期四

晨五时廿分起。阴。

阅《世载堂杂忆》所载清陵被劫记，凡廿四番，至八时毕之。近午晴，午后又渐阴，气不爽甚。书友刘清源来，送到文物出版社新编《公元干支推算表》。坐有顷去。上午续点《提要》别集类二毕，接点别集类三之八页。即饭。

饭后小休，三时半起。清儿自三里屯归，谓滋状无变化，今天下午佩去探望后当有电话来告云。时天已畅晴矣。越时，佩媳果有电话，谓滋热虽退而乏力，青年出版社亦有人往视，似脾脏略肿大云。瀋儿竟日未来。夜饭后，汉儿及锴、镇、基三孙偕来，昌孙亦至，伊等看电视，木偶戏《金钥匙》。十时许吃瓜，而后散归。予亦拭身就寝。闷热甚，终宵浴汗也。

8月4日（六月廿三日　己巳　三伏）星期五

多云转晴，湿蒸难任。

晨五时一刻起。上午兴发，出段长基《历代沿革表》用《光绪甲辰夏季搢绅录》互校府厅州县名眉上之异称，直至饭后二时乃毕。目无旁眴，全神以注之，亦逭暑一法也。

瀋儿仍未来。清儿上下午俱为予出购物。予午后二时半小休，三时半即起。点阅《提要》别集类二并及别集类三，至六时俱毕。

接版本图书馆同人电话，谓润儿有物自沪带到，可属其女儿往取。当令元孙往取，及归携到油单扇一把，新配大门钥匙两枚，塑料发夹一具，而无信。又接滋儿自医院来电话，告现在无热，可起床打电话,恐予挂念,特亲拨话机禀白云。予属伊好好静养,勿萦念它事,星期日当往一视也。

傍晚,接润儿一日发航空信,即告托同事张惠带物事,顺告工作及生活状况。

晚饭后,顺林来,同坐庭中纳凉,谈话。清则伴元、宜、昌、新在室内看电视《红色娘子军》。

许妈下午假归休息。晚饭时,燕孙在坐车中跌出,左手指甲擦去,亟命李妈抱往赵家楼医院包扎,幸无大损。然而,为之惊汗纵横矣。夜九时三刻,顺林、建昌归去。许妈、琴媳先后归。

予取汤濯身洗足,露体就寝,犹终宵浴汗也。

8 月 5 日（六月廿四日　庚午）星期六

晴兼多云,酷暑。

晨五时廿分起。七时,接滋儿医院电话,知热已退净,脾肿亦不大觉得,惟化验结果尚待分晓耳。八时后,写详信八纸寄复润儿。旋续点《提要》别集类四。

午饭后,汉儿来省,二时前上班去。予即小休,三时半起,续点别集类四,至五时毕之。

清儿挈新孙四时半出,六时归。遂共夜饭。饭已,湜儿归,盖明后两日又值例假矣。七时半,清、湜、新、宜往省潘家。予坐庭前纳凉。有顷,琴媳归。九时许,清等亦归。啖瓜、拭身,各就寝。而蒸热难任,通宵浴汗,殆如中暑焉。

8 月 6 日（六月廿五日　辛未）星期

昙阴。午后渐晴,溽暑方滋。

晨五时半强起,精神殊见委顿。

八时许,汉儿来。廿分,予与清、汉、湜、琴同出,乘廿四路至朝内大街换十二路无轨,东出朝阳门,抵大桥站下,北走朝阳医院,探视滋儿,以尚未到九时,不得入,立候良久,乃由湜儿取牌两枚,与清入视。予等在院中稍待。有顷,清、湜偕滋儿出,盖已能照常起行,故走出看予等也。六人遂分坐台阶侧石长谈。知滋疟已退净,检查结果亦无它,故星期二即将出院云。予观其状,面容当然消瘦,但精神尚佳,谈话亦健,惟服药不少,气色不免见黄耳。谈至十时廿分,属滋返病室静养,予等五人乃北走三里屯看佩媳与铿孙。少坐便偕之同往服务楼午饭,以例假人多不家食者,各座皆满,挨等良久始得坐,付款叫食又良久,(铿孙入睡,佩媳送归后再来。)乃得来,及食毕已下午一时矣。佩归去,予等五人乘六路西行,汉径归其家。予与琴、清、湜乃转廿四路返禄米仓,由小雅宝走归。

热甚,亟卸衣拭身,裸卧小休。三时起。农祥见过,谈至五时许,辞去。

夜饭后坐庭前纳凉,属湜儿买瓜剖食。九时许,有雨,勉入室就寝。仍浴汗竟夕。

8 月 7 日（六月廿六日　壬申）星期一

晨五时醒,越半时起。天昙,风极微,颇热。

滋儿在院中曾有电话来,大约明日当令出院矣。宜孙以患重痹,燕孙以伤指换药,今晨俱赴赵家楼医院门诊部,分别诊疗,宜仍入学。

八时后续点《提要·集部》别集类五,逾时乃毕。午饭后未能休息,以来人杂沓故,只索续点《集部》别集类六,一气点完。潜儿来,措资备返扬州省其姑,即去。

湜儿午后出,归言东单三羊寄售商店有做新货转椅出售,因于晚饭后令清儿偕之同去,看定购来。以旧有者铰链已坏,久欲易新而无相似之物,今既见此,遂属两儿往购之。计价廿三元,又车资五角。既购归。坐身略高,乃由湜将案几填高,以就之,亦尚合适也。惟天热多热,大家不免大汗淋漓耳。

夜饭后,纳凉庭中,至九时后微有雨意,乃浴身就寝。十二时雨声作,有檐溜时作时休,达旦不止。

8 月 8 日(六月廿七日　癸酉　立秋)星期二

拂晓大雨。四时半湜起,五时冒雨出,径赴永定门。近日火车票买不到,据云到永定门后候转两次公共汽车乃达安定公社,且须多走路也。

七时半,接滋儿朝阳医院电话,谓今日九时大夫来检,定时或可出院云。并言如决定出院,当来电话也。

续点《提要》别集类七,至九时毕之。接点别集类八,抵午尽二十三页。十时许,滋儿续来电话,谓医属出院。惟三里屯电话打不通,请清前往一接。清即去三里屯,会同佩媳前往,十二时许,清回,知医院手续繁重,尚未转到会计处,须下午可行,因偕佩先归云。

元孙往北海少年宫参加少先队夏令文娱活动,至下午一时后乃还。予等候伊午饭不至,只得先吃。

午后二时半小睡,初着枕即闻雨声打窗,(午前时雨时止。)三时半起,声益喧,今日立秋,雨即洒淅不休,催凉固大佳,奈撩愁何。因奋笔续点《提要》别集类八,至四时半毕之。

五时半,接滋三里屯来电话,告已安然出院,且已沐浴理发,明日上午来小雅宝谒省云。晚饭后雨止,似有转好之望,气乃大凉。因念湜儿凌晨冲雨出行,到工地后不识招凉否?

八时偕清儿及元、宜、新等看电视转播日本合唱团表演,十时半始毕。琴媳亦甫归。濬儿午前来,谓明日上午十一时偕文权赴镇江转扬州省亲。因须部署行李,明日不再来云。十时三刻就寝。

8 月 9 日(六月廿八日　甲戌)星期三

晨五时一刻起。天阴。写信寄湜儿,询有否招凉,并勖以努力求改造。九时许,锴、镇、鉴、基、昌诸外孙来。十时三刻滋儿、佩媳、铿孙来。

午前点阅《提要》别集类九。滋来时适阅毕。

十二时午饭,与清、滋、佩、元、新偕。有顷,汉儿至,亦同饭(锴等就外食)。饭后,预、硕两外孙来,言已送其双亲上车,勉得一坐位云。午后诸外孙陆续去。滋儿陈述在亳经过情况,顺谈生活安排问题。傍晚偕佩媳及铿孙归去。予与清、元、新晚饭。

元孙午后发烧,投以羚翘解毒片,近晚少平,思食,仍啜粥两碗。晚七时开看电视,与清、元、宜、新共赏之。节目有盖叫天表演《武松打店》及影片《西双板纳密林中》,十时半始毕。琴媳亦归。予少坐后即寝。时窗外又雨作矣。

是夕大凉,引薄棉被自覆。

8 月 10 日(六月廿九日　乙亥)星期四

阴霾,气闷。

晨五时一刻起。点阅《提要》别集类十毕。元孙热尚未退,七

时半由清儿及琴媳伴往赵家楼六号东城区门诊部就诊。据断为猩
红热,即由琴媳送往安定门外第一隔离医院住入第二病区。下午,
琴媳再往送东西,并缴费,询知只能探询(用电话),不能探望。予
深以为虑,盖元孙从未离家,而骤须隔离,不得探望,恐不习惯,难
免忆家耳。

滋儿九时半来。清儿十时许始自医院归。十时半,予乃与清、
滋同出,乘廿四路北行,在朝内大街换一路无轨到北池子北口,再
换三路南行,径到南河沿南口下,步入政协文化俱乐部午餐。遇俞
寰澄、张绚伯、吴觉农、陈达、杨人楩诸人。午后一时离部,三人同
逛王府井。予在百货大楼购得毛笔两枝,滋在修钟表服务部交手
表待修(须一星期取件)。信步南行,至台吉厂北口,清乘三路无
轨去政协礼堂购果物。予与滋则走至东单,乘廿四路返禄米仓,步
归于家已将三时。五时许,清儿归,买到茶叶、罐头等。有顷琴媳
亦自地坛医院缴费归。时已见雨,幸皆未及淋湿也。

晚饭后看电视,中国青年京剧团演出《少华山》及公祭梅兰芳
实况。梅以冠状硬化梗心症于昨晨逝世。一代艺人遽尔淹化,真
不啻天空忽陨巨星也。宜举世震动耳。汉儿来省,同观斯幕。十
时许汉归去。予与清等亦各就寝。甚凉矣。

傍晚又接润儿八日复信。

8 月 11 日（七月　大建丙申　丙子朔）星期五

大雾蒸湿。近午转晴。早凉甚。日出时又转热。

晨四时半醒,五时听广播新闻,五时二十分乃起。颇念元孙。
八时后,写信复润儿,详告家中近况,特于滋及元况言之尤悉。

九时五十分,雪村见过,谈至十时五十分,偕清、新去。清、新

将去前门午饭。饭后诣大栅栏大观楼看立体电影。致润函即交清投邮。村则径归矣。接滋儿三里屯电话,谓已去青年出版社访过人事科负责人云。

午饭后小休,三时起。得琴媳电话,谓已与传染医院通话询问,知元孙一切平安,热度已退至卅七度馀云。宜孙染得黄水疮,脚底有疱,不良于行。属伊在家休息,故午间仅予祖孙两人共饭。不尔又吃独桌矣。

三时起后,无聊甚,取钥开《丛书集成》箱恣翻之,亦藉求寄托之一道也。四时许,清儿、新孙归。有顷,滋儿、佩媳亦至,盖同在大观楼看立体电影也。滋谈今晨洽谈经过情绪颇有波动,解喻再三,恐未能即时平静耳。傍晚,滋、佩归去。晚饭后,雪英来,慧英来。雪与清长谈,慧则为其甥宜、燕换药。盖予三孙俱染上黄水疮,元昨入院,慧即来看宜、燕,敷药包扎,今已再度矣,甚感之。九时后,雪英先去。琴媳旋返。九时半,予就寝。有顷,慧英始辞其姊归去。

8 月 12 日(七月初二日　丁丑)星期六

晴。回热。

晨三时一刻即醒,展转不能成寐,五时一刻起。精神委顿。七时后,阅《苏联共产党纲领草案》,昨接本院哲学社会科学部中心学习组通知,今日下午三时,在政协文化俱乐部座谈此文件。故乘早起目力尚清时一看之。字小又兼横行,以纸尺界之,逐行移视,极费力也。

十一时,滋、佩来。十二时与清、滋、佩、宜、新共饭。饭后小休,二时起。越廿分,偕滋出,同乘廿四路到朝内大街,换一路无轨,往北池子。滋陪予同下,扶予上三路转南河沿,伊乃再往北海,约与清儿会。予到文化俱乐部恰三时。与会者大都到。平伯亦至。惟梓年、旭生、岳霖、叔湘、颉刚皆不见。由姜君辰主持座谈。漫谈苏联共产党纲领草案。首由外庐发言,贺麟、志韦、铁生、声树等相继漫谈。六时一刻散,移室聚餐。七时一刻罢。予附学部车与刘斗奎、张铁生同乘,送予至小雅宝口而别。

到家,预、硕两外孙在,因同看电视。云彬来访亦预焉。九时半,电视毕,云彬、预、硕皆去。清儿始归。琴媳今日早退,往看元孙。恳切请求,始得隔玻窗一面,知经过尚好,稍慰牵怀。十时就寝。

8 月 13 日 (七月初三日　戊寅) 星期

阴霾。

晨五时五分醒,五时半起。七时续点《提要》别集类十一残卷。八时听电台播送评弹,周云瑞、郭斌卿唱《珍珠塔》八面活观音一段,极松趣,颇为舒眉解颐也。听毕,续阅至九时,点完此卷。

十二时许,滋、佩来,汉及鉴、基亦同来。予与清、琴、宜已共饭毕。坐有顷,予小休。琴媳前往政协礼堂购物,顺往地坛看元孙。清、汉、滋往丁家访问。佩则走访许觉民。

三时半,予起。点阅《提要》别集类十二,至五时毕之。清等亦皆归来。有顷,琴媳亦归,告又见到元孙,送入水果及木梳等,并知两三天后即可出院云。时元鉴已归去。予与清、汉、滋、琴、佩、基、昌、新、宜等共进晚饭。

饭后,基、昌先行。汉亦继去。至九时,天又作雨,滋、佩亦归去。予即就寝。雨声终夜不绝。

8 月 14 日（七月初四日　己卯）星期一

阴雨。大凉。

晨五时半起。听雨坐闷，百无聊赖，抽笔点阅《提要》别集类十三，至八时毕之。又接点十四、十五两卷。抵午亦全完。

午饭后，滋儿至，谓已与青年出版社洽过，并已向人事科提出书面陈情，静待回复云。予小休片晌。清儿偕建昌出，五时许，滋儿归去。予又续点别集类十六，越一小时毕之。

七时许，琴媳归，乃与新新共饭。饭后清、昌亦归来矣。

夜九时就寝。

8 月 15 日（七月初五日　庚辰　末伏）星期二

晴，还热。

晨五时一刻起。清儿六时出，往志华家取代购诸物，九时后乃还。旋挈新新归遂安伯。盖村公邀伊等去西郊二里沟宾馆食堂午饭也。

九时半，平伯见过，商榷注词数事。十时半去。

滋儿十时前来省，平伯行后，即与偕出，走至金鱼胡同森隆，拟就彼午餐，其时未及十一时，而等待就食者已塞满一屋。虽取得号次，已为一四二号矣。预料一时不会轮到，乃至和平餐厅及全聚德一转，俱已坐满，或号已发完，只得仍回森隆呆候。直至十二时半始轮及。菜亦无多，价且日昂，不禁令人又陡忆去冬景象，为之寒慄矣。

草草食已，弥感不舒，遂转车归家。偃卧至四时许起。佩媳由政协礼堂来，为予购得罐头两事。六时许，清儿、昌、新来。滋、佩去。六时三刻晚饭。

饭后,颉刚见过。互道海拉尔、青岛旅况,近八时去。九时后,琴媳归。十时浴身就寝。

下午连接贵阳、扬州两信,知埑孙安返筑垣,但到后即丢失皮夹及粮票等,颇为懊恼。濬、权则安抵维扬,省亲尚好。十七日左右或能动身返京云。

8 月 16 日（七月初六日　辛巳）**星期三**

晴,热不甚烈。盖有秋意矣。

晨五时二十分起。十时一刻,滋儿来。十一时许刚主来。近午刚主去。予遂与滋午饭。清儿挈新孙一早返遂安伯,因其姑今日生辰也。午后一时半来。

乃乾午后一时许来,谈至二时一刻去。盖赴文化部出席座谈,顺道来过耳。二时半,予偕滋儿出,乘廿四路至朝内大街,车中遇静庐,亦赴部参会者。予父子即在部前换乘一路无轨,径往西郊动物园,时为三时半。入园后,直赴牡丹亭茶棚下啜茗。座临荷池,花事已阑,仅见莲叶千柄亭亭密植而已,环池高柳犹招拂弄姿,不失浓荫密翠本色也。坐憩至四时廿分起行,径出园,竟未一顾诸动物,亦云痴矣。乘一路无轨入阜成门,至北池子口北口下,转三路到南河沿,诣文化俱乐部谋晚餐。乃入门,门者见告,今在修炉灶,停止供餐,只得怅然赋归。仍乘三路到东单,转廿四路返禄米仓。走归于家,时尚未及六时也。清、新、琴、元、燕正在晚餐,盖元孙今日下午出院,甫由琴媳接归。询悉元孙诸患悉愈。入院后并未服药,每日打针五六次,伊亦日望出院,与护士纠缠,院中以其无遗患,遂允早日放归云云。

有顷,予与滋儿共饭。饭后,汉儿来,共看电视。八时许,滋归去。汉则留与清同宿。十时许,电视毕,各就寝。

晨间人静,予曾点毕《提要》别集类十七、十八两卷。于是,南宋诸集尽矣。

8 月 17 日（七月初七日　壬午）星期四

晴阴相间,气仍郁蒸。

晨五时一刻起。七时半,写详信告润儿。十时半,滋佩掣铿孙来。未几,滋儿为予出购物,即以润信付之,元孙信亦附入。十二时返。

十二时半,汉儿、琴媳先后下班归,遂合清、汉、滋、琴、佩、元、新共进汤饼。盖今日为汉儿生辰,特醮面以聊慰老怀耳。饭前曾点阅《提要》别集类十九之廿六页。午后二时前,汉、琴俱上班去。

予小休,三时半起。四时半,滋、佩、铿归去。清、新亦同出,今晚伊母子往饭汉家矣。滋、佩甫行,接人民文学出版社来电话,招佩明日往谈,即令元孙追踪至汽车站告之。

六时五十分,与元孙共饭。饭后看电视评剧《义责王魁》,影片《红色的种子》。十时许始毕。琴媳及清儿、新孙亦先后归来。适接润儿十五日来信,因交与阅看。所询诸事,予今晨已详告之矣。十时一刻就寝。

8 月 18 日（七月初八日　癸未）星期五

晴昙兼至,气仍蒸湿。

晨五时一刻起。七时与清儿出,走至金鱼胡同东口,乘六路无轨到崇内苏州胡同口下,穿东单公园,直赴北京医院。时恰为七时半,化验室护士已开始活动,乃首先在耳轮取血,并留便液待验。即在其地出所携点心食之。

八时许离院,仍穿行公园,到苏州胡同乘六路无轨北行,达于东直门转二路无轨西行,直抵西直门,再转十九路车南行,由广安门入,迤逦至于右安门,略一徘徊,复乘五路往陶然亭,乃以修路故,五路南段只行驶右安门自新路间,只得循方修之路步诣陶然亭,已将十时,遂坐长堤东侧柳荫下稍憩。越半时起行,出园东门,北至太平街乘五路(北段始此发车,仍通德胜门)返天安门,转十路,东止于南河沿,走往文化俱乐部,正十一时十分。见葛志成在第六会议室开会,招呼数语,即趋食堂占席午膳。又遇陈达、绹伯诸人。

十二时食毕,出乘三路到东单转廿四路还禄米仓。抵家未及一时也。见予卧室小间窗上破斜玻璃已修整,知锴、镇二孙来此为我作成者,甚感之。清儿少坐,便出往六部口看电影。予则就榻小休。

二时三刻,电话铃响,亟起接听,则农祥见告,顷得安定农场便人带到口信,湜儿明日不归,须廿四日乃归云。予遂不再就枕,续点《提要》,至五时,点毕别集类十九。

昌孙四时来,清儿、新孙六时五十分来,乃共进夜饭。汉儿及预、硕两孙亦来。汉、昌旋去。预、硕八时半去。琴媳九时归。

十时半就寝。

8 月 19 日(七月初九日　甲申)星期六

阴,偶有微雨,气仍未凉。

晨五时一刻起。七时后,点阅《提要》别集类二十,抵午全卷点毕。

九时许,清儿、新孙偕鉴孙出(鉴八时半来)。雪村来,谈至十一时半去。十二时后与元孙午饭。饭半,清、鉴、新归。滋、佩亦至(伊等二人已饭过)。

饭后小休,三时起。四时三刻,清、滋、佩、鉴、新赴东四工人俱乐部看电影。五时一刻,农祥来谈,还书四册,续借六册去。

六时半,偕元孙晚饭。昌孙来同饭。将毕时,琴媳亦归饭。饭后,慧英偕其姑来看小燕。予即灯下点阅《提要》别集类廿一,至九时半,慧英等去,予亦点完二十四页。

清儿八时三刻始挈新孙归饭。以新在影院忽患寒热,因往建国门医院就诊也。颇为廑念,不识打针后明晨能否退凉耳。十时就寝。

8月20日(七月初十　乙酉)星期六〔日〕

早五时一刻起。微阴,颇凉。知新孙已退热,为之略慰。有顷,昌孙来,谓已购得廿三晚十时去太原车票。是三日后清即挈昌、新赴太原候派工作矣。八时听沈伟辰、孙淑英弹唱《西厢记》闹柬。盖中央电台放送前此来京演出之录音也。此二姝说唱弹嗓俱臻上乘,称以双璧洵非过誉。

九时写信两通,分寄贵阳业熊、澄儿,及上海润儿,各告近事。

十时后,伯恳来谈,越时去。琴媳晨抱小燕赴朝阳医院看慧英,诊治热疮,近午始归。恐须连续打针也。与清、琴、元、宜、新午饭时,汉儿及大璐、元鉴来。午后与众剖瓜共啖。二时许,汉儿为予往政协礼堂购物,予点阅《提要》别集类廿一,至三时许毕之。四时一刻,汉归。

予乃独往三里屯，廿四路、六路俱甚挤，比到站，滋儿已抱铿孙在彼迎接。甫坐定，晓先、雪英亦至，共谈至六时一刻，晓夫妇辞去。予与滋、佩同进夜饭。

饭后滋儿送予归，由体育场南行到东大桥。一路弦月高照，殊适。在东大桥乘九路无轨入朝阳门，在南小街下，步归。汉、鉴、昌等正在看电视，予等且看且谈，至九时半，滋、汉、鉴、昌皆归去。予亦拭身洗足就寝。

8 月 21 日（七月十一日　丙戌）星期一

晴间多云，傍晚雨，入夜后断续加甚，达旦不休，气闷湿燠。

晨五时一刻起。七时四十分出，步至方巾巷南口，乘十路到中山公园，正八时十分。遂入园一转，然后徐步诣人民大会堂大礼堂参加科学院扩大会议报告会。（科学院办公厅主办。）九时开会，由科学院副院长张劲夫主持，请国务院副总理国家科学计划委员会主任聂荣臻作报告，于三年来科学研究成绩及其存在之若干问题充分阐发，十二时半始毕。入场时遇颉刚，与之并坐中间第六排二、四两号。离场时遇志韦及友琴，其时人山人海，分拥向各交通站，处处长龙，无法挤上，四人遂走向南河沿文化俱乐部，一试有否午餐及供。至则处处坐满，柜上洽订份餐者亦成长龙，大都报告会散下者。膳牌菜目亦逐渐擦去，予等插入末梢，勉强得食。见藏云、平伯亦在，匆匆食已各归。平伯告予，其芳曾放车接予，以予已行，未果遇。伊遂与其芳同乘耳。

予在俱乐部门口乘三路至东单，转廿四路返禄米仓走归家中。滋、佩亦甫到，知滋儿已与青年出版社洽过，据云甚好。月终滋当赴皖销假，如佩能调浙，则更佳也。四时三刻，与清、滋、佩同出，走青年会候车,雨已作,幸四路环行车适至,乃乘以到南河沿,亟趋俱乐部就座晚餐。窗外雨时大时小,及餐毕,雨又大,乃稍坐以候之。六时三刻乃出,仍乘三路转廿四路归。在廿四路站候车时,适汉儿下班来,遂与同乘。回家已七时馀。家人闲谈。

接澄儿贵阳信,及漱儿上海信。九时半,汉及滋、佩乘雨隙归去。予亦拭身就寝。乃以天气恶劣,雨声彻夜喧闹,竟失寐,深宵二时后始得朦胧合眼也。

8 月 22 日（七月十二日　丁亥）星期二

大雨冲晓,遂成霖霖。气仍不爽。

晨五时半起。竟日未出,点阅《提要》别集廿二毕之。午后显昼,旋又阴,傍晚又大雨。黄昏屡作屡止,深夜始止。

潽、权午前十一时来,谓昨夜大雨中到京。与清谈后,即去。约晚饭后再来。临时阻雨,竟未至。

滋儿午后来。夜饭后大雨正作,汉儿冒雨至。滋亦来(傍晚前归去,至是复来),皆为晤潽,故是夕汉、滋、佩宿小雅宝。

十时后,清、汉、琴、滋谈滋家安排问题。十二时许乃各就寝。予与滋同榻。

8 月 23 日（七月十三日　戊子　处暑）星期三

晴,较爽。

晨五时廿分起。点阅《提要》别集类廿三。

九时许,滋儿至,近午归去。约晚饭后再来。午后汉儿来。二时许,予偕清、汉、昌、新同出,走至方巾巷南口,乃得乘十路去天安门。汉往绒线胡同听报告。清挈昌、新在天安门下摄影留念后,偕予及锴、镇、基（三人预期在此相候）由天安门、端门、午门径入故宫博物院，涉历太和门、太和殿、中和殿、保和殿、乾清门、乾清宫、交泰殿、坤宁宫，出神武门，在太和门、乾清门及御花园三处皆歇脚小坐，然已感疲矣。五时许，锴等三人归去。予等四人乘一路无轨转三路、廿四路始到家。

晚饭已，瀹、权、滋、佩、锴、镇、基、预、硕均至，为清等送行。湜儿亦适由农场归，因于八时许同送清等三人往车站。时琴已归。予亦少坐便寝。知瀹、权、预、硕出门即径归。滋、佩、湜、锴、镇、基则皆送至站上云。十一时许，湜归，告清等已安全发轫矣。匆匆聚首，又唱骊歌，予诚未忍展想耳。

8 月 24 日（七月十四日　己丑）星期四

晴，和。

晨五时一刻起。八时半，滋儿来，因偕滋、湜两儿及元孙出。元孙自医院出来后日望予携之出游，予以其病初愈，不宜出门，每格之，但许俟其小叔返城时可以带伊同出，故今日携之同行也。

先乘廿四路北行，转一路无轨到北海公园，循琼岛西侧入分凉阁，在道宁斋前登渡船达五龙亭，坐憩多时，然后由九龙壁等处转出北海后门，徐步至地安门，已十时半，乃乘三路往南河沿诣文化俱乐部午餐。餐后乘三路到东单，转十一路无轨赴西直门，再转卅二路往颐和园。二时半抵园，径诣谐趣园，在瞩新桥下茶憩，三时四十分起行，循长廊至排云门，以元孙乏力，遂折回。出园即乘卅二路回动物园，转一路无轨到朝内南小街，步行归家。

时已将六时，煮粥供晚餐。餐后，锴孙来，与湜儿听唱片。是夕即与湜同宿。予与元、宜两孙看电视，九时半毕。予洗足拭身就寝。十一时许琴媳始归。

8 月 25 日（七月十五日　庚寅）星期五

晴,热。

晨五时一刻起。点阅《提要》别集类廿三,毕之。汉达电话约谈(前天已约定)。因于八时四十分出门,乘廿四路北行,在朝内大街换九路无轨,到甘石桥下,径走辟才胡同十号汉达家晤谈。于其撰写新三国志诸问题多所论及,至十一时同出,偕其女公子,共乘四路环行到南河沿,直赴文化俱乐部午餐。高谊已先在(盖汉达约之者),近日就食者众,不但座已挤满,且菜品亦多擦去,四人将就叫得汤品、沙拉各一(每人一份)及面包而已。一时半食毕,汉达父女归去,即以所撰《三国志稿》四十篇属予点定。予与高谊同乘三路到东单,再转廿四路各归。

到家元错已去。滋儿未来。元孙告予,谓其母有电话来家,令转禀。元孙转学景山小学事已承人事科知照允考,只求应试及格便可转去。亦一大佳事也。二时半,湜儿为予赴政协礼堂买物。予写信寄太原,询问清儿一行赴晋旅况。旋续点《提要》,至五时,点毕《别集类廿四》。而湜儿亦归来矣。买到些许斤大西瓜,予生平仅见也。因于晚饭后召集诸儿孙等共享之。到濬、清、滋、湜四儿,元、宜、燕三孙,预、镇、鉴、基四外孙,兼及许、李二妈,并为琴媳留份焉。十时廿分,濬、汉、滋等皆归去。琴媳亦旋返。湜儿明晨拂晓行,因属即寝,予亦就卧。

8 月 26 日（七月十六日　辛卯）星期六

晴,热。

晨四时即闻湜儿起,三刻辞出,径赴永定门站,搭车返安定。予五时五十分乃起。七时为本所校阅重排《不怕鬼故事》印样,凡一百十馀番,墨钉漏字颇多,为一一随手订补,且仍有注释不安处,亦改写注入,抵午毕之。但学部召开之中心学习组竟未能往,而神思亦殚矣。

午饭后闷甚,只索出外求散,遂乘廿四路北行,转一路无轨到北海,再转五路往西华门访乃乾,长谈。有顷,王春至,又有顷,静庐至,共谈至五时半,王、张二人先行,予复留谈,阵雨挟雷而至,益不得行,乃留陈家晚饭。饭后复谈至八时许,始起行。乘五路到人大会堂转十路到东单,再转廿四路回家。

抵门已九时矣。时雨已止,明月从乌云中透出,亦可赏也。琴珠已归,并接润儿廿四日复信。乃乾为予购致冯林一《说文段注考正》影印手稿本八册携归。就灯下略翻,至十一时始就寝。

8 月 27 日(七月十七日　壬辰)星期

晴,热。

晨五时半起。琴媳用油票一两在东单饼店买得油饼四枚归来,分食,各尝一角。在近年供应情况下,此为希有之遇矣。似特感甘脆耳。食次,不禁哑然自哂。

九时许,琴媳挈元、宜、燕三孙往游中山公园。予点阅《提要》别集类二十五,抵午毕之。琴等亦归,遂午饭。

饭前士文挈子女来访,盖昨晚自哈尔滨送其母来京,特来一晤也。

午后,汉儿偕锴、镇、鉴、基四外孙来。知章母返京,汉遂与琴、鉴往候之,兼访士文。有顷,晓先偕勖成见过,谈至四时半去。汉等四时许返,及见之。滋儿四时来,予因以所校《不怕鬼故事》校样全分作书送友琴,即令滋持去。汉等亦归去。元孙随其六姑住焉。备明日琴媳挈其往景山小学洽办转学云。六时半,滋儿归报,晤及陈先生,面交之。

夜饭后,潏、权来,慧英亦来,共看电视转播东单广场中国杂技团马戏队表演之各项驯兽、高空杂技、戏法等。八时十分,滋去。十时,电视毕,潏、权、慧皆去。予亦就寝。

接清儿廿六来信,告安抵,但途中颇辛苦矣。

8 月 28 日（七月十八日　癸巳）星期一

阴霾,闷热。

晨五时半起。八时写信,分复清、润两儿。九时半,滋儿来。十时许,潏儿来。十时半三人同出,乘廿四路南至方巾巷,转十路到南河沿,径赴文化俱乐部午餐。正十一时,堂中已将坐满矣。十二时餐毕离部,信步西行,遂由天安门入故宫,历三殿,往西路复历养心殿、长春宫等处,穿御花园,出神武门。先后在太和门及长春宫前境静心清大轩休息。出神武门径入北上门,又游景山公园,绕山而西,而北而东出东门,乘三路往东单。潏在北池子下,转车归去。予与滋到东单后,转廿四路遄返,二时半抵家矣。

元孙已由景山小学归,知今日仅往接头,至何日测验分班,须另候通知云。予展书点阅《提要》别集类廿六,发见连缺两页,乃据他本补钞之,至五时先成一页。滋儿归去。晚餐烙饼,甚合口。餐后琴媳即归,知元孙转学事虽定,但分班测验却须有待也。

九时即就卧。

8 月 29 日（七月十九日　甲午）星期二

阴霾，午后略现日色。早晚凉，余仍躁热。

晨五时半起。七时半，汉儿来。八时，滋儿来。同随侍予赴北京医院就诊。乘廿四路到东单，穿行东单公园而至。少坐便由吴玉丽大夫应诊。据云血压渐见正常，尿糖、血糖亦见减退。仍用前药，但氨茶碱片则只索减去矣。九时许离院。予与滋儿往崇文门乘三路无轨往西郊二里沟西郊旅社对外营业餐厅谋午餐。汉儿则回小雅宝取物，约即踵往会食。予偕滋到餐厅，为十时十分，食客已坐满，勉得一席，点菜以待，越半小时，汉儿亦至，三人乃从容进食。十一时半即罢。三人即往紫竹院一游。午后一时乃出院，乘卅二路回西直门，转十一路无轨行。汉在地安门换五路出前门上班去。予父子则至方巾巷转廿四路径归。

到家锴孙在。有顷，鉴孙亦至。遂令鉴为予往政协礼堂买物，滋儿与锴孙闲谈。予乃补钞《提要》一页，并点毕别集类廿六。五时，鉴孙归。有顷，滋儿归去。鉴孙亦去。锴孙出访同学。予与元孙乃晚餐。元孙今日午后在景山小学应试，据云语文成绩尚好，算术较差，不识究有变化否？却颇为廑虑。饭后看电视。九时三刻后，琴媳归。十时后，锴孙来，宿于西屋湜房中。予闭电视机就寝。

8 月 30 日（七月二十日　乙未）星期三

晨有雾，旋转多云，兼晴，气较凉矣。

五时半起。锴孙八时半往看硕孙。予八时展卷点书，至十时半点毕《提要》别集类存目一。

午饭后，锴孙归来。予乃小休，四时许起。又点《提要》，至五时三刻，阅过别集类存目二四十页。夜饭后，滋、濬、权、镇、基皆来观电视。时雷声大作，闪电芒射，须臾，雨至，势若倾盆，知汉及鉴、预、颉、硕俱在途中，深为担心。有顷，皆浴雨淋漓而来。亟易鞋晾衣，挤电视机前看相声大会。盖中央说唱团北京曲艺团、天津曲艺团会演，诚可谓笑的晚会耳。

卢漱玉、朱继武来访滋儿，幸于雨前来。九时后雨止星出，伊二人乃去，未及遭濡也。十时剖大西瓜（昨日鉴孙为予购来）分享诸人。食后滋儿先行归去。十时三刻，相声大会完毕，濬、权、汉、锴、镇、鉴、预、颉、硕亦归去。琴媳旋返。颉孙分配工作在北京化工研究院，明晨即报到，甚以为慰。

十一时就寝。

8 月 31 日（七月廿一日　丙申）星期四

阴霾，不爽。午后见日。

晨五时半起。七时续点《提要》别集类存目二，至九时毕之。写信寄润儿，告家中近况，并盼多寄竹报。十时半，接点别集类存目三。

午饭后小睡，三时起。续点之，至五时而毕。滋儿午后二时来，为予往政协礼堂及王府井购物，五时乃还。琴媳电话告予，顷得景山小学通知，元孙已被录取，编入三年级，九月六日上课云。为之大喜，盖此校为十年一贯制新型学校，可以直到高中毕业，始再升学也。

六时半，与滋儿、元孙同进晚饭。饭后看电视《白痴》。滋八时半即归去。九时许，琴媳归。十时一刻电视毕，予取汤拭身洗足,然后就寝。

9 月 1 日(七月廿二日　丁酉)星期五

晴,较和。

晨五时半起。七时后点阅《提要》别集类存目四,至十时许尽四十三页。滋儿乃来,正拟偕出午饭,书友刘清源至,以新印《姚茫父笔拓》一册及杨无恙画《草窗词髓》廿四页,又扇面十页见询,因属留下。少谈,刘去。予即与滋出门,乘廿四路到方巾巷南口转十路,往南河沿,径诣文化俱乐部午餐。遇张纲伯、陈达、唐止庵、夏作铭、谭季龙。季龙盖为沿革图而来,明日即须返沪云。

十二时许,即离部归。先乘三路到东单,换廿四路行。到家琴媳及元孙正饭焉。元孙右眼患急性角膜炎,饭后琴媳携往公安医院就诊。予小睡,三时起。与滋儿谈措置伊等移家事。盖佩媳调回浙甬事将实现矣。(今晨滋去人民文学出版社询问,据答云云。)四时半元孙归。五时,滋儿归去。

夜饭后,硕孙来借报,顺看电视,未几即去。九时前,琴媳归。越半时,电视毕,即就卧。

9 月 2 日(七月廿三日　戊戌)星期六

阴间多云,晨曾飘雨,气凉而不爽。

五时半起。八时许平伯见过,谈移时去。续点《提要》别集类存目四,至十时许毕之。

湜儿自安定归,又得循例休假,下星二清早方返场云。午后晴。予小休,三时起。接点别集类存目五,至四时半,又毕之。二时,湜儿为予往政协礼堂购物。四时半,滋儿来。五时许,滋以事归去。旋接湜电话,谓顷遇同事,须晚饭后始归云。

六时半,琴媳归,因与元孙等共进晚餐。予仍命李妈烙饼为饭焉。饭后,滋儿至。潘、权至。汉、锴、基至。遂与琴媳等共谈滋、佩南调安排问题。湜儿乃最后归来。谈至十时,滋先告归。又越半小时,潘、汉等亦归去。

躁闷粘湿,殊不宜人。取汤拂拭,然后就卧,但以说话过多,心情不免波动,又兼天气恶劣,竟影响睡眠,至深夜一时半犹炯炯难合眼,不得不起,取安眠药两片服之。入睡不久,雷电大雨,又为惊觉,良久始复入睡。翌晨五时半又蘧然醒矣,感苦之至。

9 月 3 日（七月廿四日　己亥）星期

阴雨。

六时起。八时写信两封,一寄太原敫、清;一寄上海润儿。以前昨俱有信来也。午后曾见晴,傍晚又阴,气乃凉。下午一时小休,三时。四时晓先来,谈移时去。

滋儿、佩媳、铿孙来。湜儿以伊等未来,骑车往候之,适相左矣。未几,湜亦归。

竟日未出,点毕《提要》别集类存目六。夜饭后,锴、镇、基三孙来共看电视。七时,琴媳出看电影。九时许,滋、佩、铿去。汉、鉴始来。盖先过潘家矣。十时半,电视毕,(是夕电视为中华全国总工会工人文工团所演出之歌舞节目。)锴、镇、基先归去。汉、鉴继亦去。湜儿忽感冒发微热,亟令服羚翘解毒丸就卧。予亦屏当琐事,然后寝。恐昨夕不寐复作,乃服药就枕,居然不久即入睡。

9 月 4 日（七月廿五日 庚子）星期一

晴，早晚甚凉，午前后热。

晨六时起。八时半偕湜儿、元孙同出，乘廿四路到东单，转八路至骑河楼东口下，为挈领元孙认取景山学校新校舍。旋出骑河楼，乘三路往景山东街，由山左里门入景山公园，在寿皇殿东一方亭中小憩。遇冯都良，谈有顷，予父子祖孙即从山后直上万春亭，徘徊瞻眺，至十时廿分乃下，仍在景山东街乘三路往南河沿就餐于俱乐部。遇绸伯。

十二时食毕，乘三路返东单，转廿四路回禄米仓。十一时许滋儿来俱乐部，因得会食，同归小雅宝。一时许，予就枕小睡。

三时许刚主见过。因起与谈，四时乃去。滋儿先已归三里屯，约湜往饭。湜五时前赴之。

接澄儿上月廿九日筑垣来信，知升埉丢失粮票证件等物俱已由组织上照顾补全，为之大慰。晚饭前，点阅别集类存目第七卷二十六页。饭后，汉儿来，候湜儿不归，直至九时半乃返，云在外夜饭毕，又回三里屯谈话耳。湜归与汉谈。十时，汉去。予亦服药就寝。是夕琴媳归来甚早，而许妈休息归去，直至十一时乃来，不免又为惊动，但入睡后至翌晨四时方醒，起小溲后仍入睡。

9 月 5 日（七月廿六日 辛丑）星期二

晴昙兼至。气尚凉爽。

晨四时半，湜儿即离家往永定门乘车回安定农场。予迷胡与之语，仍入睡片晌，六时方起。药力固佳，然不敢久恃之也。

七时起。为平伯校读所撰《两宋词选》初稿，至午后三时半读毕七十番(仅北宋部分,尚未全哉也。),有所见随手签注眉上。

　　滋儿午前来省,即去干办家具处分。予以政协礼堂购物及买取餐券事属之,令于下午四时来,届时果至,遂偕之再出,并挈元孙同行。乘廿四路转一路无轨,到沟沿下,径诣政协礼堂,附电梯直上三楼就餐室晚餐。遇叔源、培基等。六时半,餐毕,三人离堂东归。予与元孙缸瓦市上四路环行车到东单,再转廿四路回家。滋则以忘取汤豆折回礼堂,较予等归来后一步耳。

　　八时看电视,中国京剧院演出王玉让之《罢宴》,及张春华之《盗银壶》,九时半止。滋归去。予亦就寝。十时半,琴媳归。

9月6日(七月廿七日　壬寅)星期三

　　晴,和。

　　晨五时半起。七时,琴媳挈元孙上景山学校,盖今日此校开学矣。八时后,为林汉达校阅《三国志新编》。九时半,濬儿来,旋往章家看章师母,午刻归来,因与同饭。

　　午前书友刘清源送新出《中国丛书综录》第二册子目分目来。遂将前留颖拓画册等款付之,共二十九元。

　　午后小睡,三时起。佩媳电话来,谓滋儿今晨去车站询问购票等事,感累,今日不来省候云。濬儿本约与谈,至此亦归去。予独坐无悝,乃续点《提要》别集类存目七,至五时半毕。而滋儿挈铿孙来,盖携之游北海,归途一过小雅宝耳。六时许,趁日光下归三里屯矣。

　　元孙今日下午无课,在人教社其母办公处午睡后,四时许独自归家。夜饭后看电视,新片《达吉和她的父亲》。写大凉山彝族地区解放前后转变情形,借父女无意相逢衬出来,至感动也。十时半毕。琴媳亦归,携来润儿信(傍晚亦接润信),看后即寝。

9 月 7 日 (七月廿八日　癸卯) 星期四

阴雨,午后渐晴,气乃大凉。

晨五时一刻起。七时十分,元孙独负书包冒雨上学,予嘉其得历练,又不免耽心路次安全,凡此矛盾,无非推儿辈舐犊之情耳。

八时续看《三国志新编》稿。九时许,滋儿雨中至,谓急于返皖,因定即刻去车站排队购票。行后,予改点《提要》别集类存目八,午饭后二时乃毕卷。其时滋儿亦已购得十二日七十九次京粤车票,且已饭毕归来,知将在郑州转陇海东行,到商丘再转汽车赴亳县,途中须历三天云。少坐便与同出,走至南小街外交部街口乘廿四路到方巾巷转十路赴中山公园。历唐花坞、筒子边柏林,绕至东边来今雨轩茶憩,至四时三刻起行,缓步诣南河沿文化俱乐部就食堂晚餐。六时毕,即乘三路到东单,转廿四路回禄米仓,步归家门。

元孙及宜孙都甫下学回,元孙今起能独往独来,予甚以为慰。七时看电视,黔剧《秦娘美汉儿》。雪英及元错、元鉴皆来,八时半,滋儿去,琴媳去。十时,汉等皆归去。又越半小时,电视毕,予亦就寝。

9 月 8 日 (七月廿九日　甲辰　白露) 星期五

晴,和。

晨五时半起。七时续看《三国志新编》,至九时半看完十篇,凡一册。十时,濬儿来。予写信复润儿,适伊在上海购到信笺及格纸寄到,即告之,并将家中各个人动态亦详示焉。今日为宜孙生日

（农历为八月初四日），予与潴同下挂面代餐。滋儿昨言今日上午来，待至饭后不来，殊念之。只索点《提要》以遣之。二时许，滋方至。即与潴同出正阳门购酱油，予又续点书。四时许，滋归来，至五时半归去（潴则径归矣）。予亦点毕别集类存目九及存目十之卅三页。颓然辍作矣。

六时许，元孙自学归，因与同饭。饭后看电视，故事影片《不同命运的决战》（先后演两遍）及影片《穷巷》。十时半就寝。琴媳亦既归矣。

接润儿六日信，知葆珍之夫上月廿七日突患脑溢血逝世，为之大震，不识葆珍骤遭大故，其悲摧为何如耳。

9月9日（七月三十日　己巳）星期六

晴，和。

晨五时半起。八时出，乘廿四路北行，在朝内大街换十二路无轨，到沙滩，再转八路，诣政协文化俱乐部第一会议室参加科学院哲学社会科学部中心学习组座谈会，以屡遇候车，到时已八时五十五分。平伯、梓年已在，颉刚、作铭继至。奠基、旭生亦旋到。九时一刻矣。竟无续来者，梓年遂宣布开始漫谈，就聂副总理报告讨论。颉刚首先发言，予继之，平伯、作铭又继之，十一时许奠基先行，旭生继言，至十二时散会，六人者移坐第七室会餐。午后一时席散。约颉刚十二日下午二时会北海揽翠轩。盖恢复暑前老友小集云。

出部门后，予偕平伯乘三路到东单，转廿四路同归予家，即以两宋词选稿还之。谈至三时许去。予就枕小憩。未几，迭接滋、汉先后电话，因霍然起矣。元孙以星六下午无课，三时前亦归。

写信复润儿,属向葆珍致唁。

六时半夜饭。饭后看电视俄罗斯鄂木斯克歌舞团在中山公园音乐堂演出实况。滋儿先至,潘、权、硕继来。汉、锴、镇、鉴亦到。颉最后至。挤满一室矣。十时半毕。滋先已归去。潘等继去。汉等最后行。十一时半,予始得就寝。

9 月 10 日(八月 大建丁酉 丙午朔)**星期**

晴兼多云,气凉爽。

晨五时一刻起,四时一刻已醒矣。

七时后,看《三国新编》不甚顺利,又搁下。旋点《提要》,九时许,点毕别集类存目十。

友琴见过,商订《不怕鬼故事》重排本最后定稿诸问题,至十一时始行。知此稿明日即将交人民文学出版社改正付印云。

午饭后小睡。二时半倪农祥来,即起。有顷,滋儿至,坐谈到三时。三人同出,乘廿四路去朝阳门内大街换乘一路无轨,往景山。行至半路,忽忆忘戴义齿,滋儿遂于王府大街下,折归取牙,约在万春亭相见。予与农祥到景山公园,由西麓上,历辑芳、富览二亭,直登山巅万春亭,坐栏楯小憩,饱览宫城及全京城市景色,至四时廿分,滋儿始来。少停,三人便东下,历周赏、观妙二亭,循东路出山左里门,在景山东街乘三路径赴南河沿文化俱乐部。正五时,座已满,勉得一小方桌,尚与人并坐也。食毕各归。农祥乘八路行,予父子则仍乘三路到东单,再转廿四路归家。到家琴媳与诸孙正晚饭。

七时半,开看电视,为梅兰芳演《洛神》影片。潘、权、汉、鉴皆来。九时半即完。潘、汉、滋等皆归去。予乃取汤濯身洗足,然后就寝。

9 月 11 日（八月初二日　丁未）星期一

晴转阴，气尚凉爽。

晨五时一刻起。七时续看《三国新编》。九时三刻，滋儿来，已在青年出版社取得销假证明书，明晨即成行矣。因与偕出，徐步絮谈，不觉信行至南池子口，已将十一时，乃折回南河沿，径诣文化部午餐。十二时许饭毕，偕至王府井南口，乘一路车西迈，径到公主坟下，南行寻访莲花池。其地已为四季青社养鸭场所围用，竟不得入。绕道东南出，历一小时许乃到广安门外湾子村，适有十七路车西来，遂附以东行，至广安门下，转乘九路无轨东行，北折入宣武门，径由西四、北海、东四等处回朝阳门内北小街，转廿四路返禄米仓。走归家中未及三时也。

休息后，转感疲累，盖今午走路过多矣。滋儿四时一刻归三里屯。明旦径赴车站，不复来辞云。于其行也，不免黯然，亦只得勉自振作，反复丁宁，多加敦勖而已。谓之何哉！

入暮闷甚，独酌为遣。八时半，即就卧。琴媳十时半归，在窗外走过，我已朦胧，似听非听矣。

9 月 12 日（八月初三日　戊申）星期二

多云，微晴，凉爽。

晨五时半起。七时许元孙上学，琴媳亦旋行。至八时廿分，琴媳在人教社来电话，谓顷往车站，拟一送滋，乃向津浦线打听，竟未遇到，只得废然返社。其实，滋程出京汉线，赴郑州，未先问我，宜其致左耳。刚放下听筒，铃声又作，取听，乃滋儿在车站所发，谓佩、铿及阿姨都送到站,且已得到坐位,特向我辞别。我即以顷所接琴话告之,彼此嗟失而已。

九时许,元锴来,谓甫自车站送二舅行,已安全开车矣。为予修南屋电灯开关,又为予往濬家送信,告昌预已为其母挂号,候今午后即往就诊云。十时半去。

看《三国新编》,完第二册又第三册之两篇。旋点阅《提要》,至十时完别集类存目十一。午饭后,汉儿来省,一时半上班去。予亦旋出,乘廿四路至朝内大街,转一路无轨电车,到北海,径上琼岛登揽翠轩,平伯已在,乃共茶。有顷,颉刚来,又有顷乃乾、季文来。三时半,元善、纬明来(纬明姓夏,江阴夏闰枝之三子)。谈顷,颉刚出函稿见示,盖致苏州市人委,为保护元善尊人式之先生之墓域者,约四人联署(圣陶、平伯、颉刚及予也)。予深赞之。四时半,予与颉刚、平伯、乃乾先行,乘一路无轨直达动物园,走诣莫斯科餐厅共进晚餐。且啖且谈,无所拘滞,诚所谓真率会矣。六时廿分起行,仍乘一路无轨入阜成门,分途各归。予复于北小街南口转廿四路回家。

八时许,看电视转播北昆新演《李慧娘》。九时许琴媳归。又越半时,电视毕,予乃就寝。

9 月 13 日(八月初四日　己酉)星期三

晴,和,爽适。

晨五时一刻起。八时四十分出,乘廿四路转一路无轨到景山,元锴已在,乃同登万春亭,周眺延赏。十时许,由东麓迤逦而下,转至寿皇殿东侧敞亭,少坐,旋出山左里门,在景山东街乘三路往南河沿文化俱乐部就餐。十二时许离部,乘三路到王府井南口,转三路无轨,径抵西郊动物园。适卅二路自东来,即附以西发,一时廿分到颐和园,即在知春亭赁一小艇,由锴划桨,二人乃刺舟入昆明湖,穿十七孔桥,绕至西堤入里湖,仍穿桥而东,在石舫侧登岸。循长廊茶于鱼藻轩,移时行。过排云门合摄一景而出。乘卅二路返西直门,转七路无轨往东直门。元锴在北海先下,予到东直门后再换廿四路还禄米仓。

元、宜两孙先后自学返。汉儿亦至。佩媳、琴媳继到。遂共面。以今日为宜孙五周岁也。

夜七时半看电视,云瑞、述琇、潘儿、元锴、元鉴陆续来,乃闭机谈话,至十时半皆散去。予乃就寝。

汉与云瑞等谈话时,予就内室灯下点《四库提要·集部》别集类存目十二,毕之。

9月14日（八月初五日　庚戌）星期四

晴,和。

晨五时半起。七时许,潘、汉先后来,因与偕出,走至外交部街东口乘廿四路往东单,穿公园到北京医院,径诣化验室,作血糖、尿糖试验。然后进早点。在院少息,预约吴玉丽大夫十八日上午八时廿分往复诊。挂号迄已八时半,三人离院至东单,乘一路车西抵公主坟,在当地林中穿行而出,复西参观商场,居然买到高级点心半斤云。十时返辕,仍乘一路到中山公园门前下,步行诣南河沿文化俱乐部,稍待至十一时,得午餐。餐后离部正十一时五十分。即乘三路到东单,转廿四路回家。

午后一时许,汉去上班,盖明日又须去通县北乡文化部生产队劳动,为期当有一两个月云。予及潘均小休。三时许,潘为予往政协礼堂购物。予亦旋起,点阅《提要·集部》总集类一,及瀎还,将暮,予亦尽三十页矣。元孙归来,以新发英语教本呈予,欣欣有得。儿爱新鲜,宜其然矣。但愿从此步步深入,将来于外语、外文多得取经之资也。

六时半,夜饭未竟,琴媳亦归,盖今晚偶无尾作,故饭已即返耳。

看电视晋剧《杀宫》,正转入篮球比赛时(北京队与缅甸队),元锴负行囊来,谓其母明晨来,饭后即由小雅宝出发去通县云。瀎知汉不即至,遂辞归。锴孙亦未久即行。

九时许,予即闭机,取汤濯身洗足,然后就寝。

9 月 15 日(八月初六日　辛亥)星期五

晴,和,又较凉于昨。

晨五时半起。七时续点《提要》总集类一,至九时,又尽十页。写信三封,分寄清太原,润上海,湜大兴,均告家中近日情况,及滋、汉行踪。

瀎十时来。汉十一时来。十二时共进午饭。饭后一时许,琴媳归视,为汉儿即须动身故,伊等三人絮话至二时,琴去上班。瀎去中苏友好医院检视,汉则袱被去车站径赴通县葛渠,同时出门。予亦就榻小休,四时起。

五时五分,元孙自校归,盖今日下午四时半即下课也。六时,瀎儿归,言已作试验,须下星五再看结果。即与元等共饭。七时半,瀎即归去。予亦就灯下为汉达看毕《三国新编》第三册。八时三刻即寝。

9月16日（八月初七日　壬子）星期六

晴，和。

晨五时半起。看《三国新编》，至十时许，全四册俱毕。作书附入，包好携出。因今日下午三时民进中央在南河沿俱乐部开座谈，当能晤及汉达，故携往，备交回之也。十时半，将行，潜儿适至，以予出门，即同出，伊购物归去。予乃乘廿四路至方巾巷南口，转十路，往南河沿就餐于俱乐部。十二时食毕，复乘十路到天安门，走登午门东翼楼，参观北京市美术展览会。

午后二时乃出，复走回俱乐部，参加座谈会。志成、纪元已先在，其后汉达、研因、宾符、恪丞、广平、冰心、文藻、景耀、洁琼、楚波、廷谦、明扬等陆续至。以《三国新编》稿四册交还汉达。三时开会，广平主席，谈至六时散。予乘出租汽车返（会中代予赁来）。到家湜儿在。盖今日中午车返北京，又得休假两天云。傍晚琴媳归，元、宜等皆归，遂同夜饭。

饭后接润、清来信，知润有物带京（托韵启），清则工作仍未定局云。八时许，正在看电视，韵启忽至，以方自沪到即来访予也。物既带到，漱亦附有信件，接谈至十时许，乃辞去。予亦就寝。

9月17日（八月初九日　癸丑）星期

晴，和。

晨五时半起。

八时许，晓先来，谈至十一时，韵启至，晓先乃去。有顷，升堉至，谓昨晚自黔到京，少坐便去。升基旋至，未及晤堉也。知堉在校候。伊京即去。十二时半，与韵启及琴、湜、元、宜等共饭。

饭后小休。琴携元、宜、燕三孙去西郊游动物园。三时起。元锴至,知基在其家,埨则未之见也。四时,予偕韵启及湜儿同出,乘十路往南河沿文化俱乐部就餐,其时未到四时半,已多人占坐矣。遇勖成及平伯、万里等。盖今日昆曲研习社在彼同期也。六时许,餐毕,予等三人徜徉于天安门广场,久之乃乘九路至东单,转廿四路返家看电视。

潸、权来。许彦生来。(彦生自无锡来京,在社会学院学习。)九时半,潸、权、彦生去。十时电视毕。韵启返招待所。予亦就寝。

接汉儿信及友琴信。

9 月 18 日（八月初九日　甲寅）星期一

晴兼多云,气仍凉爽。夜弦月朗照。

晨五时半起。八时,潸儿来,将与湜儿陪予出门就医于北京医院。邓绍基适至,承慰问切挚,甚感之。以为时匆促,少坐便行。予三人乃乘廿四路到东单,穿公园到医院,以赴院稍迟,已须让后挂者挨先。坐待至九时廿分,乃由吴玉丽大夫接诊。据诊断,糖尿、血压均有好转现象,惟睡眠及咳呛须疗治。因于原服药量外加配三种,俟配药,至十时许始离院。三人缓步西行,径诣文化俱乐部就餐。遇作铭。十二时餐毕。走至王府井南口,乘一路东去,直达建国门外八王坟。盖自东长安街延伸至此,俱为新修坦道,兴来一看究竟也。徘徊未久,潸、湜转车往三里屯访佩媳。予则仍乘一路西行,到方巾巷转廿四路归家。

到家已将二时,即就榻小卧。四时许起。湜儿亦归。予续点《提要·集部》总集类一、二两卷。中间六时半夜饭,旋于八时半灯下毕之。以明日黎明前湜儿即须出门,九时即与湜各就寝。乃略一转念，不免稍涉遐想，竟致失寐，虽今晚添服医嘱之药，殊叹无效也。深夜二时后始合眼。

9 月 19 日（八月初十　乙卯）星期二

阴霾。

晨四时醒，起唤湜，湜四时五十分即冲暗赴方巾巷乘廿路趋永定门车站矣。予延捱至五时半亦起。七时后，点阅《提要》总集类三，八时半毕之。

平伯适见访，出《词选》续稿相示，并以近作《题颉刚所藏桐桥倚棹录十七绝》见贻。长谈至十时半，辞归。约下午二时会陶然亭。时又杲杲日出矣。

饭后一时，予独出，乘廿四路南往方巾巷，转十路到中山公园，再转五路径达陶然亭，步诣慈悲院。正在修葺房屋，挤在庭中设茶座，而坐客殆满，予不得已，择坐瀹茗以待。有顷，乃乾至，又有顷，平伯至。三时半，琢如伉俪至。谈至四时半起行，共乘五路东发，乃乾以家有客，径言归去。予与平、琢等四人皆西经路下，步由万明路、虎坊桥、五道庙等处，达于李铁拐斜街，径诣新雅餐厅。则元善及其弟元美、元群与颉刚伉俪及叔文皆已先在。适为十人，遂共设一席聚餐焉。肴品丰而且精，酒亦佳且多，供鲜豚肉在近日尤为罕觏之物。且谈且饮，复获饱啖，真皆大欢喜矣。（十人竟未用主食。）及啖毕算账，人摊六元馀耳。较之一般所谓高级馆者则廉而大美也。是馆为江西风味，亦近来新设之国营饭庄，与四川饭店、晋阳饭店、青海饭店、大同酒家（粤菜）等并峙者，然排队持号多向隅之憾。今以预定始快朵颐。希有之遇也。七时一刻散出，仍返走至虎坊桥，乘四路无轨行。予在王府井南口下，转十路到东单，再转廿四路归家。

到门已八时矣。知元孙忽患高烧,由琴媳送归,适佩媳来家,于是两人陪同前往东单三条儿童医院就诊矣。予为之愕然。有顷,得佩媳院来电话,告正在化验大便,恐有痢疾嫌疑,将过一二小时始能返。伊以小铿在盼望,已先归三里屯,属勿等待云云。予坐待至十时许,琴始携元雇得一小汽车归来。据云验出尚无痢菌,属归,候明日仍未退烧则再往诊察。予乃稍安。旋即就寝。

9 月 20 日（八月十一日　丙辰）星期三

晴昙间阴,傍晚微雨,入夜乃见月,气凉而不甚爽。

晨五时半起。竟日未出。写信六封,一寄大兴湜儿,一寄通县汉儿,一寄太原清儿,一寄亳县滋儿,一寄上海漱、润两儿、一寄友琴。

潗儿午前来,与共饭。饭后佩媳来,二时前上班去。下午三时,潗为予出购物,五时半来,即归去。元孙晨起热仍未退,而燕孙又有热,遂由琴媳、李妈陪两孙车往三条儿童医院诊治。十时许归来,谓诊断结果并非痢疾。两孩皆为普通感冒,休息一两天即可。于是一块大石得以抛去。转忧为喜矣。琴媳下午仍去上班。

夜饭后,看电视,琴媳亦早归。八时半即罢看电视。九时就寝。平伯傍晚寄来一片,补作《题桐桥倚棹录》一首,谓插入前作第三首后,并成十八绝,颇佩才思丰赡也。

9 月 21 日（八月十二日　丁巳）星期四

晴,有时多云。仍凉。

晨六时起。七时半点阅《提要》集部总集类四,至九时毕。续点其类五,至十时半尽廿四页。以元孙休息在家,胃口不开,遂辍阅,携之同出,乘廿四路至方巾巷,转十路到南河沿,径诣文化俱乐部谋午餐。晤陈达、张绪伯。十二时饭毕。出过办事处登记廿七下午往看八一制片厂并代平伯偕登焉。出部后,即乘三路到东单,再换廿四路归。

接佩媳电话,知年内不致调动矣。琴媳归视两孙,予时已午睡,伊旋即上班去。三时半起,即续点总集类五,至四时半亦完。七时,琴媳归。有顷,潎、权偕至,同看电视。

九时许,潎、权去。予亦就寝。

9 月 22 日(八月十三日　戊午)星期五

阴,有濛雨,禺中转昙,气不甚爽。

晨五时半起。七时十分,元孙照常上学,予为写一请假条,属伊带与班主任郭老师。

八时写信复润、湜两儿。因昨日傍晚接有伊等来禀也。十时始写好,接写刘重信,(刘为清儿青年出版社同事,今调在山西长治市晋东南师范学校。)以清儿转来问过《秦论》中若干问题,遂答之也,至午乃毕。

饭后小休,二时独出,乘廿四路转十路、五路到西华门,走访乃乾。谈至四时半行。复乘五路转十路到南河沿,就餐于文化俱乐部。六时即归家。潎儿在,七时看电视,以起阵见雨,潎即归去。元孙亦归。(今日在其母处晚饭。)有顷,天朗月明,佩媳挈铿孙来,盘桓至九时许归去。琴媳亦归矣。

十时就寝。

9月23日(八月十四日　己未　秋分)**星期六**

晴,和。

晨五时四十分起。七时,点阅《提要》总集类存目一,至九时许毕之。以胸闷出散步,信行至禄米仓西口,乘廿四路北行,在九条下转六路西行,在宽街转十三路至北海后门,入画舫,适参观人像摄影展览。凡四室,颇多可赏者。十时四十分,徐步出北海前门,乘一路无轨至北池子,转三路到南河沿,正十一时半,乃就餐于俱乐部。遇作铭、絅伯、陈达、家桢、寰澄诸公。十二时十分离彼,仍乘三路到东单,转廿四路回家。

小休至三时起。续点总集类存目二。至五时完其二十三页。佩媳来,为予购致出国香烟十二匣,共装一大匣,价廿六元五角二分。以其难得,亦不嫌其奢而承之矣。六时许,佩媳去(即令缴烟款还文化部)。

七时,琴媳、元孙、宜孙皆已归,遂共夜饭。饭后看电视,为鲁迅诞生八十周年而设之纪念节目。九时后,正在放影片《祝福》,机忽发生故障,只见影,不闻声,遂成哑剧。电话向电视台询问,未果,适乃闭机罢看。洗足拭衣,易衷衣,近十时就寝。

9月24日(八月十五日　庚申　中秋节)**星期**

晴,和。

晨五时半起。七时后,续点《提要·集部》总集类存目三,近午毕之。佩媳挈铿孙来饭,携呈滋儿两信,知工作一切仍旧云。午后韵启、文权、濬华、昌预、昌颉、昌硕、元镇、元鉴后先来。各携食肴至,共度中秋。傍晚,天忽阴,夜饭后,渐开,及九时后,乃见莹澈冰轮依然普照人间矣。晓先上下午两度来谈,前假去《晋书》亦见还。

晚七时廿分看电视转播,话剧《桃花扇》。八时后,佩、铿归去。预、颉、硕继去。镇、鉴亦去。十时许,韵启、权、潏皆去。

予十时半看完《桃花扇》乃寝。时空庭皓月映彻须眉,感念万端,不禁△然。

傍晚接廿一日清儿航信,及廿二日润儿平信。

9 月 25 日(八月十六日　辛酉)星期一

晴。

晨五时起。元孙又患下利,八时由琴媳陪往建国门医院求诊。利时返检验结果并无痢菌,仍只在家休养而已。

九时出,走访雪村,出清儿来信示之,适士敦亦有书至,彼此易观,其辞大同。清事仍未派定,而母子三人之户口乃报不进,一切为难,相对嗟叹,只得静待耳。十时十分辞出,乘廿四路到方巾巷南口,转十路往南河沿,就文化俱乐部午餐。坐待至十一时,始开始。餐次遇方白、适夷、马可、陈达诸人。十二时起行,仍乘三路转廿四路而归。

到家小休,三时起。写信分寄清、润、滋三儿,抵暮乃毕。懒出投邮,且俟明晨付寄矣。

夜饭后,接润儿廿三晨发来之书,乃就灯下作复,发封纳入,俾明早一并付邮。九时就寝。

9 月 26 日(八月十七日　壬戌)星期二

阴,闷躁。午后晴,热。

晨五时一刻起。七时,元孙照常入学。旋由李妈送宜孙上学,即以昨写三信交伊投诸邮筒。八时摊书,拟眼昏特甚,乃强自振奋,独出散步。信行至禄米仓口,乘廿四路北至九条,转六路西到宽街,再转十三路径抵三里河西口。沿途细雨如喷沫,远望窗外,益感迷离。到玉渊潭公园门口,适二路无轨电车自北来,遂夷然复登,直达复兴门内,在西单换十路至东单,又换廿四路返禄米仓。走归家门已十一时二十分。仆仆无谓,甚可自笑,然不尔又何以遣兹? 昨访雪村,承示近作《病眼一律》云

　　病眼昏昏迫暮年,素餐戚戚愧时贤。

　　郊行朗曜恍笼雾,牖眴微霾讶圮天。

　　字细摊书群蚁斗,诗成释管乱鸦旋。

　　无才仰企丘明业,谬学希夷尽日眠。

　　予读之深印于心,字字皆若自我口出,只末句犹无福取符耳。失寐之疾时动,在希夷,不啻天壤矣。为之浩叹。今之冲动仆仆,实与此诗有相连云。

　　得吴大琨电话,介绍人民大学青年教师来谈,约廿九日上午在家候之。滋儿寄还青年出版社粮票之特种挂号件已迟到,乃电话知照佩媳来家取据,往东单邮局掣领。濬儿来饭,饭后伊为予往政协礼堂购物。佩媳来取邮据。琴媳归告,顷到邮局代定《光明日报》,以《文学遗产》编辑部尚未洽妥,致碰一钉子,深为不快。不论社方所方,均不能辞失系之责也。

　　二时,佩媳、琴媳皆上班去。予亦出,乘廿四路转九路,再转五路至西华门访乃乾。谈至四时四十分,偕之出,乘五路至前门,换四路无轨,诣虎坊桥,走往李铁拐斜街新雅饭店,遇平伯、轶程、慧远、万里、勰成、季文皆在门首徘徊。不得所,盖该店以屡去占席,

颇不欢迎，而颉刚夫妇犹未至，更失主名，尤见突兀故耳。予至说明原委，始辟西厅延入，而伺应者之态度已不可向迩矣。今日得食之难，如此乎，不禁浩叹。随之有顷，颉刚、静秋至，遂设席入坐。元善至。共饮啖，共闲谈。七时半，圣陶、至善来，乃添酒添菜，重振局面，至九时许乃罢。散出后，予与元善、平伯附圣陶车行，到禄米仓口，予先下走归。时琴媳、元孙皆未归，乃坐待之。佩媳留滋儿廿一日亳县来信（即日间所收特挂之件），阅悉近况。知不久即将分配县级机关工作云。十时许，琴媳始挈元孙同归。盖在北海开会也。

十一时就寝。以多饮，睡颇不安。

9 月 27 日（八月十八日　癸亥）星期三

阴，上午微雨时作，下午雨较多，夜则雨声未绝矣。气闷躁不舒，风中则颇感凉。

晨六时起。八时写信分寄汉、滋。十时十分出，亲付邮筒。即乘廿四路到方巾巷换十路至南河沿，径诣文化俱乐部，则平伯已在。盖昨所约也。遇张绷伯、陈达等。十一时后得食。十二时许即俱乐部棋艺室小憩，遇王仲富。下午一时三刻，登车则颉刚、矛尘、纯夫、明养诸人皆在，凡四十馀人，二时出发，出复兴门转往广安门外大道，径诣八一电影制片厂参观。程途费二十分钟耳。至厂，承厂方殷勤接待，先后看到电影二（一为特技拍摄，二为彩色片《将军合唱团》），立体彩色电影二（一为《漓江游记》；二为解放军杂技团在广州表演。又导观拍摄内景场、录音室、化装室、道具模型室等处，至五时乃毕。仍车回南河沿，予则再乘三路到东单转廿四路归于家。时元孙、宜孙均已自学归，遂煮面代餐。餐后看电视,至八时半即闭机就寝。

9 月 28 日（八月十九日　甲子）星期四

阴雨,气仍不爽。(少穿衣则凉,多穿则粘粘之感立至。)气候转换之际,往往如此,世俗有发节气之说,良不诬也。

晨五时一刻起。七时后续点《提要》,至午点总集类存目四。

潇儿昨来家,予出未之见,据许妈见告,谓已为予电话向医院挂号(今晨九时),大约以大雨故,讫午未至。予亦听之矣。午饭后小休,三时起。接润儿廿三所寄现成钉本询合适否? 又接学部中心学习组九月九日座谈记录,此次发言甚畅,印出传观定较真切,今日如能维持此风,于当前问题必有裨益也。

夜饭后,又接润儿廿六晨所发信,复予廿二去信。告将托高克辛、吕朗两君带物回京,并钞附一九二四年,予在《星海》上刊登之《辛弃疾的生平》一文。予曩有所作,素不留稿,今儿辈见到,即拾录以呈予,使三十八年前旧作突陈眼前,少作固宜有所悔而同时朋好相聚,彼此敦督之情况亦憧憧不绝于心,不觉感慨系之耳。

看电视。新华同人周君来代汉儿送来节日应配之分。稍谈即去。

九时就寝。是日先后接研因、大琨电话,前者约期谈诗,并属介平伯评其作品。后者告明日校中开会,原约推迟,俟再电洽云。

9 月 29 日（八月二十日　乙丑）星期五

晴。北风紧,陡转深凉。

晨五时一刻起。八时写信复润儿。九时半出躬投邮筒。顺乘廿四路到方巾巷,转十路西行。本拟往陶然亭一探秋色,以今日适为欢迎尼泊尔国王及王后,东西长安街即将阻断交通,临时变计,在西单即下,走至西单北商场,将乘九路或四路车绕行至南河沿文化俱乐部午饭,乃各路汽车、电车之北行者均已暂停,只得雇三轮往沙滩。而三轮行动特缓慢,到沙滩已十一时,其时八路之南来者止于沙滩,不复南行。不得已步行,以诣文化俱乐部。入座后遇翁独健、吴觉农、资耀华、楼适夷、许觉民、孟超等。十二时半离部,长安街仍不通行,乃步往王府井北口,雇三轮以归。

到家已将一时。坐定,潘儿来,谓正在东单,亦阻道良久,始得行。乃亟煮面以享之。

人民大学冯其庸君仍来访,未之晤,留条订改日再来云。二时许,就榻小休。四时起。潘儿出办月票事,傍晚归。元孙亦已放学,乃共夜饭。饭已,汉儿至,自天竺候车三小时之久,深感狼狈,乃亦煮面享之。方拟同看电视,而机有故障,非但无声,抑且无影,令元孙往十号朱振明所乞援(伊在电视修理站工作)。讵尚未下班,只得作罢。汉在乡带来杂豆若干,正与潘、元、宜等拣取为戏,而朱君来访,据看后非送站检修不可云。九时,潘儿归去。汉留宿。

十时就寝。琴媳十时前归。

9月30日(八月廿一日　丙寅)星期六

初晴,后渐阴,傍晚雨。气仍凉。

晨五时廿分起。七时写信与葆珍(留发)。九时许,平伯见过,长谈至十时许。其芳、平凡又至,承慰问并以营养补汁两瓶见惠。谈顷,又以明日天安门观礼通知交予,兼约车期。十一时许,平伯遂偕与俱去。

潹儿十时来，汉儿早赴新华洽事，十一时来，即为予持电视机车往王府大街检修，午后近一时乃归。承朱君照顾，立即配修，至以为感。饭后，佩媳来。二时许，为予去政协礼堂购物。潹归去。三时许，琴媳偕元孙归。予即与汉儿、元孙出闲逛，走至外交部街，乘廿四路至方巾巷，转十路，至中山公园，遂徜徉于天安门广场，迤逦直至前门。乘九路回御河桥，在正义路散步，以雨至，乃急步诣文化俱乐部晚餐。遇傅学文、吴美梅等。六时，雨稍止，遂行。汉乘三路北去径归。予与元孙则乘三路东行，在东单转廿四路亦径归。

晚七时看电视，文权、潹儿、预孙皆至。直至十一时半乃毕。伊等归去。予亦就寝，将十二时矣。

10 月 1 日[①]（辛丑岁八月　大建丁酉　丙午朔　廿二日　丁卯）**星期**

晴，不甚烈，偶阴，无风，傍晚微雨即止。入夜仍转多云。气温已类深秋。

晨五时半起。八时出门，行至小雅宝西口，老赵适驾车来接，知无他人附车，遂独乘以行。由南小街北去，转朝内大街、猪市大街、沙滩，过景山大街，复转北长街、西华门，沿筒子河入中山公园停车在唐花坞北。沿途游行队伍已甚拥挤，在十字大街交口，必停待良久始得过。比步出公园前门径诣西二台已将九时。在场先后晤及李俊龙、王复初、董渭川、吴大琨、章元善、谷春帆、夏作铭、吴觉农、梁纯夫、张明养、葛志成、叶圣陶、叶至善、陈达、裴文中等。

---

①底本为："一九六一年十月一日至十二月七日日记"。原注："八日凌晨容叟自署。"

十时,庆祝中华人民共和国十二周年典礼开始,彭市长致词,十二时礼毕。仍乘老赵车归家。在中山公园等候各车鱼贯绕出,到家已一时十分。

汉儿偕镇、基两孙在。予乃独进午餐。饮琴媳携归社中节前聚餐积下之国产威司忌酒。饮后就榻小睡,直至下午五时半方醒。迩来难得有此酣眠也。及起,汉等早已归去矣。

夜饭后,看电视,瀋、权、预皆来。十时即归去。予则看至十一时,全部完毕乃就寝。

10 月 2 日(八月廿三日　戊辰)星期一

阴,偶露阳光,气仍凉。

晨五时半起。整理拂拭,七时方得宁坐。写信与漱、润两儿,即将致葆珍信附去。属伊等往访面递之。适琴媳出购菜蔬,即属带出投邮。

点阅《四库提要·集部》诗文评类一,至午尽卅四页。午饭后小休,三时起。独出,乘廿四路北行,在东四九条东口下,走访圣陶。长谈此次赴内蒙东西两部所见所闻,即留其家晚饮。七时,接汉儿电话,知明日即行返乡,今在小雅宝候谈,遂匆匆辞圣陶归。其孙大奎送予至九条车站而别。到家时汉儿正与锴、镇、鉴及元孙等在看电视,予因与伊等且看且谈。近十一时,伊等归去。予亦就寝。

10 月 3 日(八月廿四日　己巳)星期二

阴,有微雨,仍透凉。

晨五时廿分起。八时阅政协文史资料研究委员会送来之两年工作报告草稿,并写信提出意见。原件寄还之。午饭后小睡,三时起。天晴矣。因独出散闷,乘廿四路至方巾巷,换十路到南樱桃园,换五路到天桥,又换六路无轨到东单,复转廿四路返禄米仓,走归未久即晚饭。

雪英来。文权、澐儿来。因开看电视,又坏矣。只得闲谈。九时后,雪、权、澐皆去。予亦就寝。

10 月 4 日 (八月廿五日　庚午) 星期三

阴森。

晨五时一刻起。九时许,颉刚见过,出公函(为元善先人式之先生坟地保护等事致苏州市人委函,俞、叶、顾及予署名。)相属,平伯、圣陶、颉刚俱已签印,予乃加签备寄。适湜儿自乡假归,即出理发,因交伊挂号寄苏,并将挂号据及信底邮致元善。近午,天晴,有风。颉刚谈移时去。以所藏甪直保圣寺唐塑一览册相赠,并附识语叙其殷氏夫人,由予作伐经过甚悉,于以见我两人之风宜,弥可珍也。

午饭后小休。二时,偕湜儿出,乘廿四路北去,在文化部前转一路无轨到北海,再转五路至西华门访乃乾。谈至三时,邀乃乾同往琉璃厂富晋书社及来薰阁一看。在来薰阁较久,与其主事者王子霖谈。五时返,乘十四路(去时亦乘此路)回六部口,走至石碑胡同,与乃乾别。予父子乘十路东行,在东单转廿四路归于家。

晚饭后,琴媳即归。佩媳傍晚来省,七时前归去。未及与琴晤。接润儿二日来信,知予廿九日去信尚未收到也。朱振明君曾约晚间来修电视,俟至九时半未来。许妈今日下午休息,亦未归来。十时顷,予乃就寝。

10 月 5 日（八月廿六日　辛未）星期四

晴，凉。

晨五时一刻起。广播新闻报道浙江沿海突受台风暴雨侵袭，风力高达十二级以上，详情虽未得悉，灾况必已严重。际兹秋稼登场之候，在盛产稻米之乡，罹此飞灾则祸害可想，不禁心震。湜儿以臀部患癣，今晨八时往鼓楼皮肤病医院就诊，十一时乃还。给药嘱勤洗勤敷而已。

写信分复清、汉、润、滋（汉顷有信告安抵）。藏云见过，长谈至十一时半乃行。朱振明九时后来为予修好电视。

午后小休，三时起。湜往历史博物馆参观，顺为予投邮，并购物。五时许归。濬、权亦至，六时后同晚餐。七时同看电视，苏联影片《夏伯阳》。九时半完。权、濬归去。予等亦各就寝。

10 月 6 日（八月廿七日　壬申）星期五

晴，和。

晨五时半起。七时五十分偕湜儿出，东迎濬儿，行至大雅宝城豁口始遇之。乃南走建国门，乘九路车到方巾巷，转十一路无轨，赴西直门，再换卅二路到颐和园，然后在卅三路站候车往香山。乃在西直门上车时，遭遇顽梗，乘客已深感不快，卅三路站候车者较西直门排队尤长出数倍，不得已，在宫门前雇得出租小汽车，直赴静宜园，以车型小，得绕出玉泉之南。十馀年来，予赴香山数矣，今乃第一次道出玉泉山之南麓耳。到静宜园已十时四十分，游人倍增，想系国庆馀波，恐急切不得食，乃径趋香山饭店红叶食堂，坐待至十一时开放。食客涌进，几无隙地，予等幸先占坐，乃从容获餐。

然亦促迫不舒甚矣。

　　饭后北行,登琉璃塔趺台小憩。继过见心斋,巡行一周,乃过眼镜湖。出静宜园便门,入瞻碧云寺,在水泉院茶座啜茗。坐至二时起行,参观孙中山纪念堂及罗汉堂。然后下山,至停车场候车。逾一刻,卅三路车至,乃登乘以回颐和园,仍转卅二路到动物园,转一路无轨返南小街,再转廿四路归于家。

　　晚饭后看电视,八时许,濬即归去。

　　九时闭机,取汤拭身洗足,易衷衣就卧。

　　琴媳归来,予将入睡矣。

10 月 7 日(八月廿八日　癸酉)星期六

　　晴,和。

　　晨五时廿分起。八时出,乘廿四路往北,在文化部前转一路无轨,直赴北海公园,参加科学院哲学社会科学部中心学习组座谈会。先在琼岛东侧徜徉一回,然后诣庆霄楼开会。九时开始,梓年主席,叔湘、外庐、斗奎等相继发言,仍集中在培干问题。十二时,移席漪澜堂别院聚餐,凡两席,予与梓年、外庐、斗奎、平伯、铁生、厚宣、旭生同席。午后一时四十分散。予乃走访乃乾,谈至三时半行。乘五路转十路及廿四路抵于家。

　　六时晚餐,湜、琴、元、宜、燕同啖饺子。七时看电视。九时就寝。

10 月 8 日(八月廿九日　甲戌　寒露)星期

　　晴,和。

　　晨五时一刻起。七时后,点阅《提要》,抵午完诗文评类一。

升堉、元锴两外孙、佩媳及铿孙九时后先后来。午前，佩、铿即归去。午后，湜儿为予往政协礼堂购物。堉、锴皆去。予乃写信五通，分复胡佳生及清、澄、润、滋四儿。（滋儿今早有信至。）傍晚，湜归，即令以此五函投邮。

夜饭后，看电视。九时即寝。

10 月 9 日（八月三十日　乙亥）星期一

晴间多云，转暖。

晨五时一刻起。六时半，湜儿往鼓楼皮肤医院排队挂号求复诊。予则于七时出，适潜儿来，遂同行。乘廿四路到东单，走往大华路北京医院检查尿糖、血糖，八时即了，顺便预挂十二日上午九时号，届时前往复诊（仍约吴玉丽大夫）。仍走东单，乘廿四路回禄米仓，步归于家。

十时，湜儿自医院归。予复偕潜、湜出，乘廿四路至东单，踱往崇文门国际友人服务部购得点心、饼干各半斤。然后乘三路到南河沿就食于文化俱乐部。晤平伯、绹伯、征燠等。为时尚早（未及十一时），人已挤满，菜牌品色且多抹去者，足征家食维艰，就餐于外者之多矣。

十二时半，食毕离部，仍循原路归。小休，三时起。潜归去。予四时半即具晚餐，以今晚六时半前须到人民大会堂参加辛亥革命五十周年纪念大会，约五时半老赵即驾车来接也。五时卅五分车来，冠英、平伯都已先乘，遂同诣麻线胡同接其芳，直赴大会堂。遇叔平，遂同入。冠英与叔平坐中一区十八排，予与其芳、平伯则坐二十排，（其芳一号，平伯三号，予五号。）颉刚、元善、文中即在予等后一排。七时开始，刘主席以次国家领导人咸集，大会即由周总理主持，并先讲话。继由董副主席讲话,后由何香凝代表各民主党派、无党派民主人士及工商界讲话。八时半休息。九时,文艺演出。先为中央乐团、广播乐团、民族乐团合组之大合唱,继为中国戏曲学校实验京剧团之《八仙过海》。此剧自昆剧脱化,偏重武工,开打花式极繁富,近日趋势使然也。十时一刻完。仍由老赵挨次送归。

比到家,已将十一时,少坐,略进点心,近十二时乃寝。

10 月 10 日 (九月　小建戊戌　丙子朔) 星期二

阴凉。下午时有细雨

晨六时起。湜儿于四时三刻冲黎明赶火车。

八时后,续点《提要》,至十时点毕诗文评类二。目昏心烦,遂出散步。乘廿四路北至东直门大街,转七路无轨,到北海公园后门入园。信行北岸,在五龙亭欲附渡船南诣漪澜堂,乃久久不开,只索循西岸南行,出阳泽门,复度金鳌玉蛛桥而东,乘一路无轨回南小街,再换廿四路归。已将十二时。即饭。

接士敩八日信,知清事仍未定。

午后小睡。三时许,雪村见过,亦携士敩同时所发信相示。遂与闲谈。天亦微雨,五时许,雨稍止,雪村辞归。元孙昨日去朝阳医院检查,据云肝脏等无病,恐系蛔虫作祟,今晨空腹服药,傍晚归来云不甚感觉,晚饭乃稍见香云。夜饭啖饼。七时后,看电视《长虹号起义》。十时就寝。

接漱、润八日信。

10 月 11 日 (九月初二日　丁丑) 星期三

阴雨。加凉。

晨四时醒,倚枕看听两杂谈,及五时一刻起。七时写信,复漱、润两儿。

八时后,续点《提要》诗文评类存目,至午后一时毕之。时云开日出,风起气冷矣。继为平伯看《词选》注续稿,抵晚看完五十二页。

夜饭。看电视。朱继文来谈,佩媳亦至,以食物一小匣托伊带与滋儿。谈次知亦秀近由神池返京云。九时许,继文去。有顷,佩媳亦返三里屯。又有顷,琴媳归。鉴孙夜饭后来,即留宿西屋中。

十时就寝。

10 月 12 日（九月初三日　戊寅）星期四

晴,薄寒矣。

晨五时半起。六时半,鉴孙赴校。八时,潏儿来。少顷,遂偕以同出,乘廿四路到东单,穿行公园,径诣北京医院候诊。九时十分,由吴玉丽大夫接诊。血糖、尿糖据检查结果又略有增加,血压则渐趋正常。除萝芙木仍用外,其它加服甲硫氨基酸片。十时离院。与潏偕行于正义路公园,且休且走,至十时五十分,诣文化俱乐部午餐。十二时归。

小休至下午二时,复偕潏出,同乘廿四路转九路无轨往北海,予再转五路往西华门访乃乾。潏则转一路无轨往政协礼堂购物。予晤乃乾,即将前属阅看之《明经世文编》篇目卡片还之。谈至四时廿分起行。乘五路至南长街南口,转十路到御河桥,步入俱乐部。则元孙已在,盖伊打下蛔虫后颇思食,请予在彼同晚餐,由放学后径在俱乐部相候也。五时四十分餐毕。即挈元乘三路到东单,转廿四路归家。

七时,晓先来访。有顷,湜儿归。盖明日须复诊,故请假返。明日下午即遄返工次也。

八时许,雪英、士秋来,知士秋毕业后分配在南京。日内即将南行,特来告辞。聚谈至九时半,晓、雪、秋辞归。潘儿购物后当来告,至晚九时未见来,适琴媳归,乃属往视之,良久返言,潘径归其家,因文权不适,遂未来云。然予耽念白费耳。

十时就寝。

10 月 13 日(九月初四日　己卯)星期五

晴,凉。

晨五时一刻起。六时半,湜儿即往鼓楼皮肤医院复诊。盖必早去挂号,乃得及时诊治也。七时后,予续看平伯《词选》稿,抵午后一时,又读完五十馀页,存此者已全毕,惟梦窗词尚只开端,想续稿当犹不鲜耳。

湜儿十一时许归,即同饭,十二时五十分去,又往永定门登车返安定站上村矣。此当须俟用药完后再入城,或竟至廿一左右再归云。

下午一时后,予小睡,三时乃起。抽架上榆生所选《近三百年名家词》读之。四时后,接琴媳电话,谓元孙放学后将约伊看电影,不必候同吃夜饭。

六时,独进夜餐。七时看电视。九时半毕,琴与元亦归。予即就寝。

以偶啖柿两枚,夜起如厕者三次。予腹不习果亦乃尔。

10 月 14 日(九月初五日　庚辰)星期六

阴间昙,仍凉。

晨五时半起。七时续点《提要·集部》词曲类一，至十时尽四十五页。偶翻旧帙，见夏慧远前柬两绝，因步韵和之。

兰契鸥盟一揽收，非同一餐独登楼。

新来一事更堪说，暨水胥山共一州。

（江阴原属常州府，今制划隶苏州专区矣。）

慧心远照透毫巅，分擘瑶笺各耀然。

白首相看皆未老，会宣馀力不言钱。

附识云：辛丑桂月偶集乡人登琼岛揽翠轩赏秋，江阴夏君慧远赋两绝示同游。

原作云：

满湖秋色望中收，敢喻元龙百尺楼。

不逊秣陵烟月好，六朝相埒是幽州。

健步呼登白塔巅，梨甘茗苦各陶然。

不烦诗律推敲细，更有先生挂杖钱。

同邑章君彦驯继声，因步韵和之，分呈吟致。

午后小睡，二时即起。漫步遣闷，遂乘廿四路北至九条下，走访圣陶，到门适其阁人老高骑车出，谓甫出赴会。怅然去之。西走张自忠路，乘四路环行至北海后门，循东岸南行，度陟山、积翠两桥，出南门，乘一路无轨到北池子，转三路往东单，复转廿四路回家。

元孙下午无课早归。琴媳傍晚亦归，七时乃共进夜饭。饭后看电视。濬儿、升埫、元镇、元鉴先后来。九时前皆去。予则十时乃就寝。

10 月 15 日（九月初六日　辛巳）**星期**

阴，凉。午后晴。

晨五时四十分起。八时续点词曲类一,至午毕之,并及其二之前四页。饭后小休,二时即起。承前点词曲类提要,无几便罢。闭目静坐久之。夜饭后,亦秀来访,与谈至八时。农祥亦至,复谈至九时,伊伉俪偕去。予亦就寝。

亦秀十八日即返山西神池云。

接润儿十三晨复予八日去信。

10 月 16 日 (九月初七日　壬午) 星期一

阴,深凉。

凌晨三时半,睡中下泄沾裤,亟起如厕,取水拭秽,易干裤。返床后不敢入睡,果于四时、五时皆起泄。六时起,又泄。琴媳知之,劝服 SG,仍进煨白薯,牛乳则暂止饮。七时半又泄,但皆不痛,惟操动彭亨而已。

十时,雪英、士秋来,因同出,乘廿四路转十路,到南河沿,径诣文化俱乐部午餐。有顷,晓先亦至,盖士秋即将去南京就医务工作。予约其偕同父母在彼小酌也。十二时半行。晓等父女去王府井购物,予则乘三路转廿四路径归。时日光微露,似有晴意。

到家后,琴媳亦归来省予。时予又泄一次,即就床小睡,二时起。续点《提要》词曲类二,至夜毕之。夜饭后,又泄一次。时又云起作阴矣。九时就寝。宜孙左臂忽不能举,抚之则哭,询之李妈,谓亦不知,明明抱出不慎,轧痛或穿衣捩痛所致。适琴媳早归,抱出找人治疗,但终须明日就医矣。

10 月 17 日 (九月初八日　癸未) 星期二

阴,时有细雨,气凉而不甚爽。

　　晨五时半起。泄泻已止。七时至九时，续点《提要》词曲类存目二十页。即起行，信步乘廿四路到东单，走至苏州胡同口转乘六路无轨到天桥，诣自然博物馆入览。遍历古生物陈列室及动植物陈列室各二，凡五室。十一时乃返。仍乘六路转廿四路行。十二时进烩饼，昨所食馀也。

　　午后小寝，二时即起。三时后，研因见过，长谈。有顷，农祥至。旋得圣陶电话，知亦秀在其家，约五时同会于森隆。农祥因即去八条，予与研因谈至四时半，起行。以车挤，只索步行而往。比到森隆，径登三楼，则元善、颉刚夫妇已先在坐。有顷，平伯、慧远、圣陶、农祥、亦秀、叔文陆续至。轶尘、琢如、乃乾、万里皆未到，闻万里近患中风云。六时入席，凡十一人。七时半毕。各散。予与平伯乘圣陶车，行至禄米仓西口下车步归。

　　八时开电视看之，适为张君秋之《秋瑾传》，十时乃毕。琴媳亦已早归矣。十时半就寝。随抽架上书《张文襄年谱》阅之。逾时乃入睡。

10 月 18 日（九月初九日　甲申　重阳节）星期三

　　阴森，薄寒。

　　晨五时一刻即起，开灯穿衣。七时后，录和夏诗备分寄平伯、圣陶，且录送元善，未及发，而平伯见过，以《词选》尾稿委看。谈至十时后去。予即以写好诗稿交请指正。十一时分封叶、章两函发寄。（章函投邮，叶函交琴媳带社。）

　　接润儿十六函，附复湜信及笙伯信。午后未休，即写复润儿信，并前信答之，兼附两笺，复笙伯。旋续点《提要》，至四时半，毕词曲类存目。于是，全部二百卷点读卒业矣。溯自去年十二月十五日（庚子十月二十七日）始阅，十月有馀，乃克读毕。忆昔在涵芬楼佣书时，曾以业馀时间即粤刻本点阅一过，首尾达三年之久。倭犯淞沪，毁于燹。近岁患白内障，不任阅细字，且翻书稍多，即头晕，选注之业遂寝。端居无聊，聊复取新置粤本，随翻随加朱点句，虽作辍靡恒，亦既再告克终，深用自慰。他日如能出版，将陈明本所当局作为所中工作，庶少尸素餐之憾乎？四时许，潇儿来借报，未几即去，文权身体欠安云。

夜饭后看电视。八时后即闭机取汤拭身洗足，易衰衣就寝。九时后琴媳归。

10 月 19 日（九月初十 乙酉）星期四

阴，午后微晴，有风，加冷矣。

晨五时半起。看平伯《词选》尾稿。九时半出，乘廿四路北行，至东直门街换七路无轨到北海后门入园，循东岸行，以初寒，游人殊稀。风起林末，大有萧瑟之感矣。徐步出前门，乘一路无轨到北池子，转三路往南河沿文化俱乐部，正十一时，遂占坐午餐焉。遇杨荫浏、陈达、张绸伯。十二时毕。乘三路到地安门，再转五路往西华门访乃乾。谈至三时，起行。乘五路到中山公园，转十路至东单，复换廿四路回禄米仓，步归于家。

四时半，潇儿来，谓自政协礼堂为予购得苹果、茶叶，少停即归去。夜饭后，看电视，九时即寝。

晚接清儿十七日信，知工作虽仍悬宕，而户口则已报进，亦解决部分问题矣。琴媳九时半返。

10 月 20 日（九月十一日 丙戌）星期五

阴，细雨延绵。

晨五时三刻起。琴媳有同事回沪,因托带润儿需用之物。九时,续看平伯词选尾稿,十一时毕之。

午饭后,佩媳来省,予适接滋儿十六日信,仍未有调整工作之讯。相对黯然。一时三刻,佩上班去。予为不怡久之。三时出《通鉴补正·汉纪廿三》续点之,回溯前卷之终(本年四月),忽忽已拒半载矣。抵晚尽十六页。

夜饭后,潗儿来。琴媳亦归饭。七时半看电视,八时潗去。予亦停看。八时四十分就寝。以骤冷,不任久坐也。

10 月 21 日(九月十二日　丁亥)星期六

阴雨延绵。气类初冬。

晨六时乃起。近日难得之事也。八时廿分,冒濛雨出,乘廿四路北行,车中遇徐寿龄。后在文化部前转一路无轨到北海下车,遇独健,遂偕登庆霄楼参加科学院哲学社会科学部中心学习组座谈会。是日,各研究所皆有人到,凡二十人。仍由梓年主持。晤李俨、平伯、旭生、叔湘、厚宣、崇岐、家升、声树等。所谈仍为培干问题。惟知自然科学、历史研究室已划归社会科学部领导,则近闻也。十二时仍群集漪澜堂东院仿膳别室聚餐。仍列两席。予与平伯、崇岐、李俨等同席。一时散,即与平伯乘一路无轨东归。予到南小街,再转廿四路南行,至禄米仓下,步归于家。

二时后,写信三通,分复清、润、滋。五时许,湜儿归,负其所种白薯(例应分得若干斤)为献。因令持此三信出投邮。

夜饭后看电视。予八时三刻即就寝。

是日续点《通鉴补正·汉纪廿三》毕,竟接灯。

10 月 22 日（九月十三日　戊子）星期

晴。薄寒。夜月色好。

晨五时半起。九时许，锴、镇、鉴三外孙及韵启先后来。适琴媳往街道服务站唤来黑白活匠一人，为南北屋安装火炉，以烟筒短缺，就和使用，东西屋竟付暂搁，不识登记后究能配到多少？如仍同去年一样，则东西两屋不免受冻矣。奈何，又材料不凑手则工作进行必感困难。今日装炉，湜儿及三外孙协同办理，仅乃完成，脱不雇工专司其事，竟办不成。午间与韵启及家人等共啖白薯菜饭，纵无肴馔，亦甚酣也。饭后，与韵启等纵谈至二时。予即出乘廿四路到朝阳门大街，转十二路无轨至沙滩，再换八路抵南河沿，径诣文化俱乐部参加昆曲研习社同期，晤平伯、圣陶、元善、南青、万里、乃乾、剑侯等。万里疾瘳且居然与南青合唱《问探》一出，甚喜。老友之得庆无恙也。五时曲终，与乃乾过食堂谋晚餐，而坐席已占满，且柜上又排成长龙矣。怅然而行，即与乃乾别，便乘三路至东单，转廿四路径归。

夜饭后看电视，未终即寝。

湜儿挈元孙下午偕三外孙去卢家，夜饭后乃还。

10 月 23 日（九月十四日　己丑　霜降）星期一

晴，和。夜月甚姣。

晨五时一刻起。六时半，与湜儿偕出，乘廿四路北至东直门街，转七路无轨到西直门，再换卅二路去颐和园，又转卅三路去香山。展转耽阁，比到静宜园，已九时十分，即由盘道多折而上，过仙掌石茂荫夹道，森然不见所谓红叶者，不知即十八盘否？在一敞亭废址上坐休良久，竟未见有第三人至。亦可谓静之至矣。旋起行，转至阆风亭折而下,至玉华山庄始得瀹茗,仰观则满山红叶,披盖峰峦,虽霜醉未透,稍逊往岁,而较之他处,仍不失壮观耳。欣赏久之,至十一时下山,过香山饭店红叶村午餐。餐已,正十二时,乃循路北行,仍与本月六日相同,憩琉璃塔见心斋,茶于碧云寺水泉院。湜儿独登金刚宝座闲眺。良久乃与同过大殿及菩萨殿。随喜而出,至山门口遇伯钧,立谈片晌而别。走至香山停车场,稍待,即乘卅三路返颐和园,转卅二路返动物园,又转一路无轨入阜成门直达朝内南小街,再换廿四路南返禄米仓,走归于家已五时矣。

夜饭后,湜儿往三里屯省滋家,九时半还。予已就寝。

是日始御厚裤,备越冬。

10 月 24 日(九月十五日　庚寅)星期二

阴霾,寒恻恻。

晨三时即醒。湜儿四时起,四时三刻犯霜出,径诣永定门车站,返安定,犹未黎明也。予倚思默思,旋复入睡,六时乃起。七时,点阅《通鉴补正·汉纪二十四》,九时半毕之。天阴幽暗,看书目昏,乃披氅出,乘廿四路至东单,转六路无轨到前门外珠市口下,再换四路无轨到牛街,略一徘徊,十路车由南来,乃复乘之回到东单,方拟仍附廿四路返禄米仓。乃见电杆上揭有临时通告,谓自今日起,配合外交部街到禄米仓一段修路,去东直门车暂改道,东四至南行线则仍旧云。遂乘以绕道至南小街北口,再转入廿四路南线返家。到门已十一时。

知潽儿曾来,不及待,即归去。言明日亦不能来。滋儿汇款五十元作家用已到,即电话知照佩媳来取。四时半取去。午饭后,潽又来,自承为予往政协礼堂购物,并取号在彼晚餐,乃临走忘带证件,予恐其碰壁(瀋即返)即追踪往,至则已三时,菜牌俱抹去,只有素面而已。电话致家,嘱许妈转告瀋,可不必再来,而回话谓,又走出,乃定素面两份,自购物又瀹茗,以待之。有顷,果来。韫庄亦至。三人坐谈至四时,韫庄先行。五时许,予与瀋乃诣食堂食面。遇平伯、绚伯。又在四时前晤元善及允檀。食已即行,走白塔寺前乘一路无轨到南小街,再转廿四路归家。

瀋送予抵家,即归去。未及六时半也。七时后,开看电视,李忆兰等演出之评剧《芦花河》。九时毕,即寝。

10 月 25 日(九月十六日　辛卯)星期三

阴,冷,下午微见日光。

晨五时半起。七时写贺节片,寄苏联科学院亚洲人民学研究所越特金,即属琴媳携出付邮。想十月革命节前能收到也。旋写三信,寄顾起潜、润、淑两儿,均寄润分转。十时乃毕。越十分,独出投邮,即乘廿四路至方巾巷,转十路到天安门下,还走南河沿就食于文化俱乐部。遇李蒸、陈达。十一时半即罢。复乘三路至地安门,转五路到西华门访乃乾。伊家正午饭也。谈至下午二时十分,辞出。乘五路到前门,转七路径达丰盛胡同,走赴政协礼堂,登三楼视瀋儿到未,竟未之见。予即下二楼,诣中央休息室参加本会文教组座谈会。晤愈之、云彬、叔湘、从文、研因、均正、彬然、楚波、一波等。愈之主席,略作上半年本组工作报告,及今后活动计划,旋请梁思成讲内蒙观感,从天说到地,从地说到人,生动活泼,有色有声,直至五时一刻始已,娓娓不倦,真粲莲妙舌也。散会后,复上三楼会瀋儿。韫庄乃与云彬同入食堂晚餐。四人共一席,六时毕,分道各归。予与瀋仍乘一路无轨转廿四路归小雅宝。少坐,瀋即归去。未几,雨作,琴珠九时雨中归。

接漱、润廿三信,附有专致湜儿者。十时就寝。

10 月 26 日（九月十七日　壬辰）星期四

雾,禺中开霁,向午晴,微寒如昨。

晨四时醒。五时半起。七时写信与湜儿,转漱、润函去。并附致农祥两纸,又书复漱儿。九时许,雪村见过,谈至十时半去。午后二时出散步,乘廿四路到方巾巷,转一路至中山公园,参观菊展（唐花坞）及大丽花（即西番莲,标示竟作大理花,在省牲亭）展,两处皆具体而微。不多时即行。出园西门,乘五路至地安门转七路无轨至东直门南小街,再转廿四路还。到家正五时。

看《说文诂林》草部数篆。夜饭后,琴媳即归。看电视至八时半,即寝。

10 月 27 日（九月十八日　癸巳）星期五

阴,晨有浓雾,午后西北风劲,颇冷。傍晚曾有细雨。

晨四时醒。五时,琴媳出门去教育部集合,赴安定农场临时劳动。予为门声所震,亦遂起。其时天尚未大明也。未几,元孙亦起。六时后,两妈始起,元孙草草得食后,即赴校。予即摊书续看《说文诂林》草部。至十时许,潜儿始来,乃收书起。相将出,乘廿四路到方巾巷,转一路西去,直达公主坟,再转卅八路到翠微路文化学院原址,中华书局新迁之地,访问云彬及晓先。先遇彬然,旋由吴翙如①导往一区四号宋家,晤云彬夫人。未几,云彬自办公处

---

①应为吴翿如,下同。

所归,晤谈至十一时半,予偕潌儿过商场惠丰堂午饭,尚好。饭后复返中华,云彬已迎来,遂同往西北楼丁家晤晓先、雪英伉俪。谈至一时半,潌儿先行,前往政协礼堂购物,且持号待晚餐。予则同云彬、晓先诣其办公大楼,先在古代史组小坐,旋过文学组晤调孚及元珠,既而调孚导往图书馆及影印组,晤高谊、树春。然后入书库晤绍华,复在书库纵览文化学院移交之籍,并取得原存文化学院图书馆藏诗词目各一册。三时出,遇达人、灿然、彬然,承灿然厚意,附其车入城,先送彬然,再送予到家。

四时十分,复出,乘廿四路、十路、七路诣政协礼堂会潌儿,共入食堂晚餐。遇平伯伉俪及绡伯、耕虞、力子、学文。五时三刻即毕。步至白塔寺乘一路无轨转廿四路归。

坐定,汉儿自通县葛渠假归,即具饭饭之。饭后看电视。七时三刻,潌、汉皆归去。八时半,予亦闭机记日记。有顷,琴媳乃归。询知竟日弯腰拔葱,颇劳累,即令回房早息。

九时半就寝。窗外风犹作吼也。

10 月 28 日(九月十九日 甲午)星期六

北风劲,晴,冷。

晨四时半醒,五时一刻起。七时点阅《通鉴补正》汉成帝纪,十时许毕。潌儿来,为予往北京医院取药及下月营养证。十一时,汉儿来。有顷,潌亦归来,因共进午饭。饭后,潌缝衣,予与汉儿各写信与清、润,至四时许,汉出寄信,顺访章家。写信前,汉曾往后炒面胡同十三号田明家取物。盖润儿在沪托便带京,而适接田家电话知照故。五时,潌儿归去。有顷,锴、鉴两孙至,因属锴为予修电灯。琴媳归饭。

夜饭后,镇孙亦至。开看电视。权、潗复来,至九时许,潗、汉等皆去。予乃就寝。

10 月 29 日(九月二十日　乙未)星期

晴,始寒。初见薄冰。

晨四时醒,五时听广播新闻后,复入睡。六时半乃起。近日例外也。九时许,基孙来。有顷,堉孙亦来,知贵阳丰收,其家有信见告。户口定粮均有增加,亦可喜之讯也。并知堉明晨即由校派往门头沟劳动一月,因须准备行装,即返校。基则留此共面。盖今日为湜儿生日也。饭后基即去。琴媳午前去三里屯滋家看佩媳及铿孙,近午乃归。

午后,摊书续点《段注说文》艸部,并仍参考《诂林》,抵暮仅毕五六篆。夜与琴媳及元、宜、燕三孙共饭。饭后,八时许,汉儿来。止宿。

九时就寝。

10 月 30 日(九月廿一日　丙申)星期一

晴,薄寒。

晨四时半醒,五时一刻听毕广播新闻后,复入睡。六时四十分始起。七时三刻,潗儿来。八时,予即偕潗、汉两儿出,乘廿四路到方巾巷,转十路西行,在南河沿下,见政协组织去香山看红叶之大轿车六辆已停在文化俱乐部门口。予与汉儿即登第二号车,令潗儿入部缴费办手续。有顷,始亦登车。盖今日天气好,参加之委员多且大都携眷属,于是并工作人员数之同行者几三百人也。九时开车,出复兴门,绕由木樨地、甘家口等处,转入卅二路线,经颐和园后青龙桥,径赴香山。以桥北车路发生故障,遂转由玉泉山前行,乃路窄车阻,耽阁至十时一刻方到静宜园大门。先往双清别墅小憩,旋由听法松前石级下,径赴香山饭店待饭。十二时就餐,与颉刚伉俪、阜西伉俪、绚伯、潜、汉两儿及不知姓名之夫妇同席。饭后,与阜西伉俪、汉达伉俪、均正伉俪、绚伯、世鹤伉俪同游琉璃塔、见心斋、眼镜湖,直至碧云寺,茶憩于水泉院。遇元善伉俪。三时半仍穿行静宜园至园门前,仍乘二号车待至坐满,即开行。于是,二号乃先行矣。四时半,经东华门,予与潜、汉下,转三路北往北池子北口,汉即归去,潜则陪予转九路无轨东至南小街,再转廿四路南归。到家已五时十分。潜未几即行。

六时一刻,予命煮挂面代餐。餐后抽笔记本日所历,忆在车中及园中晤及之熟人不少,尚有叔湘伉俪、西谛夫人、从文父女等。

晚八时,韵启见过告辞,明晨即去莫斯科矣。

九时,琴媳归,传言汉儿今晚不来,明晨来此后,动身去葛渠云。

九时半就寝。两起溲,睡不甚稳。

10 月 31 日（九月廿二日 丁酉）星期二

晴,较和。

晨四时醒,五时一刻起。整治拂拭,七时始定。昨日在水泉院茗坐,元善赋一绝,属和,今即用其原韵和之云:

> 西山红叶报秋深,出郭寻芳胜艳春。
>
> 君笔凌云尤健羡,相看忘老此吟身。

按:春、身皆在上平十一真,深则在下平十二侵,时本或可通,予亦漫和之尔。

午后写信两封,分寄润、滋两儿。二时许出投邮。随乘廿四路到东单,换乘三路到广渠门,略一徘徊,道路宽广,城关旧貌已不可复寻。数年之间,进步不可量如此乎!有顷,乘廿三路西行,直达虎坊桥,复转十四路北行,径达德胜门,再转五路东南行,到地安门,换三路东南到王府井南口,转二路无轨北至东安市场,已四时三刻,即入和平画店书法金石部,略为瞻视,皆近人作品。五时十分,径诣东来顺,直上三楼,询知元善所定房间在二楼,乃就之。则元善、颉刚、万里已在。有顷,平伯、圣陶、满子、慧远、静秋、研因、季文、叔衡、琢如、乃乾皆至,凡十四人,共一席。丰腴之至,诚盛馔矣。八时半始罢。离东来顺后,与琢如、圣陶、满子、颉刚、静秋走金鱼胡同东出米市大街,予与琢如乘廿四路到南小街,琢如归去。予复在北小街再转廿四路南归。琴等皆归久矣。

接润儿廿九日信、农祥三十日信。坐至十时始就寝。以过饱故。

11月1日（九月廿三日　戊戌）星期三

阴雨。

晨五时二十分起。八时后,写信复润儿,分十一项详示家中情况,竟六纸。午后命李妈去东单邮局取清儿寄回之行李袋,顺便付邮。四时,李归,谓邮局看户口本,无其名,坚不付,只得再令许妈往取,徒多往返,太不能灵活执行矣。

四时前,濬儿来此,一转即去。予无聊,展《通鉴补正·汉纪廿五》残卷点阅之,垂暮而毕。夜饭后,琴媳即归。七时看电视,八时半即完。九时就寝。

11 月 2 日（九月廿四日　己亥）星期四

初阴，旋霁，午后晴。气乃加冷。

晨五时半起。午前点毕《通鉴补正·汉纪廿六》。

潏儿九时来，谓徒走一趟，床尚未喷漆也。接活者不顾信用，似于现时代不相容。然而竟如此又如之何哉！午饭后，潏归去。

佩媳来，近二时上班去。续点《说文》段注艸部数篆，仍参看《诂林》。四时出，乘廿四路到东单，转十路赴中山公园，略一徘徊便出，缓步东行。五时到文化俱乐部就餐。遇渭川、方白、震东。六时返，乘三路到北池子，转一路无轨至北小街，再候廿四路南行。立廿分钟，过五辆车，均挤住不得上，乃拂袖步归。到家，元孙等已夜饭毕。有顷，琴媳亦归。

九时就寝。

琴媳在南屋为予取更冬秋服，十时半后乃息云。

11 月 3 日（九月廿五日　庚子）星期五

晴，寒。晨有大雾，思笼火矣。

早五时醒，越半时起。七时后，续阅《通鉴补正》，至十一时毕《汉纪廿七》。接文化部范菁华电话，谓润华有物托带，可往取。即令李妈持条往，而润一日晨发之信亦适至，知为熏青豆及汤精块。良久，李妈归，果如所言。午间即以汤精试煮面条，尚不差。盖久馋之口稍有荤味（肉有胡椒味）便尔朵颐耳。即写信复告润儿。

下午二时半出，乘廿四路到方巾巷南口，转一路到西单，再转二路无轨往西郊动物园。历览熊猫、河马、犀牛、长颈鹿、爬虫等四五馆。即由畅观楼东侧绕至大门,乘七路入西直门,径达沟沿丰盛胡同,步往政协礼堂,登三楼晤濬儿(预期会此)。时已四时三刻,少坐即入食堂晚餐。餐时遇渭川、震东、孝通、绚伯、觉农等。五时半行,走白塔寺乘一路无轨东行,讵所乘为加车,到北池子即止。乃下车再待后至者,始乘以达南小街,再转廿四路归于家。时琴媳已归,方与元孙等进晚饭。

七时半,濬归去。九时就寝。

11 月 4 日(九月廿六日　辛丑)星期六

晴,冷。

晨三时即醒,五时后复入睡,六时半乃起。八时十分出,乘廿四路转十路到王府井,走北京饭店,参加科学院哲学社会科学部中心学习组座谈会。到廿五人,梓年主席。讨论问题集中在苏共廿二全代会赫鲁晓夫之言行。导生、斗奎、友渔等人发言尤多,而且锐,大都不直其所为。叔湘、平伯、颉刚皆会,十二时散,即旁厅聚餐,凡三席,午后一时半罢。予乘三路北行,在北池子换一路无轨,东至南小街,转廿四路南归。到家后,为渭川及内蒙古大学莫美涛所问查书备答。

元孙午后无课,三时前即归。琴媳亦于六时半归。因共夜饭。饭后看电视,《碧空雄师》影片,八时三刻即完。九时,湜儿归,谓等候车辆、等候理发延至此刻,方在外晚餐后始归云。许妈午后假归,亦晚九时乃来。九时三刻就寝。

11 月 5 日(九月廿七日　壬寅)星期

晴,冷。

晨四时醒,六时起。九时,晓先来访,告已得领导知照摘去右派帽子矣。予祝其更新,饭而后行。予上午写信致渭川,告《孝经》退兵故事。下午写信复莫美涛,告《史通》申左两事。又写信分复敫、清及润儿(今早又有信至)。

混儿挈元、宜两孙往游北海。

琴媳为予往政协礼堂买果物。六时后,琴、混等皆归,遂共进夜饭。饭后看电视。农祥来访。混往三里屯看佩媳及铿孙。八时半,农祥辞去。有顷,混儿亦归。

今日电视转播空军政治部文工团在民族文化宫演出之阿尔巴尼亚话剧《渔人之家》,十时半始毕。予看毕乃就寝。

混儿带归上月廿九滋与佩信,晚上又接澄儿上月廿八日贵阳信。知滋儿工作未有新的措置。澄儿家则颇安好云。

11 月 6 日 (九月廿八日　癸卯) 星期一

晴,冷如昨。

晨六时半起。竟日未出,上午九时汉儿来。有顷,潜儿亦取得付漆之铁床至,乃由潜、汉、混三儿通力合作,彻底扫除原装西屋之板床,撤入杂作间。以予原用大床移入西屋,然后取新漆之床敷设北屋东间卧室中。且将原设家具略加重整,别予位置,三人碌碌至午,始得粗毕。两妪仅执爨抱孩而已。

午饭后,中华书局文学组赵元珠、吴翊如来访,以注释数十条就商取决。抵暮始辞去。颇惫矣。

夜饭后,潜、汉皆归去。予取汤濯身洗足,易衷衣(此次易衣已久隔矣)就寝。

11 月 7 日（九月廿九日　甲辰　立冬）星期二

大雾弥漫，近午始略开。午后仍时昙，气仍薄寒。

晨四时醒。湜儿来床前话别。予丁宁再四，于四时三刻乃出门，去永定门，天犹未明也。六时起。八时出，乘廿四路转十路、七路，到赵登禹路，直造政协礼堂第二会议室，参加本会文史资料研究委员会全体会议。九时开始，范仲沄主席，申伯纯作两年来总结报告，及今后进展计划。杨东莼作补充说明，并详介编纂《辛亥革命回忆录》经过。刘斐、邓哲熙、载涛、王家桢、李培基等人先后发言，予坐近章伯钧、吴研因、向觉明、翁独健、陈公培。时一谈话，又偶与刘大年、金灿然、周亚卫、叶景莘等打招呼。十二时散。予与颉刚附东莼车东归。

一时，煮面代餐。餐后，锴孙来省。

接滋儿二日来信，谓十六日接予八日去信后，迄未见续信，下县邮递迟延至此，可怅之至。三时半，权、潘、汉来，谈至五时，与锴皆去。夜饭时，琴媳归共饭。明晨伊即赴安定劳动，须半个月后乃还。予先看电视，不久即闭机就寝。

接润属转汉信。

11 月 8 日（十月　大建己亥　乙巳朔）星期三

晴，寒。西北风甚劲。是日傍晚始笼火取暖。

晨四时醒，依枕看梅兰芳遗稿《戏剧界参加辛亥革命的几件事》（载政协文史资料研究委员会所编《辛亥革命回忆录》第一辑），六时毕之。亟披衣起，天犹未大明也。

七时一刻，潘儿来，乃同往北京医院，空腹受检（抽血及查小便）。乘廿四路往，八时一刻事毕，就院中休息室进所携糇。遇雁冰伉俪，稍谈即行。徐步往天安门广场。适九时乃持柬与瀋偕入革命历史博物馆，先参观辛亥革命文物展览，继参观革命历史博物馆。是日起，在彼特设阿尔巴尼亚图片陈列室，以只招待特宾，未及入览。十时四十分出馆。乘四路到南河沿，步入文化俱乐部午餐。遇张纲伯、李培基、周亚卫、陈达等。十二时即已。乘八路到沙滩，转十二路无轨到南小街，再转廿四路还禄米仓，步归家中。

家人方饭毕。摊书点《段注说文》屮部数篆，仍兼参《诂林》诸说。三时，元珠、翊如来，续商《辛亥革命诗文选》注释数十事。五时乃去。尚有数十事得明日下午再来就商云。所中葛涛同志送布票来，顺致慰问。六时发炉。瀋归去。元、宜孙均自学归，遂与元孙共夜饭。

是日上午九时，琴媳去安定劳动，夜饭后，汉儿、锴孙来，即宿西屋伴热闹。看电视。九时即寝。

11 月 9 日（十月初二日　丙午）星期四

晴，风稍止，仍寒。

晨四时醒，倚枕看章士钊《疏黄帝魂》。六时起，仅毕其半耳，珍闻络绎，殊堪把玩矣。七时，元孙入学，汉儿亦上班去。宜孙继之。至八时，锴孙亦赴廿八中试教矣。予独坐无俚，乃展纸写信，分寄润、滋两儿。正写时，胡雨岩见过，谈至十一时许乃去。予续写，至午始已。

午饭后二时，赵元珠、吴翊如来，续商昨日未完之件。又达五时始了。

友琴五时来长谈。所中意欲予主持编撰《文论长编》，予允力任,而不敢居名。友琴已转达。

六时,潜儿来,为予在政协礼堂买物还,因共夜饭。元锴亦与焉。饭后,汉儿乃来。八时看电视。未几,潜儿归去,即以日间所写两信属顺道投邮。适润儿亦有信至,乃由汉儿作复。予即就寝。知汉写至十二时乃毕云。

11 月 10 日（十月初三日　丁未）星期五

晴,寒。气稍衰,风亦不大。

晨四时醒,倚枕续看《疏黄帝魂》,六时始起。仍未毕也。八时十分,与汉儿偕出,乘廿四路到东单,走往北京医院门诊部。遇旭生及唐弢,略谈。九时十分,由吴玉丽大夫延入诊室,听诊及量血压,知尿糖已无,血糖亦减至不成问题,惟胆固醇仍未见减,血压仍维持前状,尚属正常云。处方添药并加维生素甲、乙一。及回复用烟酸片。出院穿公园,往崇文门,在园内遇徐眉坤,立谈少顷,便诣服务部买点心。因顺道出崇文门,过花市一览。特种工艺品综合商场,遂扬长至羊市口,乃乘三路返行入城,径达南河沿文化俱乐部午餐。遇陈达、周勖成、周亚卫。

十二时离彼,乘三路到北池子北口,换三路无轨直抵西郊动物园。浏览略遍,即在牡丹亭南茶憩。四时起行。在动物园门口乘七路到丰盛胡同西口下,走往政协俱乐部会潜儿。三人共进晚餐。遇俞寰澄、吴世鹤、张绚伯等。六时返,乘一路无轨转廿四路归于家,已将七时矣。

锴等正在看电视,予以积事太多,即伏案处理之。接渭川复信、琴媳安定报到信。十时就寝。

11 月 11 日（十月初四日　戊申）星期六

晴。

晨三时半醒，倚枕续看行岩文，至四时半，毕之。复入睡，六时乃起。七时后，元孙、汉儿、锴孙陆续出。予写信两封，一复琴媳，一寄润儿。至十时一刻始写完，即令李妈持出投邮。

十二时半午饭。以待元孙故，近一时饭毕。元孙仍未至，颇以为念。有顷，始归。盖人教社唤去代其母领煤火费也。即暖菜重具餐焉。

濬儿一时来。下午在家据缝衣机为其子制衣物。薄暮，汉儿、锴孙、文权先后来。六时一刻，佩媳挈铿孙亦来。因与元、宜、燕三孙共进汤饼，藉为润儿三十六岁初度志庆。年华流水，九男亦转瞬中年矣。夜九时，汉归去，偕送佩等同行，将在东单转车云。有顷，权、濬亦去。锴孙夜饭后，往崇外体育馆看排球赛。十一时许乃归。时予已入睡。

11 月 12 日（十月初五日　己酉）星期

多云，午后略见阳光。薄寒。

晨四时醒，六时起。八时半，高谊见访，告已摘除帽子，深为欣慰。谈有顷去。接十日晨润儿信，告十三日将有便人到京，已托带零物，并告或将为搬迁版本图书馆事提前返京一行，果尔，则大慰也。锴孙未出，予与长谈指示不少。夜饭后，汉儿始来，予等看电视转播，荀剧团京剧与舞蹈学校舞蹈合演晚会（在王府大街首都剧场）。芭蕾舞外，有京剧《柜中缘》及《泗州城》，十时半始完。各就寝。

11 月 13 日（十月初六日　庚戌）星期一

阴雨,寒恻。

晨四时醒,六时起。七时,汉出上班,告予今日仍须夜饭后乃来。盖芷芬客死已周年,在家集子女藉念也。予深悲之,即属锴孙亦归,好为之辞。早偕其母住来。新华便人臧有福已抵京,电话来告,即托就近交汉带回。汉适临时劳动外出,由其同事洽办。又接文学所电话,谓科学院有白菜,派到每人可购六斤,嘱即往购取。予适写好一信致琴媳,复伊家中近况。即令李妈前往所中买菜,顺便投邮。

上午点读《通鉴补正·汉纪廿八》毕。正新莽由摄即真矣。潘儿十时半来。午后,潘小睡,予闲翻架书。四时半,潘归去。夜饭后,点《通鉴补正》。八时半,锴孙来,谓其母劳动归去后颇累,今晚不来矣。九时后就寝。

11 月 14 日（十月初七日　辛亥）星期二

阴无风,颇不舒。

晨五时醒,六时起。七时后锴孙、元孙分别赴教就学去。八时后续点《通鉴补正》。午后二时独出,乘廿四路转十路、五路到西华门访乃乾。长谈至暮,因留彼晚饭。饭后八时一刻始行。仍转三次车,绕道东四而归。

抵家时,汉儿、锴孙正在看电视转播昆剧《荆钗记》,十时许毕。因与其母子谈予心境,十一时半乃就寝。以过度奋兴,竟尔失眠。深夜一时后始朦胧入睡。

11 月 15 日（十月初八日　壬子）星期三

阴,有微雨,气不甚冷。

晨五时醒,六时起。七时后,汉、错、元、宜俱出。予乃写信与润儿,盖昨晚接十二来书,谓予五日去信后,迄未见到续信。其实,予已于九日至十二日连去四信矣。因约彼此编号,以便查核。即以伊十二日为第一号,予则顺查前此次序,即以此次复信编为容第三十号。十时,即令李妈持出付邮。不识究否依时递达耳。

下午,续点《通鉴补正》,至五时毕《汉纪三十》。而老赵适放车来接,乃乘以过迓平伯、其芳,同赴绒线胡同四川饭店。晤慧珠正在张罗所内宴客事,予三人径趋院西屋,坐有顷,叔湘、介石、晓铃、从文、圣陶、冠英、棣华、叔平陆续至。七时开筵,又有顷,友琴亦至。谈所编《不怕鬼故事》再版出书事。知将译成十一种外文版行世(英文本已见)。其芳提议致谢参与审阅诸人之意,并仍盼交换意见。且谈且酌,尽欢乃罢。复谈至八时半始散。予与平伯附圣陶车行,仍在禄米仓西口下,步归于家。

抵门,汉儿已归自永定门外工地。三孙已睡。错则出外看电影矣。接澄儿信,汇来五元,为其母冥诞上供之需。又接润儿信,知此间十日去信已收到。

十时半就寝。

11 月 16 日（十月初九日　癸丑）星期四

晴,暖。夜有雨。

晨一时醒,三时后入睡。六时廿分乃起。九时,独出信行,乘廿四路到东单,转一路至西单,步至商场,乘四路环行抵地安门,转三路到南河沿南口，已十一时，即入文化俱乐部午餐。遇陈达、邹秉文。三刻即行。乘三路到东单，换廿四路到六条，再转廿四路南返禄米仓，走归家中已十二时半。

澄儿三日未来，予出外时曾留条，属伊为澄取款，乃竟未至。诚旷阔哉！

午后写信复润儿，编容卅一号。点读《通鉴补正·汉纪卅一》。

汉儿傍晚自工地径来。锴孙亦为予自政协礼堂购物归。元孙亦自学归。遂共进夜饭。饭后看电视转播北京舞蹈学校在首都剧场演出芭蕾舞《天鹅湖》。澄儿乃来同看。

九时，澄去。十时半，电视毕，予亦就寝。

11 月 17 日（十月初十　甲寅）星期五

雾，阴，午后晴，入夜雨。气暖如昨。

晨五时即醒，六时起。八时写容卅二号信寄润儿。汉儿连日操劳，腰酸难支，今日属伊休息，因于十时廿分与之同出，乘廿四路转十路往文化俱乐部午饭。

十二时离食堂，乘三路到地安门，转十一路无轨到西直门，再换卅二路，直指万寿山颐和园。偕入谐趣园，循廊环池，移步逐景乃出。由邀月门入长廊，到排云门，雇摄一照，遂西行，抵鱼藻轩，以停售茶水，乃折回至对鸥舫茶座少憩。服务员两人皆女性，态度甚劣，几有厌事拒人状，而墙上固满粘五好竞赛统计，及漂亮标语焉。草草茶罢，即行。循廊外雕栏而东，绕出玉澜堂前，步出东宫门。乘卅二路回西直门，转七路无轨到东直大街，再转廿四路返禄米仓，走归家中未及五时也。

夜饭后,看电视,梅兰芳舞台剧影片《霸王别姬》及《贵妃醉酒》两折。八时半即完。正欲取汤濯身,佩媳来,持汤枣及蛋糕,为其姑设供,盖明日为珏人生忌也。日间潛儿亦买来菊花两盆,亦为其姊妹、兄弟共同为献者也。九时后,佩媳归去。汉儿亦以鉴孙不适归去省视。予于九时半洗足拭身,就炉火易衷衣乃寝。

11 月 18 日(十月十一日　乙卯)星期六

阴,时有细雨,午后渐晴,入夜又阴。气仍不太冷。

晨四时醒,五时半即起。梳洗毕,始天明。八时十分出,乘廿四路到方巾巷,转十路往民族文化宫。车上遇冠英,遂同入宫,径趋会议厅参加科学院哲学社会科学部中心学习组座谈。是会到卅人,梓年主席。九时开会,报告最近苏共廿二大会后赫鲁晓夫措施乖方诸状,历两小时馀。休息后分组讨论,哲学所、历史所、经济所、考古所、亚非所为一组,文学所、语言所、民族所为一组。十二时半乃上楼就餐厅午饭。肴核颇丰盛,惟牛羊肉充斥为异耳。会上熟人有颉刚、叔湘、介石、旭生、棣华、冠英、铁生、岳霖、贺麟、梓年、声树、独健、作铭诸人。饭后散出,予与冠英即附铁生车行,送冠英后送至禄米仓西口而别。

到家坐定,日出映窗矣。即拂笺写信,分寄清太原、澄贵阳、滋亳县。至五时许始毕。汉儿、鉴孙来,越时,佩媳、铿孙来,湜儿亦归。入暮,汉、鉴归去。即将三信属携出付邮。湜儿出,就浴后亦赴汉家晚饭去。佩、铿六时许归去。予与元孙共饭。饭后,潛、权来,皆为珏人生忌来表意者。知湜去汉家,亦相偕追踪去。予正看电视,琴媳之妹慧英及弟植之来。有顷,即去。九时半,电视毕,湜儿、锴孙偕归。予亦就寝。

11 月 19 日（十月十二日　丙辰）星期

晴，不甚朗，无风，夜有月，深宵雨作。

晨五时醒，六时起。九时偕湜儿及锴、元、宜三孙出，乘廿四路南行，在方巾巷口换九路东去，至獐鹿房转六路北行，转西达三里屯，步往滋家省佩媳及铿孙。以后日铿孙两周岁，乘今日休假，提前吃面也。十时半，汉儿、鉴孙至。有顷，基孙、镇孙至。近午，潽儿、文权乃来。因团坐小酌，且进面焉。

午后二时半行。予与汉、湜、锴、镇、鉴、宜回小雅宝本宅。乘六号西行，转廿四路归。基回校。潽、权则径归其家矣。元孙一时即先行，过慧英家，伴其季舅植之游故宫也。夜饭后，看电视，元孙归，云下午历游历史博物馆、故宫、北海、景山等处。晚饭小姨母家，颇累矣。予属小坐即就卧。九时半，镇孙返校，汉、鉴亦归去。十时许，湜、锴归卧西屋。予看毕电视乃寝。

11 月 20 日（十月十三日　丁巳）星期一

阴，微雨，无风，似酿雪或作风也。就炉则太热，远火又感冷，真最难将息矣。

晨五时醒，六时起。湜儿六时半即出，赴鼓楼皮肤医院诊癣。元孙亦随即赴校。七时半，锴孙亦赴廿八中试教矣。十时，湜儿归，遂与同出，乘廿四路转十路，往南河沿文化俱乐部午餐。遇寅初、研因、陈达。十二时即归，乘八路北至沙滩，转十二路无轨，再换廿四路回家。

下午二时许，锴孙归来，因为湜儿、锴孙讲修学持身之方，垂暮始已。夜饭时，接润儿十七、十八两信（十七航空信，转后十八平信),告已接领导通知,从前被议各节都撤除。大为快慰! 数年阴霾一旦消散矣,如何不喜。惟汉、湜及敦婿事未审,只能接踵揭晓耳。九时就寝。

11 月 21 日（十月十四日　戊午）星期二

晴,回冷。

晨四时醒,湜儿四时四十分出,径归站上村。五时半起。六时写信与琴媳,告润喜讯。七时廿分,锴孙出,即属携出投邮。旋续写四书,分寄太原敪、清,贵阳熊、澄,亳县滋儿及上海漱、润,都为润被议撤解事。至十时半,亲出付邮。时风急日高,陡转寒冷,即转身返家。接滋儿汇五十元来,适佩媳有电话至,知午后将来谒,因告之,俾来取。

午饭后,摊书续点《通鉴补正》。三时许,佩媳挈铿孙来,盖已在王府井明昌照相馆为铿摄影而来矣。四时四十分,元孙自学归。少顷,即送佩、铿上廿四路车归去。夜饭后,汉、锴来。有顷,沈云瑞至,同看电视,李忆兰主演评剧《拜月记》。九时半毕。云瑞去。予等亦各就寝。

11 月 22 日（十月十五日　己未　小雪）星期三

晴,寒。窗上见冰渐矣。

晨五时醒,六时半起。倚枕阅钱牧斋《列朝诗集小传》。七时后,汉、锴、元、宜俱出各就业。予闲翻架书而已。十时一刻,锴孙归来,即与偕出,乘廿四路转十路,往南河沿就餐于文化俱乐部。今日为锴生辰,特觞之也。遇通夫(陈达之字,今始知之)同席,长谈,十二时即罢。与锴步往故宫一游。先参观历代艺术馆第三馆,宋元明清部分,旋过养心殿一转,即出神武门,直入北上门登景山,由西麓上,遍历辑芳、富览、万春、周赏、观妙五亭,仍绕出大门乘一路无轨到北小街,转廿四路南归。四时许抵家。夜饭后,看电视。潘儿来,少顷即去。八时半,汉儿始来,九时半就寝。月明如昼。

11 月 23 日（十月十六日　庚申）**星期四**

晴,寒。

晨五时半起。七时后,汉、元、锴皆出。八时半堉孙来省,备言山区劳动情况。九时十分去。午饭后,佩媳来省。有顷,湜儿归,书物随携,谓已奉领导通知,调回厂中报到,另候工作。二时即去人事科洽理云。

二时前,佩媳上班去。二时后,湜儿往外文印刷厂人事科报到。五时,湜归,谓已洽过,令先休息两天,星一再往听命云。六时,琴媳归,劳动期已满,明日可休息一天,后日上班云。夜饭后,潘儿来。湜则往看汉家。予看电视,袁世海主演《牛皋招亲》,八时半毕。潘去,湜归。知汉亦在家赶写小结,其领导所通知也。然则,汉、湜前议或亦将有所变迁乎?九时半就寝。

11 月 24 日（十月十七日　辛酉）**星期五**

晴,不甚寒。

晨四时醒,倚枕看《梦溪笔谈》,此书为胡道静所整理,颇见工力。较诸中华其它同类之书为佳胜。可见学问自有所承,初不能取巧耳。六时起。

九时许,所中古典组同事徐凌云来访,知文学史写稿已告一段落,并知伊即将调皖教书,或在合肥,或在芜湖,则尚未定。谈次,以《史记选》见询,谓坊间已无存书可供。予因以旧存样书检出加题赠之,藉资留念。谈至十时一刻辞去。

澬儿九时后来,予送客后,即偕伊及琴媳、湜儿往南河沿文化俱乐部午餐。十二时餐毕。澬、琴归家,予与湜儿偕步过中山公园唐花坞看菊,十二时三刻,湜先行,赴政协礼堂购物,并取餐券。复越半时,予乃乘五路至前门,再转七路直赴政协礼堂,径入第二会议室参加双周学术讲座。听中央气象局副局长卢鋈讲气象学。五时廿分乃毕。深入浅出,殊得要领。散会后,乘电梯升三楼会湜儿就餐于食堂。六时出,走白塔寺前,乘一路无轨回朝阳门大街,换廿四路归。到家,澬、汉、锴、鉴、元、宜等正齐集看电视《天鹅湖》。鉴之同学周女士亦在。九时,澬先去。十时,电视毕,汉、鉴、周皆去。锴仍留与湜宿。予亦就寝。

11 月 25 日（十月十八日　壬戌）星期六

晴,不甚寒。

晨五时醒,倚枕看田汝成《西湖游览志》,偶见当时杭城布政司按察司两署及分司所在之记载,于明代布、按两司及后来分道为治各节,颇明晰,大为高兴,开卷有益,古人真不我欺也。

六时半起。七时半,湜儿、锴孙同出,元孙则七时已赴学矣。有顷,琴媳亦上班去。

九时许,雪村见过,谈次知士敫以自京调晋,彼中只见工作尚好,未了解所以被议之故。领导已邀约谈话,告以晋地诸被议者大多已解除,至于伊等自外地调入者,须进一步了解,解除尚有待云云。十时半,雪村去。十一时,湜儿归。少顷,即与共饭。饭后写信两通,分寄上海润儿及亳县滋儿,皆以近无信来,特致催询也。

　　六时许,所中老赵车来接,车中已乘有冠英、平伯、友琴,因共载以过其芳,同驰往四川饭店晚餐。盖本所古代中国文学组同人集中力量赶编《中国文学史》近已告一段落,年内可以毕稿。今由其芳宴请全体组同人庆功也。予以叨忝与席而已。是日,到者除所长外,凡二十人。九年来,共事成员毕集矣。向无统纪,兹乘便录下,藉资留念。

　　何其芳(所长)　余冠英(组长)　俞平伯、钱锺书、力扬、吴晓玲、陈友琴、范宁、胡念贻、曹道衡、刘世德、邓绍基、蒋荷生、乔象钟、徐凌云、梁共民、陈玉罴、吴庚舜、刘建邦、王水照。

　　本组原有女同志三人,象钟外,尚有周妙中、王佩璋。今佩璋已他去,妙中调往中华书局,合组仅馀一人而已。

　　九时许散,予仍由所中车送归。先送其芳,继送予,然后送冠英、默存。友琴归东四头条。平伯则以曲社在文联大楼演出,席半即先行云。予本亦拟往聆曲,以倦先返。潗、汉、琴、鉴则皆在彼观听也。湜儿别听音乐去。

　　十时就寝。

　　琴媳旋归,据告未见潗儿,未悉何故? 湜儿未几亦归。在归来时,案上见有琴媳留条,谓接汉电话,伊被议事亦解除矣。详情须待汉明日来面禀。元错则归去与其母作伴云。然则,又解决一问题,当然兴奋。

11 月 26 日（十月十九日　癸亥）星期

　　阴晴间作,傍晚雨,入夜加大。气亦不甚寒。

　　晨四时醒。五时三刻起。十时后,汉儿、鉴孙来,谓方自潗所至,知昨晚潗未曾往文联。少顷,或能来云。十一时半,潗至。因与潘、汉、湜、琴、鉴、元、宜等共进午饭。饭后，潘即归去。湜、元则随伴汉、鉴归其家。汉儿面禀昨日领导已知照，得文化部批准，摘除从前处分，大约明日可以开会宣布云。昨晚接滋儿十八日来信云，仅得此间九日去信。今午接润儿廿四日信，知来信已短两封，此间去信亦仅到卅一、卅二号。可见，邮递真有问题矣。奈何！午后写容卅七号信寄复润儿，历指迭次寄出信件号次时日，属查轧。

四时后，接汉儿王府井来电话，谓已在森隆取得餐号，请于六时前偕琴珠同来。五时半，与琴媳同赴森隆，伊御骑车，予则乘三轮。行至东四南大街，已见微雨，及至森隆，登三楼坐定，雨乃增大。是夕与席者为汉、锴、镇、鉴、璐及湜、琴、元并予凡九人，意为汉儿湔被数年阴翳耳。予虽举杯引慰，实则万感交集，转难自怡也。八时许散出，雨正大，予得一三乘，即乘之行。顾无蓬盖，比到家颇沾湿。琴媳骑车与予同返。湜、元继至。雨中行走，不免淋漓矣。坐定有顷，得汉儿电话，知亦雨中全家安抵景山东街矣。看电视转播歌舞，十时半乃毕。取汤濯身洗足，易衷衣就寝。

11 月 27 日（十月二十日　甲子）星期一

阴雨，气郁不爽。

晨四时起溲，旋入睡，醒来已将七时，亟起。未几，元孙、琴媳、宜孙先后出，分别上班、上学去。湜儿亦往外文印刷厂候信，究不知揭晓何如也？八时后，摊书续点《通鉴补正》，近午毕《汉纪卅一》。十二时，湜儿自厂归，知调回排字车间。令明日起到厂上班云。午饭后，续点《汉纪卅二》，不禁眼倦，就炉旁沙发偃卧片晌，遂后见搁。午前曾写京字十二号信复滋儿，详示一切。饭后，佩媳来，因令看过，然后缄好，即属佩于返社上班时顺投邮筒。下午三时，元孙归，又感冒矣。晚饭后，瀋、权来，琴媳亦返，共谈至八时三刻，瀋、权去。予属湜儿就寝后，亦就枕。锴孙十时后归来，与其母在看电影云。

11 月 28 日（十月廿一日　乙丑）星期二

晴，和。

晨四时醒，五时半起，唤湜儿。六时许，湜即出门赴厂上班。七时，锴孙亦赴学。

元孙昨日下午感冒归来，今日在家休息。十时五十分出，乘廿四路到东单，转九路到前门，再转七路至政协礼堂，乘电梯直上三楼，诸老齐集，十二时开宴，凡十四席。周总理以政协主席名义为朱启钤委员九十寿辰称庆，特邀在京政协委员及全国人民代表之年在七十以上者集体举觞。予坐第七席，与吴研因、张纲伯、唐擘黄、周勖成、龚饮冰等同席。（尚有三人，一为孙晓村，馀二人未识。）周总理致词并祝酒，殷挚可感也！午后一时半起休。予乃走往白塔寺前，乘一路无轨东抵北海，再转五路至西华门，躧访乃乾。长谈至四时，偕往北海，乘一路无轨西出阜成门，达二里沟，遥见西苑旅社餐厅外排队甚长，因走近觅陆轶程（盖预期在彼先候者），竟未之见，正在进退维谷，厅门大启，排队者一拥而入，予二人亦随之入，得与人并桌坐。久之，季文至，乃先点菜小酌，且谈且候。六时许，食毕，起行，竟无一人续至，予三人乃走至二里沟站待车，人多车少，越半时，始得上一路无轨，到西四乃得坐（乃乾竟未及上车），至北池子，季文下，予至小街亦下，再转廿四路南归。到家正七时。琴媳、锴孙已归矣。

颉刚电话来，谓六时赶到西苑，已不见予等，遂折回云。予因电话询乃乾,知亦挤上三路无轨安抵家中矣。湜儿下班后,在西单剧场看曲艺,予与琴、锴大谈,十时始各就寝。又越时许,湜乃归。

11 月 29 日（十月廿二日　丙寅）星期三

晴,和。

晨四时醒,五时半起。上午点阅《通鉴补正》。自来水管坏已多日,昨晚始电话接通,今日上午九时半乃有一匠来看。由锴孙与洽,麻烦重重,望望而去,谓须明日再来。正不知何日始得顺理成章耳?午后佩媳来省,一时半上班去。约伊四时在禄米仓车站相候,同赴文化俱乐部晚餐。二时后,写信复润儿。四时出,顺便付邮。佩媳亦适至,乃同往南河沿晚饭。遇章矛尘及吴文藻。餐毕,才五时半,即乘三路至北池子,换一路无轨回朝内大街。佩媳返出版社取车归去。予则乘三轮回家。看电视《红旗谱》。汉儿来。十时,汉去。予就寝。

11 月 30 日（十月廿三日　丁卯）星期四

晴,和。

晨五时醒,六时起。倚枕阅《听雨丛谈》。七时后,续点《通鉴补正》。九时,人民大学冯其庸来访,长谈至十一时半乃去。临行留人大近拟《中国历代散文选》目录,属提意见。午后三时出,乘廿四路到方巾巷南口,换十路到广安门大街,换四路无轨回王府井,再转三路赴南河沿文化俱乐部,择座候元孙。盖约伊下课后来会餐者。遇颉刚,因合坐,乃久候至五时半,不见元至,颇焦灼。忽琴媳至,告我,元孙午间忽发高烧,偕往阜外医院求诊,赁车以往,在彼候检验及透视,顷方离院。据云扁桃腺化脓所致,打针配药,属归静养,已无大碍云云。现在元在门外车上,特来禀白,俾毋徒望耳。予因属作速驰归。予亦草草进两汤,携馀肴殟乘三路北转一路无轨,再转廿四路归于家。时元已就卧入睡,湜儿及锴孙正同晚饭,乃以所携物馌之。

看电视至十时许,就寝。

今日上午九时,有一老匠来修水管。不久即将三处水喉都修好,取价既廉,态度又和,真所谓不失老成人,犹有典型矣。

12月1日（十月廿四日　戊辰）星期五

晴,和。

晨五时醒,六时起。倚枕阅《霞外攟屑》。七时后,续点《通鉴补正》,至十时毕《汉纪卅二》,又接点卅三八页,抵午乃罢。

接润儿廿八晚写,廿九上午寄第十号竹报。知予卅五、卅六两号书已到,其所发六、七两号信则竟付洪乔矣。附来照片多帧,却颇好。午后写容卅九号信复润。

三时出散闷,遂携出投邮。顺乘廿四路至方巾巷南口,转十一路无轨去西直门,再转十九路,到广安门内北线阁下车,东走,在报国寺乘九路无轨还朝内南小街,正值下班及散学,明知挤不上车,只索扬长而归。到家正五时半,街灯莹然矣。

琴媳、湜儿傍晚先后归,因共夜饭。饭后看电视。九时半就寝。

12月2日（十月廿五日　己巳）星期六

阴,午后微雪,入晚止。气仍不甚寒。

晨四时即醒,旋入睡,六时乃起。

　　八时半老赵车来,已接冠英、平伯,顺接予行,再过麻线胡同接其芳,遂同驰至政协礼堂。九时开会,参加学部中心学习组座谈会。予与其芳、棣华、冠英、平伯、友渔、铁生、独健、新民、介石、叔湘、声树同一分组。友渔主席,仍讨论苏共廿二大影响。均不直晓夫所为,但仍主郑重。十二时十分就餐,即在第三会议室布三席。予与其芳等同座。(全分组止分去声树、叔湘二人。)一时半散,已见雪。仍由老赵车送回家。

　　三时后,锴孙来。六时湜儿归。有顷,琴媳亦归。元孙今日已转好,因共夜饭。饭后,汉儿、镇孙来,开看电视捷克片《最高原则》,刻画德法西斯在捷暴行,残酷不堪入目。予不忍睹状,引坐书案,其声犹刺耳难宁。乃群儿欲乐观其终,诚不解青年人之心理矣。

　　十时许,汉、锴、镇归去。锴挟被以行,明日将返校复课云。伊等行后,予即就寝。

12 月 3 日（十月廿六日　庚午）星期

　　晴,不甚寒。

　　晨四时醒,倚枕看《买愁集》,六时起。八时续点《通鉴补正·汉纪卅三》,至十一时毕之。接清儿一日挂号信。潏儿旋至,有顷即去。湜儿出听音乐,十二时归,遂与琴、湜、元、宜共饭。煮面代餐。饭后,湜往政协礼堂买物,且取餐券。写信复清儿,告汉、湜近状。

　　晓先见过,谈至四时去。琴媳未出。佩媳来,铿孙亦至,正谈次,湜儿归。知已取得餐券两分,乃匆匆即偕湜出,乘廿四路转十路、七路到政协礼堂,径登三楼小卖部餐室。遇之介、明扬、荫浏等。五时四十分罢，即偕走白塔寺前，乘一路无轨回朝内大街，转廿四路归于家。

看电视转播青年艺术剧院话剧《保尔·柯察金》，十时许毕。即就寝。

12 月 4 日（十月廿七日　辛未）星期一

晴，寒。午后转阴。

晨五时醒，六时起。倚枕看《沤波渔话》。元孙今日照常入学，予以其面色苍白，甚虑其尚未复元，又犯风挤车，不识能堪此否耳？

九时后，闷坐无俚，独出散步，见廿四路车至，复北行，乃夷然登之，不觉竟抵东直门大街，遂转六路无轨到崇内大街，入东单公园，小步迤逦南行，在崇文门乘三路西北行，十时半，达于南河沿，即就餐于文化俱乐部。遇通夫。食已即行，十一时一刻耳。仍乘三路回东单，转廿四路从米市大街转入东总布胡同，出南小街。予仍在禄米仓口下，由小雅宝西口步归，十一时三刻也。

午后一时小休片晌。摊书点读《通鉴补正》。三时写信，正握笔而农祥来访，遂辍作与谈。五时客去，乃赓为之。入暮始书完容四十号信，并复平伯信。琴媳归来，共晚饭。元孙亦安返，无甚劳。

饭后，汉儿来。谈至八时半去。予即以两信交伊付邮。

九时就寝。湜儿下班后理发，夜饭后始归。终夜刮风。

12 月 5 日（十月廿八日　壬申）星期二

始晴。午后彤云四合，殊有雪意。

晨五时醒，六时起。八时后，点《通鉴补正》第四十二卷，午后二时毕之,汉世祖光武皇帝中之上也。

三时出,乘廿四路到南小街北口,走老君堂访平伯,谈至四时十分同出,在朝阳门共乘一路无轨往西郊莫斯科餐厅。应研因约,三人会餐共谈,近七时乃散。予与平伯循原路返。到家正八时。开电视看之。十时就寝。

琴媳与汉儿在鲜鱼口大众剧场观评剧,归时予已入睡,竟未之闻。

晚接润儿三日发十二号函,复容卅八号书。

12 月 6 日(十月廿九日　癸酉)星期三

晴,午后阴。颇冷。初御裘。

晨五时醒,六时起。七时后,点《段注说文》艸部数篆,仍参《诂林》诸说。午后,汉儿来省,谈近日学习情况。三时半,与偕出,乘廿四路北至文化部门首,转一路无轨到沟沿,再步往政协礼堂,直上三楼。澹儿已先在。买物后且取得餐券两份矣。亟往小卖部添购份食,已仅馀第四种(先取得第二种两份)乃增定,同入食堂进餐。五时半食已,即大厅瀹茗闲谈,至七时下楼,入大礼堂坐第十一排二号、四号,(予与汉并坐,澹以夜坐恐失眠,先归去矣。)观曲剧《啼笑因缘》,七时一刻开演,魏喜奎饰沈凤喜、冯宇康饰樊家树,佟大方饰沈三弦,顾荣甫饰关寿峰,孙砚琴饰关秀姑,凡十场。予与汉看八场即先退,仍走白塔寺乘一路无轨东归于北小街,转廿四路南行。

到家已十一时。琴媳已拥三孙就卧。湜儿尚未寝,因复稍坐乃寝。汉儿即止宿焉。

12 月 7 日（十月三十日　甲戌　大雪）**星期四**

晴,寒,有风。

晨三时醒,复睡,六时乃起。七时半,偕汉儿出,乘廿四路到东单,联步诣北京医院门诊部。抽血作试验,空腹而往,事竣始进点。

八时半离院,往崇内服务部,欲购点心,乃告停业,怅然而止。适十路无轨北来,遂登之,直往复兴门外木樨地,转二路无轨,到三里河一游玉渊潭公园。水闸虽潺潺依旧,而潭面静处已结薄冰,土埝丛树萧然而寂。徘徊少时即返,走三里河乘十三路入阜成门,到地安门已十时半,乃转三路径赴南河沿就食于文化俱乐部。十一时三刻即行。乘三路到东单,转廿四路归。

午后一时,汉乃上班。予即炉旁小睡,片晌即起。点阅《通鉴补正》。傍晚,琴媳、湜儿先后归。元孙亦早散学,因共进夜饭。

饭后看电视。九时就寝。

12 月 8 日①（辛丑岁十一月　小建庚子　乙亥朔）**星期五**

晴,寒。

晨五时醒,六时起。琴媳、元、宜孙及湜儿分别上班、赴学后,乃展卷点阅《通鉴补正》。九时后,写信三通,一复贵阳澄儿、熊婿;一复上海润儿(容四十一号);一寄亳县滋儿(京十三号)。十一时许,潜儿至,即以三信属伊携出投邮。(滋儿五日来旅八号信,适到,即于信封背面添注一句先复。)午饭后,佩媳来,以润儿托人带到食物(文化部熟友)呈予。二时前上班去。有顷,潜儿复来,

---

①底本为:“一九六一年十二月八日至卅一日日记”。原注:“壬寅清和之月下旬二日容翁补署。”

为予购到点心一斤。

二时三刻,乃乾见访,潜儿归去。乃乾以影印初刻《说文》段氏注附入冯林一考证事见商,并以《皇明经世文编》分类目录相示。谈至五时许去。予竟未能留一餐,愧甚。六时,元孙、宜孙先后返。有顷,琴媳亦归,遂共夜饭。饭后,汉儿来,亦为予买得点心一斤。

看电视,播送赵丹、白杨旧作《十字街头》影片。颇有味。八时四十分完。汉儿归去。予亦就寝。湜儿下班后,在民族文化宫听音乐,十时后始归。

12 月 9 日 (十一月初二日　丙子)星期六

晴,寒,午后大风。

晨二时醒,起溲,倚枕看《野获编》。五时起,就灯下修趾甲,弯腰攀足,为之历一小时,乃已事,甚草草,而腰背俱楚矣。老去无济,一至此乎?

七时后,续点《通鉴补正》,抵午毕第四十三卷(《汉纪卅五》光武皇帝中之下)。元孙下午无课,归来与予同饭。

饭后小盹炉边,近三时乃起。续点《段注说文》艸部,仍参《诂林》诸说,至晚仅阅数篆。

夜饭后,接汉儿电话,知已公布解除前议矣。看电视《烽火列车》,写抗美援朝中中朝两国人民间友爱之情,极感动。予已三度阅此矣。九时半,阅毕,取汤濯身洗足,易衷衣就寝。

12 月 10 日 (十一月初三日　丁丑)星期

晴,无风。气较暖于昨,然冰不开矣。

晨六时起。写容四十二号寄润儿。（湜昨晚先已去信，今日汉儿偕元鉴适来，因亦附笺焉。）湜晨出，听音乐，近午归，遂与家人同饭。饭后，元鉴去政协礼堂购物，予与汉、湜、琴及元、宜、燕三孙同往王府井北京照相馆摄影，备寄沪。去时，乘廿四路转十路行。出照相馆后，琴携宜、燕乘三轮先归，湜偕汉同往汉家。予则与元孙步由灯市口、史家胡同等处归家。颇感累，或衣多负重乎？

五时半，佩媳携铿孙来省，因共夜饭。饭后，看电视。八时，佩、铿归去。琴媳送之上车。湜儿傍晚归饭，饭后，有同学来访，九时始去。予十时看毕电视乃寝。（是夕转播话剧《黑奴恨》，欧阳予倩改编者。）

12 月 11 日（十一月初四日　戊寅）星期一

晴和如昨。晨有大雾。

六时起。八时前，濬儿来，少须便与偕出，乘廿四路转十路，到大华路，走往北京医院就诊。适吴玉丽大夫事假，遂改由陈曼丽大夫接诊。据上周检验结果，血糖及胆固醇皆有低减，血压仍为一百七十八，未见下降耳。

撮药时遇介泉夫人，坐谈有顷，知介泉病况依旧，甚念之。九时半，同离院，介泉夫人由公园别去，予与濬在台吉厂乘三路无轨到北海，登团城一瞻玉佛、玉瓮，并一抚特有之松栝，然后下城，乘一路无轨回北池子，再转三路到南河沿，就餐于文化俱乐部。遇平伯伉俪，约星四下午会其家。盖研因已约往访共谈也。十一时四十分离部。乘三路到东单，转廿四路归家。车上遇蔚林，略谈。到家后，濬儿发觉遗落小钱包，因即再往医院找寻，居然取到，真皆大欢喜矣。午后二时后，乃乾电话约在北海揽翠轩茗谈。半小时后，予偕濬儿赴之,行至文化部前,遇友琴,同乘一路无轨西行,予父女在北海下,友琴则径往北京图书馆矣。

入园后,由琼岛东麓上,直达白塔之阴。乃乾、士春已先在,于是四人合坐闲谈。乃乾拟编辑计划多种见商,予略参末议而已。至四时许,冻日西下,露坐大凉,遂起行。予偕濬仍乘一路无轨东归。伊在东四下转车去大华看电影。予仍至小街转廿四路南返。到家,元孙已散学归。少坐即令往小方家胡同幼儿园接宜孙。六时半晚饭,饭后汉儿来。知今晚电视专播周信芳舞台生活六十年纪念会实况,(星一本休息,今夕特为开放云。)遂启视。此会由田汉主持,先介绍周经历,次由齐燕铭致词,次田宣读欧阳予倩贺词,次周致答词。休息后由张美娟等演出《火凤凰》,周信芳、童芷苓、刘斌昆等演出《打鱼杀家》,用资纪念。十时一刻毕。汉归去。予亦就寝。

湜儿下班后,去天桥剧场看歌舞剧《胡蝶夫人》。(政协组织之文娱活动,予以路远,令湜往享。)十一时许归。

12 月 12 日（十一月初五日　己卯）**星期二**

破晓大风撼户振窗,竟日未息。遂成严冬。

晨四时醒,五时半即起。灯下穿衣,附火纳履也。镇日未出,点阅《通鉴补正》,傍晚接灯乃毕《汉纪卅六》。

夜饭后,汉儿、鉴孙来,知十六日伊家将自景山东街迁往西城前王公厂,大旨已定云。看电视梅剧团《三击掌》及故事影片《渡江侦察记》。十时完。汉、鉴归去。予亦就寝。

12 月 13 日（十一月初六日　庚辰）**星期三**

晴,寒。

晨三时起溲,复入睡。六时十分乃起。

九时许,外文出版社编部人员王炯光(山东荣成人,本外贸部干部,去年方自人民大学毕业。)来访,洽《史记选》翻译事,谈至十时一刻去。予即收拾起行,乘廿四路转十路,往南河沿文化俱乐部谋午餐。遇通夫、绹伯。十一时半即毕。

离部,乘三路至东单,转廿四路归。到家刚十二时五分。一时许,潏儿来,乃为予赴政协礼堂取餐券。二时廿分有电话来告,已取得云。写容四十三号信复润儿十四号来禀。又写京十四号信,复滋儿旅八号来禀。四时皆毕。携之出,就道旁邮筒投入,顺便乘廿四路南去,转十路到民族文化宫前下,走麟阁路,再转七路赴政协礼堂,径附电梯上三楼会潏儿,同入餐厅就食。同桌一女同志亦操苏音,因与攀谈,知为北大教授金克木夫人云。五时三刻行。走至白塔寺前候乘一路无轨东返,过四辆后始得上,及至小街转廿四路,又候四辆乃挤登,以是,到家已将七时矣。琴媳、元、宜诸孙俱已饭过。惟湜儿未归。有顷,得湜电话,谓又去听音乐,须十时乃归云。

八时半,潏归去。诸孙及两妪看电视《白毛女》。予则就灯打五关耳。九时半毕,各就寝。十时后,湜归。

12 月 14 日(十一月初七日　辛巳)星期四

晴,严寒。

晨五时醒,四十分起。九时,学部有报告会,以畏冷未赴。(昨日午前张慧珠电话通知;午后,又续电云,天寒,老年人不必参加故然。)摊书点阅《通鉴补正》,近午完《汉纪三十七》(显宗孝明皇帝毕)。

　　书友刘清源来，送到中华新出版《敦煌资料第一辑》，科学院历史研究所资料室编集。中有户籍、名籍、契约诸式可考见当时民间实际生活，可宝也。午饭后，少眈片晌，即步往老君堂，应平伯之约，坐谈未久，研因继至，谈诗论。时至四时，研因坚邀平伯与予同往文化俱乐部晚餐。遂走朝阳门，共乘十二路无轨，到沙滩，转八路往南河沿。入座未几，绸伯至，遂同席。又晤陈翰笙。五时半散。予仍乘三路到东单，转廿四路还禄米仓，步归于家。琴媳与元孙等晚餐方毕。有顷，湜儿亦归。再具餐焉。

　　七时后，看电视。十时就寝。

12 月 15 日（十一月初八日　壬午）星期五

　　晴，寒。

　　晨六时起。八时写信，容四十四号复润十五号禀。九时许，亚南来访，以中国少年所需历史故事见询，予为指陈故籍若干种，俾自寻合适者。越时始去。

　　午后少眈，二时即醒，无俚之至。乃出外漫步，乘廿四路北行，在东直门大街转十路无轨，直到复兴门外木樨地，少立之顷，二路无轨至，乃随登以达动物园，因入览。萧瑟之感益甚，即退出，拟乘一路无轨回朝阳门，讵知误上三路，不得不中途换车，遂于北海门前换一路，到小街后，再转廿四路归。抵家已五时。元孙已归。有顷，琴媳、湜儿亦返。

　　夜饭后，看电视，《冰上姊妹》。九时半就寝。

12 月 16 日（十一月初九日　癸未）星期六

　　晴转阴，近午见雪，午后加大。庭除渐积。指尖、足趾皆突感凛寒。

晨六时起。十时后,独出,乘廿四路转十路,往南河沿文化俱乐部午餐。十一时半,离部,乘三路。已飘雪,至东单换廿四路时,已渐见飞絮成团,及到禄米仓口,地已敷白。走归家门,履底沾雪泥矣。

伏案看报,竟觉短袄不周用,乃取丝绵袍加御焉。下午,雪窗摊书,点阅《通鉴补正》,直至掌灯,毕《汉纪三十八》。

汉儿今日搬家,潛、湜俱往帮忙。潛于七时许来,权亦先至候伊,因共看电视《五十一号兵站》。九时半完,权、潛归去。予亦就寝。十时半,湜乃返。

12 月 17 日（十一月初十　甲申）星期

晴,寒。

晨五时半醒,六时起。八时半出,乘廿四路到东单,转十路往南河沿文化俱乐部参加民进中央小组组织生活。到徐伯昕、陈慧、顾颉刚、徐楚波及予五人。交换时事意见,十一时许散。诣食堂谋餐,则人已挤满,菜牌亦抹去不少,而排在柜上候食者犹众,予乃决然行。乘三路回东单转廿四路归家,时日照之下,遍地雪泥,滑泞难行,一步一颠,而抵家门,知琴媳及元孙、陪宜孙往朝外朝阳医院诊湿症,湜儿则偕其同事孔维零在。有顷,琴等归,乃共饭。

饭后,徐寿龄见访。孔维零去。谈有顷,寿龄去。琴媳偕元孙去政协礼堂购物,四时后返。元孙乘车月票被窃去,不免懊然。志华来访,谈移时去。知伊拳拳于清儿及新孙也。夜饭后,看电视周信芳演出《四进士》,十时半毕。各就寝。

12 月 18 日(十一月十一日　乙酉)星期一

晴,有风,凛寒。

晨一时半起溲,反复未能入睡,至五时转朦胧,六时十分,浞儿入室始觉,遂起。八时廿分出,乘廿四路北行,转一路无轨到王府大街,入侨联大楼,乘电梯径登七楼会议厅,参加科学院哲学社会科学部中心学习组座谈会。到潘梓年、顾颉刚、贺麟、周新民、郑介石、丁声树、唐棣华、余冠英、俞平伯、陆志韦、胡厚宣、张铁生及予十三人。梓年主席。仍谈苏、阿关系前途发展影响。十二时下楼就餐。见并列三桌,知五楼会议厅尚有一组在彼开会,未散也。越廿分许,彼组亦下来。见刘大年、翁独健、徐炳昶、李俨、夏鼐、聂崇岐、冯家升等十馀人至。遂分占各座,凡廿七人,及工作人员二人。予与颉刚、平伯、新民、梓年、贺麟、厚宣、铁生等同席。品种不多,而质佳量丰,足供饱啖也。一时许毕。仍循原路遄返。本拟西访乃乾,以风吼而止。三时后,写容四十五号信复润儿不列号信,寄十日所摄照片去。(翌晨交琴媳携出挂号寄发。)

傍晚元孙、琴媳先后归,汉儿亦至,因共夜饭。饭后八时许,浞儿归,谓参加学习,在厂晚饭矣。九时,汉儿归去。予亦就寝。

12 月 19 日(十一月十二日　丙戌)星期二

晴,寒。

晨一时起溲,二时后复入睡。五时四十分起。八时,点读《通鉴补正·汉纪卅九》,十一时毕之。

午后,乃乾约于中山公园谈,二时赴之。乘廿四路转十路行。在唐花坞后遇乃乾,因同茶于茶点部。谈印行工具书事。四时起行,各归。予仍循原路回家。

夜饭后,看电视转播周信芳演出《海瑞上疏》。十时半始寝。

12 月 20 日（十一月十三日　丁亥）星期三

晴,寒。

晨三时起溲,复睡,六时廿分乃起。八时,点读《通鉴补正·汉纪四十》。十时独出,乘廿四路转十路,到南河沿就文化俱乐部午餐。晤觉明、绸伯。十一时卅分离部。乘三路转廿四路归家。

午后续点《补正》,至三时半毕《汉纪四十》。

濬儿二时半来取政协出入证,为予去购物,五时许返,购得橘子十一枚,即归去。五时半晚饭。六时出门,走至禄米仓西口,乘三轮往吉祥剧院看北京京剧团演出。盖琴媳托工会购得之票,奉予往赏者也。以时尚早,在门口立候半时,乃得入。登楼坐特三排卅八号位,当台右侧拐角处。座客既满,咸伸颈探望,竟被蔽,不得视,真成听戏而已。七时开幕,为杨小春等所演《卧虎沟》。休息后,为张君秋、马长礼、李多奎、刘雪涛、马盛龙等之《探母回令》。九时半,未及回令,即起行。乘三轮返。

到家已十时。湜儿已就睡。琴媳尚在理帐也。少坐,便携书就卧,倚枕看《野获编》。十一时入睡。

12 月 21 日（十一月十四日　戊子）星期四

晴,寒。

晨六时起。七时,续点《通鉴补正·汉纪四十一》,九时半毕之。十时,濬儿至,乃与同出,乘廿四路转十路到南河沿,就食于文化俱乐部。遇绸伯、大琨、通夫、堉干。十一时三刻行。携还三菜,盖明日冬至,今晚俗所谓冬至夜也。而厨无宿蔬,遑及荤腥。遂不得不外乞饹馀,聊为自娱,娱及儿孙耳。出部门,乘三路到东单,易廿四路归。

午后二时,潘儿为予如政协礼堂购物。予则展《通鉴补正·汉纪四十二》点之。比潘还,甫过半耳。遂辍作。

薄暮,元孙、琴媳、汉儿、权婿先后至。入晚,湜儿亦归。乃合坐小叙。出日间携回之肴共享之。食次,鉴孙亦至。竟得小欢。惟铿孙以扁桃腺肿烂入医院,佩媳因以未至,则不无少憾也。饭后,看电视苏联故事片《没有说完的故事》,九时半始毕。潘、权、汉、鉴皆归去。予亦就寝。

夜接滋儿十三日所发旅安九号信,知有款六十元随汇,但未至。且看明日是否续至。

12 月 22 日(十一月十五日　己丑　冬至)星期五

晴,寒。

晨五时五十分起。七时续点《汉纪四十二》,至九时毕之。接点汉纪四十三,至午亦完。

午后小盹。潘儿至。滋儿昨信所言汇款今午亦递到。因摊笺写信,分书两通,一容四十六号复润十六号;一京十五号,复滋旅安九号。

四时,鉴孙至,为予在政协礼堂购物来,少坐便去。四时四十分,潘往东单三条儿童医院看铿孙,六时归。告铿热仍未退净。今晚佩媳在彼相伴。其势似已大缓云。夜饭后,潘归去。予与元、宜孙看电视吕剧影片。九时半就寝。

琴媳在政协礼堂看周信芳演《乌龙院》,十一时后始返。湜儿以看电影过晚,宿厂中未归。

12 月 23 日（十一月十六日　庚寅）星期六

晴，寒。

晨三时半起溲，未能复睡，倚枕看《七修类稿》。六时起。七时半，点阅《通鉴补正》，十时毕《汉纪四十四》。遂出，独往文化俱乐部午餐。遇复初、绸伯、通夫。十一时五十分离部，比到家已十二时半。小盹炉边。三时复就案摊书续点《补正》。

接佩媳电话，铿孙寒热已退，明后日当可出院云。点《补正》，至接灯，乃毕《汉纪四十五》。琴媳、湜儿入夜俱归，乃与诸孙等共进晚餐。餐后，看电视转播杂技团表现。九时半毕。十时就寝。

12 月 24 日（十一月十七日　辛卯）星期

晴，寒。

晨四时起溲，即未再睡，倚枕看《寄园寄所寄》。六时起床，圆月犹高照西北也。梳漱后，手焙面包啖之。

八时许，湜儿先发，如汉儿新居，顺往音乐厅练歌。盖伊新与孔维零均考入音乐学院业馀歌唱团也。九时，予偕许妈同出，先乘廿四路到方巾巷南口，转十路往西南，在石驸马桥南国会街站下，却行西入承恩寺，转西入前王公厂，径诣六号门，遂到汉儿家。其居为一后院南向四间，颇洁敞，为之大慰。锴、镇、堉三孙俱在，鉴孙则予去西单买菜矣。有顷亦归。共谈至十一时半，潸儿、权婿乃来。湜儿则十二时始至。因共午饭。饭后三时即行。以星期车挤故，予乃与潸、权、许妈出，汉儿送至国会街站，视予上车乃去。至东单，复换廿四路归家。

五时，潸、权归去。六时半，湜儿归。盖与锴、镇在西单商场闲逛也。夜饭后，予与湜、元、宜等看电视影片《母亲》。琴珠曾于四时后往三条儿童医院看铿孙。热仍未净,而星期值班大夫少,佩媳因托伊往访张静容大夫,求计。琴乃径往北池子访之,未值。故归来晚饭后复往北池子。及电视毕,琴始返,谓已晤及张大夫。明日下午伊上班可为一诊云。十时许就寝。夜月甚姣。

12 月 25 日(十一月十八日　壬辰)**星期一**

晴,寒。

晨六时起。七时后,读研因《凤吹集》,因作书报之。十时后,续点《通鉴补正》,至午后三时,毕《汉纪四十六》,又接四十七。至晚七时,灯下毕之。傍晚,琴媳、湜儿先后归。七时共进晚饭。饭后佩媳来言,铿孙已退热,明日可以出院。为之一慰。

九时许,佩归去。十时就寝。

12 月 26 日(十一月十九日　癸巳)**星期二**

晴,寒。

晨六时起。七时后,写信寄上海润儿,(容四十七号,复十七号。)亳县滋儿(京十六号专告铿孙出院)。又看文学所送来文件。午后二时,往东四八条访圣陶。长谈。在彼接全国人代、政协联合通知,(告开会日期及组织出外参观访问诸事。想家中亦必同时接得。晚七时后,回家果然。)因与圣陶商择地点,拟共赴上海市及江苏省云。五时,与圣陶、至善父子驱车共往华侨大楼餐厅,参加聚餐。(研因主持定座者。)到研因、平伯、季文、元善、乃乾、轶程、琢如、慧远、颉刚及予等三人。凡十二人。看核丰腴,在今日可谓盛设矣。谈次,知颉刚将往贵阳,元善、研因则将同往苏、沪云。七时半散。仍附圣陶车归。

到家，汉儿及云瑞在。知云瑞即将去太原，章家及潏、汉等皆托带食物与清家也。

九时后，汉、瑞皆去。予亦就寝。

12 月 27 日（十一月二十日　甲午）星期三

晴，寒。

晨六时起。湜儿出辞，以今晚厂中开职工全体大会，即宿彼处，须明日下班后归来云。七时后，写信寄太原清儿，告云瑞卅日去晋，属带物，可往车站一候，并顺告近状。回复政协秘书处，拟赴沪、苏参观访问。（信交琴媳挂号发出。）又写信与文学所，拥护本所方针任务，并赞同改进工作意见。

九时一刻，冯其庸见过，谈注释《国策》数事，并及为学之方。十一时许乃去。

午后小盹。三时许，潏儿来，未几即去。点阅《通鉴补正》。接润儿十八号信（廿四发）。夜饭后，看电视片《胜利重逢》，八时半即完。九时就寝。

12 月 28 日（十一月廿一日　乙未）星期四

晴，寒。

晨六时四十分起。宜孙耳痛，昨往公安医院诊治，知为中耳炎，因令在家休息。八时写容四十八号信，复润儿十八号信。九时半，独出投邮。乘廿四路北行，到东直门大街，适有六路无轨东来，因附之行，至崇文门换三路往南河沿，径诣文化俱乐部就餐。见通告，知明年一月一日起，政协礼堂撤销零餐（每月八回之例点），只有茶点供应。购物亦只许持证本人有效，不能委托他人代买矣。

在餐厅遇绚伯、通夫。食已便行。乘三路至东单，转廿四路归。宜孙犹未午饭也。因以携归馀肴与之。伊固欣然。予却不免戚戚（以副食日紧，童稚不知）耳。

炉旁小盹，二时即起。乃乾令中华书局人来取段《说文》全部，及《四库提要》第一函去。琴、湜均归晚饭。饭后，予与湜、元、宜看电视转播曲艺晚会。九时就寝。

12 月 29 日（十一月廿二日　丙申）星期五

晴，寒。

晨六时起。八时出，乘廿四路转十路到东单，转九路到前门，再转七路赴丰盛胡同下，径走政协礼堂，诣第一会议室，参加文史资料研究委员会，晤申伯纯、顾颉刚、吴研因、陈通夫诸人。伯纯主席。讨论各委员出外参观访问时，了解当地文史工作情况。十时许便散。予仍乘七路到麟阁路，转十路到南河沿文化俱乐部午膳。膳已，即返。乘三路转廿四路行。

下午二时复出，乘廿四路北行，转一路无轨，西抵北海，复转五路赴西华门。讵知，车站又南移，甚远，只得返走半里许，乃到乃乾家。晤谈至四时，起行。乘五路南至南长街南口，走至石碑胡同，乘十路回东单，再转廿四路归。

今日琴媳生日，汉儿晚来。同看电视。润儿同事张宗炜返京，托带食物什件不少。琴媳、元孙晚面后，即往车站迎候。有顷，归。尚有馀物未尽取。琴复与湜儿再往搬取。宗炜亦随至，栗六许久，始已。汉早归去。予亦就寝。宗炜来时未能起与接谈，至深歉仄。又所中王平凡同志午前偕学部张仲才主任及孙亚娥同志来访，并承党委关顾，带来鲜肉、糖果各一斤。予适去政协开会，未及接晤，甚歉。因即作函谢之。琴媳赴车站时即携出投邮。

12 月 30 日 (十一月廿三日　丁酉) 星期六

阴,寒,午后飘雪,傍晚加大。中夜止。

晨六时起。八时半出,步往建国门,途遇刘斗奎,同诣科学院哲学社会科学部参加中心学习组。即在二楼潘老办公室开会。到者不少,十一时会毕,两分组同往绒线胡同四川饭店宴会。予与平伯、导生同车行。及到饭店,有先到者。未几,同仁与会者毕集。乃设筵分坐,凡五席。予与颉刚、平伯、冠英、铁生、岳霖、郑奠诸人同席。年终盛设,有酬庸之意。顾素餐滋愧,亦惟有中心藏之耳。宴毕,分坐茶叙至二时。予与其芳、棣华、唐弢、颉刚同车直驱人大会堂南门,分别诣所向参观访问地点之招待室参加座谈。

予直诣甘肃厅,盖其处标明上海字样也。为时尚早,予竟第一人,到良久,始有续至者。予与该组秘书洽谈,改定上海、杭州两处(原定顺去苏省一行)。有顷,去上海者渐集,约有近四十人。黄任之、王良仲、王葆真、郑洞国、安若定、王雪莹、章元善诸人外,未识者居多。当时决定一月六日上午动身,并推定组长、副组长。四时半散。与其芳、棣华、唐弢同乘。赵树理亦搭附焉。时已大雪,满地皑皑矣。先送诸人,最后及予,到家已五时许。

夜饭前,琴媳归。夜饭后,潘儿、权婿来。伊等看电视《复活》。予则灯下看信(清、滋两书先后到达)。九时,潘、权归去。予亦就寝。湜儿听歌未归饭。及返家已十时半矣。

12 月 31 日 (十一月廿四日　戊戌) 星期

大风,晴,寒。

晨六时起。九时,偕元孙往遂安伯胡同访雪村。以清儿来信与商,皆主再恳切陈情,如必欲令单独派往晋中,或忻县两专区,而绝不能顾及小新者(来信所陈如此说),只得引退,俟有机缘时再为社会主义效力云。十一时半,携元孙走归。

午正,湜儿偕孔维零归来,遂与琴、元、宜同饭。饭后,维零归去。约六时再来,随予同往人大会堂参加迎新联欢大会(北京市人委及市党委合办)。三时后,潏儿、权婿、预孙、硕孙来。四时,汉儿、镇孙、鉴孙来。予午后点读《通鉴补正》至四时亦点毕《汉纪四十九》矣。五时半,与潏、汉、湜、琴、预、硕、镇、鉴、元、宜、燕及权团坐,共进晚餐。亦足称吃年夜饭矣。惟佩媳、铿孙未至,盖铿初痊,其母不任冒风耳。饭毕,基孙及维零至,维零之弟维国亦偕来。六时半,予率潏、汉、湜、预、硕、基、镇、鉴、元、零、国同出,共乘廿四路南行,转十路,径诣人民大会堂,居然一次挤上。七时十分,一行十二人全达会堂矣。大群腾欢,赴会者如洪流,予为送达儿孙辈,共预斯盛,已则入门即坐,与汉憩谈。潏、湜则与诸孙辈各处游眺,至八时许,潏寻至,予乃与潏先归,属汉等尽情欢游。元即随汉,宿其家云。予与潏出会堂北门,寒风如削,幸十路车不久即至,遂登以往东单,再转廿四路回家。至家适八时廿分。权、琴与宜孙及两妪正在看电视。电视亦播送别一迎新晚会。予遂安坐炉边,同享之。凡看到侯宝林相声、上海京剧二团演出之折子戏三出,(一中山狼;二火凤凰;三柜中缘。)及歌舞、杂技等。至十二时,欢迎六二年新年的到来,始称贺而罢。权、潏始归去。予亦就寝。今日早晨招凉,右肩臂作酸,不能举。就寝时,适湜儿归来,因扶予脱衣就衾。并知同行诸人俱已安然各归云。

1962 年

元旦①（辛丑岁十一月廿五日　己亥）**星期一**

晴，寒。

晨六时起。臂痛仍旧，但以昨晚用热水袋温掩后，稍稍活络，想不致久滞也。八时许，毛燮荣来；有顷，雪村携小逸来。谈至十时许，雪、逸先去；十一时许，燮荣亦去。锴、镇两孙近午至，午刻汉儿亦至，遂共午饭。元孙亦随之返矣。

午后三时，晓先见过。汉、湜、琴往章家访问。四时半，晓先去，潘儿来。潘知汉等在章家，因亦赶往。予乃与锴、镇谈故，未几，潘、汉等归来，潘与汉、锴、镇即归去。

予本拟写信，分寄清、润、滋，以人来栗六，未能宁坐而止。夜饭后，看电视新年音乐歌舞晚会（中央歌舞团在民族文化宫演出），十时乃毕。

取汤洗足濯身易衷衣就卧。右臂艰于挈举，由湜儿为予擦背，始草草了事。

---

①底本为："习习盦日记第一册"。原注："习习，初飞貌。予生七十有三载矣，岁星亦既十一周，倦飞知还，当亦翔而后集乎？顾学无止境，晚学尤重，忘其初飞，必将断翮。爰自今岁始，更署所居曰'习习盦'。日记因以为名，盖有生之日，皆学习之年。知也无涯，必不可以有涯之生自画也。习乎！习乎！殆犹昔岁自署惧止之意尔。一九六二年五月廿五日，壬寅岁四月廿二日也。"

1月2日（十一月廿六日　庚子）星期二

晴，寒。

晨六时起。上午写信三封，分寄清儿太原，润儿上海，滋儿亳县，俱告将于六日赴上海参观访问。十时许，潽儿来，因共饭。下午点阅《通鉴补正》，至五时毕《汉纪五十》。潽儿四时半归去。入晚，琴媳、湜儿先后归，因共进夜饭。与元、宜两孙同餐。

九时就寝。

1月3日（十一月廿七日　辛丑）星期三

晴，寒。

晨六时起。臂楚依旧，稍稍活络后，渐见好转，或再过一两天必可痊愈也。

八时点读《通鉴补正》，抵午毕《汉纪五十一》，迨及献帝初年矣。午饭后，佩媳来约明日下午挈铿孙来晚饭，二时上班去。予昨晚接静秋电话，知老同学陈调甫逝世，而颉刚适感冒在家，未能出，爰于今午后二时往候之，就榻前谈，越时起行。过藏云舍，顺访之，亦正感冒，谈半小时即归。

日来，气候不正，时疾不免流行乎？夜饭后，九时即寝。

1月4日（十一月廿八日　壬寅）星期四

晴，寒。

晨六时起。七时点阅《通鉴补正》，抵午毕《汉纪五十二》。午前接中华书局俞鸣鹤电话，谓今日下午三时在本局西楼举行五十周年纪念会，午后一时至二时将驾车来接云。一时五十分，俞君果

来,因偕乘过接颉刚,颉刚感冒未愈,未能行,遂过接中华退休老同
事张捷三同赴翠微路。到局后,晤灿然、彬然、调孚、达人、绍华及
圣陶、愈之、云彬、乃乾、燕铭、建功诸人。三时开会,灿然主席,燕
铭致词,捷三及两同人、一来宾讲话,四时半毕。五时,分乘诸车入
城,径赴绒线胡同四川饭店聚餐。予与乃乾、调孚附圣陶车行。六
时许开宴,凡九席,予与灿然、圣陶、建功、静庐、法鲁、次亮、左恭、
志静、乃乾诸人同坐。七时散,仍乘圣陶车送回。

到家则济济一堂,潏、权、汉、鉴、佩、铿及维零皆在,正与琴媳
及元、宜、燕诸孙看电视。九时后,潏等皆去,予仍看电视,盖上海
京剧二团童芷龄主演《武则天》,颇可观。遂尔观毕已十时半,就
寝已十一时。

1 月 5 日(十一月廿九日　癸卯)星期五

晴,寒。

晨五时半即起。写信与润儿,告明日上午十一时快车行。盖
昨晚接政协访问组秘书电话,决定十时半在站接候也。又书片答
贺越特金(越来贺年片,昨始由所中转到也)。十时潏儿来,乃与
挈宜孙同出,乘廿四路转十路往南河沿,就餐于文化俱乐部。十一
时三刻毕,即乘三路回东单,换廿四路归家。

午后,炉边小盹,二时即起。略治行装后,续点《通鉴补正》,
至六时半,于灯下毕《汉纪五十三》。夜九时就寝。

一月六日偕全国人民代表及全国政协委员廿六人、秘书三人
出发赴上海参观访问,住外白渡桥上海大厦;廿二日晚赴杭州,住
西泠桥北杭州饭店;廿五日赴建德县沧滩新安江水电厂,即住厂中
招待所。廿六日返杭,廿九日回沪,二月一日北归,二日下午七时

安抵都门。别有记。

1 月 6 日^①（辛丑岁十二月大建辛丑　甲辰朔　小寒）星期六

晨五时半起。八时潏儿来。十时许，鉴孙来，即携具同出，乘廿四路到方巾巷南口，转十一路无轨到车站。径诣待车室会诸同行者，晤安若定、王葆真、周士观、陈半丁等。十一时上车，越半时开车。乘 50508 号车厢，占第七号下铺。同室四人，一为安若定，一为张庆孚，一为石知本。开车不久即到餐车午饭。七时到德州，晚饭。以穿行七节，不方便，坐待至济南站，从月台走还己室。少坐便寝。晴寒。

1 月 7 日（十二月初二日　乙巳）星期

晨七时已过蚌埠。早餐由车中服务员送来。十一时渡江，到南京，即走至餐车午饭。半丁在车上作画，送与餐车诸服务同志。至镇江，乃由月台走还。下午五时五十分到上海，润儿及漱儿、笙伯、弥同、阿曦皆来站迎接，因与一行同人及招待同志同乘大车驰赴上海大厦，与张学铭同住 14 楼 16 号室。旋上十六楼餐厅晚餐，润、曦同饭，漱等皆先归去。饭后，漱、笙、弥、组青、顾生皆来候予。谈至九时去，约星三到吴江路晚饭。同室张君以嫌冷不敢居，别迁十三楼一室，予乃独处一室焉。十时半就寝。水汀不热，半夜确感冷也。此次南行，推周士观为组长，王雪莹为副组长，（尚有一谢姓者为副，未成行。）随行干办秘书三人：孙世襄（民建调派），王奇（民革调派），叶祝华（人大常会干部，女）。是日晴寒。

---

①底本为："一九六二年一月六日至二月二日日记"。现按时间顺序，编于此——整理者。

1 月 8 日（十二月初三日　丙午）星期一

　　晨三时咳醒，起小溲兼大便，复入睡，六时许起。梳洗复大便。记昨日日记，七时毕。七时半诣十六楼餐厅早餐。知今日上午休息，并不作何活动，因电知润儿，即往看之。下楼乘一路电车到大光明下，走往上海图书馆，尚未及九时，阅览时间未到，不放入。予因访问内部人员，遂径入传达室，电话招润儿下，乃偕访馆长顾起潜，谈移时，复承陪往别楼版本图书馆工作地，因晤徐启堂等。又谈有顷，别起潜诸公，行。与润步往晋福里访亲家钱伯衡，晤其全家，坐久之。再过吴江路福绥里漱儿家，晤漱石，谈至十一时，即起行。与润儿同乘八路电车东行，润在大光明下，返图书馆。予则径度白渡桥，在大名路下，步归上海大厦。十一时五十分，诣餐厅午餐。是晨早餐前写发一信寄家。告安抵情况，即交服务同志发出。午后在室内随意前后眺，南窗外正对黄浦江，舟楫如织，汽笛时鸣，顿呈十二年前居沪景象。北窗正对虹口，大厦林立，一望无隙地，尤睹怀昔时住闸北情况。由此涉想，更连及一路所见，在北京时，正值寒冻，水泽腹坚，全符月令冬季之月。一到江南，却到处清泉流动，河川农民捞泥之舟及运载货物之舟犹穿梭往来，南北地气之不同，显然明白矣。午后一时许，孙、王两秘书来言，原室太不暖，已洽妥搬住十三楼十一号。虽两床，仍由予独住。甚感之。遂照迁。其室南窗正据白渡桥之顶，俯瞰外滩大路及外滩公园，与苏、英两领馆，如在脚下，真形胜之地矣。三时，升十七楼会议室，听宋副市长介绍上海市新面貌及其精神所在。五时毕。当取得参观访问日程（初步意见），听我等择行。明日上午已决定参观工业展览会云。六时，润儿来，因共赴餐厅夜膳。朱象贤、王奇先后来谈，询参观日程意见。八时廿分，漱儿来，浴。润继之。谈至十时，伊等各归。予亦就寝。今居之室向阳而较小，颇暖。较之昨宵，真有春满一室之感矣！

是日，晴不甚朗，似有酿雪意。

1 月 9 日（十二月初四日　丁未）星期二

晨四时半醒，起便旋。再返床卧，至五时四十分起。梳洗整拂毕，已六时半。初起时，窗外灯火，灿若列星。有顷，朝露渐见，薄雾罩之，而灯光亦渐稀。江上帆樯往来又复如织矣。七时四十分，赴餐厅早餐。九时写第二号信寄家。上午迁延一室，竟未出。十一时许，漱儿来，因偕赴十六楼餐厅共饭。饭后一时，漱去工作。

二时，予等出发，乘车径诣友好大厦参观工业展览会，由负责同志介绍情况后，导观各馆。于其地晤芝轩夫妇，盖甫自莫干山下来，亦将促装回京者，因彼此共道离悰，且叹萍聚之缘也。在场并遇朱象贤，承专介一人为予指讲，每历一所辄得当场讲解员之详告。迟迟至五时半，同行者已先归大厦，予以应伯衡之约，请假未同行，而象贤陪予后出，且同乘三轮至同孚路北口而别。予先过吴江路，只晤彩英及三孩，知漱石已与其侄及弥同往俱乐部吃夜饭矣。予遂行，步往晋福里，晤伯衡伉俪及其女、孙。润儿已先在。六时半小饮，九时乃辞行，偕润儿出，至青海路乘 17 路电车到白渡桥，走归大厦。时已九时三刻，但尚有热水，润即就浴。十时归其宿舍，予亦就寝。

是日晴，不甚寒。晨有薄雾。

1 月 10 日（十二月初五日　戊申）星期三

晨四时醒，五时十分即起。天尚未明。大雾，灯火虽繁如列星，亦隐约不甚分明耳。七时四十五分，如餐厅早餐。八时五十分，乘一路电车到上海图书馆，呼润儿陪往国际饭店十三楼九号访绍虞。谈至十时半行，并在彼处与予同电话略谈。润儿陪予返上海大厦，同进午餐。午后一时，润儿上班去。二时，予等出发，往闵行参观一号街。先过锦江饭店接龚斌，行沪闵公路，历一小时乃达。由当地副区长招待，至闵行饭店，介绍情况后，导登屋顶，周眺新建全貌。盖闵行为新营近郊卫星城市之一，其已述之一号街，两旁皆大厦，一望如广州，而宽广过之。既而游行其百货商店，即返车。部分同人则过访工人眷属宿舍焉。五时前还辕，车由沪闵公路抵徐家汇后转入中山环路，过武宁路桥，下车观之。又转入共和新路，过旱桥，亦如之。时已灯火灿列，夜幕早上矣。比到上海大厦，已六时。幸事先与象贤洽定，乃转乘龚彬返锦江之便，附乘至吴江路。时诸人皆集，独待予矣。漱石、笙伯、漱儿、弥同、阿曦外，凡到组青、葆真、润儿、淑儿、静发、宪麟等，并晤及致仁与其儿女。七时聚餐，予得享致仁所藏茅台酒四小杯。饭后复谈，至九时四十分乃各归。漱、润两儿送予回大厦，视予就寝乃行。是日，晴暖，早浓雾。

1 月 11 日（十二月初六日　己酉）星期四

晨醒，视表为十二时三刻，实已停摆，乃以意开为四时半。倚枕看润儿借来之《林琴南笔记》。五时许即起。至六时半，侍者送茶入室，询知为六时卅五分。然则予之臆测，仅迟六分耳。七时五十五分赴餐厅早餐。返室得润电话，知十时前伯衡将来看我也。十时一刻至，谈至十一时卅五分，共上十六楼餐厅，添一菜，各饮大曲两杯。十二时半毕。返室小憩，一时伯衡去。

二时集体出发，往榆林路手表厂参观，厂本香烟厂故址，转化为此。介绍导观，历诸车间，最后看装配车间，知一手表之成，须历工序七百数十道，如算油洗整治等手续在内，则须一千多道工序云。凡物之成，艰难类如此，可不惜之哉！遇陈望道，陈鹤琴，惟未多谈。想去南京者已复来此，不知圣陶父子亦已来沪否？四时半即观毕，车送大厦，不及五时也。有顷，即登十六楼晚餐。

七时后，润儿先至。既而漱儿偕漱石、弥同、阿曦、宗盈、小羚、彩英亦至，皆就浴。予先由润儿为洗澡（手病无从牵背），易衷衣。九时后，漱等皆去，即以应洗之衣交彩英带去。十时许，就寝。

是日，晴暖如春，晨仍有雾。

1月12日（十二月初七日　庚戌）星期五

晨四时醒，起如厕。复返床，倚枕看润代借之书。五时半起。七时半诣十六楼早餐。五十分即返室候漱儿，盖昨约同访予同也。八时十分，漱来，因与偕出，步由外滩至南京路东口乘一路车到静安寺，转十五路无轨到靖江路廿一号访同，漱送到即行，赶上班云。予晤予同伉俪，谈至十时半，行。予同送上十五路车而别。以所编《中国历史文选》上册见贻。车至静安寺，仍转八路电车返上海大厦。稍憩即上十六楼午餐，饮黄酒半斤（有两种，一异香不甜；一善酿，甜。予择异香饮之）。下午二时出发，乘车至苏州路照相机厂参观，凡制材、磨镜、装检诸重要部门大都涉历之。此厂与昨观之手表厂皆为我国新兴之业，一九五八年大跃进以来之产物也。

此厂为总厂(尚有两分厂在地区),原系英美烟公司及英商电车公司两大楼,昔之帝国主义剥吸工具,今乃我创新工业之地,不大吐气哉!五时半乃还。晚餐仍饮异香半斤。七时许,淑儿、宪麟来。其后,笙伯、润儿、钱亲安、瑞珠,挈两孩来,最后漱儿亦至。伊等先后就浴。九时半,润等皆归去。漱儿、笙伯少留,十时许去。予亦就寝。

是日暖甚,不类冬季矣。下午稍阴。

1 月 13 日(十二月初八日　辛亥)星期六

晨三时半醒,如厕。复倚枕看《枣林杂俎》(润为借来者),五时即起。七时半早餐。八时半出发,往南市大木桥路茶陵路参观塑料厂,由原料以至成品,凡看两车间,接待室中陈列成品种类不少,五色缤纷,刚柔兼备。在场又晤芝轩夫妇。昨日御裘入照相机厂,竟以被汗难忍,今遂释去。不知天又转冷,在参观中颇感冷矣。近午返大厦,亟饮大曲以和之。午饭后稍松。二时半,偕半丁、嘉彬、生明及陈子燕龙、工作人员马韫芳分乘两车往上海市中国画苑访问。晤王个簃、张常光等。听半丁谈近百年海上画苑掌故甚悉。四时三刻行,五时许即抵大厦。漱、润两儿已先在,因共赴餐厅同饭,并饮异香一斤焉。六时半毕。六时三刻,予等赴大舞台观芳华越剧团演出《盘妻索妻》。予与漱、润偕下,伊等归去,予乘大车与众同驰二马路,入院坐六排五号。戏甚好,而尹桂芳之梁玉书尤出色。八时三刻休息,葆真欲行,予亦不任久坐,乃与雪莹及祝华、世襄言之,遂借龚彬车先送予两人回大厦。到后稍憩,至十时就寝。

是日多云,偶有阴象,下午则放晴。

1 月 14 日（十二月初九日　壬子）星期

　　晨四时一刻醒，如厕后复睡，五时廿分起。七时半早餐。八时三刻下楼，九时出发，前往北郊张庙参观。张庙在蕰藻浜之滨，亦一新兴市集，与闵行南北相映对。市容略小于闵行，而园林化胜之。予等阅市数处，复过访职工眷属住宅，询幸福家庭矣。既而驰车至张华浜参观新建之吴淞大码头及仓库，十二时许回抵大厦。午餐后微雨渐作，路润地膏，正盼润儿之至，好共出阅市，润乃至，以为雨不宜出，电话约漱儿来。三时后，漱儿始挈曦孙至，予已以其间附笔润致琴信中，嘱数事。（琴有信复予，寄吴江路，漱携至，知家中近事。甚慰。）漱告予，今日上午往访葆真，谓下午去吴江路，将来大厦访予云。至六时许，漱石偕葆真至，淑儿及麟孙亦来。润、漱、淑皆别具食，予乃与葆真、漱石登十六楼同进晚餐。七时十分返室，葆真就浴。八时半，漱等皆去，独润留侍。九时半，予就寝，润始返新华招待所。

　　是日阴，午后雨。气却转冷。

1 月 15 日（十二月初十日　癸丑）星期一

　　醒时已五时半，即起。七时半早餐。九时许，乘旅舍车送花鸟商店之便，送予到吴江路，晤漱石、彩英，即当场现做水磨粉汤团，予连吃五枚。味固佳，只是费事，抱歉耳。十时半，由彩英代雇三轮，径还大厦。十一时半，淑儿来，因同上十六楼午餐。餐后，返室长谈，一时许，淑上班去。二时，予等出发往东长治路上海第四制药厂参观。由董厂长介绍情况，知其地即科发药厂，近四年来改此名。科发原以三水著称（痧药水、眼药水、咳嗽水），今乃能自制青霉素、链霉素、合成素,于是,三水易成三素,厂质已变,旧名当然不适用也。参观车间三处,复又还招待室谈话,六时许始赶回大厦。迟润儿不至,乃独如餐厅晚餐,以昨晨受寒,唤热黄酒半斤饮之。餐毕返室,润儿在。今晚本由淑儿购得海员俱乐部电影票两纸,约由润付予前往。因临时得通知,正副组长七时约开谈话会,只得放弃。润乃归去。约明日上午来陪予。留琴珠十二晚所写信,知家中一切安好,小燕将送托儿所,李妈将辞去云。七时,诣十七楼会议室座谈。梅龚彬、谢乃光、王雪莹主持。叶祝华重布明日起参观节目,再征询大家意见,作一番调整。且定廿二下午五时即赴杭州云。八时半散,返室。

今日上午风中归大厦,手颇僵,偶触铁门,左手被轧,中指背面擦破渗血,无名指头轧一紫疱。自不小心,几蹈四十年前电车门轧损右手中指之覆辙矣。十时就寝。

是日阴雨,下午转多云,大冷。

1 月 16 日 (十二月十一日 甲寅) 星期二

三时半起如厕,倚枕读《晋书·食货志》(予同编《中国历史文选》),五时半起。七时半早餐。八时四十分,润儿来,遂伴予长谈。至十时许,偕出过南京路新华书店访开明旧同仁,晤魏青选。旋过荣宝斋一观,遇周士观在购笔。予父子登楼一巡,匆匆便下,已十时五十分,即乘八路电车返上海大厦。十一时半午餐。餐后,一时一刻下楼,润儿去上班。予则参加出发,驰车径往龙华南首之吴泾,参观当地新建之化工厂。规模甚大,滨临黄浦,有水陆联运之便,为现代设备之大化肥厂。略经介绍指说,已四时四十分,即驱车返大厦。六时如餐厅晚餐,人已满座,坐客室中久待乃得坐。

七时许下还己室,张纯嘉、魏青选来访。有顷,漱儿亦至。电话招润儿亦至。长谈至十时许,张、魏偕去。十时半,漱、润偕去,予亦就寝。润儿已电话约葆真于十八日上午来大厦云。是日晴寒,路见薄冰。夜接湜儿十三日信,附元孙信。

1 月 17 日（十二月十二日　乙卯）**星期三**

晨五时醒,即起如厕。六时写信复湜儿、元孙。七时半早餐。八时半出发往徐家汇斜土路海燕电影制片厂参观。经其负责人接待绍介,并有名演员上官云珠、王灵凤陪同参看拍摄柳子戏孙安动本两镜头。又阅看其他拍摄场两处。复回接待室,看科教片一(《石头织布》),动画片二(《小蝌蚪找妈妈》、《孙悟空大闹天宫》),彩色故事片上集(《蔓萝花》)。及车回大厦,已一时,乃径上十六楼餐厅午餐。餐毕返室,见案有留条,盖漱儿曾于十二时三刻来此,候至一时半乃去云。幸予遗忘在案之复湜信则携出代邮,且知晚间再来耳。匆匆即行下楼,二时又出发赴沪西天山路 350 号合成纤维实验工厂参观,历观其成品室,湿纺车间,干纺车间,溶融纺车间。经介绍说明,临行并各赠样品一册。此厂虽在试制期中,而所产尼龙、涤纶、人造羊毛等成绩甚著,将来推行尽利,不难取棉、毛而代之。衣被天下,前途无量也。经时较久,返大厦已七时,入室则润儿已在。予乃与之同上十六楼晚餐。餐后返室,漱儿亦至,长谈至十时半,伊姊弟二人乃各返其所,予亦就寝。盖甚倦矣。

是日晴寒。

1 月 18 日（十二月十三日　丙辰）**星期四**

晨三时半如厕,复睡,五时廿分起。七时半早餐。上午未出,待葆珍来。十时三刻,葆珍偕其表姊来,谈至十一时半,共上十六楼午餐。餐后略谈,一时去。二时出发控江路上海电表厂参观。五时三刻返抵大厦。六时如餐厅晚餐。(午、晚各饮黄酒半斤。)七时许,润儿来。陆银富先来访,润至后少坐便去。其后漱儿、致仁、阿曦至。致仁就浴。十时许,漱、润、仁等皆去,予亦就寝。

是日晴,暖于前昨,晨有薄雾。

1 月 19 日(十二月十四日　丁巳)星期五

晨三时半起如厕。返床倚枕看书。五时即起。七时半早餐。九时上十七楼听嘉定县长及徐行、黄渡公社两社长介绍情况。十一时五十分毕,即下十六楼午餐。餐后略憩,二时又出发赴徐行。凡两大车三小车,予乘第一大车。三时半始抵,先看黄草织编工场,因买到草包两个。遂回社办公室憩谈,大嚼花生、南瓜子。五时回车,沿路赤日渐沉于右侧,素月冉升于左方。及过南翔,月明而灯火交灿矣。未及真如,予所乘大车因欲超越前一卡车,车遂倾于左侧田中,成四十度角,幸车身未损,玻璃亦未稍碎,须臾即停。予向右面摔下,立即自扶而起,亦无他。但一时扰攘,予车中人皆并入别一大车中,已夜色冥然矣。比驰抵大厦,已六时五十分。亟返室少坐,润儿已先在。七时登十六楼晚餐。当地负责招待诸公咸来问讯,布道歉意,转觉难乎为情。仍饮黄酒半斤,餐毕返室,漱儿亦至。润仍为予洗澡,乃易衷衣就坐,与漱、润谈家常,至十时半,伊等去,予亦寝。

是日晴寒。

在徐行新建农舍前予与庆孚合摄两影,一为张学铭所摄,一为谢乃光所摄,不知印出后谁胜谁也?谷城见访,适予去徐行未晤,殊歉！

1 月 20 日（十二月十五日　戊午　大寒）星期六

　　晨三时半起如厕，复睡，五时半起。七时半上十六楼早餐。九时，庆孚、若定见过，谓上午去华东医院之约，承当地负责接待人云，须候下午指定医生有暇细看时乃去。故静待下午再往矣。因互谈久之，返室休息。十一时四十分诣十六楼餐厅午餐，遇乃器。饭后，乃器过谈（伊一行昨由山东省参观后来沪，伊即住 1306 号，与予室斜对门），有顷即去。二时前，祝华告予，华东医院以星六特忙，希予等四人分批去，张、石二时去；予与安四时去。同时接漱儿电话，今晚将来看予（明日星期却有会，上午不空），予遂电话告润，属伊傍晚即来。四时，世襄陪予与若定驱车往延安西路华东医院，给办手续后即由王爱娟医生接诊，先予后安。经诊查结果，无他，仅血压略高而已。配药三种，备赴杭期间所用。又加宝珍膏贴风湿痛，枇杷叶膏治痰咳。六时廿分驰回大厦。漱、润已在，少坐将上楼晚餐，而起潜、季龙来访。因请其稍坐，予三人乃诣餐厅晚饭。饭后返室，与顾、谭长谈，至九时半乃别去。笙伯来就浴。予复与漱、润谈家事。十时四十分亦皆归去。十一时就寝。

1 月 21 日（十二月十六日　己未）星期

　　晨五时一刻起。七时半早餐。八时润儿即至，与长谈及午乃共上十六楼午餐。餐毕下楼返室，淑儿挈宪孙至。二时许迟漱儿不至，淑下楼候之，适遇之，遂电话招予及润下，即大厦之东门左侧一照相馆名众艺者，父子四人合摄一影，用资留念。旋升楼返室，憩息至三时许，留儿辈守室中，予即登十七楼会议室参加本组座谈会。本市负责领导同志如宋副市长等亦与焉。予本准备发言,乃言者踊跃,至六时尚未有隙,遂嘿。六时廿分散,由宋等延上十八楼(大厦之顶层)设便宴招待。凡四席,予与庆孚、异之、知本、洞国等合坐。七时半散,即返室。漱、润皆在,淑、宪则归去矣。又谈至十时,漱、润始去,予亦就寝。牙床又肿,咀嚼颇感痛苦。是日晴寒。

1 月 22 日(十二月十七日　庚申)星期一

晨四时醒,五时起,七时半早餐。八时半出发,前往城内城隍庙参观。先导至新修之豫园,径达点春堂小憩,听负责同志介绍情况:商场、庙宇、豫园。除庙宇外,多为豫园地。园为明嘉、万间邑人潘允端所建,前后十八年始落成,以奉其父潘恩娱暮者,故取豫悦之意以名此。后屡经圮毁,清代亦尝重修。鸦片战争后,上海开商埠,其地遂为诸业商人所分占,各据一处,操其行业。予知点春堂即糖业公所矣。于是零析殊甚,不相连贯,且日见陵夷也。一九五五年后逐渐整理清治,修葺一新,并庙东北之内园亦并入之,拆屋还店,遂成一统整之园。予等少坐后,即导往庙中一游。十一时返点春堂,主其事者特备传统名点八色为饷,得同时并尝。予虽老上海,亦生平所未经也。进点毕,再在内园等处一游,十二时半二车返大厦。于是,在沪参访之事毕矣。二时,漱、润两儿皆来大厦。三时许,至善寻至,方从无锡、苏州等处前来,因招圣陶来谈,直至四时半,润与予下楼,时漱已先在,圣陶父子亦归其 1108 卧室矣。下楼后会集同人车赴上海北站,登车向杭。五时半开车,七时在餐车晚饭。八时半到杭州。当地招待处即有人在接,径诣白堤西端杭州饭店,住二楼廿三号房,仍独占一室。近十时始就寝。杭地似较沪地为冷。是日晴,夜月甚朗。

1月23日（十二月十八日　辛酉）星期二

　　晨三时醒,起溲。五时十分乃披衣起,盖被中亦感冷矣。六时半,过邻室谢、何二老谈。返室,云彬见过,盖伊昨日亦方自宁、绍归杭,即住221号,与予正隔一墙耳。彼此竟未之知,今晨伊访问知之,故来谈,亦快事矣。予等八时三刻出发,由交际处长及导游员杨梅青等导往灵隐及玉泉、黄龙洞三处游览。灵隐大佛像已装成数年,忆曩年过此时犹在塑莲座也。在玉泉啜茗观鱼,并在鱼乐园扁下合摄一影。购得西湖图一张。在黄龙洞与梅青长谈,并亦摄影数帧。十二时由北山小路绕明庆寺过白堤回杭州饭店,即午饭。饭后与云彬、家荣（家荣在餐厅遇见）谈,伊等今晚八时即返沪矣。二时,予等又出发,先往拱宸桥看联合纺织印染厂,旋入武林门看都锦生织锦厂。厂为公园化,极舒适。五时半返饭店,六时就厅晚膳。牙胀难任,只得减食,食后返室,由卢医生为予看风湿痛及治牙。七时与云彬别,下楼看电影。有新闻片及彩色西湖介绍,甚好。后为彩色《窦娥冤》,为晋剧,并不受看,八时半即返室。少坐,服药,记日记,十时许就寝。

1月24日（十二月十九日　壬戌）星期三

　　晨三时半起溲,复睡。五时半起。七时半上三楼餐厅早餐。八时半,出发往艮山门外制氧机厂参观。距住处十四公里,途中亦经历甚久。到彼,由厂长杨海潮及该厂研究所所长朱燧炎女士陪同介绍参观。此厂本为各另星小厂,只能修配机件及修理汽车。解放后并成此厂,逐渐扩大,今已成为中国第一制造制氧设备之规模最大之厂,(即在远东,亦不失为最大厂之一。)厂址占地五万平方米,车间有十二所。予等经杨、朱领导,参观六个车间(重点配套),十一时十分离厂,驶回饭店已十二时。即上楼午饭,有茅台,因各饮一杯(同席为何鲁、徐士航、郑洞国、覃异之、赵宗燠、徐振祺六人)。朱女士为无锡人,浙大机械系毕业,派至此厂已五年。晨起,灯下曾写信一通给润儿,盼转告漱、淑。出门时忘付邮,比还舍,乃投入楼下信箱中。下午二时,即在饭店门前大码头乘大汽艇出发,仍由杨梅青等陪同,直放小瀛洲,从容渡桥,穿轩抵三潭印月。摄影多帧,几不辨谁实为之,惟知出于梅青之手不少,及乃光、宗燠二人耳。少留即放舟至苏堤南端西郊公园,即花港观鱼旧址也。在新辟池塘就看鱼食,有黄色鲤鱼大至二尺者。又在牡丹亭前草坪上合摄一影。继由蒋庄穿出,下船渡至柳浪闻莺上岸闲步。过钱王庙,欲入一观,闻已辟为动物园,表忠观碑已无法见到,乃罢。下船驶回杭州饭店已将五时,周嘉彬偕其夫人踵至,盖甫自上海赶到也。六时许,至三楼餐厅晚饭,饮善酿半斤,与彭镜秋、张庆孚、安若定、石知本、徐振祺同席。饭后上四楼,过张、安二君居室一谈,至七时半乃下楼返己室。八时,卢大夫为予换宝珍膏,并量血压,最高为170°,最低为75°。奇极,如此则低压太低矣。叶秘书见告,明日上午七时早餐,八时即出发赴新安江云。灯下写信寄湜儿(明晨发),九时半就寝。是日晴朗无风,亦不甚寒,真游湖好天气也。

1 月 25 日(十二月二十日　癸亥)星期四

晨一时半醒,旋入睡。三时又醒,速迷入梦。五时五分又醒,即披衣起,整装。七时早餐。八时后出发,前往新安江。车出虎跑、六合塔，溯水盘山，经富阳、新登至桐庐休息。车中飞尘扑衣，至此乃稍加拍拂，洗脸饮茶。十馀分钟，复西南行，十二时乃到白沙，过此即新安江招待所。予等到后，先扑尘，继饮茶，然后入室休息，予与何鲁同住一室，为204号。一时午饭，与洞国、异之、企孙、宗燠、嘉彬夫妇同席。饭后返室休息，假寐片时。三时，听水电发电厂李厂长介绍新安江施工情况及生产情况。然后步往大坝参观，先在坝下厂中分层看发电机动作，旋由电梯升至坝顶参观溢洪设备及船闸未来工程。此厂设计及一切设备完全由国人自己办理，洵令人万分鼓舞者也。看后回招待所，顺道再观展览馆，以模型及图表说明此厂整个规划，又复习一遍。对我等外行人说，实大有裨益。至感李厂长之周到。回抵招待所，已六时，即就餐厅晚膳。七时返室，略憩。八时即睡。是日晴，傍晚略有风。寒不甚烈。当地较城市为冷，夜睡不甚帖，与何老对话共话，却亦大饶别趣也。

1 月 26 日（十二月二十一日　甲子）星期五

晨一时半醒，三时起溲，复睡，五时即起。与何老闲谈，劝予注射普洛卡因。据云，此药之妙真有返老还童之效也。七时半早餐。八时出发，乘车盘道至水库之遂安大坝之西端，拾级下坡，良久乃抵舟次。舟为两小舟相并，上架木板，复支玻璃窗方屋于其上，大类吾乡农村嫁娶时所支之木院堂。形正方，据方舟之中央，于是，幼时所学《说文》"方"字之诠解乃得实际证明，不谓六十年前之所学，今乃获实物之阐释。可见，出外观察之不可以已矣。此方舟即傍于新安江拖轮七号之左舷，鼓浪前进，竟如平地，予等谈笑自若，竟忘身在舟中也。在江上棹行两小时，绕蜜山（现已成湖中孤山，

有人即以孤山称之)一周而还。山上有庙,有树,将来大可发展点
缀为风景区耳。予等虽仅尝鼎一脔,推知水库之大,实等于一〇八
个西湖(李厂长云),以是,严州原属淳安、遂安两县,已全没水底
矣。十时半返抵招待所,即午餐。餐后稍休,十二时即乘车返杭,
过白沙镇,参观白沙桥,桥仿卢沟式,为全国最大跨度之石桥(桥在
建德县,跨新安江上),全部自作。在七里泷看坝工,未及听当地负
责同志作介绍,耽搁一时许,急驱车驰杭,五时即抵杭州饭店。司
机云,五时准可到杭,以此果不虚,足见经验之伟大,实非书本知识
所能绍也。到旅舍,黄尘敷衣,奚啻满载,扑打拂拭,梳洗盥沐,历
一小时馀乃已。上三楼餐厅晚餐,与何鲁、徐世航、徐振祺、彭锦
秋、覃异之、郑桂庭同席,凡七人。饮茅台酒以解尘。七时一刻返
室,盥漱已,卢大夫来看,为量血压,似无变化,则亦置之。仍配黄
连素及抹药些许治牙床痛。王奇秘书来告,明日上午八时半去梅
坞茶叶公社参观。下午无事,返时仍由杭州市领导来作报告,当参
加一听耳。八时半就寝。是日晴寒。

1 月 27 日(十二月廿二日　乙丑)星期六

　　晨一时起溲,复睡。三时又醒,旋又入睡。五时半乃起,看焦
弱侯《笔乘》。七时早餐,八时半出发梅家坞参观茶叶人民公社。
听介绍报告,并观其制茶工房,特级者仍用手工,五级以下乃参用
机械。谈及虫害,知尺蠖(俗称拱拱虫),实为茶树死敌,先食嫩
叶,次食老叶,最后啮树皮,如不收拾,可以吃光。曩时读书只知尺
蠖之屈以求伸也,曾不知为害如此之深且笃也。可见书本不结合
实际,真乃无用耳。十时回车,过九溪小憩。十二时始返抵杭州饭
店。少坐即赴餐厅午饭,啖醋鱼。午后二时出发,参观天水桥绸伞

厂及武林门张小泉剪刀厂。五时赶回饭店,出席当地招待会。听省委书记、秘书长报告浙江省概况。六时半设宴款饮。七时半开放电影,先为绍剧《孙悟空三打白骨精》,次为《四明山》,次为《雁荡山》。十时一刻毕,始返室服药就寝。是日晴寒。

1 月 28 日（十二月廿三日　丙寅）**星期**

晨四时半醒,五时起。梳洗后便记日记,至六时,天犹未明也。灯下寻思,来浙不觉已五日,湖上亦且三日矣。流光如驶,洵足惊人。七时半早餐。八时半出发,往柳浪闻莺新公园,憩闻莺馆。旋诣钱王祠,一探表忠观碑,在动物园陈列之豺、狼笼后,草帘之阴始得之,同行者皆狂喜。既而返至闻莺馆,会同人登车,循环湖南路至净慈寺所谓南屏晚钟者也。一周而出,复驰虎跑烹泉瀹茗,与同行者摄影多帧,有谢南光摄者,有叶祝华摄者,有杨梅青摄者。十一时半返抵旅舍,已环湖一周矣。午饭后一时,参加座谈会,省人委秘书长与焉。谈至四时半乃散。何奎垣约予同赴华侨饭店访马鹠叟,晤谈移时而出,复过湖滨之星记,为购扇面,然后返辕。到旅舍正五时,有顷,诣餐室,会仲航、奎垣、异之、嘉彬夫妇同餐,又食干烧鲫鱼。（前已食过清蒸鳊鱼、醋溜草鱼矣。）西湖鱼羹之美诚胜绝哉! 餐后过庆孚、若定住室一谈,并晤志本,及七时三刻,伊等下楼登车先返上海,予送之及门。返室后异之、桂庭、嘉彬夫妇先后来谈。九时去,予乃就寝。是日晴寒。

1 月 29 日（十二月廿四日　丁卯）**星期一**

晨一时半起溲。五时十分起,写信寄家,告归期（二月一日京沪特快十四次车）。七时半早餐。八时半偕何奎垣、覃异之、郑桂庭、王奇同出,诣孤山西泠印社一访游之,坐四照阁啜茗小憩。十时许起行,沿西泠北滨东往放鹤亭,途中过冯小青墓。旋谒林和靖墓,徘徊久之。十一时,循平湖秋月走白堤,度西泠桥返于杭州饭店,从容雅步,斯真谓之游矣。十二时午餐。下午二时半偕奎垣及桂庭、异之、王奇分乘两车,由当地招待处长陪往博物馆一游。是日休息,予等晤其馆长,即其办公处展看明清人书画甚多,其中,最足注意者,王阳明诗卷及高且园指画册。旋往湖滨书画社,与翁咏霓偕承延入藏画室(在三楼上),饱看藏品。最令人留连者董玄宰书《演连珠册》。五时许过临近古旧书店,购得《文澜阁书索引》及《南北史捃华》而归。及抵旅舍已将六时矣,少坐即晚饭。饭后返室小憩。七时四十分成行,由招待处送抵车站,稍坐便登车。八时四十分始开车。十一时四十五分乃到上海,仍住上海大厦,与谢南光同住四楼二号室(谢昨已先来)。少坐即寝。时谢已入睡久矣。是日晴寒。

1 月 30 日(十二月廿五日 戊辰)星期二

晨五时起如厕,未几即起,灯下记日记。七时电话告润儿,嘱即来,七时半如餐厅早餐,遇圣陶父子,遂同席进早餐。知仲华今夜约小饮,期六时齐集同往云。并遇云彬,知即住予室对门三号。八时,润儿至,且谈且候漱儿,竟不至(润与约者),乃电话去妇联询之,知曾来大厦,以问不到新居号数而去,乃约伊午间会其家,予即与润出,乘一路电车到吴江路。润送予到漱家后即赴图书馆。十时后,葆珍偕其侄女慧龄同来漱家,与谈及午,共饭焉。漱、润、笙皆来会,韵启适自京返沪,知曾住予家一宿,滋已晤到,神态尚佳云。予本约韵启在京接晤,不图今日乃在其家见之,巧极!午后一时半,葆珍姑侄去。三时许,予与润过晋福里,辞别钱家。见其四女之婿,谈至四时半行,甫出门,其少子植之适自唐山归来,匆匆数语即别。予遂与润儿步至南京西路成都路口,乘电车。人挤车稀,立风中久之,乃得上八路车。挤立至外滩始得坐。比到大名路下,几不能挤下也。到大厦晤云彬,至六时一刻下十一楼八号,会圣陶父子。至七时,乃与云彬及圣、善同车赴和平饭店七楼十二号室应仲华约。至则子敦、予同已先在。谈有顷,入席小饮。饮后复谈,至八时半乃散,仲华与圣陶同车来大厦,访南光。适南光他出,乃留条而去。十时许就寝。是日晴,甚寒,有风。

1 月 31 日（十二月廿六日　己巳）星期三

　　晨五时廿分起。七时半早餐。八时润儿来。九时润上班去。报载袁俶畬师逝世,因下楼与圣陶共拟挽词云:

　　　　夙承熏陶,忝厕群髦。不畏强御,节慨炳彪。新邦肇建,意兴凌霄。追随领袖,欣就征招。都门聚首,笑拂银毫。观光来沪,惊闻松凋。临奠陨涕,缅想丰标。先生之风,水长山高。

　　遂索纸书之,嘱人送文史馆转治丧委员会。有顷,圣南来陶所,因与共谈达午。四人遂上十六楼同饭,予饮异香酒一斤焉。午后二时,予与同人往梵皇渡路动画制片厂参观,晤万籁鸣、古蟾兄弟,历观动画、剪纸、木偶各车间,然后还大厦。五时许到门,圣南偕其女思齐适来访予,因同诣餐厅晚餐。六时半返室,润儿已在。有顷,漱儿、弥同、淑儿、宪麟、静发、笙伯陆续至,谈至十时,始陆续归去,予乃就寝。是日晴寒。

2 月 1 日（十二月廿七日　庚午）星期四

　　晨四时半醒,五时半起,记日记。七时半早餐。八时润儿来,为收拾行李。电话招漱儿来大厦,因同进午饭。饭后静发、宪麟来送行。二时出发赴北站,漱、润、静、宪送至大厦门口,扶上大轿车而别。予等车抵站,即上专挂之车,予与遵明二人同占一室,盖所挂为头等包房也。同返北京者有南光、庆孚、志本、仲航、桂庭、异之、奎垣、君迈、企孙、若定、文藻、振球、锦秋、王奇等十馀人。二时四十五分开车(所乘为十四次特快),七时后抵南京,晚餐。渡江后即登床就卧,颇酣睡。是日晴寒。

2 月 2 日(十二月廿八日　辛未)星期五

津浦道中醒来,已过徐州。七时后到兖州,早餐。十二时半过德州,午饭。五时到天津,六时晚餐。七时安抵北京新站。所中张书铭书记偕老赵来接,汉、琴、滋、湜、鉴、元、预、硕等皆在站相候。及出站,锴、镇亦至。予与琴、汉、湜、元乘老赵车回家。书铭送至家门而别。甚感厚谊。抵家时,权、瀋已在。有顷,昌颉亦至。雍雍一堂,谈至十时,始各散归。予乃就炉边取汤濯身洗足,易衷衣,湜儿侍侧,掖助久之。琴媳以家况详告,深嘉处理井然也。十一时乃就卧。初以兴奋不能寐,三时后入睡。是日晴寒。

2 月 3 日(十二月廿九日　壬申)星期六

晴,寒。

积日旅外,不免疲乏,但仍不能久眠,五时半即起矣。

琴媳、湜儿仍照常上班。八时半,滋儿来,偕元孙同往西安门大街廿六号国务院机关管理局凭证购取小站米、猪肉、水果、蔬菜、葱、蒜等物。盖照顾政协常委、副秘书长及年在七十以上之委员度春节,特有此措施也。十一时许始归,滋旋往青年出版社参加春节聚餐。十二时,琴媳归,携回饭菜若干,与家中人共饭。亦春节会餐,惟许可携回分享耳。

午后一时,埻孙同其同学一人来听唱片。二时许,滋儿归来,盛道看馔之美,且已醺然矣。四时许,湜儿亦载饱回来,且已在西单理发矣。佩媳二时前亦来谒,以水仙花十枚为献,即出盆石植之。四时半后,偕滋、湜两儿挈宜孙过章家,与雪村晤谈久之。六时半夜饭,汉儿至,遂共餐。知伊中午亦在新华会餐,各得醉饱也。今年度岁如此,真大地回春矣! 相与欢庆焉。饭后看电视《林海雪原》,十时方毕。汉、滋皆归去,予亦就寝。

2月4日(十二月三十日　癸酉　立春　除夕)星期

晴,寒。

晨五时半起。八时,湜儿出练歌。九时许,晓先见过,絮谈达午,湜亦归来,遂同家人共饭。饭后,晓先去。

予积倦惮于动笔,应写各处信件迄未一办,因令湜儿先写信一通,寄上海漱、润,俾免悬念。傍晚,滋儿、佩媳、铿孙及其保姆来,六时半,家人团坐,欢饮畅啖,共吃年夜饭。所惜润儿远在申浦,未克同叙耳。

饭后看电视,潎儿、权婿偕来同观,至十时许,滋等归去,十二时,电视始毕,已迎得壬寅岁首矣。权、潎归去,予等亦各安寝。

2月5日(壬寅岁正月小建壬寅　甲戌朔)星期一

晴,寒。

晨五时三刻起。六时进糕汤。七时后,诸儿孙之居宅外者先后来拜年,宾客至者亦不少。午前,在庭中与儿孙辈摄景多帧。午饭时分两席,凡到潜儿、权婿、汉儿、琴媳、滋儿、佩媳、湜儿、元孙、宜孙、铿孙、燕孙、预孙、颉孙、硕孙、大璐、锴孙、镇孙、鉴孙、堉孙、维零并予,为二十一人。饭后,诸孙辈闲嬉为乐,湜则偕维零出。傍晚,汉、锴、镇、鉴、璐、预、颉、硕、堉皆去,湜适归,遂偕元孙随汉如其家,独潜、权、滋、佩、铿留宅中晚饭。饭后,看电视,九时许,潜、滋等皆去。予看完电视东方歌舞团演出,毕事乃就寝,已将十一时矣。

是日上午来客为邱守铨、陈辅林、王芝九、高尔松、陈趾华、章雪村、沈□□、谢刚主、胡厚宣、张□□,下午来客为高祖文、傅彬然、丁士方、丁士中、朱继文,凡十五人。湜儿、元孙皆留宿汉家未归。

2 月 6 日 (正月初二日　乙亥) 星期二

晴,寒。

晨五时半起。本想写信,明知岁初必有人至,只索须后静心时再作之。八时后,振甫来。有顷,静庐来,冠英、友琴来。又有顷,袁微子偕其二同事来,十一时许去。袁君原名学忠,旧开明同事,今为琴媳领导人,其二女同志则琴之共事者也。

十二时午饭,午后小憩。三时许,云瑞、述琇夫妇偕来,谈至四时半去。予方偕湜儿出门(湜午前始归,知元孙随汉儿赴福田扫墓矣),拟往三里屯看滋家,翙如适来,即匆匆在门口立谈片刻而别,至以为歉。乘廿四路转六路赴三里屯,车中挤甚,勉得插足而已。到滋家,预、硕两孙在,见予到即返家守屋,俾其父母来会。有顷,汉儿至,知元孙已径归小雅宝云。薄暮,权、潜始至,乃合坐小饮,谈家庭琐事,至晚八时半起行,与权、潜、汉、湜步往东大桥,乘十二

路无轨西入朝阳门，权、潘在朝外商场下，径返其家。汉则偕予及
湜儿在南小街下，转廿四路南行。予与湜在禄米仓下，步归于家。
汉则径归前王公厂矣。到家，元孙已睡。据琴告予，出门外又有客
至，其一为灿然与调孚，匆匆一言即行；其一为郑桂庭，留条始行
云。十时半就寝。

2月7日（正月初三日　丙子）星期三

阴，近午渐开，气仍寒冷。

晨五时起。七时后写信三通，一复聿修；一复鸣时；一复顯孙。
九时，绍华见过，谈移时去。

湜儿晨出练歌，十一时后，明道、慧英挈其女来，因共午饭。午
后天又转阴，予复写信两封，一致予同，兼至谷城；一致伯衡。

三时假寐片晌，明道等去。傍晚见雪，湜儿始归。夜饭后，本
看电视，乃外国故事形象亦欠美，遂闭机不观。重翻《追维录》，不
禁触绪兴出，大为不怡，时窗外堆雪已盈寸矣。何奎老以游杭近作
《一剪梅》寄示，因录之：

> 词客同登四照楼，分付茶瓯，闲话昔游。泥人景色望中
> 收，艇药瓜皮，日爱波柔。
>
> 解珮留貂旧酒俦，来去沙沤，半付沉浮。问谁重点古杭
> 州，绝代风流，盖世风流。

此次南游同行覃君异之得诗词廿馀首，可诵者不少，予因劝其
裒为《南游小草》云。涉兹附记焉。九时半就寝。

2月8日（正月初四日　丁丑）星期四

破晓犹有微雪，庭中积皑盈寸。未几，日出雪开，春意透矣。

惟寒威犹未少杀耳。

五时起，湜儿即赴厂，七时半宜孙亦如幼儿园上学，琴媳亦于八时前赶去上班，独元孙假犹未满，在家相伴也。九时后，写信两通，一致郑桂庭，谢步；一寄何奎垣，谢其赐词也。

十时许，滋儿至，纵谈共饭。饭后，复谈亳县整社情况，至四时半，濬、权来，滋遂与之同过章家拜年。五时归，濬、权返去，滋留待湜归。六时，琴媳归，有顷，湜亦归。滋方与予小饮，晤湜后即归去，未饭也。约明日上午来。

夜饭后，无电视，听广播而已。九时就寝。

2月9日(正月初五日　戊寅)星期五

阴霾，禺中降雪，气加寒。

晨三时起溲，复睡，五时三刻起。为外文出版社译《史记选》为德文事，送来《勾践世家》一篇及删改原序一篇，属为审定，今晨为之披阅一过，将俟该社来取。

八时后，摊《通鉴补正》点之，月馀未亲矣。十时许滋儿来，予仍续点，至午毕《汉纪五十四》，遂与家人共饭。进汤饼代餐，以今日为元孙生辰也。琴媳亦归来照料焉，佩媳亦共参此席。午后，雪又大，滋儿去车站购票，镇、鉴两孙来，琴、佩皆上班去。李妈自顺义归来，盖一去五天矣。予雪窗无俚，仍续点《通鉴补正·汉纪五十五》，至四时半得十五番。硕孙奉其亲命来迓，滋儿亦自车站归来，票已购到，定十三晚七时行。五时半，嘱镇、鉴留家看电视，予遂由滋儿、硕孙扶掖下，步往濬家。冒雪行进，抵其家须眉俱白矣。汉儿、佩媳已先在，昌预已入学，昌颉未归。有顷，琴媳至，已七时矣。乃合坐小饮，且食且待湜儿与维零，良久，湜、零偕至。共餐

毕,又聚谈,不觉户外雪深三寸矣。九时,一行同离潏家,滋、佩径
返三里屯;湜儿送维零至朝阳门上车后返家;予则由汉儿、琴媳之
扶持,踏雪而归。途中雪仍未止,到家又浑身涂银矣。抖擞入室,
少息。有顷,汉会镇、鉴归去,湜儿亦归来,乃各就寝。

2 月 10 日(正月初六日　己卯)星期六

雪虽止,而阴寒特甚,庭中堆雪近五寸。

晨三时起溲,复睡。五时四十分,湜出门,予亦披衣起,看《文
史资料选辑》第廿一辑。

滋儿约上午来,迟之久久,飘雪弥甚,想阻行矣。爰摊书续点
《补正·汉纪五十五》,近午毕之。滋仍未至。有顷,滋儿来,遂共
元孙、燕孙同啖馄饨。午后小憩,复与滋儿长谈,至四时半,滋去。
五时三刻,湜儿归。有顷,琴媳亦归。夜饭后看电视沪剧影片《星
星之火》,写"五卅"事件前夕及当场运动情况。九时半毕,旋即
就寝。

2 月 11 日(正月初七日　庚辰)星期

晴,寒。

晨五时半起。上午闲翻架书。下午锴、镇两孙来。湜儿偕维
零自滋儿家归,维零旋归去。薄暮,滋儿、佩媳、铿孙来,汉儿、鉴孙
来。是日连接润、漱来信。

夜饭后,潏儿、权婿、预孙、硕孙来。是晚,电视转播中国京剧
一团演出新排《谢瑶环》。潏、汉、滋三支九时半皆归去。

十时半电视毕,予乃就寝。

2 月 12 日（正月初八日　辛巳）星期一

晴，寒。

晨五时半起。九时，滋儿至，遂挈同元孙乘廿四路南至方巾巷，转十一路无轨到西直门，拟换乘卅二路去颐和园，乃待车者众，立长廊几满，连过三辆，历半小时竟不得上，不得不变计，仍乘十一路还地安门，转三路赴南河沿政协文化俱乐部午餐。餐毕，才十二时，父子祖孙三人徜徉于东长安街，方拟入览故宫，由午门经三殿出神武门，滋儿请返家休息，于是乘十路回东单，换廿四路以归。

抵家有顷，琴媳归饭，知明日下安定劳动半月，下午或可早下班云。一时半，琴媳上班去。予小休片响，与滋儿谈返皖应行事项，盖伊明晚亦须乘京粤车径由郑州转商丘返亳县矣。三时半，滋辞归。傍晚，琴媳、汉儿、湜儿先后归，因共饭。饭后，谈至九时许，汉儿归去，明日琴媳下乡后，或能住来照料云。

十时就寝。

2 月 13 日（正月初九日　壬午）星期二

晴，寒。

晨五时三刻起，湜儿即出门赴厂。琴珠八时半出，袱被往永定门车站会集同人，共赴安定教育部农场，元孙送之。

九时，濬儿来陪予往北京医院门诊部就诊。乘廿四路行，候车三过始得上。途遇滋儿，嘱到家放顿携物后来会医院。予与濬到院后，候半小时，由汪松梅大夫接诊。以风湿痛转外科时，滋亦至，乃偕往外科候诊。十一时，滋先行归去整物，予俟至近十二时乃得看，付片药一包，追风虎骨膏两张，并转理疗科再看。诣该科检查后嘱作蜡疗及按摩,予以时已过午,约明日下午往作,遂与潜循原路归家。到家已十二时半,雪英及鸣时在,因与共饭。及餐毕,已下午一时三刻矣。三时许,鸣时、雪英先后去。接滋儿电话,知收拾行李即将与佩媳偕来。潜亦辞归看家,旋即与文权来。有顷,滋、佩亦到,遂合坐晚餐。七时,滋儿成行,佩媳、元孙送往车站,俾与继文等同返皖亳。予与潜、权在家看电视梅剧团演《贵妃醉酒》,八时半,汉儿、湜儿、元孙、锴孙、镇孙自车站归来,知滋已安行,佩亦径归,并知维零亦在站送行云。

接琴媳长途电话,知已安抵农场。又接漱、润寄致滋、湜信,惜滋已成行,不能及时看到,只得转皖矣。

九时三刻,潜、汉等皆去。予亦取汤洗濯,易衷衣,由湜为予擦背,十时后始就寝。

2 月 14 日（正月初十　癸未）星期三

晴,有风,严寒。

晨五时起。湜儿五时半赴厂,预禀今晚有事,住厂矣。八时出,亲投顷所写寄琴媳之信,盖即转昨晚收到润儿信,并告宜孙脚痛已好,俾免牵念也。即候乘廿四路到方巾巷转九路往前门,再转七路,径诣政协第一会议室参加文史资料委员会座谈。会晤伯纯、季宽、宝航、通夫、熙修、桂庭、异之、家桢、培基诸人。各报此次参观访问时所了解各地文史工作之情况,季宽首发,桂庭收场已十二时,即散。予出政协礼堂后,走白塔寺,乘一路无轨返南小街,再转廿四路还禄米仓,走归家中已将一时,遂共诸孙同饭。饭后,潜儿即来。一时半与同出,乘廿四路至方巾巷,转十路到东单大华路,步往北京医院理疗科,作蜡疗半小时,按摩一刻钟,极舒适。三时离院,走至东单,乘廿四路归。潚儿四时三刻归去。汉儿六时四十分来,因共夜饭。

饭后看电视,九时毕,予即寝。汉为润及漱写信,十一时始就东屋卧息。

2 月 15 日（正月十一日　甲申）星期四

晴,寒。

晨六时起。汉儿七时即上班。写信壬新一号寄漱、润,返京后初寄此信也。乃乾约来看我,竟未至。午后调孚过我,谈次索予《李白年谱》初稿去。

佩媳来,即以漱、润与滋书交之,属阅后转亳。

下午二时,得电话,乃乾以午前出门感累,延约矣。遂为桂庭书扇,即以何奎老一剪梅词应之。接清儿太原信、琴媳大兴信。夜湜儿归饭,饭后看电视《狂风暴雨》,九时半毕,即寝。

2 月 16 日（正月十二日　乙酉）星期五

晴,寒。

晨五时起,湜儿即赴厂,云今晚厂中有事,不返家宿矣。写信复清儿,详告近状,令元孙出投邮。十一时许,潚儿来,因共饭。啖熊肉。（昨日所中配来,谓猎自外蒙者。）

饭后一时半,与潚出,偕乘廿四路转十路到东单大华路口下,走往北京医院,径诣蜡疗室,作疗治。大汗浴体,惟酸楚如故,不即见效也。三时半归,锴、镇、埥三孙俱在。四时半,潚、埥归去,鉴孙来。六时半,汉儿来,遂合坐晚餐,大啖熊肉。饭后,看电视《李时珍》,汉则去云瑞家,托述琇带物与清儿。

九时半,电视毕,锴、镇、鉴三孙归去,予就寝。十时半,汉儿归。

接润儿寅二号信。

2 月 17 日（正月十三日　丙戌）星期六

晴,较和,寒威稍杀矣。

晨五时三刻起。六时半,汉儿上班去。写信壬新二号复润儿,并附致伯衡、葆珍各一信。乃乾电约往饭,因于九时半出,顺便投邮,即乘廿四路转十路、五路始达西华门,径诣乃乾家,晤其伉俪及朱士春。谈至向午,遂共饭;饭后,复谈。近三时乃行,乘三轮东归。四时,潜儿来,少顷与同出,乘廿四路转十路往南河沿文化俱乐部择座晚餐,餐后在阅报室坐待昆曲彩排之开。良久,平伯伉俪至,观众亦陆续来。予与潜乃移坐礼堂第三排,晤允和、铨庵、万里、元善、大琨、圣陶诸人。七时廿分开演,汉儿、鉴孙亦至。彩排凡三折,一、《思凡》;二、《学堂》;三、《乔醋》,十时许散。予与潜乘圣陶车至禄米仓西口下,大琨亦附乘焉。潜儿送予及门即归去。湜儿尚未睡,小坐便就寝。

2 月 18 日（正月十四日　丁亥）星期

晴,寒。

晨五时半起。八时,湜儿挈宜孙赴汉儿家。九时,高谊见过,谈移时去。十时半,潜儿、文权来。近午预、硕两孙亦至,湜儿亦归,遂与元孙等共饭。饭后小憩,潜等皆去。四时许,晓先来谈,近六时去。待汉儿、宜孙来晚饭,久之不至,只得先餐。餐已,埙、基两孙来,盖基孙方自贵阳历六昼夜始返都门,安置行李于校中,遂来谒予也。谈次,知澄儿家都好,筑地春节供应亦甚佳,为之大慰。谈至九时,汉儿等仍未归,基以亟须睡眠,埙乃偕之去。又久之,汉儿、镇孙方送宜孙至。汉、湜为予拭身易衷衣,予乃就寝。汉、镇亦即归去。汉以清近信呈予,知工作仍暂宕,颇为不安。

2 月 19 日 (正月十五日　戊子　元宵　雨水) 星期一

晴,寒。

晨五时半起,湜儿即出,今晚住厂不归云。元孙今日开学。午前写信两通,一复云彬,谈《后汉书·伏湛传》句读事(前日有信来问),并附复中华书局征询印行《文字蒙求》意见;一复琴媳,附润儿信去。午后一时三刻,潘儿始来,乃同往北京医院作蜡疗按摩,三时半返家。未几,潘即归去。六时与元孙等晚饭。接琴媳十八日信,所询诸事顷已先告之矣。九时后,汉儿始来,予已将就寝,在床前谈至十时半乃去东屋卧。

2 月 20 日 (正月十六日　己丑) 星期二

晴,还暖。途中积雪融化,泥泞难行。

晨五时半起。七时后,汉儿、元孙、宜孙皆分别上班、上学去。九时,友琴电约来谈。有顷来晤,与谈近作断句诸书是否可行,属为向所中当局一陈,并告已成《唐诗选》部分成品,即整理交所,俾重行分配(此为所中之意,约定廿六来取)。畅谈至十一时半乃去,假去《樊川集注》两册。

午后二时,乘廿四路转十路,到中山公园,步入人大会堂,径登二楼,诣山西东厅,参加第五组参观访问座谈会。本组凡四十八人,皆去上海及浙江视察者,召集人为梅龚彬、千家驹、刘开渠。在场发言者有覃异之、陈翰笙、王遵明。六时乃散。晤云彬，知去函已收悉，何奎垣以所书扇面授予，予亦以所书扇面交桂庭。并晤庆孚、若定、葆真、半丁、元善等。南光以旅外所摄照片七帧见赠。

散出后，乘十路返东单，车中遇汉儿，巧甚。偕至东单廿四路站，排队者委蜿似龙，挨次候上，至第五辆乃得登。至禄米仓下，方步入巷遇农祥，亦秀伉俪，正自予家出，以未值言归矣。遂强邀之返，与汉、湜、元等共进晚膳。饭后，谈至九时，农祥、亦秀偕去。有顷，汉儿亦归去。予亦就寝。

2 月 21 日（正月十七日　庚寅）星期三

晴，较昨略寒。渐有阴意。

晨六时起。八时后点《通鉴补正》，九时半毕《汉纪五十七》。

十时许，绍基见过，告昨日友琴已将予近况及所作断句工作向所中代达，所中同意如此作，且云只须将加工书名开单报所即可订入计划，并嘱不必因订入计划而过度费力，仍保持适当休息。谈至十一时乃去。

镇孙十时来，为予在政协礼堂购到茶叶及罐制桃子。绍基行后，予即与之同往南河沿文化俱乐部午餐，遇李蒸、陈达、谢家荣。餐后归家，与镇孙谈为学之方。二时半澈儿始来，乃与澈、镇偕出，镇归去，澈则陪予往北京医院作蜡疗，此次在卧待过程中突觉作酸甚至楚，不能耐，护士遂提早十分钟揭去，（此为第四次，一、二两次俱安然，第三次略楚，但能耐过，今则大不然。）施行按摩后即诣李鼎美大夫求诊，说明经过。伊主张改作外功疗，因往外功治疗大夫葛姓处，约后天下午四时往诊，（定每星期一、三、五下午。）然后言归。

晚七时,湜儿偕维零来,遂共饭。饭后顺林来,八时半,湜、零返厂,濬儿亦归去。九时三刻,顺林去,予乃就寝。

2 月 22 日(正月十八日　辛卯)星期四

晴,寒如昨。

晨六时起。九时藏云来访,畅谈至十一时乃去。久无此友朋之乐矣。午后二时出,乘廿四路转十路到人民大会堂参加座谈,刘开渠主席,何鲁、叶企孙、王葆真、王文彬先后发言,予本备说话,插不上而罢。六时散,仍挤十路还东单,挤不上廿四路,适有三轮至,出费四角乘以归。六时半晚餐。八时汉儿来,奎老送近作两首,并临林逋书自制诗,此老风神极健,可喜也。

九时半就寝。汉儿视予贴枕乃归去。盖明日镇孙开学,须为之料理行李也。

2 月 23 日(正月十九日　壬辰)星期五

阴,隔夕有雪,禺中仍见微雪飘扬,气又转寒。

晨三时起便,返床不寐,取《听雨丛谈》翻看之,近五时入睡,六时起矣。缘肩臂酸楚未平,且久停便尔作祟,故时为挠醒耳。强忍动弹,转见舒松,想遵医作外功疗治后或当见效也。

九时后,续点《通鉴补正·汉纪五十八》,近午毕之。时雪霁见晴光矣。午,汉儿来,元孙亦自校归饭,乃与之同面,盖今日燕孙二周岁也。饭后,汉儿上班,元官上学,皆去。予又展《汉纪五十九》点之,申初亦毕。

三时,镇、鉴两孙至,为予购到政协配售物,未几即去。傍晚湜儿归,元孙亦先返,因共夜饭。饭后,汉儿来,谈至近十时去。予乃就寝。

2 月 24 日（正月二十日　癸巳）星期六

阴，寒，时有雨雪。

晨六时起。八时出，乘廿四路转十路到南河沿，径诣文化俱乐部第一会议室，只有刘斗奎及两工作人员在。有顷，作铭、叔湘、志韦、懋绩、梓年、厚宣、藏云、平伯、冠英、新民、岳霖、友渔、旭生、介石、铁生等陆续至。（尚有多人仍未识姓名者，足见此一中心学习组成员真不少也。）

梓年主席，九时开会，先由予发言，继为新民，继为平伯，最后乃由梓年。各讲参观访问所得之观感（予述沪、浙，新民述安徽，平伯述京郊，梓年述滇边）。十二时毕，就餐于礼堂。一时许毕，皆散去。予与叔湘、懋绩仍坐第一室谈，约新民二时半车来过接，同往人大会堂赴会。谈次，叔湘告予，哲学社会科学部所属有十五单位，（一、哲学所；二、历史所；三、近代历史所；四、文学所；五、语言所；六、民族所；七、考古所；八、法学所；九、经济所；十、亚非所；十一、拉美所；十二、国际问题所；十三、中国自然科学历史研究室；十四、科学情报组；十五、少数民族语言所。）始悟中心学习组参加人数之多也。二时，懋绩理发去。二时半，新民车来，予乃与叔湘共载以往大会堂，各就本组参加座谈。予组今日到者寥寥，千家驹主席，袁翰青、黄任之先后讲话，休息后，陈通夫讲话，予未及谈已五时半，今日星六，公共交通俱拥挤，提早散会。予以附新民车反，坐待之六时始得行。新民送予至禄米仓西口，乃走归。

湜儿、元孙等已晚膳矣。予少休再就餐，啖面而已。右臂酸楚未已，没精打采，九时即就卧，但难入寐耳。

接润儿廿二日来寅三号信,收予壬一号信。

2 月 25 日（正月廿一日　甲午）星期

晴,寒。有类严冬。

晨六时起。竟日未出,上午闲翻架书。下午晓先来,谈至四时半去。维零五时许来,六时即与湜儿先饭,未几即同往天桥剧场听音乐观歌剧。剧终后将径归厂宿。

午前,湜儿有信寄清儿,予写一笺附入之。午后,予又写信两封,分寄润、琴,皆附入元孙信及近照。此三信皆交湜去天桥途中乘便投邮。汉儿来,为予去朝内市场购物,因共夜饭。饭后,锴之同学二人来看电视,是日电视为三出话剧,一为《三块国币》,二为《群猴》,三为《名优之死》,皆佳,而末一出更激动。锴、鉴两孙却于八时后始来。九时半,汉偕鉴先归去。十时电视毕,锴乃偕其二同学去。予服药少休亦就寝。

2 月 26 日（正月廿二日　乙未）星期一

晴,酷寒,春风多厉,料峭乃尔。

晨六时起。午前点毕《通鉴补正·汉纪》六十、六十一两卷。九时,友琴见过,谈移时去,即以《唐诗选》初稿一部分(自王绩至刘长卿)交之。此一工作将别属他人,在予告一段落矣。今后将以秉烛馀明恣情读书耳。

午后二时,潏儿至,少停,遂与偕出,乘廿四路转十路往北京医院理疗科。寻得葛大夫为作外功疗,挝、提、扭、拍,殊类昔日理发师所为,惟易拳掌拍为橡皮拍而已。历时十馀分而止,尚觉舒适,旋属转体疗,乃诣体疗室求诊。旷然一室内,体育馆操具略备,而阒其无人,久之来一青年大夫姓杜,似为转业军人,粗述运动之益,便令予随伊动作,颇似教小学生体操,予学得四动作,嘱归家时练云。三时半即离院,仍循原路归家。薄晚,汉儿来,元孙亦已放学返,乃与潒、汉、元同饭。

饭后,无电视,遂闲谈,八时半潒先去。九时四十分,汉亦去。予乃就寝。今日体疗之后,肩臂之酸乃加剧,时时为楚痛所醒,殊不可解。

2月27日（正月廿三日　丙申）星期二

晴,寒。

晨三时酸醒,起溲,五时又然,六时不得不起矣。臂痛加剧,为之奈何！

九时三刻,乃乾见过,谈影印《四库提要》及《段注说文》事,并及其他印行古籍事宜,因留与共饭。饭后二时复与偕出,共乘廿四路转十路到中山公园下,乃乾再换五路返家,予则步入人民大会堂参加第五组座谈会。晤元善、云彬、桂庭、南光、庆孚诸人及三召集人。三时开始,雪莹、学忠二人讲话,（报名讲话者不少,予又推迟一期矣。）五时三刻散。乘十路返东单。已六时一刻,正下班放学之时,廿四路车排队如龙,竟不得上,适有一三轮过,出费五角乃乘以归家。

湜儿已在夜饭,元孙则尚未返。有顷,元归,予乃与共饭。饭后看电视越剧《桃花扇》,九时半毕,即就寝。

2月28日（正月廿四日　丁酉）星期三

晴,有风,仍感料峭。

晨六时起。午前随意点阅《通鉴补正》。午后本须往北京医院作外功治疗，二时后，潗亦来，但为风大，及不大起信之故，遂未果出。上午十时独往文化俱乐部午餐，遇周亚卫、刘定五，归途由三路到北池子转一路无轨回南小街，再转廿四路到禄米仓，顺换三月乘车月票。十二时已到家，元孙犹未下学也。待久之，始见归饭。

佩媳午后来省，二时前上班去。晚，琴媳自安定劳动归来，明日可休息一天云。接滋儿亳一号信，知安抵彼处，正忙于工作也。

夜饭后，汉儿、鉴孙来，同看电视《堂吉诃德传》。潗儿夜饭后归去，汉、鉴则止宿西屋中。

十时就寝。

3 月 1 日（正月廿五日　戊戌）星期四

晴，风中仍料峭。

晨六时起。七时，汉儿上班去。八时，鉴孙上学去。元、宜两孙亦依时上学。予写信壬京一号寄复滋儿。午前随手点阅《古今类考》。午后本当出席参观访问第五组续谈，乃以政协文教组扩大座谈会，第九组亦于同时开会，遂改赴西城焉。下午二时出，乘廿四路迭转十路、七路始达政协礼堂。先上三楼购物，仅得茶叶一包，乃至二楼中休息室参加第九组座谈。吕振羽主席，先后由陈明德、徐邦达、翁独健、王天木、吴仲超、邵循正发言，五时半散，同在礼堂西侧厅聚餐，宋云彬、陈万里、韩寿萱皆与焉。七时散，予乃走白塔寺乘一路无轨东返，在南小街转廿四路归家。

浞儿已归，琴媳、元、宜、燕等俱已夜饭矣。予小坐至九时乃就寝。

3 月 2 日（正月廿六日　己亥）星期五

晴，略暄。

晨五时醒，倚枕看《能改斋漫录》，六时半起。昨接予同二月廿六日复书，以予前编《廿五史参考书目》为问，并勖以撰写西谛兄年谱。故人殷望，殊可感，奈精力不济，何因此惓怀亡友，怛痛无已。

无聊之馀，勉摊故书点读之，迨午毕《通鉴补正·汉纪六十二》，完全书七十卷矣。臂楚累月，迭诊罔验，今晨更甚，几不任执笔，强为之，殊不适，为之奈何！

濬儿十时许来告，文权感冒，谓出买药，一转即去。午后本想往政协礼堂参加双周座谈，听侯仁之讲北京城历史，惮于出门而罢。只索忍楚再点《通鉴补正·汉纪六十三》，垂暮亦毕。适中华书局送线装标点本《三国志》八册至，因就所附勘误表一一改正，继灯至七时乃完。适琴媳、湜儿、元孙等皆归，遂共夜饭。

饭后看电视，八时十分即完，属湜儿为予抹身，而己自洗足，草草将事，易衷衣就寝。

3 月 3 日（正月廿七日　庚子）星期六

晴，仍寒。

晨五时半湜儿出，行前予属将医院前配之追风膏烘热为予贴上，或者此膏转能略挥效能乎？上午点毕《通鉴补正·汉纪六十四》。

午后二时出，乘廿四路转十路到中山公园，走诣人大会堂山西东厅参加第五组座谈。千家驹主席，予首先发言，宋云彬继之，张庆孚、张励生又继之,五时半散。下周如何进行须通知再定云。与云彬、桂庭、异之、元善、通夫偕出会堂,车挤不得上,予久候乃上一路车,到方巾巷后只步徐步而归。过一文具小店,乃购得信封百枚也(近日市行信封多花丽胡哨,殊不入目,求其素净大方,稍堪把看者,殊不多见,今求其次,居然见淡监细格之线制成之品,因购以归)。夜饭后,基孙、汉儿先后来看电视《山鹰之歌》。九时三刻,湜乃归。十时十分电视毕,汉、基皆去,予亦就寝。

3 月 4 日（正月廿八日　辛丑）星期

晴,气转暖,日中竟感麀糟。

晨六时起。上午闲翻架书。午后锴孙、鉴孙、镇孙先后来,并其同学亦偕至,闲谈达暮,汉儿亦至,佩媳、铿孙却先至,因共夜饭。饭后,同看电视,濬儿、文权亦来,予畏喧,独坐斋中打五关而已。十时半电视始毕,诸人皆去,予乃就寝。

3 月 5 日（正月廿九日　壬寅）星期一

晴,暖。晨有薄冰,有雾,有霜。

五时半即起。六时五十分,濬儿来,予空腹偕之出,就北京医院检验血糖与尿糖。公共汽车太挤,予独乘三轮往。比验毕,濬始由廿四路转到。在院遇戴白韬。八时即离院,走东单乘廿四路归于家。濬儿旋归去。国子监书友刘清源来,谈移时,十一时半乃去。

续点《通鉴补正·汉纪六十五》,午后三时毕之。元孙四时三刻归,宜孙五时四十分归。

六时半晚饭,湜儿七时来饭,饭后仍返厂去。今晚无电视,听广播至九时半,琴媳方归。盖参加学习未归夜饭也。十时就寝,倚枕看《西湖游览志馀》。右臂酸楚未愈，且延及中背及左肩矣。

3月6日（二月大建癸卯　癸卯朔　惊蛰）星期二

初阴，旋晴，气不甚寒。昨夜有风甚大。

晨五时半起。八时后，点阅《古今类传》。接人大常委办公厅电话，下午三时仍继续座谈参观访问事。午后一时五十分出，乘廿四路转十路到中山公园。遂购年票入园，径诣唐花坞一看兰花展览。寥寥数盎，且无名种，殊有负门首大牌云云也。一巡便出，即走往人大会堂山西东厅，应约赴会。三时开会，梅龚彬主席，章元善、荣毅仁、于学忠、张德钦、千家驹等错杂发言，于各地发行工业券、烧柴、牲畜饲料、天然气利用诸问题皆有阐述。五时三刻散，主席宣告座谈暂告一段落，续开与否，须另候通知云。出会堂后乘十路到东单，雇三轮以归。

夜饭后，潏、权偕来，同看电视越剧《红楼梦》。接润儿四日下午写寅四号信，附照片四帧来。十时半，越剧演毕，潏、权遂去，予亦就寝。是夕琴媳在美术学院参加辅导课，九时半归。

3月7日（二月初二日　甲辰）星期三

晴，和。

晨六时起。竟日未出，点阅《古今类传》。写信分寄予同及润儿。上午十时三刻，潏儿为予购物来，午饭后去。下午三时，佩媳来，鉴孙来，佩仍上班去，鉴则假湜儿唱片八张携往伊校。

晚饭时，湜儿归饭。饭后看电视。顺林来访，九时许电视毕，顺林为予修门亦辞去。

十时就寝。琴媳学习后归，已十时半。

3 月 8 日（二月初三日　乙巳）星期四

晴,和。深夜有风。

晨六时半起。八时廿分潜儿至,乃同往北京医院就诊。车仍挤,无法觊空也。在院晤东纯、俊龙。候至近十时,始由郭普远大夫接诊,并知日前检验结果尿糖已无问题,血糖亦仅一三一单位耳。糖尿病基本已愈矣,为之大慰。量血压则为一八〇至八〇,虽略高,且仍感距离太大,但随时注意亦并无妨害云。重开药方,大致因前,加芦丁及咳嗽糖浆耳。至风湿性痛则云理疗反应本各因体质而不同,又配冬青药膏一小盒,属且朝夕搽患处,或能见效也。十一时取药毕,乃与潜乘三路到南河沿就餐于文化俱乐部。遇大琨、绚伯及芝轩夫妇。

餐毕,乘八路北至沙滩转十二路无轨回南小街,再转廿四路归家。下午二时半,汉儿来,因与潜、汉偕出。潜归去料理,予与汉则往日坛公园小坐,并漫步园林,顺过芳草地商场一转,买得沪制水果刀一柄,仍缓步而归。五时,潜儿复至,琴媳、元孙亦归,遂同夜饭。饭后,潜、琴及许妈往王府井大街首都剧场观话剧,汉则往虎坊桥工人俱乐部观京剧。盖今日三八妇女节,各工会都有戏票招待女同志也。

傍晚,接葆珍六日复信,知予上月十七日属漱儿转去之信已送达矣。潜等行后,予与孙辈看电视京剧《武则天》。至九时,予属湜儿为予搽冬青油膏,旋即就寝。

3 月 9 日（二月初四日　丙午）星期五

晴,煦。

晨五时即醒,肩背臂皆楚矣。六时起,稍稍活络反觉好些。八时后,写信复葆珍,并写壬新五号信寄漱、润,即以此函附入,仍属漱送交之。

午后续点《通鉴补正·汉纪六十六》,至五时许完十六页耳。

接汉达电话,约后日上午十一时与高谊会文化俱乐部。

琴媳、湜儿傍晚皆归,因共晚饭。饭后看电视苏联影片《伟大的公民》上集,九时半毕。予就寝前琴媳为抹冬青油膏。

3 月 10 日（二月初五日　丁未）星期六

晴,有微风,气仍煦。

晨五时即起,由湜儿为抹油膏。五时三刻,湜即赴厂。

八时独出,徐步由东石槽、遂安伯胡同、官房大院、无量大人胡同径达金鱼胡同和平宾馆,参加科学院哲学社会科学部中心学习组座谈。到者甚众,潘梓年主席,刘导生讲访问福建观感,顺述厦门举行"郑成功收复台湾三百年纪念会"情形（约占半小时）,继由刘大年讲出席巴基斯坦史学年会情形（约占二小时半）。十二时聚餐,予与平伯、琢如、奠基、岳霖、李俨（尚有四人未之识）同席。馀二席识者为梓年、导生、大年、铁生、藏云、介石、旭生、志韦、默存（本所参加者尚有冠英、棣华以事先行）,厚宣、君辰、斗奎等。午后一时廿分散。予独赴东安市场、百货大楼一转,拟买笔未得,在帅府胡同西口雇三轮归。

锴孙、鉴孙先后来,鉴为予送物至,少顷即去。锴请示读书疑义数事,五时许亦去。锴去,堉孙来。六时半,湜儿归,遂与元孙等同饭。饭后看电视,八时堉孙去。予下午曾续点《通鉴补正》,接灯时读毕《汉纪六十六》。

吕朗为润儿带来之物,今日下午饬李妈取来,中附七日写寅五号信。九时半,电视毕,予乃就寝。琴媳以三八节工会请看越剧,十一时半始归,予早入睡久矣。

3 月 11 日①(二月初六日 戊申)星期

晴,煦。

晨六时起。八时出,乘三轮赴南河沿文化俱乐部,应民进中央各小组联组会之招。九时开会,到王恪丞、许广平、杨东莼、葛志成、严景耀、雷洁琼、吴文藻、谢冰心、陈选善、陈慧、徐楚波、巫宝三、陈麟瑞、董守义、余之介、林汉达、冯宾符、徐伯昕及工作同志徐、王二人。守义、麟瑞传达北京市第三次会员代表大会情况后,由谢冰心讲参加开罗亚非作家会议观感,并及会上、旅中种种花絮。最后陈慧讲个人体会。十二时半散,同过北京餐厅聚餐,定谭家菜两席,予与汉达、楚波、麟瑞、宾符、景耀、文藻及徐、王同席。席散,徐君坚欲雇车送予,乃与汉达闲谈,俟至二时半,始车送到家。汉达与徐君皆小坐而别。三时半圣陶、至善见过,谈至五时三刻去。在文化俱乐部遇高谊伉俪及汉达夫人,回家后见到维零姊弟。

六时半夜饭。饭后汉儿、鉴孙来同看电视转播武汉京剧团高盛麟演出《洗浮山》。九时半汉、鉴皆去。予乃闭机,取汤洗足抹身(湜为擦背),易衷衣就寝。

宜孙晚饭后忽发高烧,且喉痛,亟由琴媳、元孙陪往赵家楼医院就诊,良久乃返,知又为扁桃腺肿胀所致,注射青霉素并属明日

①底本为:"习习盦日记第二册"。原注:"起一九六二年三月十一日,止四月三十日。参加第三届全国政协第三次大会正在此时。壬寅清和月下浣之二日,容翁记。"

尚须前往续注此药也。

3月12日（二月初七日　己酉）星期一

晴，煦。

晨六时起。湜儿五时半即出，云今日住厂不归，明日上午须备课也。八时后，续点《通鉴补正》，至午后三时半毕《汉纪六十七》。

瀋儿上午九时来，为予出购物，并为执炊煮蛋肉，备后日予生日用也。因共午饭并晚饭。下午四时后，点段氏《六书音韵表》。晚七时半，瀋儿归去。八时半就寝。琴媳十时后始归。

3月13日（二月初八日　庚戌）星期二

晴，煦。

晨五时半起，肩背整片作楚矣。八时出，乘廿四路转十路，到中山公园下，然后步往人大会堂南门，径入人大常委会议厅，参加联组座谈。九时开会，李维汉主席，千家驹讲关于实行购货券的问题，邓初民讲关于人民公社问题。十一时休息，旋由李书城讲参观云南的各种观感，十二时一刻始散。循原路归。在场晤董渭川、倪征燠、涂允檀、安若定、覃异之。

午饭后接滋儿十日亳二号信，复予壬京一号，知漱、润寄伊之信亦转到，且已径复上海矣。又接平伯函示予近作三首。二时后，点《六书音韵表》。

湜儿傍晚归。夜饭后看电视李世济、谭元寿等合演之《梅妃》。九时半毕，汉儿来，谓自三里屯望铿孙。有顷，琴媳亦归。先是佩媳于下班后来省，知铿孙又患肺炎（琴媳亦于中午去过），刻已稍平云。十时就寝。汉儿归去。

3 月 14 日 (二月初九日　辛亥) **星期三**

晴,煦,但有风。

晨五时半起。湜儿即出。八时后续点《六书音韵表》,越时而毕。

十一时,潇儿来,午饭后为予治馔,盖今日为七秩晋三之辰,儿辈当来吃面也。二时,汉儿即至,三时后雪英至,五时后琴媳归。元孙归。文权、锴孙、鉴孙、佩媳、湜儿,维零亦陆续来至。志华亦到。七时,遂围坐小饮,适上海信来,乃漱、润、淑三儿,笙伯、静发两婿,弥同、阿曦、宪麟三外孙联名祝寿者,甚以为欣慰矣。八时后,潇等皆先后去。十时就寝。

是日点毕《汉纪六十八》。

3 月 15 日 (二月初十日　壬子) **星期四**

晴,有风,仍料峭。

晨五时半起。湜儿即出。上午点毕《汉纪六十九》。饭后写信三封,分复清儿太原,润儿上海(壬新六号),滋儿亳县(壬京二号)。

铿孙发烧未退,琴媳午间往看之。似为痧子,当避风,佩媳于是担惊甚,予遥为萦念使不出力,颇纳闷。琴媳归来晚饭,饭时潇儿、汉儿、文权至,谓自三里屯来,佩媳欲琴媳于七时半会东单三条儿童医院,拟请张静容大夫往诊铿孙。于是,一面具餐授潇等,一面即属琴媳赴三条。

七时三刻,看电视苏联影片。九时,琴归,知已晤佩、静,明晨上班前,静可过三里屯一视云。其时电视适毕,潇、汉皆归去。予亦就寝。

3 月 16 日（二月十一日　癸丑）星期五

晴，北风加劲，吼啸如虎，料峭之感益盛。

晨五时半起。本约乃乾同往科学图书馆参观善本展览，畏风不果，电约改期。遂摊《通鉴补正·汉纪七十》点读之，向午而毕。

十时许，得佩媳电话，知张大夫已去三里屯看过铿孙，确系痧子，允明午再往复诊，并带药前去云。因坚嘱避风，悉心看护，不必过于矜张。

午后，又续点《补正》，垂暮毕《晋吴纪一》。夜饭时，琴媳、湜儿都归。饭后潘、权来共看电视。

接十四日润儿寅六号，知予壬新四、五号同日到，且五先于四半日，奇矣。何邮途又不正常如此耶？

九时许，电视毕，潘、权去。予又属湜儿为予涂冬青油膏于右肩，然后就寝。此次风湿痛顽强殊甚，两月以来未见稍减，疗治鲜验则亦听之，儿辈苦劝乃复抹之，自慰者少塞望者多耳。

3 月 17 日（二月十二日　甲寅）星期六

晴，仍料峭，惟风势已稍杀。

晨五时半，湜儿来榻前辞出，予因亦坐起。七时后，展《通鉴补正·晋吴纪二》点读之，近午乃毕。佩媳本约午后有电话来，告铿孙痧症状况，比晚不至，予又无由通电与之，颇以念。潘儿昨亦云，今日当去三里屯看之，宜来报，亦竟未至。晚饭后，汉儿偕镇孙来，待潘未来，九时半亦归去。

是日午后，续点《通鉴补正·晋纪一》之半。夜又看电视朝鲜影片《春香传》。宜孙之师孙姓者来共看之。

十时就寝。

3 月 18 日（二月十三日 乙卯）星期

阴昙间作,仍感料峭。夜雨又夹雪。

晨五时五十分起。七时后续点《晋纪一》,近午完之。湜儿八时即出练歌。琴媳晨赴菜场购菜,旋又赴政协礼堂购物,十时后复齐物往视铿孙,近午归,谓铿孙经过正常,张大夫今晚将再往一视云。

午后小盹,又续点《晋纪二》,至四时完十六页。湜儿归饭,饭后为予赴王府井购笔。

夜饭后,元孙、李妈去蟾宫看电影《刘三姐》。予则在家看电视舞剧《宝莲灯》。十时就寝,仍令湜儿为予涂冬青油膏。元孙等归值雨矣。

3 月 19 日（二月十四日 丙辰）星期一

阴霾,薄寒。

晨五时醒,六时起。湜儿六时前出。八时半老赵车来,因乘以出,过接冠英同往和平门外虎坊桥前门饭店向政协大会报到。遇外庐,立谈片刻,旋即回辕,先送冠英而后归。开会何日,犹未见明文也。

午后二时,乘廿四路北至九条,走八条访圣陶,以赴社开会,未值,便西行至东四北大街,乘四路环行至石碑胡同,再走南长街转五路到西华门访乃乾。谈至五时半乃归。先乘五路到人大会堂前,再转十路回东单,雇三轮达于家。夜饭后,续点《晋纪二》,至九时许毕之。汉儿、鉴孙来，知已去三里屯看铿孙，痧子已回，经过良好，且带来滋儿与佩媳信，伊工作又调往吴庄大队矣。情绪甚佳，至慰也。十时半，汉、鉴始去，予亦就寝。

3 月 20 日（二月十五日　丁巳）星期二

晴，时起阴翳，午后风又作，气仍不暖。

晨五时醒，六时起。八时后续点《通鉴补正》，至午后三时毕《晋纪三》。琴媳午间曾去三里屯看铿孙，知一切尚好，归报后仍去上班。

接润儿十七日来函，复予壬新六号，知正忙于工作，五一前当可返京一行云。即复以壬新七号。同时接十五日聿修汉口信，颇悼念致觉，且知伊亦已年届花甲矣。为之黯然。

湜儿傍晚归。潘、权五时来。元孙亦先返。晚接清儿十五日信。六时遂同晚饭。饭后潘、权看电视沪剧《罗汉钱》，九时半毕即去。十时就寝，仍由湜为予搽冬青油膏。

3 月 21 日（二月十六日　戊午　春分）星期三

晴，有风，仍感料峭。

晨五时四十分湜儿出，予六时亦起。八时点《通鉴补正》，十时毕《晋纪四》。写信复清儿。十一时半潘儿为予购物来，因共饭。饭后为予理发，二时许去。予乃续点《晋纪五》，至四时毕之。五时三刻煮面食之。

六时廿分出，乘廿四路转十路往民族文化宫，车中挤甚，植立而已。七时抵门，遇金子敦、李平心，遂同入，参加民进中央常会茶话会，盖招待各省市民进会员之来京出席列席全国人大政协会议者。到周建人、许广平、杨东莼、王恪丞、葛志成、张纪元、赵朴初、吴研因、顾均正、傅彬然、徐伯昕、陈慧、顾颉刚、郑晓沧、周瘦鹃、严独鹤、吴文藻、谢冰心、雷洁琼、冯宾符、冯少山、徐楚波、董守义、林汉达、金子敦、李平心等三四十人。予与子敦、彬然、研因同席，后又与均正、汉达同座长谈。九时散，予乘均正车与陈慧、颉刚同乘返。予自小雅宝胡同西口下，步归于家，湜儿正在予座看书也。有顷，琴媳亦归。十时，予易衷衣就寝。仅属湜涂油膏，未及洗抹也。

3 月 22 日（二月十七日　己未）星期四

晴，午后仍有大风，殊未见暖。

晨五时五十分出赴厂。予六时亦起。八时潏儿来，因与同出，乘廿四路至东单，走诣北京医院就诊于郭普远大夫。以挂号在先者未到，予得径接之。据郭详诊，并连作心电图两回，透视胸背摄照片，知血压已略降，但心脏稍异常，除仍服前药外，又加两种，冀血压能再降而促强心。

十时离院，因偕乘十路到中山公园，在唐花坞看花，旋缓步东行，十一时抵文化俱乐部，遇唐兰、王力、张绸伯、李燕。与了一言，颇冀其《古代汉语》之编法。食次，汉儿至，告以芷芬事得解，人教社招伊谈，知芷芬已于去年九月追摘右派帽子，且致恤一年俸云。（致函教育部三次，今始得白，盖人教社办事延搁所致耳。）十二时餐毕，潏、汉翼护予归（仍循原路）。车上遇葛涛，又备承招拂，可感也。

下午二时，汉上班去，三时潏归去。外文出版社王炯光来洽《史记选》译德文事（此事予南行参观时即来商，今乃面询始得达意),移时去。予续点《通鉴补正》,至暮尽《晋纪六》之二十页,约得此卷三之二强。

夜饭后,琴媳归。予与元孙看电视话剧《吝啬人》,九时半毕。洗足就寝。湜儿住厂未归。

3月23日（二月十八日　庚申）星期五

晴。

晨六时起。剪趾爪,眼既不锐,腰背又硬,历半小时粗粗了事,犹出血一处也,殊恼。九时半老赵（名富斌,今始询知之）车来,已先接冠英,遂同乘以赴人民大会堂,伊在二楼西藏厅,参加十五小组,予则直上四楼西南厅,参加三十三小组。九时后,三十三组开会,先由召集人刘定安传达大会秘书处安排过程,继乃推选组长,结果以刘定安为组长,刘型、黄子卿、陈达邦为副组长（陈乃此次被邀列席者）。此组共四十人,内列席者六人,熟人如叶景莘、陈半丁、吴文藻、金芝轩、董守义（以上四人皆系民进中央委员）、何鲁、梅汝璈、倪征燠、秦德君、凌其翰、徐行之（徐为列席）等,皆把晤之。十一时散会,即诣二楼餐厅进膳,予与冠英、振勋、济民同席。饭毕与唐弢及其友同车归（唐等到新侨别有会）,冠英则与周扬过东单头条云。

到家后,续点《补正·晋纪六》,至三时毕之。老赵三时五分来,予乘车过接冠英,再过东交民巷新侨饭店接其芳、唐弢同诣人大会堂,参加全国政协第三届第三次大会开幕式。四时开会,周总理主席,致词后由本会副主席陈叔通报告两年来工作情况,五时许即毕。予与其芳、唐弢、冠英同车赋归。先送何、唐返新侨,再送俞〔余〕,然后送予。到家元、燕两孙已在应门矣。

薄暮,湜儿归,遂共夜饭。饭次,琴媳亦归同饭。饭后,濬、权来同看电视。八时半,汉儿至,云自三里屯来,铿孙已大好矣。九时半电视毕,濬、权去。十时,汉去。予仍令湜为予抹冬青油膏乃就寝。

3 月 24 日 (二月十九日　辛酉) 星期六

晴,稍转温。

晨六时起。八时后阅政协送来文件。下午点读《通鉴补正·晋纪七》,仅得十六页。汉儿来,谓明晨即会同人赴通县富豪村文化部生产队劳动,为期仍一个月,五一节前可返京,且每二周可回城一次云。既而为予出购点心。五时后归去。六时,濬儿来,送面,盖明日为硕孙二十生辰也。湜儿归,濬已去。

晚饭后,湜去三里屯看铿孙,予在家看电视歌剧影片《春雷》。九时半就寝,湜亦归。

3 月 25 日 (二月二十日　壬戌) 星期

晴,连日以来每日午则风作,今尤甚,由是户外颇寒。

晨六时起。上午坐斋头听广播评弹,并打五关为遣。元孙为予往政协礼堂购到茶叶、水果。午后湜儿出练歌,琴媳挈元、宜两孙游中山公园,予独倚榻小憩。三时后,续点《通鉴补正》,四时半毕《晋纪七》。是夕政协大会有京剧见招,一以畏风,二以不欲烦车,遂未往。

颉孙四时来,谈至五时,琴媳携元、宜两孙归;又谈有顷,乃辞去。傍晚湜儿返,共饭。饭后,又去听音乐,当夜回厂,明日不归,须后日乃返家云。

看电视歌剧《货郎与小姐》,十时始毕,即寝。

3月26日(二月廿一日　癸亥)星期一

晴,下午仍有风。冷暖不时,诚难将护。

晨六时起。七时后,阅读大会预发文件,抵午四种都阅毕。午后本拟往访圣陶,以电话中知伊又将赴教育部开会而罢。坐有顷,觉无聊,乃独出散闷,信步乘廿四路北去,在东直门大街转七路无轨赴北海(此路西由西直门延长至白石桥矣),诣天王殿参观清代民俗画展览,乃以星一休息,又扑一空,遂入渡船候渡。水滨招风,颇不舒,三时始撑至漪澜堂,扬长出前门,乘九路无轨到故宫下,径诣皇极殿西庑,参观沈石田、陈老莲两纪念展览。四时循三大殿出午门、端门、天安门,只索缓步东行,直造南河沿文化俱乐部。遇其芳。五时半即餐毕。乘三路到东单,换乘三轮归于家。李妈见告,有电话明晨九时听周总理报告,予询以地点及何处来电话,均不能详,乃电询至善、冠英,皆答未知,予只得纳闷而已。

夜饭后,湜儿、维零归来,互谈至九时半,仍同回厂。予则就卧矣。

琴媳九时归。十一时半政协送紧急通知来(琴媳开门接下),明日下午四时,人大正式开会云。予方悟李妈所接之电话,或为民进乎?

3月27日(二月廿二日　甲子)星期二

晴,稍暖于前昨。

晨五时半起。七时续点《通鉴补正》,至午毕《晋纪八》。又以其间看毕昨晚政协送来之文件一种。午后三时,老赵来接,遂乘以过冠英,同往新侨饭店接其芳、晦庵,直诣人大会堂列席第二届全国人民代表大会第三次大会。指定坐第十九排四十四号。四时开会,毛主席以次党政领导咸集。先由朱委员长报告开会,继由周总理作政府工作报告,至五时半完结国际形势部分,朱委员长宣告明日下午三时半继续报告国内形势部分。旋即散会。予与人丛中未见其芳等,在大门口犹豫久之,遇君迈,乃同往餐厅晚膳。膳后再下楼出门,老赵正在招予,始得与冠英、晦庵同车,送晦庵回新侨饭店(其芳已先行矣),再送冠英,然后归家。

夜看电视中国京剧团四团演出之《龙女牧羊》。八时湜儿归。十时就寝。琴媳何时归? 予早入睡未之闻。

3 月 28 日 (二月廿三日　乙丑) 星期三

晴,有风。风中颇冷,仍有霜冻。

晨六时起。八时半老赵车来接,顺过冠英、唐弢,同赴人大会堂各参小组。予组谈昨日周总理国际形势,倪征燠谈外交情况,恰与周报告相阐明,仿佛绘一指掌图,甚佩。十一时半散会,在餐厅用膳后,在车上聚余、唐,车送各归。

下午三时老赵复来,顺接余、何、唐同赴大会堂,继听周总理政府工作报告。三时半开始,讲国内形势及今后工作任务,六时半乃毕。仍就餐厅饭而后归。

夜七时看电视。潘、权及锴孙先后来,湜早归来晚饭。九时半,潘等去,予乃就寝。

3 月 29 日 (二月廿四日　丙寅) 星期四

晴,仍冷,风已稍戢。

晨五时三刻湜出。予六时亦起。八时半老赵来,顺接余、何、唐同到人大会堂,各参小组。

晤芝轩、守义、文藻、奎垣等,听陈钧、曾昭抡、黄子卿发言,十一时半散,仍在餐厅午膳,如昨车归。

接滋儿廿四日来亳三号,即以壬京三号复之,告铿孙已痊,汇来款项已到。下午二时后,老赵又来,过接冠英同赴人大会堂小组会。

三时开会,听梅汝璈、熊大仕、盛彤笙及白薇发言。五时三刻散,过餐厅晚膳,晤渭川、云彬、第周。六时半归家。佩媳来,即以滋信示之,并将复信交伊付邮。盖此信在车带出,彼返途中竟遗忘之也。

七时,佩媳归去。予与元孙等看电视木偶戏。九时半就寝。

琴媳十时归,盖往三里屯看铿孙也。

3月30日（二月廿五日　丁卯）星期五

晴,煦。

晨六时起。八时出,与冠英、晦庵同赴人大会堂参加分组会议。午饭后归。下午二时半出,与冠英赴会。晚饭后归。上午吴文藻、凌其翰发言。下午卢宗澄、赵世兰、陆殿栋发言,会上晤半丁,即以奎垣所书扇面属绘。晚归时,湜儿适返。

七时后,儿辈看电视,予则独坐灯下点读《通鉴补正》,九时毕《晋纪》。九时半就寝,睡不甚安。

3月31日（二月廿六日　戊辰）星期六

晴,煦。

晨六时起。八时十分老赵车来,过接冠英、其芳、唐弢同赴大会堂,各参小组。晤异之询诗。九时开会,黄子卿主持,仍照昨法,先请梁守槃朗读周总理报告第二部,然后陈钧、徐行之发言,秦德君继之,十一时半散,如餐厅午饭。饭后车归。稍休,二时半老赵复来,仍过接冠英二人赴会。三时开会,仍由黄子卿主持,先由刘定安发言,继由予发言,继由曾昭抡发言,五时四十分散,过餐厅晚饭,遇唐弢,饭后先送唐往民族饭店开会,继送冠英,最后送予归。

琴媳归饭,湜儿则有电话告许妈,谓不回晚饭云。七时开看电视。潘、权、硕来。予仍灯下点读《通鉴补正》。九时半电视毕,潘等去,予亦点完《晋纪十一》开首八页。因即就卧。而湜儿亦听毕音乐归来矣。

4 月 1 日 (二月廿七日 己巳) 星期

拦朝大雨,继以飘雪,方欣如膏春雨,忽焉挟风春雪,又不免为岁事杞忧。乃近午雪止,未初竟放晴,但大风如吼,料峭益甚耳。

晨六时起。八时晓先风雨中来,谓访子敦、勘成后特过我一谈云。絮话及午饭而后去。

湜早出练歌,过午始归饭。下午五时即晚膳,以约冠英于六时同赴政协礼堂晚会也。五时五十分老赵车来,遂乘以过接冠英,在文化部前上车,厚宜附焉。到礼堂未及六时半,前数排都已占满,予三人仅得在第十排西偏得座耳。座上晤斐云,与谈久之。其他熟人不少,点首招呼而已。七时一刻开,为中国京剧第一团所演《桃花村》,即《花田八错》之改本。杜近芳、袁世海主演。十时散。仍由老赵送归。

琴媳、湜儿尚未睡,为照料焉。十一时就寝。屋外风益大。

4月2日（二月廿八日　庚午）星期一

晴，风急气寒。

晨六时起。湜即赴厂，今晚住彼备课云。八时十分，老赵车来，乘以过接冠英、晦庵，同赴人大会堂分参组会。九时，予组开会，刘定安主持，由盛彤笙朗读周总理工作报告第三部分毕，秦德君、白薇发言，休息后，刘型发言。十一时四十分就餐，言未毕，俟下午续谈。餐后仍归休。

接湜儿电话，今日仍归家晚饭，不宿厂也。予即以其间点毕《通鉴补正·晋纪十一》。二时十分老赵又来，过接予及冠英，同赴会。晤云彬、渭川、通夫等。三时开会，听刘型续谈，休息后凌其翰发言，就精兵简政问题立说，结合知识分子队伍发挥，语颇精辟。五时四十分散，赴餐厅就食，遇冠英，遂与同席。六时十分，偕冠英同乘而归。今晚西藏自治区筹委会在民族文化宫设有上海戏剧学校藏族学生毕业班演出藏语话剧《文成公主》，曾有柬相招，予以同车者皆不往，未便独占车辆，亦割舍之。

夜，湜儿仍归饭，鉴孙亦来。九时，鉴孙去。予取汤洗足，仍由湜儿帮予擦背，然后易亵衣就卧。

晚晓都见冰。

4月3日（二月廿九日　辛未）星期二

晴，仍有风，春寒未解，至难将息。

晨五时半，湜即赴厂，予亦为之即起。上午未出，展读严氏《通鉴补·晋纪十二》。饭后接点，二时始毕。有顷，老赵来，已先接冠英矣，同驰人大会堂参组会。听沈济川发言，喻楚杰、黄子卿都有话,五时廿五分即散,就餐后在车中候冠英。六时半同车往北京工人体育馆应全国体委会之招,参观体操、乒乓球优秀运动员表演。予与冠英坐北台第二排,七时半开始,凡自由体操、平衡木等十项,继以乒乓赛五场,优美活泼,坚强壮实兼而有之。我国体育前途光焰万丈,颂赞无已。十时毕,老赵送予等以次归。

湜儿归家夜饭后曾去三里屯省视,已返厂矣。琴媳甫归。十一时就寝。

4 月 4 日(二月三十日　壬申)星期三

晴,较前昨稍回暖。

晨六时起。八时廿分老赵来,乘以过冠英,同赴大会堂参会。九时开会,刘型主持,金芝轩、盛彤笙、刘俊峰、陈钧发言。十一时半散。

午餐后归休,在场晤孙君立,匆匆未及多谈。同组廖华以《粤西诗稿》、《粤东诗稿》各二卷见示,属提意见。盖此次参观访问所得,殊佩多产,猥承下问,洵有愧于孤其深望耳。

下午二时半,老赵仍来接予及冠英赴会。会上由陈钧、廖华、赵世兰、秦德君发言,五时三刻散。晚餐后归,湜儿正在进餐。七时看电视藏语剧《文成公主》,九时即闭机就寝。琴媳亦归。

半丁以所绘扇面见还,画红白菊花。题云:"土花能白又能红,晚节由来爱此工。宁可抱香枝上老,不随黄叶舞西风。"

此老之心真媲美姜桂矣。

4 月 5 日(三月小建甲辰　癸酉朔　清明)星期四

晴。室已熄炉,出外仍感料峭。

晨五时三刻起。湜儿出赴厂,云今晚住厂矣。

八时半老赵车来,予独乘赴会,盖冠英今日上午在头条宗所主持本所古代文学组组会也。九时开会,刘型主持,陈半丁、吴文藻、凌其翰、钱端升、陆殿栋相继发言。十一时四十分散,组长宣布明日起小组讨论,再延长两天,今日下午休会云。就餐后归休,下午即未出。

二时后写壬新八号书与润儿,十日无信矣。旋点阅《通鉴补正·晋纪十三》,至暮完十九页,终明帝之世。

六时三刻与孙辈共夜饭。饭后看电视转播高盛麟、裘盛戎等合演之《盗御马》《连环套》。潏儿、文权来,琴媳亦归。九时,潏、权去。十时半电视毕,予亦就寝。

宜孙右眼上皮凤疾时作,今日上午琴媳亲挈前往崇内同仁医院眼科诊询,经检查,须于明日集医会诊云。

4月6日(三月初二日　甲戌)星期五

阴,薄寒。

晨五时半起。八时半老赵车来,仍独乘赴会,盖昨又接秘书处通知,小组会再延长两日,至本周末止,即明日亦得参加也。

九时开会,刘定安主持,何鲁、梅汝璈、朱涤新发言,定安结束时亦以农业部掌握粮食数字相告,是民食问题已臻至报之境矣。不胜殷忧。

十一时卅五分就餐厅饭。饭后车归休息。二时廿分,老赵复接予及冠英赴会。三时开会,仍由定安主持,喻楚杰、戴济民发言,刘型补充。五时三刻散。就餐后与冠英同车归。

湜儿归来晚饭。七时看电视乒乓赛影片,潏、权来,八时半即完,潗、权去。予亦就寝。琴媳学习,归已甚晏,竟未之闻门声也。

4 月 7 日（三月初三日　乙亥）星期六

晴昙兼施,仍有料峭之感。

晨六时起。八时半老赵来接,与冠英同赴会。九时开会,陈达邦主持,陈半丁又发言,旋由本组请卅二组顾卓新委员（国家计划委员会副主任）讲国民经济调整计划,盖澄清群言庞杂耳。十一时卅五分散,饭而后返。

到家未久,佩媳来,以滋儿信见呈,知本月中旬可调回合肥候分配工作云。有顷,鉴孙来。二时佩去上班。二时半老赵复来接。鉴亦上学去。三时继续参加小组会。贾潜、钱端升、卢宗澄、赵世兰、刘型发言。五时四十分矣,白薇又强聒十馀分钟,本届小组会始结束。后日将进入大会日程矣。六时半晚餐毕,与冠英、唐弢同车送归。琴媳、湜儿都已在进餐中,潗、权亦至,同看电视。汉儿亦来,乃甫自通县假归也。元镇、大璐亦随来。九时,电视毕,潗、权即去。予与汉、琴、湜、璐、镇闲谈。近十一时,汉等归去,予亦就寝。

4 月 8 日（三月初四日　丙子）星期

阴,细雨即止。午后略晴,旋复翳。如轻寒恻恻,殊不类季春也。

晨六时起,湜儿即出练歌。下午且须演出,未归午饭。予续点《通鉴补正》,至午后二时毕《晋纪十四》。三时许,湜儿归。四时半即进晚餐。

五时半即乘老赵车过接冠英同赴政协礼堂,五十分即抵达。

门前车辆已停满,场内则十排俱坐位占足矣。予与冠英在十一排并占两位,乃出休息,晤叔衡、觉明、公培、国恩、颉刚、曹杰、从文、明远等。七时一刻晚会开始,由高盛麟等武汉京剧团演《英雄义》。休息后演《清官册》(仍由武汉团)、《审潘洪》(北京京剧团马连良、裘盛戎、马胜龙等演出)。十时半散,仍由老赵送归。从文附焉。

到家湜儿已睡,琴媳尚在操作也。少坐便就寝。

4月9日(三月初五　丁丑)星期一

晴,仍冷。

晨五时半湜儿即赴厂,今日住彼云。予亦旋起。

今日大会顺延,得休息在家。夜有文艺工作者联欢会,亦竟谢不往。竟日未出,读王文诰《苏诗编注集成》自序及其凡例三十则。及毕已下午五时矣。接三日亳县滋儿亳四号信,知予廿九复去壬京三号尚未收到,并知伊日内即将赴省候重配工作。

五时三刻,颉刚见过,谈在外参观情况,移时始去。夜饭后,诗圣见过,盖自长春来京开会,即将返东北,八时半去。琴媳旋归。

明日上午九时政协全国会议在中南海怀仁堂开大会,通知下午送到,以是冠英有电话来联系,已嘱老赵明晨来接云。

十时就寝。

4月10日(三月初六　戊寅)星期二

晴,较和。

晨六时起。八时廿分老赵车来,因乘以过接冠英,同赴中南海怀仁堂参加政协全国大会。九时起,十一时五十五分散。许德珩等人发言八起,犹留郑建宣一人,延至下午再说。车往人大会堂,午饭即在二楼广东厅。休息至二时,复偕冠英返怀仁堂。晤均正、研因、云彬、仲富、君立诸人。三时开会,季方等六起发言,六时十五分乃散。仍驰赴人大会堂晚饭,饭而后返,已七时一刻矣。湜儿已返饭,濬、权同时至。看电视南剧《半把剪刀》,予不甚了解,遂独坐案头记日记。接君宙信、清儿信。十时就寝。

4 月 11 日(三月初七日　己卯)星期三

晴,煦。傍晚风作,入夜卷土扬尘,声似虎吼矣。

晨六时起。八时老赵来接予及冠英,赴中南海怀仁堂参加政协大会。九时开会,陈叔通、罗宗洛、冯友兰、应云卫等十起发言,十二时赴人大会堂午饭,饭后仍在广东厅休息。午后二时复返怀仁堂。三时开会,王绍鏊、李祖荫、姜妙香等十一起发言,六时始散。又赴人大会堂晚饭。饭后由老赵送归。今日听到诸人之言,罗最激切,姜最沉痛,应最风趣。

湜儿归来晚饭。琴媳九时归。七时半看电视,先为介绍上海新来长征评弹团,因先演出三折,一为蒋云仙《啼笑因缘》中之《逼疯》;二为《秦香莲》中之《迷功名》(已不记演者之名);三为秦纪文《华丽缘》中之《母女相会》。此团甫抵京,十四日始公演,今得先睹为快,致乐也。继为电影《刘三姐》。十时半始毕,乃各就寝。

4 月 12 日(三月初八日　庚辰)星期四

晴,仍有风,较冷于昨。

晨五时五十分起,湜儿亦旋出,今夜仍住厂云。连日开会,今日上午休会。因久不得润儿信,作壬新九号寄之,属即来信。十时许,青年出版社王亚男来请教,移时去,即以寄润信付伊投邮。

下午二时风又大作,老赵于大风中接予及冠英赴怀仁堂参加政协大会。发言者叶桥泉、申伯纯等十三起,(连日所记皆登坛发言者,书面发言者未记入。)其中以何玉兴(四川列席者)为最生动,陈述从老板娘转变为三级技工的过程,体会殊深。六时散,仍过人大会堂晚饭而后归。

七时半看电视话剧《伊索》,十时就寝。琴媳归来晚饭,知润儿有书寄伊,假归当在五月中下旬云。

4 月 13 日(三月初九日　辛巳)星期五

晴,较暖。

晨六时起。八时老赵车来,因过接冠英同赴怀仁堂开会。上午、下午均出席。午在人大会堂进餐,并在广东厅休息。六时散。出大会场即徐步前往西长安街全聚德会汪旭初,盖研因所约,与圣陶、元善、颉刚及予公请之也。例啖烤鸭,酒则仅有啤酒耳。谈至九时许,乃分头各归。予与元善、颉刚皆附圣陶车行。到家,湜儿、琴媳皆已饭,锴孙亦在。九时半,锴孙归去。十时就寝。

今日会场发言最真切动人者为溥仪,沉痛忼爽兼而有之。因而博得掌声不少。以半世纪前真正帝王,经时代淘洗,由劳动改造变成一般公民,古今中外无此奇迹。我国历史之伟大创造,洵足傲视万世矣!

接漱、润两儿信。(俱十日写,十一日寄。润函编寅八号。)

4 月 14 日(三月初十日　壬午)星期六

晴,有时多云,气煦。

　　晨五时即起。五时五十分湜出门赴厂。八时老赵车来接予及冠英赴怀仁堂。九时开会，拉希达、常书鸿、袁随善、毋本敏、哈米·阿斯力汗、魏喜奎、粟宗嵩（与徐叔华联合发言）、黄玉成、周志俊九起发言。袁讲造船，粟讲土壤盐碱化，黄讲工业设计出国，都有充实内容。毋力主收复台湾，惜会前病逝，遗稿即由其女立云代读，声调激昂，亦甚感动。而魏喜奎现身说法，历诉旧时遭遇，尤见凄婉。十二时散会，宣告下午及明日休息，后日再开大会，须通知决定云。赴人大会堂午饭，饭后即与冠英同车各归。知渠后日即赴杭休假，须一月后回京也。

　　下午翻玩《汉魏六朝碑拓》，久不亲此，偶一低徊亦致足乐也。五时后，湜儿即归，六时琴媳亦归。因共晚饭。饭后与琴、湜同出，伊二人御骑车行，予则走至干面胡同西口始获乘三轮（仍三角）径诣东安门大街北京剧场听书。盖上海长征评弹团今日开始在此公演，琴媳在社中购票邀予及潚、湜、佩同往者也。至则潚、佩尚未到，顷之乃至。七时开幕，先为合唱毛主席《长征》诗；继为徐文萍唱祁调开篇《秋思》；黄静芬唱蒋调开篇《杜十娘》；凌文君唱夏调《汪宣落难》；秦纪文唱《孟丽君·母女相会》；王月仙唱俞调《思凡》；最后为周剑萍、程丽秋合唱张调《秦香莲》中之插曲《迷功名》。（日前电视中记不起之主名今乃恍然。）场中遇公文、绍铭、满子、云瑞、以旭等，足见南人之嗜此矣。九时三刻散，予与潚儿走至东安市场北门，乘三轮归。潚转车归去，琴、佩、湜仍分乘骑车行。到家少休，十时半就寝。

4 月 15 日（三月十一日　癸未）星期

　　晴，煦。

晨五时半起。

七时后琴、湜为各屋撤除火炉,灰尘四集,颇呛人,北地每年必度此关,诚一大缺点矣。

九时半,湜出购皮鞋,竟不可得,废然而返。十时,镇孙来。有顷,鉴孙亦来。

十一时半午饭,雪英至,携手制焖肉为馈,遂共家人享之。至以为感。午饭后,湜儿出演练歌唱,雪英亦旋告归。四时后,镇、鉴两孙归去。

晚饭后看电视《洪湖赤卫队》。濬、权来。十时许,电视毕,濬、权偕去。予取汤濯足并令湜儿为予拭背,换衷衣就寝。

雪英言晓先假赴宁、苏、沪一行,探亲扫墓。

4月16日(三月十二日　甲午)星期一

阴霾,近午霁,午后晴。仍有风。风中仍感料峭耳。

晨五时三刻,湜儿出门赴厂(今夜住厂),予亦随起。八时后展玩《飞鸿堂印谱》。

十时濬儿来,谓昨又失眠,今将去赵家楼门诊部求诊。谈至十一时去。下午二时一刻,老赵车来接予,过新侨饭店邀同其芳、晦庵驰赴人大会堂列席人民代表全体会议。三时开会,毛主席暨刘主席以次都到,朱委员长主席,先由陈副总理讲话(国际形势),继由周总理讲话(国内形势)。于所作政府工作报告分头阐述,并总结连日大会小组发言中涉及之问题,扼要解答,都有着落,听者皆怡然接受。继又通过关于政府工作报告的决议,通过关于一九六〇年国家决算报告的决议。通过关于全国人民代表大会常务委员会工作报告的决议,通过提案审查意见,通过国防委员会副主席补充名单。(以上各案皆人代大会事。)六时宣告闭幕。

上二楼餐厅进晚膳,与王复初、廖华同席。餐后偕其芳、晦厂同车归。仍先送伊二人返新侨。

夜听广播此次人代大会公报。九时琴媳归。十时就寝。

4 月 17 日 (三月十三日　乙酉)星期二

晴,又返冷,早晚颇须重棉也。

晨五时五十分起。八时半老赵来接,直赴人大会堂出席政协全体大会。康生主席,先为胡先骕等发言两起,继为陈副总理讲话,自十时至十二时,滔滔畅发于当前国内外情势,剖析尽致而气魄宏伟,绝不琐琐。计及党与非党,意见之一致,听者与昨日所闻于人代大会者相印证,惟有衷心佩服焉耳。午饭于餐厅,与研因、彬然、云彬同席。饭毕车归。下午本有小组会,予以连日往返颇感累,假未往。

二时后,展《段注说文》续点之,仍参《诂林》诸家之说,至五时半,完《草部》五篆。

六时半与元孙、燕孙同进晚餐。餐后看电视京剧《初出茅庐》,九时毕,予即就寝。

琴媳十时后返自北京剧场,盖与潏、权、湜、鉴听长征评弹团弹唱也。据告湜已径还厂宿矣。接润儿十五日发寅九号函,复予壬新九号。

4 月 18 日 (三月十四日　丙戌)星期三

晴,仍未见暖。

晨五时半起。七时后续点《通鉴补正·晋纪十五》,越时而毕。复取《晋纪十六》点之，日加午亦竟。

午饭后接政协三十三组秘书电话，三时小组召集会议。二时半老赵车来，予独乘以赴之，径升四楼，晤文藻、征燠、震球诸人。定安组长主持，开会报告本日议程，讨论若干事，四时下楼，诣大礼堂参加政协全体大会。李维汉主席，通过本届第三次大会决议并大会提案审查委员会审查意见。旋由周总理讲话，对国内工作分十二方面立说，真是语重心长，面面俱到。近六时宣告胜利闭幕。于是，兼旬大会得庆满散矣。散会后登二楼餐厅晚餐，与胡厚宣、黄洛峰、陈劭先、韩寿萱、徐振骐、徐迈进等同席。六时半已安车返家。综计此次大会予除两次小组未到外，馀皆出席，精神始终一贯，不可谓非兴奋所致也。

七时开看电视。八时湜儿始归饭。知厂中开职工全体大会，传达周总理报告也。九时电视毕，即寝。

4 月 19 日（三月十五日　丁亥）星期四

晴，稍煦。

晨六时起。得颉刚电话，知聂崇岐以心脏病暴卒，史学界又弱一个，曷胜悼痛。（聂字小山，苏县人，长宋史及历代官制，现任科学院近代史研究所研究员，北京大学文献专业教授，存年五十八岁。）因于八时过颉刚（兼晤藏云）同乘十一路无轨往嘉兴寺吊唁。十时公祭，由刘导生主祭，刘大年致悼词。起灵后附尹达车行，与导生、作铭、颉刚同载以次送归。予抵家后尹达始归去。在寺中晤叔湘、乃乾、志韦、晓铃、达人诸人，乃遇于如此场合，颇彼此交感耳。

潜儿十一时来，午饭后休息至二时半去。适民进中央派车来接,因与颉刚同过王府大街及翠明庄接陈慧、柯灵,共赴政协礼堂第二会议室列席中常会扩大会议(第廿八次)。三时开会,王恪丞主席,徐伯昕、梁纯夫、徐楚波分别作报告,继由冯宾符传达周总理、陈副总理在广州科学界会议中关于知识分子的报告,明日起将四小组分头讨论,予列第一小组。五时四十分散,分乘各车赴民族饭店进晚膳。膳后与颉刚、柯灵登五楼访平心,不值,复访子敦,晤之,并在其室中遇刘大杰(予初见之)。谈至七时,予三人仍同车东归。

予过北京剧场下,入听评弹(票为佩媳所购,与潞儿同与)。在场遇乃乾夫妇、汪季文、张允和等。予入场时已为第二档,朱雪玲(纪文之女)《秦香莲》唱开片,继为钱雁秋、杜剑华唱《西厢》,祝逸伯说《杨家将》,周剑萍、程丽秋唱《十美图》,最后为蒋云仙集锦开片,其中钱、周两档最过瘾。潞儿告予,其母在日最喜听杜剑华,予陡忆今日为三月十五日,上一日正为予结婚五十二周年,不免钩起愁绪,怅惘无已。及归途三轮上仰见皓月当空,尤不免凄凉万状矣。到家,琴媳已归,予小坐至十一时就寝。

4 月 20 日(三月十六日　戊子　谷雨)星期五

晴,煦。

晨五时起。六时进早餐,上颚义齿竟折,盖昨日午饭已觉舌端抵颚有细丝,今乃裂碎耳。七时四十分,亟往北京医院口腔科求治,乘三轮往,挂号少待即得接洽,据云可焊接,但终难结实云。但求急救,不遑别计,且先嘱焊接,得明日上午十时往取。乃预先挂号而出,乘三路到北池子,转九路无轨回南小街,再转廿四路归于家。

　　眼前问题不单不能吃半硬食物,且说话亦不免含胡矣,民进小组只得缺席。因将昨领之餐券作函托颉刚带缴会中,并托代为请假,乃下午民进车竟不至,予函竟未达。四时半,民进有电话告我,予遂口述不能列席意。

　　展读《通鉴补正·晋纪十七》,抵暮毕之。接中国曲艺协会柬,今晚七时十五分上海长征评弹团在文联礼堂演出中篇弹词《天雨花》中之一节《智脱罗袍》,承邀往观。因于晚饭后独出,乘廿四路至方巾巷转十一路无轨到灯市西口下,走诣文联大楼,即坐入第四排,在场晤圣陶、满子、大琨、迈进诸人。书凡三档,一、《拒君》,周剑苹演元成宗,杜剑华演孟丽君;二、《探夫》,秦纪文演皇甫少华,秦香莲演孟丽君;三、《闹殿》,周剑苹演元成宗,秦纪文演皇甫少华,王月仙演孟丽君,凌文君演梁鉴及孟士元。精彩动人,殊有回味。十时半毕,予循原路归。车中遇吴赓舜及又一所中同事,亦听书者,此时回所中宿舍也。

　　予到家,琴媳、湜儿犹未睡,告予显孙已带小安东来,尝晋谒,予未值云。少顷,始各就寝。

4 月 21 日 (三月十七　己丑) 星期六

　　晴,煦。

　　晨五时四十分,湜儿出赴厂,予亦旋起。七时后,电话告颉刚,属为向民进请假。随续点《晋纪十八》,阅时而毕。

　　九时十分出,乘廿四路转十路到东单,步往北京医院口腔科,少待便取得义齿,配戴尚适,即付修费二元,携以行。惘惘无适莫信,乘六路无轨到前门,适七路将开,遂登之,开至石驸马桥下,又转十路回南河沿,走赴文化俱乐部午餐。遇藏云、小岑、通夫,因与藏云长谈。久不至此,酒与菜品皆有所增益,但价格同提高五之二强矣。予饮茅台酒一大两,价一元六角,他皆称是。十二时食毕,与藏云同出,伊乘四路,而予乘三路转廿四路,遂握别。

元孙今日校中作春游,同赴西郊动物园半日,下午二时乃归。

续点《晋纪十九》。雪村见过,长谈移时。去后续读,垂暮乃毕。琴媳、浞儿皆归,因共夜饭。

饭后看电视,文权、浞儿、顯孙、小安、镇孙、大璐皆来同观。又播弹词及评话。九时权等归去。十时半,电视毕,璐、镇亦去。十一时就寝。

4 月 22 日(三月十八日　庚寅)星期

晴,有风沙,气还暖。

晨五时半起。七时后续点《通鉴补正·晋纪二十》,至十一时毕之。

文权、浞儿偕昌顯、昌预挈小安来谒。有顷,昌硕亦至。遂共午饭。饭后,权等皆去。浞儿午前出练歌,午后往三里屯看铿孙,以佩媳有电话来,谓铿又患肺炎也。傍晚归,告在朝阳医院见之,已服药,或不致有他云。此儿体弱乃尔,甚念之。

雪村午后来,谈移时去。出所撰《王菉友文字蒙求序》见示,当为一读归之。

夜饭后,浞儿往政协礼堂看京剧(予有票属伊去),顺道回住厂中矣。予与孙辈看电视转播中国杂技团演出,有戏法、有杂耍。九时许,锴、鉴两孙来,为予送代购之物,因同看焉。十时半,电视毕,锴、鉴先去。予乃就寝。

连接清儿两信,云工作仍宕而未决,希望浞、汉于五一节前往晋垣一行云。

4 月 23 日 (三月十九日　辛卯) 星期一

晴，煦。

晨五时半起，即为雪村看《文字蒙求序》。八时半走雪村所面归之。坐谈有顷，辞出。信步至外交部街东口，乘廿四路到方巾巷，转十路到南樱桃园，再转五路到陶然亭公园一逛。久不来此，春色满园矣。因登窑台访旧正殿，已改为阅览室，西屋已改为乒乓室矣。未及驻足即下，扬长而出，乘五路东北行，直抵中山公园转十路到南河沿，就食于文化俱乐部。十二时归。

琴媳归饭，为予买到点心半斤，旋即上班去。一时，予小睡，四时乃起。续点《晋纪廿一》，抵暮毕之。佩媳来省，湜儿亦适归，同时又接润、滋上海、合肥来信，知滋儿已定调省且分配在当地供销合作社总社工作，将于报到后假回探亲云。颇为引慰。

佩媳以铿孙尚未痊愈，即归去。夜饭后，湜儿为予修好转椅。此椅五日前清晨忽自解，予坐其上坠地，几致祸，赖琴媳、许妈扶掖以起。易椅都不称，今乃修复，亦一快事也。

是夕无电视，九时即寝。琴媳九时许归。

4 月 24 日 (三月二十日　壬辰) 星期二

昙，温。

晨五时三刻起，湜即出门赴厂。

八时后写信四封，一复漱华，并附致葆珍一信，属转；一复润华，以壬新十号复寅十号；一复清华，告潜、汉未必来晋。亭午时交李妈持付邮筒。政协开会以来，欠信多矣。今乃稍一偿之，已费半日,眼前屈计尚欠五信也,只得稍缓再逐一办竣耳。

午饭后,闷甚,乃独出散步,信行至禄米仓西口,乘廿四路北行,在东直门大街换七路无轨,往西郊白石桥,涉足紫竹院公园之中。碧桃、丁香犹盛,连翘黄花亦竞秀于浅红嫩白间,风姿嫣然,独榆叶梅已过花时,蔫缩可怜,不免兴人何以堪之叹。转入湖滨,则一泓春波,柳堤环之,娇绿舒眉,若迎人,然又别饶一种境界矣。遥望西山屏列,依约林樾屋舍间,真天开图画也。伫立久之,乃穿径度约东出白石桥,乘卅二路回西直门,转十一路无轨到东单,再转廿四路返禄米仓,走归家门已四时半。少坐,乘兴点读《通鉴补正·晋纪廿二》,垂暮读竟。

湜儿归,因与湜及元孙夜饭。饭后看电视京剧《香罗帕》,八时半毕。九时就寝。十时琴媳归。

润儿有物托便人带来,即为分配讫,皆他人所托者也。

4 月 25 日（三月廿一日　癸巳）星期三

晴昙兼施,气暖如昨。

晨五时半起,湜儿旋赴厂。八时写信,分复君宙、农祥。十时亲出付邮。乘廿四路转十路到王府井,欲选购毛颖,乃遍问向所售笔诸家,皆云无有,怪极。目前正提倡写字而荡荡都门,竟无买笔处,不几笑瞎天下人眼睛耶?又今日初试用工业品售货券指配日用商品,论理宜可减少排队挤买之象矣,殊不知依然挨肩叠背,争先恐后,予不胜愤叹,决然引去。十一时诣南河沿文化俱乐部午餐。餐后,乘三路至东单,转廿四路归家。少坐即摊书解烦,点读《通鉴补正·晋纪廿三》,至五时毕之。锴孙来,谓其母即将返京,属在我家候电话。直候至傍晚,始得之。锴即去文化部门口接以来,盖汉儿在通县劳动,瓜代而归也。浞儿亦归,乃共晚饭。潗儿午后曾来,三时许去。约晚间来晤汉儿,乃竟未至。九时后,汉、错归去。琴媳亦归。

十时就寝。

4 月 26 日(三月廿二日　甲午)星期四

阴,下午有风,气较昨略冷。

晨五时半起。八时潗儿来,因与偕出,乘廿四路到方巾巷,转十路至东单,步往北京医院门诊部求诊。晤毛星、伯昕、乔峰、愈之。九时,由牛福康大夫接诊,(昨日预挂郭普远大夫,以他调未遇,遂由牛代。)据量血压仍略高,用郭药减去强心药及烟酸两味,又介绍一种消炎镇痛橡皮膏,谓风湿性有效(治肩臂酸楚)。取药后即行。乘十路到中山公园,一探牡丹消息,以今年气温较迟,尚仅见微苞耳。乃过唐花坞及兰室一巡,再乘十路还南河沿,就文化俱乐部午餐。

十一时三刻,乘三路回东单,转廿四路归家。

一时许,就榻小睡。二时三刻起,看王了一送来所撰《诗词格律》。甚有条理,不但初学得一津梁,即一般作家亦不可不细心一读也。

五时,汉儿及错孙来,元孙亦归,遂于六时半共进晚餐。(潗早已归去。)餐后,汉、错往三里屯看佩华及铿。

九时就寝。琴媳参会,不知于何时归。

4 月 27 日(三月廿三日　乙未)星期五

晴,和。

昨夜数起便旋，今晨四时即醒，（达婿今晨自晋出差来，系电话晚间来谒。）五时十分，不得不起矣。八时，顯孙来，遂与同出，乘廿四路转十路到天安门，径诣历史博物馆。以须九时始开门，坐门首长椅待之。届时首先入览，依次溯览，至十一时乃出，步往南河沿文化俱乐部午餐。餐次，汉儿亦至共饭。饭后，三人同往王府井，在文化用品服务部见到毛笔，遂选购六枝，盖近又新动集中致前日竟无从得其门耳。刻变实非所宜也。既得笔，即乘三轮归休。汉、顯则别往西郊盘桓矣。

予小睡至四时起，神思懒倦，反感不舒，臂痛亦时时刺戟，局促不宁，懊甚。强作精神，续看了一《诗词格律》，一气看完，深佩之。五时许，潃儿、小安来。傍晚汉、顯、锴及达先、云瑞来。琴媳亦归，湜儿则七时半乃返。八时三刻文权亦来。有顷，权、潃、顯、安归去。又有顷，云瑞、达先归去。十时后，锴独归去。汉留宿于家，与湜长谈。十时半，予就寝。

4 月 28 日（三月廿四日　丙申）星期六

晴，和。

晨五时半起，湜儿即出。予与汉先于八时出，乘廿四路转一路无轨到动物园，候卅二路，过第四辆始得上。九时四十分到颐和园，循长廊至石舫，小憩于荇桥。至十时三刻，诣听鹂馆东侧服务社小吃部歇脚，啖花卷半斤，饮啤酒一瓶，佐以冷拼盘及红烧鲫鱼（号称本湖活鱼，但烹调甚劣）。二时一刻即出园，乘卅二路回动物园，转二路无轨到西单，汉送予上十路，伊即赴新华上班。予独乘到东单，再转廿四路还家。知潃儿曾来，已为予换好五月分乘车月票矣。

展阅《通鉴补正·晋纪廿四》，垂暮点竟。

琴媳、湜儿皆归。元孙亦早放学，遂共夜饭。饭后，看电视揭晓电影百花评奖，八时三刻完。予即寝。

4月29日（三月廿五日　丁酉）星期

晴，煦。午后转阴。

晨五时半起，湜儿即入厂。七时后，琴媳、元孙、宜孙皆上班、入学，盖今日星期，例假移用于五月二日，俾五一节有两日休假耳。

八时展读《通鉴补正》，至午点完《晋纪二十五》。午后小睡，三时半起。又续点《晋纪二十六》，抵暮完二十餘页。尚欠尾页若干也。

琴媳、湜儿均归晚饭。饭后看电视，九时就寝。

4月30日（三月廿六日　戊戌）星期一

阴，凌晨有细雨，旋转晴。气温如昨。

四时即起如厕，五时披衣径起。越半时，湜儿始入厂。七时后，接点《通鉴补正·晋纪廿六》，至九时半毕之。踵阅《晋纪廿七》，至午亦完。

接慧珠电话，谓明晚天安门看焰火，所中当有车来接送予，约七时半前往。傍晚老赵有续电云，所中无他人前往，似不欲多此一行者，予即云不单去，可作罢也。古人有无车之叹，初不解何以必欲车，至是乃知古人所云自有其理耳。

下午晓先来，润儿托伊带物到，因谈游沪、苏所感，移时乃去。四时后又点《通鉴补正》，至八时，灯下点毕《晋纪二十八》。

夜，汉儿、士敫、濬儿、文权、昌顕、小安、元镇皆至，共看电视且长谈。十时,权、濬、顯、安皆去。十一时,士敫及汉、镇亦去。电视犹未毕,急闭之,脱衣就寝。

5 月 1 日①(壬寅岁三月小建甲辰　癸酉朔　二十七日　己亥　国际劳动节)星期二

晴,时阴,且偶见细雨,气亦乍冷还暖。

晨五时起溲,复睡,至六时一刻乃起。竟日未出,蔡甥顺林夫妇挈其新生子靖来。有顷,濬、权、敫、顯、镇、颉、鉴、佩、铿、安陆续来,因共午饭,欢庆佳节。

饭后,陈慧见访,谈移时去。濬、权、顺、汉等亦先后去。最后佩媳挈铿孙去。予上下午各以其隙,点完《晋纪》廿九、三十各一卷。

早晨政协礼堂广场有五一庆祝会,予以无车未克往。夜天安门有焰火晚会,亦以无车故,竟不能往,请柬徒搁而已。

夜饭后看电视。元孙则偕小逸出观焰火,十一时乃还。予已就寝矣。

湜儿同学于永宽夜来访,知在新华社工作,十时许去。

5 月 2 日(三月廿八日　庚子)星期三

阴雨,旋见檐瀑,近午霁,午后遂晴,气却不暖。

晨五时起。今日本允汉儿之请,将过饭其家,与湜儿、敫婿俱。八时暴雨未果行,属湜儿过邀敫婿以赴之。予遂摊纸作壬新十一号书,并复润儿寅十一、十二号。琐谈家事,不觉尽十纸,并附琴媳

①底本为:“习习盦日记第三册”。原注:“起一九六二年五月一日,止六月廿六日。壬寅岁三月廿七日,迄五月廿五日也。”

之书,合函超重,乃贴邮花一角六分焉。

午后小休旋起,续点《通鉴补正》,三时半毕《晋纪三十一》。四时半,佩媳挈铿孙来。五时半,湜儿自汉家归,知竟日在彼与诸甥嬉戏也。六时半,与琴、佩两媳,湜儿,元、宜、铿、燕四孙共进晚餐。餐后,佩、铿归去,湜儿送之上车。

七时后,看电视转播北京京剧团演出,先为谭元寿之《白水滩》,休息后为赵燕侠、周和桐、闵兆华之《红梅阁》。十时毕,予乃就寝。

5月3日(三月廿九日　辛丑)星期四

晴,仍不甚暖。

晨五时起。五时三刻湜儿出赴厂。七时,汉儿至,方自四川饭店购得早点数事以献,予颇甘之。伊今日在文化部听报告,下午亦须往,故留令在家午餐。

续点《通鉴补正·晋纪卅二》,九时毕之。十时开始重点《四库提要》,应中华之约,将影印出版也。午后二时,汉仍赴文化部参加全国发行会议闭幕式。

三时,乃乾见过,畅谈达暮始去。汉儿来晚饭,琴媳则饭而后归。元锴、元镇兄弟并至,乃偕其母及妗同往首都剧场看电影。予与元、宜两孙在家看电视影片《粮食》。九时半就寝。琴何时归,未之闻。湜则住厂未归也。是日点《提要》两卷。

5月4日(四月小建乙巳　壬寅朔)星期五

晴,和。午后大风,遂尔转劣。

晨五时起。

午后书友刘君来,送到中华新出影印明张之象刻本《史通》四册,又王谟辑《汉唐地理书钞》精装一册。傍晚,濬儿来,少停便去。湜儿仍住厂未归。琴媳归来晚饭,携到菜根香食堂所制炒鳝片一盘,久不尝此,为之大慰。

夜看电视影片《青春之歌》,十时乃寝。

竟日未出,重点《四库提要》第三、第四两卷。

5 月 5 日（四月初二日　癸卯）星期六

晴,和。

晨五时五十分起。七时,续点《提要》第五卷,十时半毕。独出,乘廿四路转十路诣文化俱乐部午餐。十二时毕,乘三路转廿四路归。

琴媳午后归视,旋上班去。下午小睡片晌。锴、镇、鉴三孙来,濬儿亦来,少停即去。湜儿、琴媳、士敫、汉儿、顯孙今夜在三里屯佩媳处晚饭。锴等在小雅宝晚饭,饭后同看电视影片《五十一号兵站》。十时,锴等归去,予即就寝。

十时半,琴、湜乃自三里屯归。

午后及灯下又重点《提要》卷六,二十四页。

5 月 6 日（四月初三日　甲辰　立夏）星期

晴,煦。

晨五时半起。竟日未出。上午堉孙来,下午晓先来。堉午饭后去,晓先夜饭后去。湜儿上午出练歌。达先夜饭后来,且谈且看电视,九时三刻,达辞归,知明晚十时言返太原矣。

十时取汤濯足,并由湜儿为予擦背,乃易衷衣就寝。

5 月 7 日（四月初四日　己巳）星期一

阴,午前有风。午后颇燥热,有雨意。

晨五时起。湜儿旋赴厂。瀋儿七时来,因与偕往北京医院检查尿糖及血糖。空腹以往,七时三刻乃得食(携干粮以往)。八时离院,走王府井南口,乘十路到中山公园赏牡丹。遍历各栏观之,有已飘零者,有正盛开者,有尚含苞未放者,同一地区,花时乃大有上落如此,然封姨肆虐,恐不及今视之,又悔失候耳。遇曹杰、乃乾、轶程,坐槛与陆、陈谈至十时四十分,起行。予与乃乾、瀋儿乘一路到西单,步往商场路西湖南馆曲园午饭,肴不甚鲜,而价乃大昂,失夙风矣。十二时过商场,在旧书摊楼上购得同光时刻本书三种。遂同上九路无轨东北行,乃乾在北海先下,予父女则至南小街,仍转廿四路南归于家。

四时,瀋儿归去。湜儿傍晚归,因共饭。饭后汉儿来,遂与湜同过章家送士敫行。送后,汉径归去,湜亦回厂。

予灯下点阅《提要》易部存目一廿一页。九时就寝。

接润五日来寅十三号家报,复告种切。琴媳九时半亦返。中宵大风怒吼。

5 月 8 日（四月初五日　丙午）星期二

晴,大风,气遂降温。

晨五时半起,风声震窗户,遥想昨赏之牡丹必为所摧矣,深幸昨行为不虚。七时续点易部〔类〕存目一,至十时半毕之。写壬新十二号信复润儿,速其归,并告滋尚未归。饭后琴媳适为予送菜归,因属于上班时带出付邮。

午后风尤大,且挟黄沙,本有文化部礼堂听唐兰作学术报告之招,乃惮于冒风,未之往。一时半小睡,三时起,即续阅《提要》易部〔类〕存目二,重加谊订句读,至六时半始毕。

李妈往所中取件,携回越特金贺五一节明片,此君眷念国外之友,每承先施,予辄忘之,今又落后矣。只得俟十月革命节早早寄之耳。记以志愧。

傍晚元孙、湜儿先后归,遂同夜饭。饭后看电视北昆剧团演出新排《连环计》。十时半乃毕,琴珠亦归。十时三刻就寝,臂酸仍剧,窗外风吼则稍息。

5 月 9 日(四月初六日　丁未)星期三

晴,煦。

晨五时起。湜儿六时出门赴厂。七时展《提要》易部〔类〕存目三重订句读,抵午乃毕。

午后,潏儿来。二时半同出,乘廿四路转十路到东单,步往北京医院复诊。遇寰澄。三时十分由牛福康大夫接诊,知前日检验结果尿糖已控制,血糖亦减至一百二十,似已无大问题。血压亦与前诊时差不多,惟肩臂痛则未见轻减。仍照前方配药,且又取到消炎镇痛橡皮膏两匣,循原路归家。

有顷潏儿归去,予摊书重点《提要》,垂暮方止,毕易类存目四之半。

湜儿、元孙六时三刻同返,遂共夜饭。饭后看电视,十时就寝。

5 月 10 日(四月初七日　戊申)星期四

晴,煦。颇燥热,午后偶昙,微有风。

晨五时起。湜儿六时赴厂，今日住厂不归云。八时许，正待展书，而顯孙至，欲予陪伊游故宫，乃偕之同出，乘廿四路到方巾巷转十路抵天安门，步由端门、午门入，在太和门稍休，旋导之涉太和、中和、保和三殿，止于养心殿，随处指讲，不觉已十时矣。伊欲参观珍宝馆，乃导往皇极殿，至则牌示珍宝馆正在内部修理，停止参观。只得折入乾清门，历内三殿而止息于御花园。十一时出神武门，乘一路无轨到北池子，转三路往南河沿文化俱乐部午餐。遇邓哲熙及秦德君，又晤金芝轩夫妇。

十二时离部，复乘八路北至沙滩，转乘十二路无轨东行。顯出朝阳门径归其母家。予则在南小街下，再转廿四路返家。

午后二时小睡，四时许起，续展《提要》易类存目四，重加诶点，阅时而毕。

六时佩媳来，送呈滋儿顷来信，知尚在开会安排，大约中旬始可返云。即归去。有顷，琴媳、汉儿皆至，因共夜饭。又有顷，元孙始归，再设餐，谓下课后值日操作故尔。

夜饭后，顯孙挈小安来。看电视转播话剧《红缨歌》。汉、顯等九时三刻去。电视十时半乃完。就寝已将十一时，床上始撤换厚褥。

5月11日（四月初八日　己酉）星期五

晴，有风，躁热稍减。

晨五时起。七时写信复潄、润。盖昨日伊两人各有一信禀予也。八时后，重点《提要》书类一，近午订毕。

午后小休，三时半起，续点书类二，至暮完卅一页，犹馀十多页未竟也。接士敩安抵太原信，及澄儿六日来信，知六〇二厂将大见简缩矣。

　　湜儿夜饭后理发毕始返。琴媳九时许归。看电视影片《深山中的菊花》,十时半乃毕。即寝。

5 月 12 日 (四月初九日　庚戌) 星期六

　　晴,暖。

　　晨四时醒,未及五时即起。湜儿六时赴厂。予即伸纸作长函复澄儿,详告京内外诸亲属近况,七时半,琴媳上班,即交伊付邮。八时接点《提要》书类二,阅时毕之。又接点《通鉴补正》,抵午完《晋纪卅三》。

　　濬儿来同饭。饭后小休。二时起,独出赴民进中央小组之招,乘廿四路北至朝内大街,转一路无轨到北海公园,徐步诣悦心殿后庆霄楼。葛志成及工作人员王嘉璇、吴君(已忘名)已在。坐有顷,徐伯昕、林汉达、顾颉刚、徐楚波、吴研因、陈慧、王恪丞先后至。开会漫谈,交换各自工作情况。五时,伯昕先行,又越半时,乃移座漪澜堂东舍共进晚餐。六时半散,予与颉刚茶叙于双虹榭。七时廿分起行,分乘一、三两路无轨各归。予又于南小街换廿四路行。

　　到家濬儿已去,琴媳、湜儿皆已归。看电视评剧《顶锅》,形容旧社会姑媳间矛盾,颇松。十时半就寝。

5 月 13 日 (四月初十日　辛亥) 星期

　　晴昙兼施。气暖而不爽。

　　晨四时醒,五时即起。人民教育出版社今日集体郊游香山,琴媳挈元、宜两并顯孙、小安都参加焉。七时三刻,琴等出,径赴社会,顯孙等同发。八时,汉儿来,为予买来汤团八枚,食其半,馀留待晚餐。

九时，与汉儿、湜儿乘廿四路北行，湜在朝内大街下，转车赴政协礼堂为予购物，汉则随予往东四八条同访圣陶。晤至善、至诚。谈至十时后，至美、蟪生亦至，并晤之。十一时与汉循原路归，车中遇董守义。到家湜儿已返，告予顷接电话，林汉达与陆高谊在南河沿文化俱乐部候予同饮。因即转车赴之，并见汉达之三女，四人遂进餐。一时五十分乃起行。予与高谊同乘三路到东单，同转廿四路各归。抵家知汉儿已饭，同往湝儿家矣。三时半，汉、湜乃归。五时后，汉归去。近六时，琴等亦归，知畅游后顯等亦径行归湝家云。

傍晚接润儿寅十四号信，例假归省，又将推迟。

夜饭后看电视。至九时，取汤洗足抹身，换膏药，易衷衣而后寝。

5 月 14 日（四月十一日　壬子）星期一

晴，暖。午后大风扬尘。

晨四时半即起。九时许，绍基见过，告予中华书局曾有函去所中，请予为点《四库提要》，所已同意，且复函属径与予接洽云，并谈所中同人工作情况。十一时许乃行。

顯孙十时后来，午饭后去。约后晚在汉家会昌颉谈。适汉儿为予购致鲫鱼数尾来饭，遂与顯洽。

午后二时，汉去上班，顯亦归去。予乃就榻小休，四时乃起。点阅《提要》，重订句读，至夜七时灯下完书类存目一、二两卷。

湜儿今日住厂未归。汉儿下班后仍来陪予同进晚饭。琴媳九时归。汉儿乃于十时归去。予亦就寝。

昨晚接润儿信,知例假将推迟,已感失望,今日傍晚佩媳送滋儿九日合二号信至,又云归期无准,直令人大为着恼。应得例假一再拖拉,似于各家属盼望大相径庭,殊拂人情。

5 月 15 日(四月十二日　癸丑)星期二

晴,仍有大风,飞沙扬尘,气温如昨。

晨四时即起。六时后,展书点读《提要》诗类一,未及多页,接电话,晓先欲来谈。有顷见至,以《晋书·舆服志》商量若干事。十一时廿分乃辞去。

午饭后小休,近四时始起。抽《通鉴补正》点读之,至六时毕《晋纪三十四》。宜孙感冒在家休息,琴媳午间曾归饭,以视之。知伊复书润儿,属其遵领导意图推迟假返云。傍晚接漱儿十二日灯下书,主张润儿自费假归,当与琴商酌作复。

湜儿归来晚饭,饭后昌顯来云,昨日未能寻访昌颉,明晚之约作罢,究不悉其何意,亦惟听之耳。

看电视篮球比赛,八时许昌顯归去。九时半予亦就寝,换膏药。

5 月 16 日(四月十三日　甲寅)星期三

晴,仍有风,气温则较低。

晨五时起。六时湜儿出赴厂。七时续阅《提要》,先谍毕诗类一,继订诗类二,迄午仅及其半。七时前曾作书复漱儿,附去琴致漱、润信,均主与滋儿取得联系时同时假归(公费自费不必计论)。电话招汉儿来同饭。午后汉即上班去,予即以昌顯事告之,今晚不往伊家矣。

汉行后,予小睡,三时半起。为汉达看所撰《三国新编》,至暮看完四篇,尚馀六篇未看。

七时晚饭,饭毕,湜归,谓已在青海食堂饭过矣。看电视中匈乒乓比赛,至十时乃毕。男女两组均中胜。中国体育项目中之乒乓赛诚初生之太阳乎!九时琴媳归。十时一刻就寝。

5月17日(四月十四日 乙卯)星期四

晴,燥,仍有风,气温较昨稍高。

晨五时半起。湜儿六时赴厂,今晚住彼云。七时后为汉达续看《三国新编》,至午看完。午饭时,琴媳又为买来炒鳝片,因共饭。饭后即将前日点剩之诗类二续完之。二时乃就榻小休。三时许,友琴见过,谓前日方自杭严归来。盖与冠英两家伉俪俱乘假南游者。冠英顺道还真州,今晚亦可返抵都门云。谈次,以前假《樊川集》及《司空诗品注》见还,并以《不怕鬼故事》,孙子书所提意见若干条相示,属再核,人民文学出版社又将重版,乐得乘此更订也。四时廿分,天忽阴翳,且隐隐闻雷,恐致雨,乃辞归。送出而又现日光,且有风,又恐盼雨而不果,旱象一时难于解除耳。入晚月色甚朗。

夜饭后,点阅《通鉴补正·晋纪卅五》。八时后锴孙来省,遂掩卷同开电视看之。九时半,琴媳、汉儿归来,盖今日佩媳生日,琴、汉于下班夜饭后往三里屯省视,不期而偕来也。十时,汉、锴归去。少顷,予亦就寝。

5月18日(四月十五日 丙辰)星期五

晴,暖风稍敛。

晨五时起。七时续点《四库提要·经部》诗类存目一十馀页，旋将点残之《通鉴补正·晋纪卅五》，至九时毕之。连日未出门，颇欲一散闷，乃独出乘廿四路北行，在东直门大街换七路无轨，到北海公园，径诣天王殿参观清代民间艺术展览。凡陈列三室，颇能反映当时风俗习尚。至十时再过画舫斋，欲一览书法篆刻展览，则已撤去矣。遂扬长出公园前门，乘九路转三路，往文化俱乐部午餐。

餐后返家，知滋儿已归，许妈曾接电话，谓下午三时左右来省云。予因小憩以俟之。三时果至，备陈自亳调庐及分配经过情形，已定局，在省级供销合作总社土产处报到后给假一月回京云云。为之一慰。

六时与共饭。有顷，湜儿亦至，七时滋往濬家，有顷，与濬、顯及小安偕来。锴孙亦与其同学三人来看电视，汉儿亦来。许彦生亦来，乃同观八一队与苏联队赛篮球。濬、顯、安及滋未看完即分路归去。篮球结束，八一队败。汉、彦、锴等皆归去。琴媳亦归。十时就寝。

5 月 19 日（四月十六日　丁巳）星期六

晴，暖，仍有三四级风。

晨五时起。六时湜儿赴厂。八时一刻出，乘廿四路转十路往文化俱乐部第一会议室，参加科学院哲学社会科学学部中心学习组，座谈本学部各研究所《试行工作条例》（六十条）。以到会人多，分两组，历史、文学、语言、亚非各所到会人留第一室，馀迁至第六室开会。予组由刘导生主持，外庐、叔湘、颉刚、厚宣、作铭、藏云、声树、旭生、冠英、棣华皆发言。十二时在餐厅聚餐。

十二时半还家,卢漱玉在,正与琴媳谈洽取滋为继文带来之物。二时,伊二人俱各上班去。

下午学部在民族宫礼堂尚有报告,闻为检讨历次运动中过火情况。予已感累,未果往听。展《通鉴补正·晋纪三十六》点之,抵暮尽二十页。

夜饭时,琴媳、湜儿都归。夜饭后,观电视中匈乒乓赛。十时,拭身洗脚,换膏药,易衷衣就寝。

5 月 20 日（四月十七日　戊午）星期

晴,暖。

晨四时即起,续点《晋纪卅六》,至六时半毕之。然后朝食。琴媳、元孙亦早诣菜场排队购物,至此方归。今日约滋儿、佩媳、铿孙及濬儿、权婿、顯孙、小安、汉儿来饭。点读《提要》诗类存目一以待之。十时半毕,犹未见有一人至者。乃打五关三盘,至十一时仍杳然,闷甚。

近午,滋儿始来,知铿孙又感冒并佩媳亦不来矣。有顷,文权、濬儿、顯孙、小安始至。又有顷,汉儿亦至,遂共午饭。

饭后,锴孙、镇孙来。濬、权、顯、安皆去。汉、滋、湜等畅谈达暮。汉、锴、镇归去。湜则偕滋归三里屯看铿孙。予亦与琴媳、元、宜、燕等共进夜饭。饭后看电视影片《云中落绣鞋》。十时就寝。湜儿亦归,知铿孙已痊。

5 月 21 日（四月十八日　己未）星期一

晴,热。

晨四时醒,未几即起。湜儿五时三刻出赴厂,今夜住彼云。七时续点《提要》诗类存目二,至九时毕。滋儿来,濬儿亦来,濬在医院挂号待诊,过家一省,十时半就医去。予与滋儿同出,乘廿四路转十路到南河沿,径诣文化俱乐部午餐。

十二时归。抵家后予就榻小休,滋则写信分寄清、澄告假返情况。三时予起,与滋畅谈家常。五时滋归去。

六时半,汉儿来,遂共晚饭。饭后坐庭中纳凉,谈至九时半归去。而琴媳适归。十时就寝。

是夕骤热,未及易夹被,竟致汗沉,缘颈背屡漱醒,殊难任也。

5 月 22 日(四月十九日　庚申　小满)星期二

晴兼多云,气温如昨。

晨五时起。七时后摊《提要·经部》礼类一,重订句读。

十时半,书友刘清源来,送到新印三种,并前款收去。及午看过礼类一卅页,尚馀四之一未完。

午饭已,就榻小休,三时起。农祥见过,脸肿正敷药纱布,盖在宁河乡间患鼻炎无医疗,前日力疾返京就诊也。据谈交通之艰苦殊不胜言,刻已电神池招亦秀归来云。察其状不忍诘其竟耳。五时半辞去。农行后,续阅《提要》礼类一毕之。

夜饭后,汉儿为予在政协礼堂买来点心,备明晨用。湜儿归饭,琴媳亦后至。具餐焉。看电视影片《柳堡的故事》。九时,汉儿归去。

十时就寝。夜半雨作。

5 月 23 日(四月二十日　辛酉)星期三

隔宿雨喧,破晓始停,旋竟日出放晴,因而见热。

晨五时起。六时湜儿出门赴厂。七时后展《提要·礼类二》，重订句读。十时，滋儿来，详告昨日与青年出版社及文化部人事处俱已洽过，决定佩媳亦调皖，拟即着手准备移家合肥。絮语至午，遂共饭。

饭后，滋还三里屯，予即小休。二时起，摄衣出，乘廿四路转十路，到中山公园，径诣来今雨轩，其地正在盖棚，而隙地则人满，且多伸足占用两椅者，所约诸人则不见，乃徙倚去之，西行到社稷坛南门，遇乃乾正施施来，遂同止步，即门首石桌坐啜冰以息。良久，琢如、轶程、季文陆续至，知来今雨轩有空座，始移就之。则陆高谊、潘达人皆在。有顷，元善至。惟颉刚、平伯皆因事未能到。谈至五时，予以须参加文化部及文联召开之联欢晚会（纪念毛主席《在延安文艺座谈会上的讲话》发表二十周年，特在政协礼堂召开此会也。）先行。适轶程亦有事先归，遂与同乘十路而西，伊在西单下，予在麟阁路转七路到政协，先诣餐厅晚膳，晤孟实、端升、大琨、从文、建功、国恩、芝生。七时诣会堂，坐第二排，晤研因、志成、陈慧、广平、振羽、载涛等。七时四十分晚会开始，有合唱、舞蹈、秧歌剧、独舞、独唱、腰鼓舞等，终以话剧《十六条枪》。主要为总政文工团及中央歌舞团所演出，殊见精彩。九时半休息，其后尚有一场电影也，予以时晏，先退。走白塔寺前乘一路无轨回朝内南小街，再转廿四路归于家。

琴媳亦方自社中归，湜儿亦尚未睡，时已十时廿分矣。取汤洗足拭身，易睡衣就寝。接润儿廿一晨发来寅十五号，复告正写信与领导争取假归中。

5 月 24 日（四月廿一日　壬戌）星期四

晴，有微风，较和。下午风加大，不久即止。

　　晨四时半起。湜儿六时前出赴厂，今日又须住厂上课云。顯孙挈小安今晨八时乘车返哈尔滨，汉、滋两儿俱往车站送行。八时半，汉、滋先后来本宅省予，禀告送行情形。

　　九时，予偕汉、滋出，乘廿四路北去，转一路无轨往西郊动物园，访缅甸赠来之扭角羚羊。未值，约略一看长颈鹿、河马、狮虎后即出，步往二里沟新疆饭店午餐。此店即西苑饭店改名，供应大见好转，较前几次为满意，且遇见前老正兴伙友唐姓，颇有招徕之意，作风亦一反近两年来冷面推委之态，岂真转机之朕兆乎？一时离店，乘二路无轨到麟阁下，汉转七路上班去，予与滋则转十路到东单，再转廿四路回家。小休片晌。五时滋儿归。予写信（壬新十三号）寄润儿，速假返。

　　七时，琴媳归。元孙亦早下学，因共进夜饭。饭后，琴收拾冬衣，分别入箱，或送洗。予坐听广播，九时就寝。

5 月 25 日（四月廿二日　癸亥）星期五

　　晴，暖。

　　晨五时半起。整治本年散夹日记，手装三册，统署"习习盦日记"，今后将承此称以终，因著习习盦说于次：

> 习习，初飞貌。予生七十有三载矣，岁星亦既十一周，倦飞知还，当亦翔而后集乎？顾学无止境，晚学尤重，忘其初飞，必将断翮。爰自今岁始，更署所居曰"习习盦"。日记因以为名，盖有生之日，皆学习之年。知也无涯，必不可以有涯之生自画也。习乎！习乎！殆犹昔岁自署惧止之意尔。

　　接平伯函，以近撰《谈铁狮子胡同和田家铁狮》一文见示，并征询数事，即复告所见，兼解答所询。

十时后，续治《提要》礼类三，并及其四。午饭后小休，二时起，复治礼类四提要，至四时毕之。

晨接元鉴电话，知汉儿昨晚发烧，予本拟俟滋儿来后偕往看之，乃滋直至下午四时后始来，不及再出，只得待明日往省矣。五时半，滋儿回三里屯。

七时夜饭，七时半湜儿归，已在外饭过矣。看电视转播京剧《三打祝家庄》，十时四十分始完。琴媳十时返。予看完电视后，拭身洗脚，仍由湜为予擦背换膏药，然后易衣就寝。

5 月 26 日（四月廿三日　甲子）星期六

晴，旋昙。近午微雨即止，午后三时雨又作，虽檐际有声，但似未能破块也，气温却较降矣。

晨五时起。接错孙电话，招湜儿，因以其母病告之。有顷，湜儿出赴厂。八时，又接错电话，知已返家，且即将奉其母赴医院打针云。盖汉儿前晚陡发高热，昨晨赴诊断为扁桃腺化脓，现遵医嘱休息四天焉。

滋儿来，因与同出，乘廿四路转十路到国会街下，径诣前王公厂处看视汉儿。则错正奉母归休，未久也。知火势已退，为之稍慰。谈至十时，潘儿踵来，盖伊来小雅宝省予，许妈告之，遂寻来耳。时天色转晦，且隐隐闻雷，恐值雨，即与潘、滋行。在象来街乘十路返东单，潘有事，转道归去。予则与滋儿转乘廿四路回禄米仓。比走抵家门，而雨点适至，时已近午，滋以乘雨隙赶返三里屯。予亦稍坐即饭。饭甫毕，元孙归，再具餐焉。一时，予就榻小休。二时，元孙往美术馆参观全国美术展览，予亦起矣。重点《提要·经部》礼类存目一，抵暮完其廿一页。

琴媳归，与共饭。饭后，予偕元孙等看电视转播歌舞、秧歌剧晚会，十时半始毕。即寝。湜儿下班后往锴孙校中看演出，十一时半始归。

5 月 27 日（四月廿四日　乙丑）星期

晴，爽。

晨四时半起。六时续点《通鉴补正》，八时阅毕《晋纪卅七》。湜儿八时半往省汉疾，顺偕诸甥听音乐。滋儿、佩媳、铿孙十时来，琴媳早起如菜场购菜，以待之十二时共进午餐。

湜儿午后一时始归，复具饭。二时，滋、佩、铿归去，予亦就榻小休。未几，晓先、雪英夫妇至，因起酬对，谈至四时。元善见过，晓、雪乃去。元善来谈，欲撰写中国出版业发展史，相与论述刻书卖书与藏书读书之关系，竟两小时乃辞去。

夜饭后，看电视转播政工所演三话剧（仍唱秧歌调），予眵糊弥甚，勉终局，十时取汤拭脸始就寝。

5 月 28 日（四月廿五日　丙寅）星期一

晴朗无风，热亦不甚。

晨五时起。六时湜儿赴厂，今夜住厂云。九时，友琴见过，谈《不怕鬼的故事》修订事，予提意见若干处，大略见采。十时，滋儿来省，友琴辞去。

十时廿分，偕滋同出，乘廿四路到东单，转三路往南河沿文化俱乐部午餐，遇周亚卫、游国恩。

十一时半离部，乘三路到王府井南口，转三路无轨往西郊动物园，再换卅二路径达颐和园。先诣谐趣园，坐至琴峡前憩息久之，乃往长廊鱼藻轩茗谈。父子絮话自未及申始起行,乘卅二路返西直门,转七路无轨到东直门南小街,再转廿四路归家。晚饭后滋归去。

七时后,颉刚见过,出所撰《中国社会党和陈翼龙的死》一文相示,盖为政协《文史资料选辑》而作,征予补充意见也。谈至九时乃行。

十时许,琴媳归,以润儿新寄近照为献。

是日早晨曾为平伯解答数事,录备明日晤面时付之。十时十分就寝。

5月29日(四月廿六日 丁卯)星期二

晴,暖。

晨四时半起。五时展书重点《提要》礼类存目一,至七时毕之。接点表文,十时亦完。惟谕旨则仅存数则,已午饭矣。

饭后小休,一时许即起,晶日高悬,颇张炎威矣。濬儿午前来一转,知日前同自汉所归来时,伊归途下车尝蹉跌,致左膝磕青云。岁月磨人,儿辈亦转瞬垂老乎?吁!

二时半出,乘廿四路转十路到中山公园,径诣来今雨轩,择座瀹茗,有顷,颉刚来,平伯来,元善来,轶程来,最后季文来。谈至五时半,同乘廿二路往西单就全聚德吃烤鸭。七时散,予独乘十路回东单转廿四路归家。

开电视看影片《在战斗里成长》。八时半湜儿归,十时电视毕,琴媳亦归。接廿七日潄儿来信,建议润假归为宜。予旋就寝。

5月30日(四月廿七日 戊辰)星期三

晴,暖。

晨五时起。七时，琴媳衔予命往访吕朗，为洽润儿假归事。归报假返无问题，所不便者，公费无着耳。因即令琴拍电报促润归。九时，滋儿来，遂与偕出，乘廿四路北转九路无轨，到王府大街下，走双辇大街新建之美术馆参观纪念展览，所陈皆毛主席《延安文艺座谈会讲话》发表二十年来各方绘画、雕塑、工艺品之成绩，涉历诸室，不觉移时(仅开放底层，楼上未得去)。

十一时出馆，乘十一路无轨到灯市西口，复走椿树胡同康乐餐馆午饭。饭后仍在灯市西口上十一路到东单，再换廿四路回家。予小睡，滋则归三里屯。

三时起，续点《通鉴补正·晋纪卅八》，移时毕之。于是，刘裕篡晋开宋矣。

七时，汉儿来，遂共夜饭。升基、元鉴踵至，同看电视，十时始各归去。琴媳、湜儿亦先后归。予乃就寝。

臂痛增剧，眼昏亦甚。汉为予擦背换膏药。

5 月 31 日(四月廿八日 己巳)星期四

晴，时昙，微风，气较昨略凉。

晨五时起，精神殊不爽。六时后湜儿出赴厂。七时后，勉坐打叠精神重点《四库提要·谕旨》及《凡例》，并及《通鉴补正·宋纪一》。至十时俱毕。乃就床偃息，总觉百无聊赖也。草草午饭，饭已，即偃卧，三时起。

接润儿电报，知下月三日十四次车返京云。

藏云见过，畅谈移时，神为之振，五时辞去。予昨与汉儿约今晚同参政协晚会，先令在彼相候，藏云行时，汉电告即行，予因乘廿四路转十路、七路到政协餐厅，遇云彬、觉明、力子等，而汉却未至，坐待良久,屡出望之,始见来,又久之,始得食。七时一刻乃往礼堂,则座几满,只得坐最后二排,幸与元善、云彬等并坐,得不落寞耳。

是日晚会为江西省赣剧院一团招待演出。七时半开场,先为昆腔《拦马》,继为弋阳腔《张三借靴》,均见特色。九时休息,休息后尚有青阳腔《拜月记》中《抢亲》、《拜月》两出未及看,予即与汉儿先退,在门前场上觅老赵(餐时遇其芳,承招呼同车送回,属在车上相候,予以坐不住,欲先行,恐其芳于散戏时久候,故寻老赵说明此意,乃竟觅不到,殊歉。)未遇,即步往白塔寺前乘一路无轨东归。在南小街转廿四路而回。

到家琴媳尚未睡,与汉长谈,汉即留宿西屋。

十一时就寝(拭身洗足)。

6月1日(四月廿九日　庚午)星期五

昙,热,午后闷,有雨意。

晨五时起。汉儿七时上班去。八时半农祥来,谈至十时半同出,乘廿四路转十路到南河沿文化俱乐部午餐。新复饺子之设,甚鲜美。餐后偕过故宫参观绘画馆,二时离院,出神武门,农祥往看其子,予则乘一路无轨转廿四路归家。

小休至三时起。四时半,滋儿来,畅谈家常,予方执笔作日记,且听且写且谈,日暮乃竟。六时半,汉儿来。七时,琴媳、湜儿亦归,元孙亦以六一节在外看电影返,遂同进晚餐。

餐后,汉往省濬家,滋亦归去,予与诸孙看电视影片《红孩子》。十时拭身就寝。

傍晚接卅日润发函,复予及汉、琴者,尚未定归否。

6 月 2 日（五月大建丙午　辛未朔）星期六

晴、昙、阴间作，气闷郁，地亦有膏象，迄未致雨，旱兆已增，可惧也。

晨五时起。六时，湜出赴厂。竟日未出，为新建设社看汤炳正《屈原传初探》稿，及中华书局看人大档案组编《中国国家机关史》，并《参考图表》、《讲授提纲》等。

下午四时，硕孙来阅报，移时去。七时，琴媳、湜儿归，遂同家人共饭。

晚饭后看电视木偶电影《孙悟空大闹天宫》。

九时半，拭身洗足就寝。

6 月 3 日（五月初二日　壬申）星期

晴昙兼施。午后阴，忽有风，又推出日轮，未几复黄霾，隐闻雷声，有闪电，迄无大雨也。黄昏仅有细雨。

晨五时起。竟日未出，午前点完《宋纪二》。午后点正礼类存目二，亦完。

上午九时，湜儿出参厂中团小组活动，元孙亦赴校过队生活。滋儿挈铿孙来，近午归去，以铿欲睡，恐入睡则一人无法抱持之也。午间湜、元皆归，遂同饭。下午四时半，锴、镇两孙来，谓其母、妹已往三里屯看二舅，少顷自来云。

六时半，予偕琴、湜、锴、镇、元、宜、燕同进晚饭，汉、鉴迄未至。饭毕，天黑起雷，锴、镇恐雨，便自归去。

晚饭后，看电视话剧《骆驼祥子》。十时半就寝。

6月4日（五月初三日　癸酉）星期一

晴，日不炎，而风和，颇凉爽，佳日也。

晨四时半起。湜儿六时出，予即作审查意见七条（人民大学历史档案系所编《中国国家机关史讲义》及《参考图表》、《讲授提纲》等三种稿本），应中华书局编译所古代史组之属，至十时乃完。

滋儿来，午刻，元孙亦归，因共饭。午后二时，元入学，予偕滋乘廿四路转十路、五路到西华门访乃乾。即以顷所作意见书及原稿件交伊属转。适朱士春赴局，遂托带交之。谈至三时半行。乘五路转十路、廿四路归。正抵家门，而邓绍基至，遂与接谈，移时始去，承关怀至感。

润儿乘十四次特快车返京，依夏令时间表，当于下午五时四十八分到，滋儿、琴媳、元孙、宜孙俱往车站接之。六时廿分皆归矣，为之欢慰。有顷，湜儿亦归。乃与润、滋、湜、琴、元、宜、燕等共进夜饭，且酌伯衡所馈之酒（润带来）。食次，潘、汉、鉴皆至。食后共谈离悰，至九时半，文权亦来。十时许，潘、汉、滋等皆归去，湜仍返厂，盖明晨六时有讲课，明晚须往听业徐校范讲，后晚乃能归家云。

予日来以燥旱影响，目眵增多，眼眶时而干裂，时而粘糊，今日尤甚，因是时须热手巾按拭，潘等行后，乃拭脸就卧。

6月5日（五月初四日　甲戌）星期二

晴。

晨四时起，拭目醒，心较连晚略好。七时后，看假自乃乾之《古籍版本知识》，盖中国书店老书友集体所编，用以教育后进者，颇多经验之谈,将由中华书局印行。乃乾乃属予先为审阅也。竟日未出,抵暮乃毕。此稿先成两册,据目尚有两册未脱稿耳。

润儿上午到馆汇报,下午为友人送代带各物。

予午后曾小睡片晌。傍晚,湜儿来家,听课之事作罢,故锴孙亦来。晚饭后,予即寝,锴何时去,琴何时归皆未之闻。难得好睡也。二时始起溲,已交翌晨矣。

6 月 6 日 (五月初五日　乙亥　端阳节　芒种)**星期三**

晴,午后起阵,为风吹开,仅见大点雨一二秒即止,依然朗晴,气却爽。

晨四时半起。上午重订《提要》句读,完礼类存目三。滋儿十时至,润儿八时出听报告,湜早赴厂。午刻,汉儿来,润亦归,元孙亦归,乃与汉、润、滋、元共饭。

饭后小休,三时起。阵已过,小坐后与润、滋挈燕孙出散步,顺将宜孙从幼儿园接归。

六时许,潏、权来。有顷,汉、湜、琴、元皆归,佩媳亦将铿孙至。遂团坐小饮,藉庆端阳。鉴孙亦至。晚饭后,共谈至近十时,各散归,予亦就寝。臂痛未已,腰酸踵来,目涩依然,真可谓老病侵寻矣。

6 月 7 日 (五月初六日　丙子)**星期四**

晴昙兼作,有风,气温如昨。

晨五时起。湜儿六时赴厂,今晚讲课不归,明晚听课始还云。八时一刻出,乘廿四路北行,转一路无轨到白塔寺,换乘三轮赴政协礼堂第二会议室,列席卅次常务委员会扩大会议。陈叔通主席,由劳动部马部长作报告,为精简事宜露具体办法后,由统战部李部长补充说明,要大家讨论提意见云云。十一时十分休息,予晤及云彬、至善、彬然、大琨、仲富、觉农、载涛、觉明诸人,因走服务处取餐券,旋往餐厅进餐。

十二时餐毕,与觉明同行至白塔寺,伊乘三路无轨去王府井,予则乘一路无轨径还南小街,再转廿四路归家。润儿正饭毕也。

予小休,润则赴馆参加讨论会。予三时起,重点《四库提要·经部》春秋类一。傍晚润儿归,元孙、琴媳亦先后归,遂共夜饭。饭后,宜孙同学顾圆及其父来看电视,汉儿亦偕其同事张君来,以柳文若干处请益,顺看电视(话剧《蔡文姬》)。九时半,顾君父子去,十时,汉等亦去。予即闭机,洗足就寝。

6月8日(五月初七日　丁丑)星期五

晴,仍有风,偶亦示昙,气凉类昨。

晨四时半起,腹彭亨不舒,精神阑珊。八时半,滋儿来。润早出访友,十时归。予父子三人乃同出,思欲出外散闷,一振郁气。先乘廿四路到东单,徐步往南河沿文化俱乐部午餐。餐后,逛王府井,登百货大楼,欲乘车而南,一游陶然亭,乃腹中不快,似欲大解,即雇三轮独归,但如厕仍不畅。比润、滋归来,予偃卧而已。三时起,与润、滋长谈,强作精神耳。五时半,滋归去。夜饭后,润往中山公园参加民进小组,予以不舒,即就榻偃卧。八时湜儿归。九时琴媳归。十时润儿归。

6月9日(五月初八日　戊寅)星期六

晴,微风温和。

晨四时半起。今日为珏人忌辰,汉儿七时买花及点心等前来设供,时湜儿已赴厂,与润、琴会(润、琴亦供点)。

八时一刻,予赴文学所参加会议,汉、润送至所门首,予径入,汉往新华上班,润则往宣外访友。予登楼首晤平凡,继晤默存、冠英、翔鹤、伯山、淑明、友琴、贾至、晓铃、宝权、葆华、之琳、健吾、平伯、其芳、水夫、蔚林(是会副研以上皆出席)。惟未见晦庵,经询之人,知赴上海公干矣。九时开会,其芳传达中宣部周扬关于高教编辑事宜的意见,然后结合本所工作漫谈。

十二时散,予偕平伯、默存、友琴、蔚林乘所中车送归。到家润亦甫回,知瀙儿曾送金钟花一盆来献母。

午饭后小休。二时后农祥、雪村来访,滋儿亦至。谈至四时,农祥先去,雪村后行。润午后挈元孙去朝外访戚(琴之表弟柳君),傍晚归,适遇佩媳、铿孙,因同来。湜亦归。共进晚饭。

饭后,坐庭中闲谈,瀙儿来,共谈至八时半,瀙、滋、佩、铿皆去。予腰酸稍好,而精神大衰,抚存追逝,万感交集。九时即寝。

6 月 10 日 (五月初九日　己卯) 星期

晴,和。

晨四时半起。六时,润、琴、湜挈元、宜、燕往福田扫墓,与瀙、滋、佩、铿约会于动物园四七路站,俾同行云。汉本约同去,忽新华派伊往通州拔麦,遂中止。予亦以汉达、高谊之约不果,偕去。

八时后,重点《提要》春秋类一,至十时三刻,高谊电话催请,即掩卷摄衣出门,乘廿四路转十路到王府井下,径诣北京餐厅。高谊已在门口相候,遂相与入,汉达伉俪已先在,因以所属看之《三国新编》交之。闻人云近日各馆子皆不甚挤,而今日食客特多,陆先占座,幸得即餐。外厅坐而待者颇不乏人,问之服务员,亦谓以往数星期亦无今日人多云。然则,不家食者仍夥也。

予等四人饮酌谈心,至午后一时许始行,共往中山公园,茶于紫藤棚下,三时同诣北长街访乃乾。谈移时出,乘五路同到南长街南口下,汉夫妇乘四路归去,予与高谊转十路、廿四路各归。

到家时,润、琴、湜、元、宜、燕皆归矣,知濬、滋、佩、铿亦各安返,而福田墓地完好无恙云。

志华来,傍晚去。夜饭后看电视歌剧《血泪仇》,十时半乃毕,遂就寝。

6 月 11 日（五月初十　庚辰）星期一

晴,暖。

晨四时半起。六时,湜儿出,今晚住厂云。润儿八时去馆治事,九时归。予上午重点《提要》春秋类二。下午小休,三时起。点阅《通鉴补正·宋纪五》,至六时毕之。

书友刘清源送新书两种来。

润儿午后去中直礼堂听报告,傍晚归。四时接滋儿电话,知铿孙昨晚又发烧,即就医,今日下午又往医院就诊,颇为此儿耽心。夜饭后,汉儿来,与润谈至九时半归去。琴媳八时归。

十时就寝。

6 月 12 日（五月十一日　辛巳）星期二

晴,闷热,傍晚起阵,入夜遂檐注达旦。

晨四时半起。七时,润儿往三里屯看铿孙。八时接雪村电话,告清儿顷自太原还。旋与清通话,知伊接得汉函,悉润、滋俱在京,故特返京同叙也。予为大喜,适润、滋亦自三里屯来,告之,皆欣然奔赴遂安伯,未几,即偕同清儿归来。询悉晋中近况,伊正式工作仍未确定耳。只得听之矣。十时半,予偕清、润、滋三儿同出,乘廿四路北转十二路无轨到王府大街就食于大同酒家。遇陈通夫及吴研因,研因见其旧生徒(清为尚公学生),特为购牛肉一盘为饷,甚感厚谊也。

十二时半餐已,父子四人逛隆福寺,以日中炎热,即遄返。午后二时,天色渐变,予即过遂安伯邀雪村同往政协应颉刚、元善之约,座谈编辑中国书业史事。由廿四路转一路无轨,到白塔寺,乘三轮前往,遇乃乾,因与同入,在二楼东休息室相晤,颉刚、元善、乃乾及予外,只刘国钧一人到,其馀见邀之赵斐云、张静庐、周云青俱未到。民建干部谭、叶两君及政协干部梁君则皆在场司笔录。谈至五时半,散。予与元善、雪村、乃乾同过餐厅晚餐。遇汉达、大琨,遂与同桌。

餐毕,已有雨意,亟走白塔寺乘一路东归。甫及门,雨已至,幸未沾湿。知清、润、滋俱往汉家会晤矣。

八时琴媳雨中归,嗣后雨渐大,且有雷电,清等竟不能归,想皆留汉家耳。但予虽就寝,而心悬清等,直至中宵二时始入睡。

6 月 13 日 (五月十二日 壬午) 星期三

晴,爽。破晓雨止,北风微拂,真有新沐之感。

晨四时半起。六时润归,知昨夜阻雨,反得意外之乐。潩、权、清、滋、湜等及诸甥畅话至深宵,几致达旦云。清在遂安伯午饭,饭后归来。予午后小休,三时起。潩儿来。有顷,滋儿来。又有顷,佩媳、铿孙来。六时后琴媳归,元孙归,湜儿归。文权来。汉儿来。

因共晚饭,即庭中设席。饭后聚谈至九时许,濬、汉、滋等各归去。予等亦各就寝。

予午前写信与葆珍,函漱儿,属转去。

6 月 14 日（五月十三日　癸未）星期四

晴朗和爽。

晨四时半起。六时湜儿出赴厂。平伯八时见过,以近作《吊曹雪芹》两律赠予,谈移时,假吴景旭《历代诗话》去。

九时,予偕清、润两儿出,乘廿四路南转十一路无轨到北海后门,本拟过画舫斋扇面展览会一看,顺购扇骨,为何云查、陈半丁书画扇穿上,乃画舫斋已改展油画,遂望而去之,茶于双虹榭石栏边。

十一时一刻起行,在北海前门乘一路无轨西往沟沿,步诣政协礼堂餐厅午餐。午后一时离政协,三人乘七路到麟阁路转十路返东单,再换廿四路回禄米仓。归后小休,润则去版本图书馆参加会议。三时后,滋儿来,濬儿来。

文学所图书馆张君来取去《历代诗话》两函,盖数年前假来,久度忘之矣。

七时元孙、琴媳亦先后归,遂与濬、清、润、滋、琴、元等共晚饭。饭后,润儿前出版总署同事丁瑜、黄厚培、郝思辰来访,与谈久之,八时半去。

志华来访清儿。九时后,濬、滋归去。又半时,志华亦去。湜八时半归。十时就寝。

6 月 15 日（五月十四日　甲申）星期五

晴爽,兼有云翳。

晨四时一刻起。湜儿六时出赴厂。尔松七时来访润儿。八时滋儿、潏儿先后至,因约清、润同访宋、傅、丁、徐诸家,遂与尔松同车出西郊,往翠微路中华书局遍谒云彬、彬然、晓先、调孚诸家焉。

儿辈出门后,予摊书点阅,抵午完《通鉴补正·宋纪六》及《四库提要》春秋类三。

午后小休,三时起。潏、清、润皆已归矣。知滋已径返三里屯,汉儿午前送手煮干菜肉来,与共饭。饭已即去上班,须明日再来云。

晚与潏、清、润、琴、元、宜共饭。饭后潏归去,清则往省遂安伯老家,予看电视朝鲜歌舞团演出。八时,湜儿归,再具餐。十时,湜为予擦背。予乃洗足易衣,再续看歌舞,十一时始就寝。清亦归。

6 月 16 日(五月十五日 乙酉)星期六

晴,热,颇有季夏意象矣。

晨四时半起。八时与潏、清、润、滋出(清、润在家,潏、滋则刚到也),同乘廿四路北行,予在北小街下,潏等则径往八条访叶家也。(湜六时仍入厂,未与。)

予在朝内大街转十二路无轨到沙滩,再转八路南行,拟往南河沿政协文化俱乐部参加学部中心学习组,以今日欢迎朝鲜最高政治代表团,万人夹道,东西长安街不能通行公共汽车,八路亦遂南止于锡拉胡同西口,只得于烈日下步行诣会。到会时,颉刚、厚宣、冠英、奠基、岳霖皆先在。有顷,梓年、导生、斗奎、旭生、懋绩、家升、作铭陆续至,而语言所叔湘诸人卒未到,恐亦为途梗而然耳。九时半开谈,导生报告时事近况,大家都发言。十一时半散,诣餐厅各谋午餐(今日之会未集体定座)。餐后乘三路转廿四路归。

时欢迎已过,六街又如旧矣。

到家,潜等亦方归,正共进午饭。予少坐即小睡,三时起,潜、滋已归去。予方欲披衣往访圣陶,而圣陶电话至,谓即驾来谈,劝予勿在烈日下往访云。有顷果至。遂大谈《唐书·魏征传》译为今话事,因留与小饮。抵暮方罢,登车去。

夜饭后,滋儿、佩媳、铿孙来。镇孙来渭、汉、铿即将继至。清儿往访志华。未几,潜儿、文权、预孙至,乃同看电视文艺晚会。九时半,汉儿、鉴孙犹未见来,潜、滋等遂归去。十时许,清儿归。又有顷,汉、鉴始至,商定明日聚汉家午饭兼摄影云。十一时,汉、镇、鉴去。予等亦各就寝。

接潄儿十四日信,予十三日去信当然尚未收到也。

6月17日(五月十六日 丙戌)星期

晴,炎热。

晨四时半起。七时,湜儿去三里屯约滋家。八时,清儿去朝外观音寺约潜家——同赴汉家会集,俾合摄照片。九时半,予偕润儿、琴媳挈元、宜、燕三孙乘廿四路南转十路,到石驸马大街下,走往前王公厂汉儿家。湜儿已先到,正偕同错、鉴两孙出外购办小菜及主食。晓先、雪英夫妇适在汉家访问,遂留与共谈。近午,滋儿、佩媳、铿孙到。有顷,文权、潜儿到。又有顷,预、硕两孙到。遂开饮,凡两席,二十二人云。饭后,闲谈,三时后,予偕同潜、清、汉、润、滋、湜、琴、佩、权乘十路到西单(雪英同车行,伊往东单),走至商场对面国泰照相馆,十人合摄一影。盖在京诸儿女及媳、婿俱在焉。诸孙辈则在汉家自摄多帧矣。晓先饭后即行,径返翠微路。照相后,予与潜、权、琴、清、湜乘九路无轨先归,预孙适至,遂同车行至王府大街,湜先下,诣美术馆参观。濬、权、预则出朝阳门径归。予与清、琴再于南小街转廿四路乃归云。途中又遇雪英,遂邀以同返。傍晚,润、滋、佩、元、宜、铿、燕及鉴孙同来,湜亦旋归,遂合坐晚饮。饭毕,雪英归去,锴、埙两孙至,因同看电视川语话剧《抓壮丁》。九时埙、锴、鉴皆归去。十时半,电视方毕,予等各就寝。

6 月 18 日(五月十七日　丁亥)星期一

晴,炎威稍杀。

晨四时半起。竟日未出,重点《提要》春秋类四及存目一,毕之。濬儿九时来,与清儿在王府井购物。润儿虽在假,而版本图书馆事忙,今日仍去上班。午间,濬、清、汉、润皆归,遂与共饭。饭后小休,濬归去,清去遂安伯,润仍上班。

匠人来修房已三日,今日工未竣而料已不继,啰嗦周折真磨人,俟明晨润往房管部门接洽后始见分晓云。

夜饭后,润出访友,云瑞、述琇夫妇来,农祥来,汉儿偕鉴孙来。十时,农祥去,琴媳归。有顷,云瑞、述琇去。汉、鉴留宿,湜则住厂未归。十时半就寝。

6 月 19 日(五月十八日　戊子)星期二

晴阴兼至,午后细雨即止。晚晴,气转凉。

晨五时起。七时,润儿往修缮服务站交涉添料,候至十时后,马工长始来,经看视,估计洽妥乃得放心。

十时半,予与清儿先行,乘廿四路北转六路到三里屯滋家。有顷,润儿亦骑车至,近午,濬、权方到。遂同饭。

饭后二时半，予以有约先行。乘六路西至地安门，转五路南往西华门下。时已见雨，乃亟入中山公园，趋来今雨轩，则乃乾、高谊已在。有顷，行尊至，颉刚至，季文至。谈至四时半，行尊行。五时一刻，予与颉刚、季文、乃乾、高谊亦行。出园东北门，过阙右门，自午门直道出端门、天安门，迤逦往北京餐厅晚饭。七时半散。予偕高谊乘九路到东单，转廿四路归。高谊则在外交部街东口下矣。

清儿往汉家宿。琴媳八时归。湜儿八时半归。十时就寝。

适觉明来访未值。（留条通知严敦易病逝。）

6月20日（五月十九日　己丑）星期三

晴，温。

晨四时半起。八时看《光明日报》见敦易讣告，明日下午三时在嘉兴寺公祭，治丧委员会列有予名，而愈之为之主任云。

九时，汉儿、滋儿来。汉今日补假。十时，清、汉过邀潘来，遂与潘、清、汉、润、滋五儿同出，乘廿四路转十路到南河沿文化俱乐部午餐。餐后，同步至天安门，乘五路往陶然亭，茶于慈悲院。其地西轩已辟为清真食堂，南台支棚为茶座。予等到彼为时尚未及二时，而人已坐满，恶客有独占一桌两椅者，颇厌之。三时半即起行，绕湖西岸转抱冰堂前，仍出北门，乘五路到北海，（滋则前门下，诣邮局拍电合肥续假。）再转一路无轨到南小街，潘、清往菜市一转，（汉在陶然亭即乘车径归其家，约料理后来家。）予与润儿走还家。有顷，潘、清、滋皆归。又有顷，汉亦来。元孙亦放学回家。

七时，与潘、清、汉、润、滋、元等同饭。饭后院中小坐，颇凉。

八时,湜儿始归饭。文权来接潽。九时许,潽、权去。汉留与清宿。十时就寝。夜雨甚透。

6 月 21 日(五月二十日　庚寅)星期四

破晓尚雨,旋转阴,午后昙,傍晚颇有雨意,未果。气仍凉。

晨五时半起。八时半出,步往文学所参加全体大会,听张书铭报告当前局势。十时后分组讨论,古代组□小组合开,金主提高警惕,沉着应付。十一时半散。与冠英、友琴同行至宝珠子胡同口而别。

到家与润儿同饭,清则去遂安伯午饭云。饭后小休,二时起,即出,乘廿四路南转十一路无轨赴厂桥,诣嘉兴寺吊严敦易。晤胡愈之、叶圣陶、张友鸾、徐调孚、楼适夷、许觉明,并及严之家属。三时半公祭,愈之主祭,适夷致悼词。祭后,予即附车往北长街访乃乾,谈至五时三刻偕出,步往北海乘九路无轨到西四,径诣同和居登楼就座,盖公宴容希白也。予与乃乾外,顾颉刚、魏建功、启功、常惠、马宗霍、牟小东同作东道,小东又同和居故小主人也。座洁,馔精,胥由小东之故耳。

八时半始散,予与颉刚乘一路无轨还南小街,再步行至禄米仓西口而别。到家潽、权、清、汉、润、锴、鉴等皆在看电视乒乓赛,并有润同事、锴同学等多人。予本感倦,又惮于酬答,即洗脸就床偃卧。电视至十一时犹未毕,而观众已陆续散去,最后乃闭机,锴亦最后去。汉、鉴则留宿焉。予十一时后始入睡。

6 月 22 日(五月廿一日　辛卯　夏至)星期五

昙,无风,气和。

晨五时起。八时一刻出，乘廿四路北转一路无轨到北海，入门时遇志成、汉达诸人，遂偕诣庆霄楼参与政协联络委员会招开之茶话会。晤力子、颉刚、咏霓、桂庭、异之、研因、涵初、叔源、孟君、王枫、公庶等。十时半乘舫荡海子。十一时半诣漪澜堂东别舍午饭。凡五席（工作人员又设一席），予与研因、颉刚、汉达、志成、公庶、涵初（馀三人不甚熟悉）同席。

饭后各自归休，予乃与研因、志成过团城一看扇子展览，顺购折扇三柄，然后乘一路无轨东归。仍在南小街转廿四路行。到家小休，三时起。滋儿已得安徽复音，同意接眷同往，且已分别与文化部青年出版社洽妥，定月终成行。润儿亦拟延假，与之偕行，俾相送至合肥云。傍晚，滋、佩挈铿孙来省，因备知之。遂与清、润、滋、湜、琴、佩、元等同进晚饭（时琴、湜皆归）。饭后，瀋、汉、权、锴皆来，谈至近十时乃各归休。予以困倦，九时即睡。

6月23日（五月廿二日　壬辰）星期六

晴昙兼施，时亦阴翳，气温与昨略同。

晨四时三刻起。六时，湜儿出赴厂。八时独出，乘廿四路到方巾巷转九路去前门，再转七路到丰盛胡同西口下。车上遇云彬、彬然、文彬、伯球，同诣政协礼堂，由电梯直上三楼大厅，参加政协常委会扩大会议。予等到时，全厅几满坐矣。九时开会，由陈仲宏副总理报告蒋帮将窜扰沿海情况，详析局势，有备无患，并知今晚将公布此消息，明晨可以见报云。十一时半散，予与觉明、彬然、云彬同诣餐厅午餐。餐后，乘七路南至石驸马桥转十路回东单，再转廿四路归。修房瓦工今日竣事，木工尚有尾活，须后日上午再来（明日星期休息）云。日内总能结束，不免解一包袱也。

琴媳、湜儿皆于傍晚归。七时与清、润、湜、琴、元等晚饭。滋儿饭后来，潗、权、预踵至。锴、镇、鉴、璐亦来同看电视乒乓赛。予以倦，即就榻。十时听取新华社发布美帝勾嗾蒋帮发动窜扰消息。十一时电视毕，潗等皆去。予始入睡。

6 月 24 日（五月廿三日　癸巳）**星期**

阴雨，晚晴，气凉。

晨五时起。竟日未出，重点《提要》春秋类存目，毕之。

午后，汉、滋、璐、锴、镇、鉴皆来。湜儿三时往政协礼堂购物，越时还。

傍晚集清、汉、润、滋、湜、琴、璐、锴、镇、鉴、元等于庭中围圆桌共进晚饭。饭后，潗、权亦至。伊等仍同看电视乒乓赛。予以不耐久坐，仍早就榻。

美帝国主义支持蒋匪帮，妄图窜犯大陆沿海地区的消息今晨已发布，各报均以头条新闻专载之。广播电台亦一再转播，是应提高警惕，各自努力工作，应付万一之时矣。

6 月 25 日（五月廿四日　甲午）**星期一**

晴，和。

晨四时半起。湜儿六时赴厂。滋儿、佩媳上午皆来。

下午二时廿分出，乘廿四路转十路往南河沿文化俱乐部，参加民进中央小组。到王恪丞、许广平、杨东莼、顾颉刚、徐楚波、董守义、吴文藻、雷洁琼、梁纯夫、张纪元。座谈时事对策。五时半散，乃就餐厅晚餐。餐后，偕颉刚乘八路北转十二路无轨到南小街，步往前拐棒胡同十二号，访钱琢如。晤谈至八时半乃行，复与颉刚步行至禄米仓西口而别。

归家已将九时，濬、润、琴、汉、清、滋、佩、湜并集，正雍雍叙话，盖明日一早，润即南行，晚间清且返晋也。十时半，滋、佩挈铿孙归去。清、汉亦送濬出城。予乃就寝。

近十一时，清、汉始归。犹闻伊等与润、琴、湜长谈也。

6 月 26 日（五月廿五日　乙未）星期二

晴，暖。

晨四时一刻即起。六时湜儿赴厂。六时半，清、汉、琴、宜送润行，同往新车站。八时半，清归报，润已安行。汉、琴分别上班，滋则送宜入学矣。有顷，滋亦归来，以尚须去隆福寺买物，即返三里屯。十时四十分，予偕清儿同出，步往八面槽椿树胡同康乐酒家午餐。餐后步归。小休片晌，二时即出，乘廿四路北转一路无轨西抵白塔寺，换三轮到政协礼堂，在门口遇斐云，遂相将入，登二楼诣中休息室参加民族文教联组座谈会，漫谈当前时局。到者载涛、吕振羽、顾颉刚、向觉明、王天木、赵斐云、韩寿萱、何思源、覃异之等十馀人。五时半散。散后予即诣餐厅看滋、佩，盖约在彼相候者，至则尚未到。少顷乃来，铿孙亦挈至。六时许，餐毕。佩挈铿乘三路无轨先还三里屯，予与滋则乘一路无轨到南小街，走归小雅宝。濬、权、清、汉已在盼望矣。有顷琴媳、滋儿皆归。顺林亦至。七时半，濬、汉往工人体育馆看乒乓赛。权、顺则在电视中观之。八时十分，滋、湜、元送清诣新车站登车返太原。琴、宜、燕则送至汽车站而返。十时许，滋、湜、元归报，清安行。滋旋返三里屯。予亦就寝。十一时半，电视乒乓赛始毕，权、顺乃归去。

6 月 27 日[①](壬寅岁五月大建丙午　辛未朔　二十六日　丙申)**星期三**

晴,温。

晨四时半起。湜儿以滋家将迁皖,特请假两天为之襄治行装,并佐杂事。六时即往三里屯。予独坐默念清此时当已入晋境,十时即可抵太原。润此时当早渡江,十一时亦可抵沪。不免转涉遐想,颓然自废,乃亟振精神,摊书重点《提要》,至午毕孝经类,并及其存目。

午饭后小睡,三时起。接润儿电报,知已安达上海,(因将橱门钥匙误带去,故电告,免琴媳寻找。)同时推知,清儿亦必早达晋垣矣。四时续点《通鉴补正·宋纪九》,垂暮毕之。湜儿五时还,谓竟日佐滋家,捆缚箱笼,颇累。明日当再往。闻元锴亦可前往帮忙云。

六时半,与湜儿、元孙共进晚餐。餐后,汉儿、锴孙先后至。九时,汉儿归去。锴孙坚与湜儿同宿,看电视转播中国青年艺术团出国前公演歌舞、京剧晚会。十时半就寝。

瀋儿曾来一转,谓偕雪村夫人就诊杨荔坡大夫云。

6 月 28 日(五月廿七日　丁酉)**星期四**

晴,热。

晨五时一刻起。七时,湜儿、锴孙往三里屯帮同整理行李。予竟日未出,重点《四库提要》。

下午小休,二时起后,续点至六时,毕五经总义类。接滋儿电

①底本为:"习习盦日记第四册"。原注:"起一九六二年六月廿七日,止七月三十日。壬寅岁五月廿六日,迄六月廿九,小尽日也。"

话,知湜儿、锴孙竟日在彼帮忙,一切已经就绪。五时后,湜已回厂,锴亦返校云。

傍晚,与元孙共进夜饭。饭后稍看电视即止。九时就寝。十时许,闻琴归。

6月29日（五月廿八日　戊戌）星期五

晴,热。

晨五时起。十时,滋儿来,十二时许,汉儿来。潚儿十一时来,即去。十二时半与汉、滋共饭。

饭后小休。雪英来,滋与之酬对,汉则复去上班。滋亦旋去。三时,予起,续点《通鉴补正·宋纪十》,垂暮毕之,并及《提要》五经总义类存目。

夜饭后,湜儿归。接清儿廿七日来信,知已准时到达太原,甚慰。九时即浴身就寝。始御草席。十时闻琴归。

6月30日（五月廿九日　己亥）星期六

晴,热。

晨五时起。六时湜出赴厂。八时廿分出,拟赴南河沿文化俱乐部参加科学院哲学社会科学部中心学习组。乃乘上廿四路南行后即止于外交部街东口,售票员云车止于此矣。予谓方巾巷或修路使然?且步行之巷南口,再转十路,不料甫一转弯,即望见新车站一片红旗,始悟朝鲜政治代表团今日成行返国,长安街决不准行走。即转入新开路穿由东单三条霞公府等处,九时十分始到俱乐部。初在第六室开会,后以到者不少,乃分一部人至第七室,予遂与钱琢如、张友渔、徐炳昶、夏鼐、顾颉刚、胡厚宣、贺昌群等一起开会。友渔主席,谈各所知识分子问题,发言普遍,而以琢如话为最精辟。十二时散,就餐厅午餐。与琢如、昌群、厚宜同席。

饭后,乘三路到东单,转廿四路还。小休至三时起。气闷有雨意。潘、汉自三里屯来,携重载汗,将滋家搬馀什物带到,知滋、佩会同文学出版社服务人员四人同往车站结行李矣。大小行李凡廿七件云。有顷,元、锴又押运一车至,旋亦往车站照料,潘亦归去。五时半,湜儿归。

傍晚,滋、佩、锴皆自站来,且佩已往挈铿孙同归矣。遂于庭中设圆桌,与汉、滋、琴、佩、湜、锴、元、宜等同进晚餐。餐已,潘、权、硕至,同看电视转播苏联影片《智擒眼镜蛇》。予看至九时即入室就卧。然是夕陡热,竟反复难贴也。滋儿等以行李俱已结出,三里屯家亦交还房管局,今晚即全眷住西屋,下月三日即附车南迁合肥矣。

7 月 1 日(五月三十日　庚子)星期

晴,热。

晨五时起。八时,滋、佩、铿同过汉家后,复往翠微路丁家辞行。予与湜儿亦偕出,乘廿四路北转一路无轨到故宫,即诣皇极殿看绘画,十时半出东华门,又乘三路到南河沿午餐于文化俱乐部。遇通夫、纲伯及广平、海婴。

十一时半,离部,乘三路转廿四路归。抵家方十二时,琴媳及诸孙犹未饭。有顷,滋、佩、铿归,遂同饭焉。午后,予小睡至三时起。傍晚,汉儿及锴、镇、鉴三孙来,遂与家人同饭,仍于庭中设圆桌焉。夜饭后,潘、权来。有顷,预孙亦来。九时,预孙返院。十时半,潘、汉等皆归去。十一时就寝,室内犹感蒸闷也。

7 月 2 日 (六月小建丁未　辛丑朔) 星期一

晴,热。

晨五时起。六时湜儿出赴厂。八时半,予偕滋儿出,乘廿四路北转十二路无轨,至王府大街转三路无轨到百货大楼下,诣大楼二楼购得塑料雨衣一袭,价十六元五角,又工业品券五张,即南乘三路无轨到台基厂转四路环行车抵东四北钱粮胡同下,在一家竹柳器店买得藤椅一具,价廿二元。约午后去取,予即乘三轮先归。十一时许,滋儿归。少顷,予又偕之出大雅宝豁口,径往潘儿家,十二时后佩媳、铿孙、琴媳及汉儿先后至,遂同饭。

饭后,汉儿、琴媳分头上班去,予及滋、佩、铿亦步归小雅宝。到家后,就榻小休,四时起。佩媳同事张柏年、郭凤兰来访,滋亦去东四取藤椅归。伊等遂叙谈。予坐案记日记。六时,张、郭去。汉儿来,琴媳亦归,遂与汉、琴、滋、佩、元孙同进晚餐。佩同事余维馨抱其幼女来候佩,述琇亦至,潘踵至。饭甫罢,湜儿归,再具饭。饭后,围坐庭中畅谈今昔,盖明日上午滋、佩、铿即将启程赴合肥,有不胜依依之情在无言之中也。

九时,维馨去。十时,汉儿归去,湜亦同行,或住汉处,或宿厂中,明晨有课待教耳。有顷,文权来,潘亦偕之归去。予亦就寝。

7 月 3 日 (六月初二日　壬寅) 星期二

晴,热。夜半雷雨,黄昏大风。

晨五时起。七时后,滋儿、佩媳挈铿孙往张静容大夫及章宅辞行。九时归,雪村旋至,赠物送行。锴孙亦来。十时属滋等午饭。十时半,滋等行,雪村归去。汉儿适赶到,乃由汉、锴及李妈送滋等往车站。未几,鉴孙至,亦踵往新驿矣。连日热闹,顿归沉寂,不胜惘惘。遂乘空写信与漱、润,告滋等行,并附照片(即与滋等合照者)两张去,(一与漱,一与淑。)编京沪新一号。十二时,汉、琴(赶往车站送行)锴、鉴及李妈皆归。据告滋等安顿妥帖,已稳驶离京云。遂共进午饭。

饭后,予就榻小睡及二时醒来,汉、琴等皆已去。二时半,予独出,乘廿四路转十路到中山公园,热甚,径诣来今雨轩。颉刚已在,谈至三时三刻,乃乾始来,共话至五时起行。三人缓步东行,同诣北京餐厅晚餐。七时同出餐所,乃乾乘十路返,予与颉刚乘九路东达东单。颉刚访友他去,予则转廿四路径归。湜儿、元孙亦已归,且晚饭矣。黄昏风起,扬土庭中,无法乘凉,只得退入卧室。九时就寝。琴媳十时归。夜半雷雨,予为惊醒,正念滋等三人方在兖、徐道中,不识得免受惊否?

7 月 4 日(六月初三日　癸卯)星期三

晴,热。

晨四时即起。为昨夜风沙大加拭治,五时半始就理。六时湜儿出赴厂。七时,予点毕《通鉴补正·宋纪十一》。遥念此时滋等正在蚌埠候转淮南车赴合肥也,不无悬悬。旋又重点《提要》五经总义类存目,九时亦毕。

午前写信与平伯,转达研因意,约明日下午会政协礼堂三楼谈诗。

午后小休,二时三刻起,气压甚低,闷烦难任冥坐,挥扇闭目喘息而已。傍晚雷雨不大,风亦不烈,湜儿、元孙、琴媳先后归来。宜孙亦早接回。遂共夜饭。饭后,稍坐,八时半即就寝。许妈下午假归,十时后乃还。

7月5日(六月初四日 甲辰)星期四

晴,闷热。傍晚起阵未果大雨,夜仍闷。

晨四时半起。湜儿六时出赴厂。上午点阅《通鉴补正》及《四库提要》,俱以汗出头胀,旋作旋辍,各占寥寥数页而已。

十二时半,汉儿来,因共饭。饭后,汉上班去。予假寐片晌,二时廿分即出,乘廿四路北转一路无轨到沟沿,换乘三轮诣政协礼堂,直上三楼,晤研因及王枫。三时后入第二休息室会谈组织诗会事。先后到邵力子、赵朴初、吴研因、覃异之、俞平伯、安若定、廖华、陈文彬、周士观等,凡十一人,当推研因、朴初、异之三人成立小组,以渐发展云。五时半,与研因、平伯诣餐厅,坐客已满,适梅汝璈食毕起行,予三人乃就其隙得占座焉。

六时半行,已见雨点,予乃雇得一三轮,乘以径归。抵家元孙等夜饭甫毕也。予热甚,亟取汤浴身洗足,坐窗前纳凉,雨虽细,不能出檐坐,只得迁就耳。滋儿有电报来,知已于四日安抵合肥,且云铿孙好也。稍为松慰。又见案上有留条,知颉刚曾来访,留有同治三年刻本《适园丛稿》(元和袁学兰文绮所作诗集),属就其中关于吴门风俗者选若干云。八时半即寝。九时半,琴媳归。湜儿亦旋返。

7月6日(六月初五日 乙巳)星期五

晴转阴。

晨四时半起。六时湜儿出赴厂。予即展阅《适园丛稿》为作提要。九时许,得湜儿电话,谓奉派赴芦台农场作抢救防汛设备工作,结伴卅人,去一星期,顷已在站待发,恐予挂念,特电禀云。替换衫裤,俱不及带,真王命急于星火矣。舍干笑外,复何言哉!

平伯见过,谈移时去,承以近作相贻。

潝儿十时许来,少坐即行。午饭后小休,三时始起。政协双周学术讲座遂未果参加。因摊书重点《提要》,至晚理完四书类一。

夜饭后,闷热甚,独坐庭中纳凉,元孙因将应学期考试,过访同学共同自修。汉儿九时来,谓自潝家访问而来。坐未久,以恐雨作而行。时已有微点,但终未大作耳。琴媳八时归。其妹慧英今晨自沪归京,八时半偕其婿邓明道来访,带到润儿托带诸物,九时半去。元孙九时三刻归。

十时就寝。

7月7日（六月初六日　丙午　小暑）星期六

晴昙兼至,夜半雨,气闷热。

晨五时起。七时后重点《四库提要·经部》四书类二,至十时完廿八页。九时,中华书局派人送《段注说文》两部至,一为张石洲断句本,一为该局过点本,将据以影印,属予对勘。十时五分独出,乘廿四路转十路、七路到政协餐厅。遇陈公培、赵朴初。

午饭后,循原路返家。小睡至三时起。鉴孙来。六时与同饭,饭后复偕之出,同乘廿四路转十路往西单长安戏院,盖汉儿预购北昆《狮吼记》票,且已在门首相候矣。因偕入,坐第十排二、四、六号。遇芝九、孝侯、莲轩。有顷,彦生亦至,坐同排八号。是夕戏目《狮吼记》,前为《三岔口》演法,与京剧相同。《狮吼记》中陈季常由白芸生饰,柳氏由李淑君饰,琴操由梁寿萱饰。白、李表现唱白俱臻化境,致足赏也。谓宜乘此摄录影片,俾永存印象耳。十时廿分散。彦生送予上十路车,遂与汉同乘至东单转廿四路。归家时琴媳犹未睡。予小坐拭洗,露坐至十一时半乃入室就寝,十二时后始入睡。

今日为"七七"事变纪念日,盖屈指日寇入侵之初已阅廿五年矣。岁月不居,世局丕变,青少年已多不识此奇创者,安得不大声疾呼毋忘前车乎!

7月8日(六月初七日　丁未)星期

拦朝大雨,继以阴霾绵雨,午后曾显日,气转凉。

晨五时起。汉儿九时归去。十时半,予挈元孙乘廿四路南转十路到象来街,步往前王公厂汉儿家,途中遇雨多次,幸都在车中,未及沾濡耳。今日为镇孙生日,因于午刻吃面。午后元孙熟睡,予与汉及诸外孙畅言生平,四时半始唤醒元孙,循原路归家。汉等送至象来街车站。

予归后倦甚,本待偃息,适刚主见访,先在斋头相候,复鼓兴长谈,六时许始辞去。

晚饭后,开电视机,看中苏排球赛,盖汉等约晚间来看此赛也。乃待至九时不来,想因恐雨而止乎?遂闭机就寝。

7月9日(六月初八日　戊申)星期一

昨宵好睡,一觉醒来已五时半,梳洗讫,杲杲日出,云开见青天矣。竟日晴,薄有云彩耳。气温仍与昨仿佛。傍晚有雷阵,未致大雨,入晚乃见月。

上午重点《提要》四书类二,毕之。午饭后,小休,三时起,点

《通鉴补正·宋纪十三》，移时亦完。

潇儿夜饭后来，九时去。予竟日未出，夜就浴后乘凉，与潇谈，九时亦就寝。琴媳十时归。望润、滋详信，俱不至，甚念之。不识润工作究进行至何度？滋就事安家都无疙瘩否？尤念湜盛暑下乡，既无替换衫裤，又大斋蚊蚰，不知究作何状也。

7 月 10 日 (六月初九日　己酉) 星期二

晴，热。

晨五时起。七时续治《提要》。九时半接滋儿七日来安字第一号函，备悉途中情形，及到庐后初步安顿状况。因即写京一号信复告一切，并写京沪新二号信寄漱、润。

十时后，潇儿来。十二时半，琴媳、元孙归。十二时三刻，汉儿来，遂共进汤饼，盖今日为滋儿生辰，藉资遥祝多福耳。琴媳带归润六日晚写沪新二号信，因即于已写待寄之封皮上注明收到并交汉儿上班之便投邮。潇即归去，琴亦偕元孙出，分头上班、上学。

予小休至三时出，乘廿四路转十路诣中山公园来今雨轩，乃乾、高谊已在，谈有顷，钱琢如、克仁乔梓至。又有顷，刚主至，续谈至五时十分起行。联步往北京餐厅聚餐。七时散。予仍与高谊乘九路转廿四路各归。

夜看电视转播评剧喜彩莲等演出之《包公三勘蝴蝶梦》，十时半始已。予浴身就寝已十一时。

7 月 11 日 (六月初十日　庚戌) 星期三

晴，热。

晨五时一刻起。七时续治《提要》，至九时半完四书类存目。

十时,元孙自校归,谓已考毕,下午无课,已约同学去什刹海游泳场习游泳云。予因挈之出,乘廿四路南转九路、七路到政协礼堂餐厅进午餐。遇曹杰、研因、秉文及汉达夫人。十二时食毕,遂偕元北走白塔寺,乘三路无轨到北海公园,径诣濠濮间,满拟静坐招凉,讵料顽童十数正就潭游泳,声喧气浊,少驻即行。在画舫斋西侧树荫下坐憩至一时半,相将出后门,即什刹海矣。予嘱元孙在门口候同学,取齐后入场习泳。予即乘十一路无轨往东单,再转廿四路归家。

下午闲坐,未就榻卧。六时即与元孙等晚饭(元五时半始归)。饭后潏儿、文权来看电视节目,十时许视毕,乃去。予亦就寝。琴媳十时半后始归。

7月12日(六月十一日　辛亥)星期四

晴,热,黄昏有雨意,但月色朦胧,竟未果。气则闷甚,大类南中黄梅天。

晨五时起。竟日未出,上午略阅《提要》,下午续点《通鉴补正》,中午曾小睡两小时耳。夜饭后汉儿来,琴媳亦归饭,元孙午后即无课,事实上已入暑假矣。皆坐庭中闲谈,至十时,汉归去。予等亦各就寝。盼湜儿未见归,甚念之。所中有电话来,谓牯岭之行以时局关系已报罢,现拟去大连或海拉尔度假,询予进止。予姑以去海拉尔答之,不知何日成行耳。

7月13日(六月十二日　壬子)星期五

阴雨延绵,先闷热,后转凉。

晨五时起。闷坐念远,静心不得,读书无兴,展卷无益。直盼至深晚,未见湜儿消息,大概又无端延长作役矣。

琴媳归家夜饭,饭后,与元、宜等看电视转播影片捷克斯拉夫故事《人们到处生活》,九时半了,即寝。

7 月 14 日（六月十三日　癸丑）星期六

晴,热,间阴。

晨五时起。七时重点《提要》乐部。又写信三通,一与润儿（京沪新三号）,一与滋儿（京二号）,一与葆珍（即附入致润函中）。

十时半出,顺道投邮。即乘廿四路南转十路到南河沿文化俱乐部午餐,遇戴叔源、张绹伯、何辉。十一时半行,再乘十路西转五路到西华门走访乃乾。商定先点《段〈注〉说文》。谈至下午二时半,辞归。乘五路到天安门,再雇三轮返家。鉴孙及其同学周女士正在西屋听唱片。湜儿则仍无消息也,颇为纳闷。傍晚鉴等去。予坐庭中,默坐正涉遐想,而湜儿归,谓今晨一早动身,由小径徒步五十余里,始到芦台车站,同行廿七人（同去廿九人,其中两人不能步行,故留）有二人掉队,恐须深夜才能到京云。（伊等赶及附火车亦傍晚方抵永定门站。）浑身泥垢而意兴尚好,是其进步之处矣。有顷,琴媳亦返,遂同进晚餐。自有一番情景耳。

升埒饭后来谒,谓拟返黔度暑假。予以时局紧张,长途车行颇难保持安全到达,（或途中暂搁,则彼此不相照。）嘱谨慎将事,须车站可售直达贵阳票乃得行。坐移时辞归校。湜、元、宜等看电视苏联影片。十时各就寝。

7 月 15 日（六月十四日　甲寅）星期

破晓有雨转晴,热。

晨五时起。七时,汉儿来。八时,与湜儿、宜孙往看潘家。九时,予出门,乘廿四路到东单,转四路环行至西单商场北灵境胡同下,走往辟才胡同十号访汉达。至则高谊已在,三人共谈至十一时,偕往政协礼堂餐厅午饭。饭后复返林家啖瓜、论画,至三时半乃与高谊行。循上午原路各归。到家知汉、湜俱去前王公厂午饭,约傍晚来家共饭云。待至七时许,汉、湜、鉴乃来,遂与琴、元、宜等坐庭中共进晚饭。

饭后,元孙之同学二人及鉴孙之同学周增桦皆来看电视话剧《茶花女》,放映大颤动,颇为扫兴,而天又奇闷,黄昏绝风,浴后坐庭中仍汗渗不止。九时后,元之同学去。十时一刻,汉、鉴、桦亦去。予取汤重拭,裸坐移时始入卧。

7月16日(六月十五日　乙卯)星期一

破晓时为雨声所扰醒,感闷迫,即起,时为四时半,嗣是檐注未息,达于下午四时,乃止,旋又细雨霏微,入夜始见月,深宵月朗如昼矣。气仍闷热,月出方渐凉。

湜儿以劳动八九日,今日休假一天,亦以雨阻,竟未得出。予坐雨无聊,点《段注说文》。

上午接十四日滋发安二号信,续告接手工作情形,及当地生活状况,甚悉。午后小睡,至三时乃起。

湜儿五时即先晚饭,饭后往汉儿家,将与汉偕赴政协礼堂看豫剧《对花枪》及《抬花轿》。盖招待晚会,予惮于夜出,转遣两儿往会之耳。湜剧散后宿汉家,明晨入厂照常工作。

夜饭后,九时即就寝。琴媳十时归。

7 月 17 日 (六月十六日　丙辰) 星期二

晴兼多云,闷湿郁热,殆甚于南方霉天也。

晨五时起。上午写信复滋儿(编京三号)。预孙来取报,因属带出付邮。

午后,汉儿来,知大璐被窃事(上星六晚,在颐和园小学宿舍中失窃衣物近卅件)尚未破案。璐大哭,只得好慰之云。二时伊即上班去。

予得乃乾电话,知颉刚去医院,遂于二时十分走访之,方悉就院取药并非住院,仍偕之同往中山公园来今雨轩晤乃乾。有顷,静庐来,谈至五时起行。静庐归去,予三人则步往北京餐厅,颉刚买菜三样,先归。盖其内侄女新婚,今晚偕婿上门也。予则与乃乾对坐小酌,六时一刻毕,即与乃乾别。乘九路至东单,转廿四路归。

湜七时半始归饭。夜看电视,仍跳动,乃请朱君一检之,稍拨即复原。诚技有专长矣。是夕为转播马连良、马胜龙、马长礼合演之《淮河营》,遂看之终局。就床偃卧,闷湿难熬,转侧不能即入睡,而窗外月色甚姣,似讽人也。

7 月 18 日 (六月十七日　丁巳) 星期三

晴昙间作,闷热难任。傍晚起阵,大风旋止,入夜终阴。

晨五时半起。湜儿六时出赴厂。八时,予赴政协,乘廿四路北转一路无轨至白塔寺,雇三轮以达。遇李涵初,遂同入第二会议室。盖本会文史资料研究委员会成立已届三年(一九五九年七月二十日成立),今日召开全体大会,并扩大范围,颇邀有关人士参加也。以是,熟人甚多,已济济一堂矣。九时开会,杨东莼主席,申伯纯报告三年来成绩,继讨论关于文史资料工作若干问题的意见草稿。发言者达十五人,至十一时半散会,乃诣餐厅就餐。晤彬然及灿然父子,遂与同桌。饭后行,予仍乘七路转十路、廿四路归家。

午后小睡,四时起。翊如来访,出新编《包拯传》质疑数事,六时乃去。

傍晚,湜儿、汉儿先后归来,乃与元孙等就庭中设席共进晚餐。食次风起扬尘,遂移席入室。有顷,琴媳亦归。饭后看电视,又大跳动,即闭之,此物真难伺候也。

浴后坐庭中纳凉,与汉等闲谈。十时后,汉归去,予亦就寝。

7 月 19 日（六月十八日　戊午）星期四

晴,热。

晨五时起。七时写京沪新四号信复润儿,兼及漱儿。颉刚夫人电话见告,谓与政协服务科洽过,予休假事归科学院经手,不能混并,(此事前日往访颉刚,其夫人告予将携子女去大连度假,怂恿同去,并嘱带元孙随行,予谓与科学院前言牡岭不行,改为大连或海拉尔,即为一事,故省时即欣然同意,因属代为接洽。今得是讯,当然不与同行矣。予本惮于涉暑,如院中再来通知者只索谢绝之也。)遂止不屏当。(本定下星一即廿三日同赴大连。)

十时三刻挈元孙出,先将沪信付邮,然后乘廿四路南转十路往南河沿文化俱乐部午餐。餐后,乘三路转廿四路归。

书友刘清源送《骆临海集笺注》等新印书三种来,到家已庋置案头矣。

小睡至三时起。接所中通知,明晨九时召开全体大会,听何所长报告,修订文件并展开讨论云。

傍晚琴媳归，遂与元、宜、燕等同进夜饭。饭后颉刚见过，预孙亦来。八时许，预孙归去。九时许，颉刚亦去。予取汤洗濯，纳凉至十时后乃入寝。

7 月 20 日(六月十九日 己未)星期五

晴，热。

晨五时起。

七时士春受乃乾嘱，来取《四库提要》二、三、四函去(昨已取去第一函)。明日将再取五、六、七、八函云。盖伊处正在着手整理余氏《四库提要辨证》，欲取予断句本核对之，且知予方先点《说文》，故以其间假用之也。

八时廿分，予出，缓步往文学研究所参加全体工作人员会议。九时开会，其芳传达中宣部意见说明修订《中国科学院文学研究所的方针任务》、《本所改进工作的意见》(凡八项二十条)，及《本所五年研究计画要点》草案。十二时散。(到会者甚多，惟平伯、友琴、蔡仪、世德、念贻等未到。)走还午饭。

饭后小睡，至三时半起。傍晚湜、汉先后归来，遂与元孙等共进夜饭。饭后，预孙来，同看电视(由湜儿修好)，予浴后坐庭中纳凉。十时，汉儿归去。琴媳返家。有顷，予就寝。

今日空气收燥，虽热，较昨前大减，爽快矣。

7 月 21 日(六月二十日 庚申 初伏)星期六

晴，有时多云，有风，热而爽。

晨五时起。六时湜儿赴厂。七时预孙来，遂与元孙同出。予三人乘廿四路北转一路无轨，到北海登白塔，从山后山洞穿出陟山桥,顺步过景山,复登山,历富览、万春、周赏、观妙四亭,随行随憩。下山后转至寿皇殿前小坐,又在东侧方亭憩息多时,至十时半出景山东门,乘三路南如南河沿文化俱乐部午餐。遇均正夫妇。

餐后,乘三路到东单,转廿四路归家。预孙换御骑车归去,予乃小睡。三时起,写信两封,一复安若定,一寄滋、佩,为转上海洪氏信。傍晚,湜儿、琴媳先后归,遂与家人同饭。

饭后,潏儿、文权来,升埼来,(廿五日决定搭车回贵阳,知近与升基同住基之同学家。)同看电视话剧《哥俩好》。亦秀来,谓自神池假归,将返沪一行云。九时许,升基去。九时半亦秀去。电视毕后,潏、权亦去。予浴后坐庭中接宾,十时就寝。

7 月 22 日(六月廿一日　辛酉)星期

晴,偶阴,无风处颇热。

晨五时起。八时与湜儿、琴媳出,乘廿四路南转九路到天安门,步入端门、午门游览故宫。历内外朝六大殿,及养心殿、皇极殿等处。予先后在太和门、乾清门、景运门三处坐息,以待琴、湜。十时起行,由御花园出神武门,乘一路无轨西达白塔寺,步往政协礼堂就餐厅午饭。遇凌云翰、王枫、董渭川、陈通夫等。十一时半起行,仍北走白塔乘一路无轨返朝内南小街。车中遇琢如,相将至南小街而别。

予等三人复在南小街转廿四路,归于家正十二时半。予小睡至四时乃起。升埼、升基兄弟来,傍晚与琴、湜、元、宜等同进晚餐。饭后,元镇、元鉴来,(上午镇曾奉其母姊来此。)同看电视中苏排球赛。九时升基先去。十时后,升埼去,予即就寝。镇、鉴待排球赛结束乃归去。予竟未之知。

十二时闻叩门声,乃漱来电报,盖予十九日所寄京沪新四号中曾提及湜受厂中党委招谈事,漱乃来电说系甄别云。

7 月 23 日（六月廿二日　壬戌　大暑）星期一

晴,热。

黎明即起。六时展点过《通鉴补正》残卷（《宋纪十四》）续点之,越时而毕。此事为他事所牵,辍废十馀日矣。今后或且更多耽阁耳。

湜儿六时出赴厂。七时点《段注说文》,抵午点毕《玉部》、《珏部》、《气部》、《士部》、《丨部》、《屮部》,并及《艸部》十五页。

午刻汉儿来同饭。（午前接清儿信,故电招之。）午后一时半,汉上班去,予乃就榻小休。三时起,偶阅《小仓山房集》。

五时后阴合起阵,隐隐闻雷,但未雨。七时晚饭,与湜儿、元孙共进。饭后浴身,纳凉。预孙来,谈至九时许,预归去。九时就寝。琴媳十时后归。（三时大雨,达旦未休。）

7 月 24 日（六月廿三日　癸亥）星期二

阴雨延绵,气遂转凉。

晨五时起。湜儿六时冒雨出赴厂。七时后,写长信三封,分复清儿太原（未列号）,润儿上海（京沪新五号）,滋、佩合肥（京五号）,抵午方罢。午饭后小睡,三时起。

傍晚湜儿、汉儿先后归。共看滋儿廿一日来安四号信。（此信上午到,已在京五号中并复。）同进夜饭。饭后,看电视话剧《武则天》（郭沫若编）。予则灯下打五关,时已雨止,但仍阴。

十时,汉儿归去,琴媳归来。予九时半就寝。

7 月 25 日（六月廿四日　甲子）星期三

拂晓大雨。

四时醒，就枕看《文物》杂志。五时起，天犹未大明，足征夏至以来，日渐短，夜渐长矣。六时，湜儿冲雨出，赶时赴厂。八时续点《通鉴补正》，十一时半毕《宋纪十五》，萧道成已居中用事矣。

接润儿廿二日寄沪新四号附漱儿信，为湜事关心宜尔也。又附有润致汉、琴信各一。绵雨方止，近午檐溜又远注矣。

午饭后小睡，四时方起。雨声不绝，殊可厌。政协服务科有电话来，谓科学院转嘱联系是否去海拉尔，予立即回绝之。傍晚，又接润儿廿三晨发不列号函，说明前晚发电报之由，仍关心湜事。

夜饭后，振甫来取纸，盖润友托书尺幅也，少坐便去。

开看电视，又跳动，湜不在侧，无法校正，只索闭歇就寝。雨声淅沥，却送我入睡。琴媳何时归？未闻。湜儿在天桥观剧，何时归？更未之知。

7 月 26 日（六月廿五日　乙丑）星期四

晨起尚阴，八时后，开霁。午后乍阴乍晴，气凉如昨。

五时起。六时湜儿、汉儿俱来谒请，昨霄同观歌剧于天桥乃同归也。有顷，湜儿赴厂，汉亦上班去。八时点阅《通鉴补正·宋纪十六》，至十时半毕之。盖宋终而齐继矣。掩卷后独出，乘廿四路南转九路到南河沿，在文化俱乐部午饭。遇渭川。十一时半离部，乘三路到东单，转廿四路归。到家元孙等犹未饭也。

午后小睡，三时起。点《段注说文》十页，五时歇。夜饭后，预孙来取报，少坐便去。九时，湜儿归自汉所，予已就寝。十时后，琴媳乃归。

7 月 27 日 (六月廿六日　丙寅) 星期五

阴沉闷塞,午后渐霁。薄暮竟晴,且有风,气温与前昨略同。

晨五时半起。八时后打五关为戏,屡打屡不通,直至近午方得通,废事甚矣。午后小睡,三时起,点阅《通鉴补正·齐纪一》,至五时半毕之。

琴媳、湜儿皆归夜饭。饭后汉儿来看电视波兰影片《十字军》,十时半始毕。十时汉儿归去。

十时四十分就寝。

7 月 28 日 (六月廿七日　丁卯) 星期六

晴,时阴,闷热泛潮。

晨五时起。竟日未出者,又两日,心情殊不佳。上午写京沪新六号,寄漱、润,附湜信去。湜仍于六时赴厂。下午小休,三时起,闲翻《图书集成·岁功典》。琴媳归来晚饭。饭后,预孙来,九时去。九时半就寝。

十时半湜儿乃归。盖在汉家晚饭也。

7 月 29 日 (六月廿八日　戊辰) 星期

晴,热,仍潮湿。

晨五时起。七时写京六号信,附湜信,即寄合肥滋、佩。十一时,锴孙偕其女同学柳惠琳来,鉴孙随至。知汉儿及大璐、镇孙亦将来饭也。硕孙来取报,与湜谈久之,近午去,不肯饭也。琴媳为如市购菜,以待及午,未见汉等三人至,乃先具饭,食次,汉、璐、镇至,谓在王府井买物已就和平宾馆小食部饭过矣。午饭后,买西瓜两枚,享家人及诸外孙。二时,湜偕璐、锴、镇、鉴、琳同赴政协礼堂看电影,汉儿往视潘家。予则就榻小眠。三时后,予起。汉亦归来,夜饭后去。予浴后坐庭纳凉。九时许,湜始自汉所归,未及见汉之归去,则途中交失之矣。十时就寝。

7 月 30 日(六月廿九日　己巳)星期一

晴,热。向晚雷阵大雨,黄昏后止。

晨五时起。竟日未出者数日矣,惮暑固其主因,意兴懒散不无牵绊耳。午前接滋儿廿五日来安五号书,复京五号,并请将佩、铿户口转去。下午小睡起,又听雨。

夜饭后,湜儿始归。九时即寝。以天气影响,殊难入寐。琴媳十时归,窗外呼告始知之。

7 月 31 日①(壬寅岁七月大建戊申　庚午朔　中伏)星期二

晴,热,时昙。

晨五时起。宜孙、燕孙俱发烧,即由元孙前往赵家楼医院挂号,七时后,琴媳、李妈陪同就诊,十时许始返。燕为感冒,宜则仍为扁桃腺化脓,均注射药液。下午三时尚须再往注射云。八时写信两封,一京沪新七号,寄沪漱、润;一京七号,寄合肥滋、佩。即交许妈付邮。

湜儿晨六时出赴厂。午饭后小睡,三时起。出门乘廿四路南转十路、五路到西华门访乃乾。顺还高阆仙《史记举要》,谈至五

---

①底本为:"习习盦日记第五册"。原注:"一九六二年七月卅一日起,九月三十日止。壬寅岁七月初一日迄九月初二日也。越一月又四日,容翁自装竟记。"

时行。乘五路到前门,转九路至王府井下,过北京餐厅,欲入晚餐,乃门闭,须待半时,而菜牌所揭多非惬意者,只索去之。仍上九路,在东单转廿四路归。

七时,琴媳、湜儿归来,遂同进夜饭。饭次,农祥、亦秀偕至,邀同过圣陶家。饭后遂与湜儿偕之出,乘廿四路北行,走诣圣陶,晤其家人,叙谈至九时半,行。仍四人偕乘廿四路南归。予与湜在禄米仓口下,走还于家。热甚。乃解衣就浴,坐庭中纳凉久之,始入室卧。

8 月 1 日 (七月初二日　辛未) 星期三

晴,热,

晨五时起。竟日未出,上午闲翻架书,午饭后小睡。三时后丁士方、士中兄弟来访,谈至六时乃辞去。

宜孙、燕孙俱已退烧,而李妈却因体软告假,今日琴媳不得不请假在家照料。夜饭后浴身纳凉,九时就寝。湜儿因看电影未归夜饭,十时后始返。

8 月 2 日 (七月初三日　壬申) 星期四

晴,热,

晨五时起。六时一刻,湜出赴厂。七时后,续点《通鉴补正·齐纪二》,至八时三刻毕之。午饭后小休,三时起。

五时出,乘廿四路北转一路无轨到白塔,徐步往政协礼堂,取票购物讫,入餐厅正六时。遇觉明父子、张明养、章廷谦、徐楚波等。六时十分,湜儿踵至,盖今晚政协有晚会,邀解放军文工团奏军乐,并相声等,因属湜下班来会,同晚餐后,同与斯会也。

七时即走向礼堂,坐第三排一、三两号。遇元善夫妇。八时开幕,庄严流丽兼而有之,诚人民军声之特色也。九时休息,即偕湜先退,仍走白塔乘一路无轨至南小街还廿四路南归。到家时琴媳尚未归,有顷亦归。予浴身纳凉,热不能除,就寝后终宵浴汗,甚不舒耳。

8月3日(七月初四日　癸酉)星期五

晴,炎热。

晨五时四十分起。六时,湜儿出门赴厂。七时后,点阅《通鉴补正·齐纪三》,至九时尽九页。时又返热,遂罢。午后小休,三时半起。

元孙上午赴什刹海游泳场练习游泳,下午五时半乃返,因诫以后不许上下午连续游泳。

琴媳归家晚饭。湜儿则晚饭后九时始归。予晚上浴身,坐庭除纳凉。十时半乃寝。

傍晚接滋儿八月一日安六号禀,复予京六号书,附致汉、湜各一信。汉儿今晨赴通县参加临时劳动,当夜可归,不识果否。

8月4日(七月初五日　甲戌)星期六

晴,热,闷。傍晚阴。

晨五时起。湜儿六时十分赴厂。八时出,乘廿四路南转十路到中山公园下,走赴人民大会堂,乘电梯上三楼,径诣礼堂。遇至善,遂与同坐第二排。继晤元善、研因、洁琼、景耀、半丁、叔衡、异之等。九时开会(人大常委、政协常会联合开扩大会议),叔通主席,请陈仲宏外长报告日内瓦会议前后经过情形,于老挝问题、中美、中英、中法、中印、中缅、中苏各方面关系俱有阐述，直至下午一时半乃散（中间仅休息十五分）。既出即挤上十路到南河沿下，诣俱乐部谋午餐（其时过晏，他家皆已休息）。居然赶及与于学忠、杨公度同座，在彼遇张纪元、资耀华、梁纯夫、周士观诸人，皆赶饭者。

饭后乘三路到东单，转廿四路回禄米仓，走归已二时三刻，时元孙又往什刹海习泳矣。五时，元孙归，知偕预、硕两孙在体育馆游泳池习泳云。六时后，湜儿、琴媳归，遂共夜饭。饭已，潸、权、预、硕、基俱，予即令湜、基、硕出购西瓜，历一小时空手而返，据云各处瓜摊多已售空，偶有一两处，瓜堆如山，而尚未标价，概不出售，亦有出售而环而俟之者达百馀人，预计排队到手亦须三更矣，只得废然而返。是亦一可笑现象矣。有顷，锴孙、惠琳来，颉孙来接其父母姊弟归去。

十时后，基、锴、琳亦去。予乃取汤浴身，又纳凉至十一时，乃入室寝息，仍浴汗。

8 月 5 日（七月初六日　乙亥）星期

晨三时后大雨，破晓旋转晴，午后日下洒雨，大类黄霉，向晚晴，夜见月。

五时起。八时晓先来，长谈达午，留饭而后去。

午后小休，琴媳为佩媳、铿孙办户口迁移，奔走半日，始制得迁移证 925 号，供应转移证 99 号，及粮食转移证各一件。

四时后，汉、湜、鉴归来（湜一早即往看汉家），因与琴、元、宜、燕共进夜饭。饭后看电视曲艺晚会，九时半毕。汉、鉴归去。予亦取汤濯身。纳凉至十时半，乃入室就寝。

8 月 6 日（七月初七日　丙子）星期一

昙，闷，微有风。

晨五时起。六时，湜儿出赴厂。七时，写京八号信挂号复滋、佩，寄去户口、转移等证件三纸，并附湜信一纸。所有通用粮票等另由琴媳用保价信寄皖。十时出，乘廿四路南转十路到六部口，走往新华书店北京发行所看汉儿，与之同过四川饭店午饭。今日为伊生日，特觞之也。饭后，汉送予至西单上十路而别。予至东单再换廿四路返家。

三时，云彬见过，上午电约来谈者。谈所选注《项羽本纪》诸问题，并知近曾撰成开明书店一文交由浦熙修将登入政协《文史资料选辑》云。五时一刻去。

傍晚写信与安若定，告科学、玄学之争，商务印书馆曾出三四种小册子云。

琴媳归来晚饭。晚浴身坐院中纳凉，九时三刻入卧。湜儿十时半乃归。在汉家晚饭，带来镇孙途中日记，颇生动真切，甚慰。

8 月 7 日（七月初八日　丁丑）星期二

晴阴兼施，傍晚有雷雨，夕晴见月，气较昨前稍凉。

晨五时起。六时写信与云彬，告河北省平乡县建置沿革，今虽并入巨鹿，然以往建治之迹不可不详云。

午后小休，二时半起。三时出，乘廿四路北转一路无轨，到北海，径诣双虹榭，平伯已在，乃移入室啜茗闲谈。乃乾来，又有顷，琢如伉俪及其少君克仁至，坐甫定而雨作，一时游人纷纷入屋，予等若有先见者，然亦免扰扰一端矣。五时雨过生凉，予等六人同乘一路无轨到王府大街共餐于大同酒家（高谊约而未来）。七时罢，乘车各归。

到家琴、湜俱已归,且与诸孩夜饭过矣。开电视看之,以梅兰芳逝世一周年故,特映前摄剧片《洛神》。九时半完,乃浴身就寝。初尚感热,平明时须引毛巾被自盖矣。

8 月 8 日（七月初九日　戊寅　立秋）星期三

晴,热。

晨五时起。六时半,湜儿出赴厂。八时半,予出乘廿四路北转一路无轨到北海团城参观苏州市工艺美术展览。凡三室,分苏绣、缂丝、宋锦、红木小件、玉石雕刻、折扇、檀香扇、绢宫扇、纸团扇、通草堆花、国画、彩蛋、蛤蜊、玩具、宝苏珠、剧装、戏具、民族乐器、古琴、仿姜思序堂国画颜料、湖笔十八类,精品不少,但尚未能臻往昔之绝胜也。十时,坐北海堆云坊侧少息,复入永安寺看扶桑花,然后乘一路无轨西达白塔寺,徐步诣政协礼堂餐厅午餐。遇其芳携其三子在别座,遂互谈片晌。餐已,乘七路到前门,转九路回东单,再换廿四路归家。

下午三时锴孙偕惠琳来,五时许鉴孙来,傍晚湜儿、汉儿先后归,因共进晚饭。饭后潏儿、文权、硕孙亦至,同看电视转播李玉英《宇宙锋》及杜近芳、袁世海《霸王别姬》。盖为纪念梅兰芳逝世一周年而演出者。十时三刻毕,潏、汉等皆归去。予亦浴身就寝。

接八月二日澄儿贵阳来信,知所寄照片已早到,升埒早安抵其家云。

8 月 9 日（七月初十日　己卯）星期四

晴,热。

　　晨五时起。六时半湜儿赴厂。十时，锴、琳偕来，因与元孙偕之同出，乘廿四路北转一路无轨到沟沿下，走往政协礼堂，鉴孙已先在，乃取证同入餐厅共进午餐。遇觉明及云彬等。十二时行，锴、鉴、琳归去，予则偕元孙循原路回家。锴孙工作分配在房山，明晨即行赴校。鉴孙则尚有待，但不久亦将走上岗位，故今日并飨之。

　　下午小休，近四时乃起。傍晚琴媳、湜儿皆归，遂共夜饭。饭后，看电视转播京剧。（一、杨秋玲《春秋配》；二、杜近芳《贵妃醉酒》；三、谭富英、梅葆玖《大登殿》。皆为纪念梅逝者。）十时三刻乃毕。拭身洗足，久乃就寝。终宵浴汗，迨天微明时始稍凉。

8 月 10 日（七月十一日　庚辰）星期五

　　晴，热，酷于前昨，诚秋老虎也。

　　晨五时起。湜儿六时十分出赴厂。八时，友琴见过，谈注唐诗事。濟儿、预孙九时来。九时半，友琴行。予乃与濟、预同出，乘廿四路到东单，走往北京医院就诊。遇沈济川，与闲谈久之。十一时始由高丽丽大夫接诊。经量血压，又增高，当系断药之故。盖不赴医院三月矣。处方仍用萝芙木、芦丁等药，且嘱进行检验肝功能、胆醇、血糖、尿糖四项，下星期内又须着劲跑医院矣。

　　十二时离院，遇汉达，又谈片晌而别。三人走至台基厂乘三路无轨，往王府大街，走诣大同酒家午饭。饭后三人同乘九路无轨东行，濟儿径归去，预孙则送予同转廿四路归于家。汉儿及元孙方饭，盖汉在中山堂听报告后归来，元则习泳方回耳。

　　二时，予小睡，三时半起。一时半，汉上班去，元随之同出，为湜往民族文化宫买音乐票。四时，元孙始归，在烈日下排队许久，结果票已售完,空手而归,幸未中暑而已。

　　傍晚,湜儿归,遂与元、宜、燕等共饭。饭后,看电视转播京剧李玉芙《苏三起解》,梅葆玖《天女散花》,马连良、张君秋《二堂舍子》。仍为纪念梅逝演出者。十时半完。琴媳亦归,知润儿有信寄伊。大璐、元镇已转往苏州矣。十一时就寝,较昨稍好。是日起,又开始遵医服药。

8 月 11 日(七月十二日　辛巳)星期六

　　晴,热。

　　晨五时起。六时十分湜出赴厂。七时后写信三封,一复葆珍;一致漱、润(京沪新八号,葆信即附入);一致滋、佩(京九号)。十时始毕。

　　午后小睡,三时起。傍晚湜儿、琴媳、汉儿先后归来,遂共夜饭。饭次,潣儿、文权、预、硕、基、鉴、琳都来望,已饭矣。因开电视看之,为苏联影片《黑桃皇后》,十时后毕。潣等先去。旋见雨点,汉、基等亦去。予乃取汤濯身洗足,然后就寝。临睡遵医嘱服安乐神二片。(接九日滋发安七号函,复京七号。)

8 月 12 日(七月十三日　壬午)星期

　　晴,热。一觉醒来,已五时五十分,足征安乐神之功,为之大慰。

　　六时廿分,湜儿出赴厂。闷热,扇不停挥,一切懒为。

　　午后小睡,三时半起。农祥来访,谈至晚,留饮而后去。湜儿午后出购物,垂暮乃归。琴媳挈元、宜、燕于晚饭后往游中山公园。潣、权、预、硕、基皆来看电视歌剧《奥涅金》,十时半犹未毕,予乃就寝。潘等归去,又有顷,琴等方还。月色甚姣,翌晨四时,元孙以为天明,来北屋呼予,予属返寝已,遂入梦。颇颠倒迷糊,至感不适。

8月13日（七月十四日　癸未）星期一

阴,闷沉郁热。

六时起。不久,湜亦出门矣。七时,预孙来,遂与偕出,乘廿四路到东单,走往北京医院门诊部化验室,抽血后乃取所携干糇嚼食之。遇刘大年,数语而别。仍由原路归。预孙送到即归去。尿糖检查须于廿四小时取四次,各注分量然而送去。于是只得取空瓶带回,依嘱为之耳。

十时许,雪村、觉先乔梓见过,谈至十时半,与偕出,乘廿四路北转一路无轨到王府大街,诣大同酒家小酌。十二时饭毕,仍依原路归,在小雅宝西口握别。觉先假返省亲,明晨便须还南京差次云。

予归时,元孙正习泳归,据案方饭也。一时小休,二时半即起,闷热难安席也。近数日来,气候至劣,百事懒为,只索摊《通鉴补正》点读之。四时半毕《齐纪三》。此亦逭暑良方乎? 一笑。

傍晚琴媳归,因与元、宜、燕等共饭。入夜闷热甚,绝风,挥扇不已,汗出如浆。汉儿来,谈至十时去。月色甚明,似无雨意,而气象台谓有阵雨也。就寝后,百端难凉,今年最难过之日也,但望雨后返凉耳。

下午滋儿托其同事曲克蕙女士带到茶叶及砀山梨,盖九日所托者,曲甚敏慧,谈至傍晚乃去。旋接滋十一来安八号,知所寄各件皆收到矣。

8 月 14 日 (七月十五日　甲申　中元节) 星期二

晴,热。惟较昨有风,略见凉快耳。夜月初明时,有黑云遮之,宵深始发光辉,比明又暗然矣。

晨六时起。八时,预、硕两孙来,潜儿为制献衬裤一袭。三人旋出,同乘廿四路到东单,走诣北京医院,将昨日来所蓄小便四瓶交化验室,顺取到昨所遗折扇一柄(在抽血昨忘在桌上),又预挂星五(十七)早八时四十分高大夫号,届时复诊,带看检查结果。八时五十分即离院,乘十路到天安门游览故宫,十时半出神武门,走至北池子口乘三路到南河沿文化俱乐部谋午餐。今日星二,例为休息,予竟忘之,比及门,始悟,乃引往北京餐厅午饭。饭后乘九路转廿四路归。预、硕遂归去。

予小睡至二时半起,独出,乘廿四路转十路到中山公园来今雨轩,遇乃乾,以茶座挤满,只得在廊上闲谈,良久始得坐,而琢如伉俪至。有顷,高谊亦至。五时起行,同乘十路往麟阁路诣民族饭店对外餐厅小饮。候良久乃得食,质量并不如北京餐厅也。平伯居然寻至,否则予等顾而之他矣。六时半毕,予乘三轮径归。

在餐厅曾遇启元白,立谈片晌而已。

元孙晨出访鉴孙同游,晚九时乃归。湜儿八时归。琴媳十时归。予浴后坐庭招凉,尚快。及入室就榻则又浴汗,难停扇,殊可厌。十二时后始入睡。

8 月 15 日 (七月十六日　乙酉) 星期三

晴,热,晚有风荐爽,月则时隐时现耳。

晨六时起。湜儿六时廿分出赴厂。上午写信四封,分寄贵阳澄儿、上海润儿、合肥滋儿及天津沈生迪康。接上海润信,因并复之。

午后小休,四时起。鉴孙来,傍晚琴媳、湜儿亦归,遂共夜饭。饭后看电视音乐晚会,潘儿、文权、升基皆来。九时,潘、权去。予就寝。十时许,鉴孙、基孙偕去。

8月16日(七月十七日　丙戌)星期四

晴,热。

晨五时半起。六时一刻,湜儿赴厂。

七时点阅《通鉴补正·齐纪四》。八时半,所中象钟、水照两同人来访,谈注释李杜诗,畅言达午始辞去。

午饭后小休,三时起。续点《齐纪四》,越时而毕。复鼓馀兴,接点《齐纪五》,及暮完十五页。六时半,湜儿归,七时元孙习泳归。宜孙亦早放学,遂与湜、元、宜、燕共进夜餐。清儿今日生辰,因大家吃面。八时看电视影片《延安游击队》,元、宜皆乐。九时,汉儿、惠琳来,十时去。予即浴身就寝。琴媳十时半返。

8月17日(七月十八日　丁亥)星期五

昙阴兼施,殊感闷热。

晨四时即醒,五时起,天犹未大明,足见日来渐见昼短矣。六时后湜儿出赴厂。予伸纸作书与象钟,查告方山巾远游履故实,并申注诗意见。八时,潘儿来,因同出,顺将寄象钟书付邮。乘廿四路往东单,车中遇葛涛。到东单后走诣北京医院门诊部复诊。遇谢南光,坐候至十时,乃由高丽丽大夫接诊。据告日前化验四项都正常,血糖更下降,尿糖则几乎不成问题;惟胆固醇仍略高,此由血管硬化所致,须加意耳。药仍照常服,惟每日减服萝芙木一枚云。

十时半出院,与濬儿漫步王府井,在美术工艺服务部购得中狼毫及小紫毫笔各两枝。十一时走往北京餐厅午餐。餐后乘九路转廿四路归,刚十二时半,元孙习泳犹未归饭也。有顷,元归饭,濬归去。予废昼寝,续点《通鉴补正·齐纪五》,毕之。顺接《齐纪六》,至五时停,又尽七页。

六时半,湜儿归,七时,元孙亦自人教社归,遂共夜饭。饭后小坐纳凉,似较前昨为快。九时琴媳亦归矣。十时入寝乃睡不帖席,仍不能停扇。十二时不得不起卸寝衣,仍裸卧,且服安乐神两枚。越时始入睡。醒来则已翌晨六时矣,但并不安舒耳。

8 月 18 日(七月十九日　戊子)星期六

阴,时见微雨,气遂凉爽。

晨起未久,湜儿即出门赴厂。九时许,少年出版社曹治雄来访,坚邀往社与其同人座谈中国历代官制及地理沿革,不得已许于九十月间定期往赴之。移时辞去。予点读《通鉴补正·齐纪六》,至午毕之。

午饭后小休,三时起。复接点《齐纪七》,至五时停,尽十二页。午前锴孙来谒,谓顷自房山返,已确定分配在窦店一中学教语文及历史,以急须归谒其母,乃借润骑车驰去,未及饭也。傍晚,湜儿、琴媳先后归。

夜饭后看电视影片《英雄坦克手》。汉、锴等竟未至。九时后,预孙来,为遗留钱袋在宿舍,电话询查,竟未得通。盖下班后乏人接话也。有顷归去,予亦就寝。是夕始御薄棉被。

8 月 19 日（七月二十日　己丑）星期

晴，热。

晨五时半起。八时偕湜儿挈宜孙出，乘廿四路北转一路无轨，赴景山公园，由东次周赏亭南侧上山，直登山巅万春亭，憩息时宿雾四塞，即迤如北海，亦不清楚，停半时，西从富览、缉芳两亭下山，出北上山，直入神武门游览故宫，参观陶瓷馆及绘画馆，遇周妙中。十时后仍出神武门，乘三路无轨到王府井南口，步往北京餐厅午餐。饭后遇晓先夫妇及高谊、达人、雪村、乃乾夫妇。先遣湜、宜归，晓先夫妇亦行。予复与高谊等小饮。午后一时许乃散，雪村乘三轮行，乃乾夫妇亦归去。予与高谊、达人乘九路到东单，转廿四路各归。

到家小憩，三时半起。锴孙来，盖自窦店假归，与惠琳偕至也。傍晚，汉儿来，湜儿亦自政协购果物归，乃集家人共饭。饭次，潜儿、文权及预、硕两孙至。饭后看电视话剧。予坐院中乘凉。十时，潜等皆去，独汉儿留，盖明晨六时大璐、镇孙将自苏州返抵京，须往车站接候耳。人散后，予浴体就寝。

8 月 20 日（七月廿一日　庚寅　末伏）星期一

晴，较往日为和。

晨五时起。汉儿即出往车站接璐、镇。六时，湜儿亦赴厂。七时后，写信三通，一寄太原清儿；一寄上海润儿（京沪新十号）；一寄合肥滋儿、佩媳（京十一号）。分别复告京中诸人近状。九时，接汉电话，谓已安然接到璐、镇，现伊等俱就睡，以期苏倦，晚上或能来谒云。

续点《齐纪七》，亭午毕之。午饭后小休，三时起。接点《齐纪八》，至暮亦毕。元孙上午往陶然亭游泳池参观表演赛，十二时归。下午令休眠。傍晚，湜儿归，遂与元、宜等共进夜饭。八时琴媳归。升基、大璐、惠琳、元锴、元镇来，谈至十时，基等皆归去，锴孙留宿焉。预孙下午来，就西屋读书，垂暮归去。十时半就寝。

8 月 21 日（七月廿二日　辛卯）星期二

阴霾。午后晴，仍闷湿。

晨五时半起。湜儿六时一刻出赴厂。锴孙有同学王峰欲来问业，约今日上午来，此故，锴昨夜留此待之，乃锴两次去汽车站相候都未遇，而锴十时有事，即辞归。至十一时，王峰至，谓校中嘱搬宿舍，故迁延至是，甚以为歉。与谈移时，及午而去。

予上午点《通鉴补正·齐纪九》《齐纪十》毕之。萧衍老公得志矣。

午饭后小睡，三时起。预孙上下午俱来就读。傍晚湜儿归，遂与元、宜、燕等共进夜饭。同时接十九日来潄儿信及润儿沪新七号信，俱复予京沪新九号者。夜饭后看电视歌舞晚会，盖出国演出归来汇报也。十时毕，琴媳亦归。予十时半就寝。

晚饭时，觉明托其友人带到其所校注之《蛮书》一册见贻。此书积累廿年之功，凡参考中外图籍一百一十馀种，精心结撰之作也。弥佩！

8 月 22 日（七月廿三日　壬辰）星期三

晴，燥热，入晚无风，尤闷郁，终宵浴汗，未由安帖。秋来第一劣天也。

　　晨五时半起。六时一刻湜儿赴厂。九时预孙来。十时十分独乘廿四路北转一路无轨到白塔寺，换雇三轮诣政协礼堂餐厅午饭。遇若定。饭后仍循原路归。假寐片晌，不能睡而起。

　　预孙、硕孙先后来，知接扬州电报，其祖母逝世矣，享年八十有五。其伯父、大姑俱在扬云。

　　枯坐无聊，点阅《通鉴补正·梁纪一》，抵晚尽十九页。琴媳、湜儿俱归晚饭。饭后，予令伊等偕同元孙往潏儿家致唁，具奠敬廿金。

　　汉儿偕璐、镇、鉴来，同看电视转播北昆两出，一为新排之《岳云》，一为侯永奎、李淑君合演之《赵匡胤千里送京娘》。十时汉等归去。予重浴就寝，竟夕未能帖席。

8 月 23 日（七月廿四日　癸巳　处暑）星期四

　　晴，热。夜仍浴汗。

　　晨四时起，不能安帖也，坐庭中俟明。六时湜儿赴厂。竟日未出，点毕《通鉴补正·梁纪一》，并尽《梁纪二》之十四页。

　　午后小休片晌。锴孙晨来辞行，即赴永定门买票。湜儿晚饭后乃归。预孙夜来取报，即去。十时就寝。琴媳十一时半始归。翌晨见告，谓在看话剧《智者千虑必有一失》云。

　　接滋儿廿一日来安十号信。

8 月 24 日（七月廿五日　甲午）星期五

　　晴，热，秋阳询可畏也。

　　晨五时半起。六时湜儿赴厂。七时续点《梁纪二》，至九时毕之，接点《梁纪三》，不数页，忽忆硕孙近有高考前后日记求点正，乃辍点,专看之。迨午看完,加批奖慰,勖以自求进修。

午饭后小睡,三时起。点阅《梁纪三》,抵暮尽十四页。镇、鉴二孙下午来,少坐即去。琴媳、湜儿均归晚饭。饭后坐庭中纳凉,十时始就浴入寝。

8 月 25 日（七月廿六日　乙未）星期六

多云,闷热。

晨五时半起。六时十分湜儿出赴厂。七时续点《梁纪三》,至十时,又尽九页。预孙来,即以硕孙日记交还之。为友琴书扇,录《明英宗实录》修西苑太液池事应之。旋又作书二通,一致觉明,谢其校注《蛮书》之赐;一致祖文,托其检补国务院公报缺期(今接第八号,缺第七号)。转瞬午饭矣。饭后小休,未几便起,续点《梁纪三》,至四时毕之。

傍晚琴媳、湜儿、汉儿、鉴孙俱归来,因与元、宜、燕等共饭。饭后文权、潏儿、预孙、硕孙亦至,共看电视话剧《智者千虑必有一失》。十时,潏等归去。有顷,汉儿亦行。惟鉴孙看毕话剧而后去。湜儿晚饭后出访其同学管生,十时乃归。予于众散人静后,取汤浴身洗足,然后就寝,已十一时矣。

8 月 26 日（七月廿七日　丙申）星期

拂晓,雨,旋止,气仍未爽。

六时起。七时写信与友琴,送扇。八时交湜儿送去,顺令望候介泉。移时回报未遇友琴,即以扇面交其家。介泉则见到,神志不甚清晰,大非昔比云。甚以为虑。不图斯人也,而有斯疾也,叹惋曷已。

　　十一时接汉达电话,招饭其家,谓高谊正在,将陪同小饮。予乃赴之,乘廿四路至东单,转四路到西单商场,走往辟才胡同十号林宅,晤其伉俪及高谊。共饭时已开晴,颇热。饭后与汉达、高谊长谈,谈史论艺,至以为乐。四时半乃与高谊起行,共循原路到南小街各归于家。

　　到家湜儿之同学管生在,与谈有顷,即去。六时半夜饭。饭后琴媳挈元、宜、燕三孙游中山公园,湜儿往汉儿家,独予一人在院中纳凉。八时许,基孙偕其同学之弟来告已得通知,录取在本市九龙山北京市工业大学,久压心头之大石至是始掇去,不胜欣慰。问其兄塝返京否? 则云迄未得伊一信。九时半辞去。未几雨作,来势颇大,予深为在外各人虑值雨,转瞬间而已止,地亦不甚湿。有顷,琴等先归,湜儿亦踵返,皆未遭雨淋也。十时半就寝。是夕转凉,睡较好。

　　上午未出前写京沪新十一号寄润儿,兼及漱儿。又京十二号寄滋、佩,均交元孙付邮。元孙亦附有一笺上其父,封好待发,而润廿三日来沪新八号至,乃于封背批注一语以告之。

8月27日（七月廿八日　丁酉）星期一

　　晴兼多云,气转凉。

　　晨五时半起。六时十分湜出赴厂。七时展《通鉴补正·梁纪四》点之,至十时半,一气点完,盖积热以来,难亲几案,虽强自为之,藉以排遣,而每卷之终,必分数次,今得凉爽,乃快然行之耳。

　　午饭后小睡,四时乃起。六时半湜儿归。乃与元、宜等共饭。元孙午后出,往人民教育出版社省其母。夜饭后琴媳携伊往王府井购鞋同归。硕孙来借报,少坐即去,知预孙已入校矣。九时半就寝。

8 月 28 日（七月廿九日　戊戌）星期二

晴，气温较昨为高。

晨五时半起。六时一刻湜儿出赴厂。七时后，点阅《通鉴补正·梁纪五》。十时半挈元孙出，乘廿四路南转十路到王府井南口，径诣北京餐厅午饭。十二时还。

午后小休，三时半乃起。出小石山房印谱、印苑展玩之，抵暮始罢。

湜儿归，遂与元、宜、燕等同饭。饭后，文权、瀋儿来，农祥来，谈至九时半去。十时就卧。又半小时后，乃闻琴媳归。

8 月 29 日（七月三十日　己亥）星期三

晴兼多云，又热于昨。

晨五时半起。六时廿分湜儿赴厂。九时半颉刚见过，知前日乃自大连还，谈当地博物馆、图书馆情况，甚盛。谈次以所携蔡云《吴歈百绝》及顾禄《清嘉录》两刻本相示，嘱为勘正标点。盖将与顾氏《桐桥倚棹录》及袁学兰《苏台揽胜录》等合编为《吴门风土丛刊》（顾原拟书名为《苏州风俗丛编》，以其先选清人所作再于书上加以清代二字，予为改定此名。盖苏州所包不及吴门之广，而限以清代则上推明元不称也）。交中华书局上海编辑所印行也。十一时始辞去。

林汉达编《三国新编》稿本第六册今日午前始为阅毕。揭签若干处，将俟便归之。

午饭后小睡，三时起。看《吴歈百绝》，毕之。

硕孙为问字、借报、借望远镜,一日中先后来三次。五时许,基孙、鉴孙先后来。六时半湜儿归,携归坐机两只(昨已取归两只,共四只,新从厂邻木器厂购回者也)。有顷,琴媳归。七时汉儿来,遂共进夜饭。饭后坐庭中闲谈,十时半汉、基、鉴皆归去。予等亦各就寝。

8 月 30 日（八月大建己酉　庚子朔）**星期四**

破晓,雨,旋止,复开霁,近午放晴。气温较昨略高。

晨四时即醒,未几即起。无聊甚,即伸纸写信与润儿(复沪新八号,编京沪新十二号),畅谈近事。并以三十元付琴媳,令并汇寄之。接清儿廿八日来信(复予上月廿四日及本月廿日信)。滋儿安十一号信(廿七日写,廿八日寄),告将偕其处长赴芜湖、当涂等处了解土产情况。又接锴孙廿八夜写,廿九日寄信,知已具体分配工作,教四班初一语文,并作班主任云。基孙下午四时半来,告已向工业大学报到,铺盖已安顿宿舍中。镇孙伴送前往云,移时即去。仍住汉儿家,九月一日赴校。

竟日未出,为颉刚编《吴门风土丛刊》,看顾铁卿《清嘉录》,至暮完五卷。吴俗节令时饶佳趣,儿时所感受者每萦脑际不能去,但离乡已将半纪(居甫里五载,上海三十载,迁京又十二载,中间曾执教厦门、北京两地,前后计之殆将五十年),偶一归里,曾无旬日留,于是乡情日淡矣。今读《清嘉录》,多述升平盛事,直同咀含谏果,回味无穷。因能一气尽五卷也。

傍晚琴媳、湜儿均归晚饭。饭后,予令湜往北京餐厅购点心,旋归。元等看电视话剧《茶花女》。

十时服安乐神就寝,即入睡。至翌晨三时起溲,复入睡。醒来已五时五十分矣。

8 月 31 日（八月初二日　辛丑）星期五

晴爽,温煦。

晨六时起。八时半出,乘廿四路北转九路无轨到景山,入神武门游览。先由颐和轩、乐寿堂(今为珍宝馆)穿行,径达皇极殿(今与其后养心殿及其两庑合为绘画馆),参观明清扇面画展览,大部为惠孝同(均)所藏。精品甚多,一一观赏,阅时乃诣西庑,参观故宫原藏明万历间为慈圣太后所绘水陆画轴,及山西石玉县宝宁寺所藏水陆画轴,自北端北壁沿西壁直至南端东壁止,张挂皆满。此等画轴皆出匠手,而钩绘精工,色彩丰艳,且多描金,虽时阅数百年,而神采不减,至可贵也。水陆画者,宗教画之用以敷设大规模之道场者也。仙、佛、神、鬼与人间贵贱诸相以及冥司、龙王诸迹皆刻画形容,尽态极开,源出往古壁画,而艺加进于人物画,注入新生命,此真劳动人民艺术之结晶矣。惜时间匆促,而玻璃橱又耀光炫目,颇费眼力,仍不能畅受耳。

十一时出馆,西行入景运门出后左门,循保和殿东庑(今为历代艺术馆第二室)穿行而出中左门左翼门,在体仁阁东文华殿西绕出东华门,乘三路到南河沿诣政协文化俱乐部餐室午餐。食次,介泉及其夫人来,乃与同席,竟食只其夫人讲话,介泉默坐进食而已。前日湜儿往省,其疾乃至斯乎?

十二时半,予先行,乘三路到东单,转廿四路返。午后小睡,四时乃起。预孙来取报,并交卷,即以滋致濬、权信付之。元孙今晨出访同学,即在其母办公处食堂午饭,六时乃还。湜亦归,遂进夜饭。饭后,顺林来,升垍(今晨方自贵阳归京)、元镇及镇之同学杜生来看电视香港影片《结婚第一夜》。有顷,管生来,湜即偕之出。琴媳夜饭后归。十时电视毕,湜仍未归,顺林、埩、镇等皆去。农祥八时来,谓亦秀已自沪归,少坐即去,以秀在圣陶所,须接之同归也。

诸人去后,予始得取汤浴身,然后就枕。十一时半,湜乃返,不免影响予睡眠。

9月1日(八月初三日　壬寅)星期六

晴,热。秋阳甚骄,秋风甚细。

晨五时半起。元孙今日开学,七时半即赴校。予九时许出,在禄米仓见伊归,知仅报到缴费而已,正式开学须后日,同时上课云。遂挈之同行,先乘廿四路至方巾巷南口,换乘一路东迈,直抵八王坟下车,略一瞻眺,即仍乘一路西行,历建国门、东西长安街、复兴门,径达木樨地下车步行,缘玉渊潭水而北,在建委会前乘二路无轨北往动物园,再转七路入西直门,由沟沿南达丰盛胡同下,走诣政协礼堂餐厅已十一时半矣。食客尚稀,仅见溥仪与其友对坐小酌而已,因指示元孙,说明今日人民当家,真能变鬼为人云。

午餐毕,乘七路南至石驸马桥,换乘十路东行,在东单换廿四路归。小休至四时起。

镇孙来。傍晚,琴媳归,汉儿亦来,遂与元、宜等同进晚饭。饭前写信复锴孙加勉。夜饭后坐庭中纳凉闲谈,未看电视。九时半,汉、镇归去,予亦就寝。湜儿在外听音乐,十一时后始返。

9月2日(八月初四日　癸卯)星期

晴,煦。

竟日未出,看完《清嘉录》十二卷,点定句读不少,并选定袁学澜《苏台揽胜词》、《虎丘杂事诗》、《田家四时诗》、《姑苏竹枝词》、《吴门新年杂咏》、《吴门岁暮杂咏》六种,将告之颉刚统编入《吴门风土丛刊》中。(是刊以顾铁卿《清嘉录》及《桐桥倚棹录》树之干,前冠蔡云《吴歈百绝》,后即以此六种缀之焉。)

晨五时半起。午后小休,基孙来谒,四时前去,盖校中即将开饭,明日即须正式上课云。夜饭后,惠琳、濬儿、文权、硕孙、汉儿、鉴孙先后来,长谈至十时,各归去。予亦就寝,仍服安乐神两片,睡至翌晨三时半起溲,复入睡,再醒已六时矣。

9 月 3 日 (八月初五日 甲辰) 星期一

晴,暖。

晨六时起。元孙今日上课,六时半即赴校。八时后写信,一复安若定(昨有信来询问两事,今答之);一复太原清儿;一复上海润儿,兼及漱儿;一复合肥滋、佩。迄午乃竣。(饷后交李妈付邮。)午前,滋儿同事曲女士来辞行,谓七日即偕其爱人返合肥,遂以托带之物交伊携去。谈移时乃行。

午后小睡,三时起,续点《通鉴补正·梁纪五》,未几即罢。晚饭时琴媳、湜儿元孙、宜孙均归矣。饭后,汉儿来,十时许归去。予乃就寝。湜儿在外听音乐,十一时后始返。

9 月 4 日 (八月初六日 乙巳) 星期二

晴,仍热。傍晚曾有雨意,未果。

晨五时半起。七时许,濬儿即来,陪予往迺兹府牙医师朱砚农处候诊。时已有三人先在,俟至八时十分,始开诊,予号次虽在第四,而候至十时三刻乃得就座。据说牙尚可就和用,重作一副须在六三年再定云。十一时半到王府井大明眼镜公司修镜架,(因右面托鼻小块忽掉落。)配一片费止八分,但时间须等半小时。予与潗乃过森隆午饭,饭已,复往大明取得眼镜。同走至王府井南口,乘十路到东单转廿四路归。

予小睡,潗亦归去。三时,予起,即赴来今雨轩之约,乘廿四路转十路以往,至则元善、颉刚、轶尘、研因、万里、乃乾及瞿菊农皆在。谈移时,菊农行,季文、慧远至。五时,静秋来,偕颉刚去政协礼堂贺熊庆来寿,予即以所携《清嘉录》等件交还之。予等八人乃乘五路转九路无轨到大同酒家聚餐。餐后,乘一路无轨转廿四路归。

九时接湜儿翠微路来电话,谓与汉同去丁家,今回汉家宿,明日厂中开会,亦须夜饭后乃归云。旋汉与我语,谓明日要去通州劳动,明晚不来小雅宝矣。予即就寝。十时半,琴媳方归。盖暑后开学,又加忙矣。

9月5日(八月初七日　丙午)星期三

晴。又还热,日中仍挥汗。秋蝉犹高唱也。

晨五时半起。昨宵头右后侧时感抽痛,甚剧,今早犹未痊,以此颇影响精神。七时半,潗儿来,遂同出,乘廿四路到东单,步往北京医院门诊部就医。遇刘大年、谌小岑。八时半即由高丽丽大夫接诊,诊视极周详,谓血压尚无大变化,又加配药两味,属需要时服,并属再验胆固醇。药物外,又配到玉米油三斤。(属在一月内供一己炒菜用。)在候配药时,又晤及翦伯赞,立谈许时,即与潗儿出院。乘三路无轨到团城,拟入看苏州工艺品展览,讵知已闭幕,只得入北海公园少憩,在永安寺后碑亭栏上坐移时。十时四十分出园,乘一路无轨到北池子,转三路诣政协俱乐部午餐。遇胡庶华、吴觉农、孙晓村。

十二时行,乘三路转廿四路归。予小休,潜即归去。

接润儿二日午后写沪新十一号,知予去十二号书已收,悉漱儿病仍未愈也,为之大念。琴媳、元孙俱傍晚归,遂共夜饭。饭后,顺林来谈,九时许湜儿始归,顺林复与谈,十时顺林去,予乃就寝。是夕头痛已愈,睡亦较好。

9 月 6 日 (八月初八日　丁未) 星期四

晨六时起。晴。七时,硕孙来问业,予为析讲归文《沧浪亭记》,移时乃去。九时,绍基见过,约明晚所中在四川饭店聚餐,邀予同往,届时有车来接云。又谈文学流变等,移时乃去。写京沪新十四号书寄润儿,询问漱病,并告家中近况。十一时半,适硕孙又来问字,乃交其带出投邮。

午饭后小休,三时起。续点《通鉴补正·梁纪五》,至五时半点竟。接本院哲学社会科学部中心学习组通知,定本月八日上午九时在四川饭店开会,此会以暑期休息已停两月馀矣。

六时半,汉儿来,因与元、宜等共饭。候湜久不至。九时许,湜儿始返,谓在王府井理发,已晚饭过矣。有顷,汉儿归去,予亦就寝。十时半,琴媳归。

9 月 7 日 (八月初九日　戊申) 星期五

晴,暖。

晨五时醒,枕上看《涌幢小品》,五时四十分起。八时独出,乘廿四路北转七路无轨到动物园,历象栏、熊山、鸣禽室,沿水禽湖出园已十时,即乘七路到前门,转九路返东单,再转廿四路归。正十一时,硕孙来换报,即去。

午饭后小休,三时起。五时半,水照以车来接,先后过迓平伯、冠英、默存,同赴绒线胡同四川饭店,同人已多先到者。是夕本所领导小组编委会、图书工作负责者以及中国文学全组成员俱到,济济一堂,凡列三席,为《中国文学史》出版庆功也。予与其芳、子书、平伯、毛星、唐弢、毓黡、世德、绍基、赓舜同席。八时罢,近十时始由老赵车送归。琴媳、湜儿俱已归,予亦即就寝。

9月8日(八月初十　己酉　白露)星期六

晴,早晚凉,日中却热甚。

晨五时半起。八时一刻出,乘廿四路转九路、七路赴四川饭店,一路上遇健吾作伴同行,同参加科学院哲学社会科学部中心学习组。到卅馀人,梓年主持,导生、冠英、棣华、叔湘、颉刚、平伯、藏云、新民、琢如、独健、外庐、作铭诸人皆晤及,谈暑期休养中观感,颇可听。十二时聚餐,凡三席,予与颉刚、平伯、叔湘、健吾、外庐、琢如、藏云诸人同席。一时散,与颉刚、平伯洽定十一日北海聚餐事,并托颉刚代谢民进中央今晚招开之会。即偕藏云、健吾同乘七路转九路、廿四路同归于禄米仓西口下,盖贺、李两君近俱迁入干面胡同科学院新宿舍矣。

归后小休,四时起。翊如来谒,请正其所译《赵充国传》,移时去。即托伊带七十元与雪村,俾购绍酒云。六时半,琴媳归,元孙、宜孙亦早放学,遂同进夜饭。饭后潜儿、文权来,谈至九时半去。予即就寝。湜儿是夕未归。

9 月 9 日（八月十一日　庚戌）星期

晴，中昼热。

晨六时起。九时高谊来。十时半，汉达伉俪来，共谈至十二时许，乃同往大同酒家谋午餐，人挤久候不得招呼，遂改往北京餐厅，亦然，移往南河沿文化俱乐部，已午后一时半，虽得食，颇多不全之感矣。近日供应稍松，乃因大意晏出之故，连走三家乃得食，尚以俱乐部为内部供应之地始迁就得从容坐食。（已过时，服务员且休息矣。）否则惟有枵腹而归耳。食已已二时半，分手各归，予仍与高谊偕。

归后拟小休，而锴孙与惠琳来谒，遂谈初教情况，至五时许辞去。予仍小睡片晌，汉儿乃至，留与共进夜饭。饭后，濬儿、文权来，遂与琴、汉等纵谈。九时后，濬、汉等都归去，予就寝。十时后，湜儿始归。

9 月 10 日（八月十二日　辛亥）星期一

晴兼多云，气温与昨略同。

晨六时起。七时，濬儿来，遂空腹而出，偕往北京医院门诊部化验室，抽血检查胆固醇。遇谢南光。八时预挂十七日上午八时半高大夫复诊号。遂步出医院，穿东单公园，乘六路无轨到东四下，走往头条一号，访问介泉夫妇。到时介泉一人在，与之语，尚清晰。有顷，其夫人归，则只有其夫人说话，介泉又默坐不语矣。谈移时辞出，濬往稻香春为予购月饼，予则先乘廿四路归家。十一时半濬归，居然买到苏式月饼一斤半，（为搭配分量计，拼入杏仁酥个半。）与往昔市况相较，不觉失笑矣。与濬同饭。饭后，濬归去，予则小睡，三时起。王水照已来，遂与谈，为解决两宋散文选注文及句读十数事，五时乃去。

琴、湜皆归，遂与元、宜等同进夜饭。饭后，琴同事五女同志来看电视，盖同在电视大学听课，而其社中电视机忽坏，故同来我家聚听耳。有顷，汉儿、鉴孙来。九时半，琴同事五人看毕电视去。十时，汉、鉴亦去。予俟诸人去后浴身服药就床，一觉醒来，已翌晨四时，起溲后复睡。

广播新闻，昨日有美制蒋匪 U-2 飞机一架窜入我华东地区，当场被我空军部队击落。此一消息振奋之至，足征我国防力量之伟大，实帝国主义之丧钟矣。

9 月 11 日（八月十三日　壬子）星期二

晴，热。微有云，月不甚朗。

晨六时起。七时半，硕孙来请业，为批阅字课并授震川《吴山图记》，九时始去。久不阅严补《通鉴》，硕孙去后，遂展点之，抵午完《梁纪六》。

午饭后小睡，二时起，出门乘廿四路南转十路，再转五路到西华门访乃乾。谈至四时，偕往北海双虹树。颉刚、元善、万里、平伯及其外孙韦君已先在，有顷，季文来，琢如夫妇来，汉儿来，又有顷高谊、云彬、鸣鹤等亦来。遂移坐漪澜堂东别轩聚餐。达人夫妇及鸣鹤夫人已先在。坐甫定，剑侯夫妇亦至，乃列两席，予与元善、万里、颉刚、季文、琢如夫妇、平伯、韦君及汉儿同席。饮后，平伯、元善、达人、云彬、剑侯、万里及汉儿轮唱昆曲，韦君为撋笛。八时半散。予与汉儿、琢如夫妇、平伯同乘一路无轨东归。予父女又转廿四路乃返于家。时，湜儿已归，乃三人坐庭中闲谈，月虽当头，微晕,不足观,十时,琴媳乃归。汉儿留宿各就寝。

上午在开点《通鉴补正》前写一长信,复清儿,午后自出付邮。

9 月 12 日 (八月十四日　癸丑) **星期三**

晴,热,有云,夜月好。

晨五时半起。上午写信四通,一寄漱儿,慰病;一寄润儿,详告所怀,凡六纸(京沪新十五号,复其沪新十三号刚到);一寄滋、佩(京十四号,复佩七日来信,并询滋近状);一寄本市中国书店刘清源,要买书。甫毕,即午饭矣。

汉儿晨与湜儿偕出,径去上班。午前宜孙幼儿班孙老师来访李妈,谓将回定兴原籍省亲,短缺川资,商借若干,李无以应,予为借十元与之。

饭后小睡,三时起。鉴孙来,有顷,其班主任有电话来,谓已分配在海淀区教中学,明日将往区人委报到,听候指派云。久盼方得着落,为之一慰。

傍晚,汉儿来,琴媳、元孙、湜儿亦络绎归,乃与鉴孙合坐夜饭。饭后,坐月下长谈。十时,汉、鉴归去。予等各就寝。

宜孙、燕孙皆患感冒,宜且胫跗患疖,皆因此发热。燕孙终宵呀嘈焉。

9 月 13 日 (八月十五日　甲寅　中秋节) **星期四**

晴间多云,晚翳渐消,月色皎然,惟气仍不凉,有时尚需挥扇耳。

晨五时半起。九时独出,乘廿四路到南樱桃园换五路赴陶然亭,绕湖一周,随时坐息,虽秋色满园,而孤怀独行依然凄其矣。十时一刻出园,仍乘五路到前门,转七路赴政协礼堂,径诣餐厅午饭。遇云彬一家及雪英。

一时还,抵家小睡,三时起。四时鉴孙来,谓明晨赴海淀区教育局报到云。五时后,湜儿、元孙先后归。潗儿、文权、硕孙亦至。六时半琴媳归。七时,汉儿亦来。乃围坐一大圆桌,在院中小饮,赏月。谈笑良久,惟怀念诸儿之在外者,不能自释。正因海上生明月,天涯共此时,亦只得千里共婵娟耳。九时三刻,潗、汉等皆踏月归去,予亦就卧。

9 月 14 日（八月十六日　乙卯）星期五

晴,热。扇不能捐。

晨六时起。上午未出,点完《通鉴补正·梁纪七》。

午后小休,二时一刻出,乘廿四路南转十路到中山公园,先在唐花坞一转,居然看到昙花。三时,步往中山堂后市政协礼堂,参加民进中央所召开之"庆祝击落美制蒋匪 U-2 飞机的重大胜利,谴责美帝的战争挑衅和侵略罪行"座谈会。却尘、东莼、纯夫主持之,均正、祖璋、廷谦、冰心、洁琼等十馀人发言,五时半散。由会中派车送纯夫、均正、楚波及予归。

六时半夜饭,湜儿、元孙俱归共饭。宜孙、燕孙热俱退净,宜仍在家休息,所患脓包亦渐平。盖打针敷药兼施之故。今日正值望,而天宇一碧,竟无纤翳,遂坐庭中待月东升,至十时乃就寝。

9 月 15 日（八月十七日　丙辰）星期六

阴昙间作,气仍不甚凉爽。

晨五时半起。九时独出,乘廿四路北转六路到大北窑,复换一路西达公主坟,盖无聊中思念滋儿,特经三里屯旧居及火道沟养疴之所,聊为寄想耳。在公主坟(今改复兴公园)盘桓久之,再乘一路东还至王府井下,过文化俱乐部午餐。餐后,乘三路至东单,转廿四路归家。小睡至三时起。接元善书,属和金通尹失明诗。又接锴孙信。傍晚又接佩媳安十三号信,知曲女士带物已收到,并知滋儿出差尚未返省也。同时接漱儿信,知虐尚未痊,在休养中。

琴媳、湜儿俱归夜饭。饭后看电视荀剧团演出《红娘》。十时寝。

9 月 16 日 (八月十八日　丁巳)星期

侵晨,微雨,旋止,近午放晴,气仍不甚凉。

五时即起。七时展卷点《通鉴补正·梁纪八》,阅时而毕。九时许晓先来,十时友琴来,俱有所询咨。十一时,友琴去,晓则留此午饭,饭毕即去。

予饭后小睡,三时起。汉儿、镇孙来,遂偕琴媳、湜儿同过濬儿所看之。予则独坐打五关为遣。六时,汉等归来,遂同进夜饭。饭后,湜儿偕镇孙去音乐厅听音乐,予与汉、琴畅话家常。九时半,汉归去,予就寝。十时,湜儿归,知镇孙已径归其家矣。

9 月 17 日 (八月十九日　戊午)星期一

晴兼多云,气稍凉于昨。

晨六时乃醒,甚感睡足即起。八时濬儿来,即与同出,乘廿四路到东单,走往北京医院门诊部。坐候一小时,由高丽丽大夫接诊。血压已下降至一百四十二度(低压亦为七十五度)。其他症象多平复,惟胆固醇却高至三百另二度,须忌肥肉、蛋黄,并牛乳亦须脱脂云。又云血压之降,与睡眠充分大有关系,今后必须保持安睡。玉米油须经常服用,始于下降胆固醇有益耳。在院待配药时,遇陈达邦、吴世鹤,略谈。

十时半离院,乘三路无轨径往西郊二里沟新疆饭店午饭。饭已,仍乘一路无轨回朝内大街,再转廿四路归禄米仓。来往途中在廿四路车上及一路无轨电车上俱晤戈宝权,至禄米仓口始别。到家后,濬即归去。予就榻小睡,三时乃起。接漱儿十三日信,(由致仁之父绥之带京所发,告带物,嘱往取。)即电知汉儿。

四时,民进干部王嘉璇来访(前已来过未值)谓民进中央已成立精简问题委员会,东莼属伊来咨访下放精简等问题有何意见,并询有无接触此等事云云。予即以鉴孙、硕孙近事告之,谈移时乃去。未几,汉儿即来。七时夜饭,饭毕良久,湜儿始归,重具餐。九时许,琴媳归。又半时,汉儿归去,予亦就寝。

9 月 18 日 (八月二十日　己未) 星期二

晴,还热。

晨六时起。八时后写信复错孙,详示所询“顺勖谦谨”。接写京沪新十六号书与漱、润,写至三纸,日已亭午,乃辍笔就餐。

餐后小睡,二时半起。鉴孙来告上午曾去海淀教局候派,良久无结果,仍属归家候信,颇为不愉之色,予慰之而已,少坐便归去。

三时予出,乘廿四路转十路到中山公园,晤乃乾。长谈至五时,即近旁瑞珍厚晚饭,饭后坐社稷坛侧林荫下复谈。六时半始相将出前园门,乃乾乘五路归去,予乘十路转廿四路归。抵家湜儿与元、宜等已饭毕。九时就寝。琴媳十时后返。

9 月 19 日（八月廿一日　庚申）星期三

晨四时即醒，五时起。开灯穿衣，足见日来昼短之情矣。

初阴，禺中渐霁，近午日光现，气仍不凉。

七时后即写信，抵午完成与漱、润京沪新十六号，及与滋、佩京十五号。上午煤铺送煤来，车送工人知予治文史，颇与予谈《诗经》，伊自云爱好此道，今废矣。十步之内必有芳草，风尘中不知埋没是等人多少也。讵可以貌取人乎，为惋惜久之。

接澄儿贵阳中秋来信，近况尚佳，业熊一时不致调离云。

许妈今日在市场买得鲜鲢鱼两尾，午间烹食以佐酒，久不快此朵颐矣。饭后小睡，三时半起，写信两通，一复澄儿；一复元善。李妈去幼儿园领回宜孙时，交伊付邮，（并午前两函付之。）

晚饭时，琴媳、湜儿均归。元、宜亦早返。共饭后，小饮啖果，颉刚来约定廿五晚在东来顺聚餐，谈至八时去。湜同学管生来访湜，因留宿。予九时就寝。十一时，梦魇甚剧，出声呼喊，致琴媳、湜儿叩窗叫唤乃寤。只索起饮茶，并服安乐神两片，取架书倚枕观之，定神良久，十二时后入睡。

9 月 20 日（八月廿二日　辛酉）星期四

晴，爽。

晨五时醒，六时起。湜儿偕管生同出，昨宵梦魇，心神至不愉快，今日天朗气清，九时遂独出散步，以冀自苏。先乘廿四路北转七路无轨到动物园，再换卅二路，径达颐和园，正十时五十分。先往知春亭小憩，饱览湖光山色，适有一女生临流作画，询为中央美术学院国画系四年生，服装极朴素，而画颇入格，因联想硕孙此次

升学被摈，不免怅惘久之。继由玉兰堂、宜芸馆穿至长廊，径诣听
鹂馆午餐，以其揭招有本湖鲜鱼也，乃饮酒一杯，啖炙鲫一尾。十
二时起行，在鱼藻轩啜茗，时方卓午，西槛尚不受晒，凭栏四眺，左
则碧波长堤，右则修廊画栋，前则西山屏列，玉泉塔耸峙其间，倒影
入湖，与岸柏堤柳掩映成趣，轻风徐引，水谷微绉，一二小舟荡桨往
来，东西自如，远者竟如飘叶移影。予独契幽赏，移时乃起，循廊西
迈，绕石丈亭，见其后院已辟为石舫饭庄，入览菜牌，有虾球、虾片
等目，颇悔不先至此一尝虾味也。信步至宿云檐转东登山，迤逦至
一处就废亭西址新构敞屋三楹，除栏楯外，别无壁牖，而柱檩楹椽
皆修饰象竹，尚无题额。予即独坐北槛憩息久之。因思其地面南，
并列三楹，似以君子轩题之为当，又以其纵方类舟，似直呼竹舫为
佳，可征随物赋名，确亦匪易耳。又东过须弥灵境、寅晖挹爽、小城
楼穿径下山，度桥而北，又东复度桥而南，遂东入谐趣园，由岚沼桥
下坐玉琴峡前久之。旋过涵远堂、知鱼桥、饮绿亭诸处，出谐趣园
宫门，经赤城霞起城楼，沿德和园东墙下迤东出大宫门，仍乘卅二
路返西直门，再转十一路至东单，更乘廿四路归家。时已四时矣。

　　坐定未久，鉴孙、志华先后来，五时半志华方去。元孙归告患
头痛，下午未上课，在人教社诊疗所诊察，知为鼻炎，因属卧休。七
时，汉儿来，遂与家人共饭。饭后，顺林来。八时看电视法国影片，
予不甚感兴趣，独坐书案打五关而已。九时，湜儿归，汉儿与谈，十
时，汉、鉴、顺皆去，琴媳亦归。予惩昨晚之魇，乃服安乐神两枚而
卧，居然不久即入睡，醒来已翌晨五时矣。

9 月 21 日（八月廿三日　壬戌）星期五

　　晴阴兼至，气爽不如昨。

晨五时半起。八时,偶出竹牌打五关,连打两时竟无一通,恚甚。适潜儿至,遂取牌匮去,一笑而罢。与谈家事,甚久,因留与同饭。饭后,潜归去。

予小睡,不觉四时乃起。今日下午三时政协文教组召开扩大座谈会,讨论推行简化字方案,竟未及赴。唐弢所著《书话》已出版,昨承赠予一册,此书于现代书林情况影响至大,真绝妙珍闻也。四时后,展《通鉴补正·梁纪九》点阅之,抵暮毕。

六时元孙归,所患较好。六时半琴媳归,七时汉儿来,遂共夜饭。饭后,看电视影片《深山中的菊花》,九时完,汉儿归去,予亦就寝。湜儿今晚偕鉴孙同往人民剧场看话剧《井冈山》,即宿汉家。

9 月 22 日（八月廿四日　癸亥）星期六

晨五时起。微雨。终日绵绵,气遂凉。

琴媳七时半挈宜孙往人教社集合同游八大处,盖社中小语组以赶编教材辛苦,当道特令休假一日,且备车供郊游,例得携孩自随也。湜儿抵厂后有电话来报,昨晚进餐及观剧都好,顺告汉今晚不来小雅宝云。

竟日未出,闲翻架书。

午前接滋儿二十来安十五号信,知已安返省垣,佩媳已于十八日挈铿孙去沪、甬省亲。

午后小睡至三时起。五时元孙自校归。六时湜儿归。先是三时半琴媳即携宜孙归。虽值雨,游尚畅,居然登上六处香界寺云。六时半共进夜饭。饭后,湜儿、元孙往潜家探视省问安否,九时半乃归。据云谈的甚好,硕孙亦问的甚合适云。十时就寝。

9 月 23 日（八月廿五日　甲子　秋分）**星期**

晴，爽。

晨五时半起。八时半与湜儿出，乘廿四路至九条，转六路至铁狮子胡同东口，转十三路北至雍和宫下，步往成贤街国子监。予则诣中国书店阅肆，买得《纪元通考》等数种。湜儿则访元碑及历代进士题名碑。移时出后，过辟雍图桥一访遗胜，今彝伦堂已辟为阅览室，率性斋等六斋已改为书库，盖全监除大成门一区原属文庙外，都改作首都图书馆矣。（首都图书馆属北京市管，以别于中央文化部直辖之北京图书馆，不可不知也。）太学门旁原列之石鼓，已移置故宫奉先殿前之箭亭，其原列六斋之乾隆刻十三经碑，则已移放在墺墙外，未克参观及之耳。离监西行，出成贤街西口，乘八路无轨到东单，换廿四路返禄米仓，走归家中已十时三刻。十一时后，汉儿乃来。

午饭后二时，予偕汉儿挈元孙出，乘廿四路南转十路赴政协文化俱乐部礼堂，应昆曲研习社同期之招。晤平伯伉俪、万里、元善、云彬、允和、敏宣、铨庵、乃乾诸人。汉儿唱《琴挑》全折。五时与乃乾、汉、元过餐厅晚餐。餐后，乘九路转廿四路，与元孙偕归。汉往长安戏院观白云生演剧，乃乾归去矣。

到家文权在，已与琴、宜等饭罢，知濬与硕为细故不欢，权乃出避烦嚣云。八时，乃开电视看中国京剧四团演出《辛安驿》，以解之。九时，预孙来寻父，九时半权乃归去。湜儿下午三时即去管生所，九时半归，适权已去，遂各就寝。

9 月 24 日（八月廿六日　乙丑）**星期一**

晴，爽，微云淡抹，甚适。

晨六时醒,倚枕听广播新闻毕乃起。七时后,摊昨所买旧籍分题所见。

十时许,朱继文来访,谓前天自皖返京,谈合肥近况甚悉,并带到滋儿所托食物四事。十一时半乃去。十二时正在独进午饭,硕孙来云,医检结果断为急性肝炎,即电话告其姊昌预,并取去二十元暂作医疗之资。

饭后心神不能宁贴,遂废午睡,只索独自出外散闷,信步所之。先乘廿四路北至东直门大街,转六路无轨到前门外蒋家胡同下,在附近新华书店买得顾亭林《昌平山水记》、《京东考古录》合册(北京出版社出版),怅怅而行,穿劝业场出西河沿,进前门,复见四路无轨北来,乃登之,驶至骡马市西牛街口下,适九路无轨西来,遂附以归朝阳门内南小街,转廿四路以归,正四时。

少坐后又作书跋两首。调孚有电话来,催请为吴翊如看《赵充国传》。友琴有电话来,属看昨日《文学遗产》所登傅唐生短文,将与予商略其内容云。

六时半,小饮,以待诸人之归。蔡甥顺林及琴媳先后来,均已饭(琴因今晚社中电视摔坏,未克上课故得休假先返)。迨予饭将毕,汉儿及湜儿始归饭。饭后,汉儿、琴媳、湜儿往潜家慰问,且视硕孙疾。顺林则在予舍使缝纫机为其少子缝衣裳。九时半,琴、湜归报,硕肝炎尚不能确定,须明日去友谊医院复检,汉则乘九路无轨径归去矣。十时,顺林去,予亦就寝。

9 月 25 日 (八月廿七日 丙寅) 星期二

晴,爽。偶有云翳。

晨五时醒,倚枕读亭林《昌平山水记》,六时起,续读至八时毕之。为翙如看《赵充国传》注释及译意，抵午亦毕。九时顺林来，续缝衣，因留饭，午后一时辞去。十时，书友刘清源来，送到新书《教坊记笺释》，并将前存书款收去。谈移时乃去。

午饭后写京沪新十七号信，寄漱、润；京十六号信复滋儿。三时出付邮，即乘廿四路南转十路往中山公园。下车即遇颉刚，遂相将入，径诣坛西南服务部茶座，则元善、万里、季文已先在。有顷，平伯、琢如及其夫人至。又有顷，轶程至。互谈至五时后起行，而乃乾迄未到，予等步出社稷坛东北门，经阙右、阙左门，沿东侧筒子河绕过东华门外扬长而至金鱼胡同，乃折入东安市场，径登东来顺三楼。盖元善预定，以资聚餐者。坐定，乃乾与高谊联袂至，据云在翠微路中华书局开会，会终始偕来耳。又有顷，汉、湜两儿亦踵至，皆下班而后来。七时始合坐开饮（季文以事未参与）。酒肴丰美，致足宴赏。八时始罢，由汉儿作会计醵资，一时而集，稍坐即散。予与汉、湜偕颉刚步行东归，送颉至其门首而别。比及家，琴媳亦已归矣。再坐谈至十时许，汉儿归去，予等亦各就寝。

席间乃乾、高谊与予商，又欲先完《提要》，次及《段注》（今天局中会议结果），予允之，并属高谊寄语翙如，令于后晨来取稿件，当再面与指点也。

9 月 26 日（八月廿八日　丁卯）星期三

多云，偶有细雨，午后晴，旋阴，气遂大凉。

晨六时起。竟日未出，续点《四库提要·经部》乐类及其存目，都毕。

午后小休，汉、湜、鉴皆归来共饭。九时，琴媳归。有顷，汉儿挈鉴孙归去。予亦就寝。

9 月 27 日（八月廿九日　戊辰）星期四

细雨，凌晨且有风，顿类深秋矣。终阴。

六时起。八时半，翙如来，即以所注《赵充国传》及译文还之，并详指各节，十时乃去。

十时半，予独出，乘廿四路北转一路无轨，到沟沿下，雇三轮赴政协礼堂餐厅午饭，遇西谛夫人君箴，因与同坐，谈悉其孙已两岁，新近又举一女孙云，并悉太夫人亦安健，稍慰故旧之念。

十二时离厅归，乘七路到前门转九路返东单，再换廿四路行。在六部口站遇汉儿，同乘至前门，盖伊有公事赴廊房头条也。

到家小睡，三时起。重阅《提要》小学类，点定句读十六页。近暮乃罢。接所中柬，明日下午六时在四川饭店为吴世昌洗尘，盖吴新自英伦归国，来本所任事也。又接学部通知，后日上午九时在民族文化宫续举中心学习组座谈会。

琴媳晚间归共饭。饭后邓明道挈其女来访，即去。振甫傍晚见过，谓中国青年出版社欲出《中国历代英雄传》，拟目四十许人，属为订定，予审度史实，配合现况，为增删成三十人，归之。稍坐即去。

夜八时看电视英片《红菱艳》。九时湜儿归。十时电视方毕，予亦就寝。

是日傍晚接漱、润各一函（俱廿五发，漱函不列号，润函为沪新十五号），复告漱服务领导指定，决赴杭州疗养，一时不来北京矣。

9 月 28 日（八月三十日　己巳）星期五

晴，爽。

晨六时起。八时后写信，一复滋儿（刚接到廿五日来安十六号，告曾小病二日，即以京十七号复慰之，并告佩等安抵沪）；一复漱、润，并及佩（以京沪新十八号并寄三人，详告近况，并谅解漱去杭州）。家务琐屑，不觉冗长，至十一时乃毕，即自出付邮，俾今晚可以带出。

濬儿去朱砚农所候诊，以挂号在第八，须越一时半乃可及，遂来家看予。即以漱、润、滋三信示之。十时半，又辞往朱医处矣。

午饭后小休，三时起。续点《提要》小学类一，毕之，并及其二之十一页，五时罢。五时四十分，老赵来接，即乘以过其芳，稍憩，同乘以赴四川饭店。张慧珠已早在照料，其后宾客陆续至，待至七时半乃开宴。凡两席，其一其芳主持，世昌伉俪及梓年、平伯、冠英、默存、之琳与专家局局长（未悉名氏），市委兼管侨务者李续纲与焉；其一棣华主持，世昌二女令安、令徽、平凡、书铭、朱寨、翔鹤、晓铃及予共坐，又有一客坐晓铃之右者，亦未悉名氏也。九时始散，予与其芳、之琳、默存同车，仍由老赵依次送归。

到家知汉儿曾来，以不及待归去矣。琴媳、湜儿持予柬参加政协国庆晚会，十一时始归。

予十时就寝。初以湜等未归，未即入睡，比伊等归后，予方入梦，大约多饮多啖之故，终宵若梦若寐，至不适。

9月29日（九月　小建庚戌　庚午朔）星期六

晴，爽。午后偶昙，傍晚转阴。

晨六时醒，听广播《中共八届十中全会公报》，六时半起。今日上午九时本须参加学部中心学习组，昨晤梓年，知暂停，乃未果，并政协文教组续谈简化字方案亦不赴矣。昨晚来精神，茶敞亦正适合暂休耳。

八时续点小学类二，终以不能集中心力，只索独出散闷。先乘廿四路北往东直门内大街，转七路无轨到北海公园，从后门入，在海东漫步，由濠濮间穿上桃林冈，过陟山桥，绕琼岛北面转西侧，然后步出前门，乘九路无轨返南小街，复换廿四路归家，时已向午。

饭后小睡，三时起。又续点小学类二数页，仍以精神不振而罢。

夜饭时，琴媳、湜儿等皆归。饭后看电视，又跳荡不静止，湜修无效，只得停歇。九时半就卧，服安乐神两枚，以此睡尚好。

9 月 30 日（九月初二日　辛未）星期

晴，兼多云，初阴。气较温。

晨五时醒，越半时起。七时后潘儿来，乃偕出，乘廿四路到东单，步往大华路北京医院门诊部化验室。空腹抽血，复查胆固醇含量，顺挂十月五日高大夫号，俾届时看结果且复诊。有顷即返，遵原路回。

八时半，错孙来。十时许，棣华、平凡来，承慰问，并以苹果、梨头一筐相饷，谈移时去。甚感关怀也。

潘、错皆留午饭。饭后潘、错俱归去。予乃与湜谈史，四时半属往政协礼堂购菜肴，备明日度节用。李妈今晨返顺义。琴媳乃挈燕孙同去人教社，五时亦归。元孙旋亦放学回。七时许，湜儿购物归，遂合坐晚餐。予且酌酒小饮焉。

朱振民君为予修好电视机，夜饭后畅观节日前夕节目。元镇、升基两外孙来，乃同赏侯宝林、马季等著名艺人会演之《笑的晚会》，十时始毕，犹共惜其为时之短也。可见吸引力之大矣。镇、基两孙归去（基即住镇家）。予亦服安乐神就寝。睡甚好，醒来已翌晨五时半矣。

10 月 1 日①（壬寅岁九月小建庚戌　初三日　壬申　第十三届国庆节）星期一

初，阴有微雨，旋转薄阴，向晚渐晴，气温如昨。

晨五时醒，六时起。八时五分出门，湜儿偕予立南小街小雅宝胡同口候所中车，时已多游行队伍自北往南。立至八时四十分，老赵驾车自南来，其芳乘焉，遂登之。湜儿他去。车过王府大街北口华侨大楼接世昌夫妇及其少女令徽同驰西华门，绕筒子河入中山公园后门，停车于社稷坛西，步往金水桥北岸西二台。道逢曾世英、宋云彬。诣观礼台后仍立最后一阶，倚短墙立，晤安若定、章元善等其它熟人甚夥。遥见未谈者不鲜也。十时，典礼开始，少先队先导，各院校、各行业游行队伍继之，首都民兵师八营又继之，文艺大队又继之，体育大队殿焉。庄严肃穆而又优美活泼，令人感奋。十二时礼毕，毛主席、刘主席、周总理以次国家领袖仍循天安门城楼东西往来招呼群众，良久始分头各散。走还中山公园，仍会其芳、世昌等同乘。车多道拥，待挨次进行，直耽搁一小时，以故到家已下午一时十分矣。琴媳、元、宜、燕三孙在门口迎迓。知潘儿、文权已观毕电视归去。而湜儿则不知何往，等待良久不见归，遂先饭，将次饭毕，湜乃返，谓已在其同学所饭过矣。三时小睡，近五时起。湜儿又出访友，六时许始归。

①底本为："习习盦日记第六册"。原注："壬寅岁九月初三日讫十月初四日，正一九六二年十月也。止此居士记。"

七时晚饭,小饮,饭罢已八时,闻天安门施放焰火声,乃乘兴与琴媳、湜儿挈同元、宜、燕三孙徜徉迎看焰火。信步至外交部街东口,适有廿四路自北来,共乘以往东单。天空五色缤纷,变幻奇谲,地上一片人海,万头攒动。儿童尤为欢跃,予数年无此雅兴矣!今饮后携儿挈孙躬与其盛,舍车弗御(本可乘所中车赴天安门参会)而徒步人丛中,来往拥挤,仿佛童年在家乡看迎神赛会时,亦惆怅,亦欢愉,真是别有滋味在酸咸之外乎!十时言归,而归途之车竟挤不上,只索由米市大街、东堂子胡同、南小街等处徐步而行,小燕则由琴、湜轮流抱负,宜亦涎羡,偶亦由其母、叔负行数武。于此乃体验到生活之真际也。

归后,取汤拭身洗足,然后就寝。睡甚酣。

10 月 2 日 (九月初四日 癸酉)星期二

醒来已将六时,就床听毕第一遍新闻广播,然后起。天色微阴,八时后乃露日光,终晴,气爽和。

潘儿、文权、昌预、升堉、升基、汉儿、大璐、元锴、惠琳、元镇、元鉴等午前皆来,与予及琴媳、湜儿、元孙、宜孙、燕孙聚餐共度国庆节。北屋设一圆桌,予及权、潘、汉、湜、预、璐、锴、琳同坐,东屋设一方桌,琴及镇、鉴、堉、基、元、宜、燕同坐。所惜顺林一家约而未至,稍感缺憾耳。予饮次针对同座诸人优缺点借祝酒之机分别加以箴勉,皆怡然,又藉此酒为元锴、惠琳明宣订婚(伊二人同学,早有此心,往来既密,何不明宣耶)。于是欢氛洋溢,满室生春矣。席散已下午二时半,潘、权、预、堉、锴、琳皆归去,汉与璐、鉴偕宜孙访云瑞及振甫家,惟琴、镇、基及元、燕留。湜又出访友。

予乃就榻小睡,醒来已五时,汉、湜、鉴、基等皆在,遂共夜饭。

饭后,镇、鉴过约预同赴舞会,湜亦别有约赴舞会;而潀、权复来,乃与予及琴、汉等畅谈。基以体不适,先就湜榻卧。十时,潀、权、汉皆归去,予亦就寝。湜儿何时返竟未之闻。

10 月 3 日(九月初五日　甲戌)星期三

　　阴。

　　六时半乃起。八时湜出访友,基往汉所,予乃展卷,重为《提要》正句读。点毕小学类二后,接点小学类三,抵午完三十餘页,即饭。湜儿电话告在外午饭矣。

　　饭后,续点《提要》,眼倦思睡,适湜归,询之,又将他出。予遂携元孙出散步,信步由武学胡同仓后身穿出方家胡同,到南小街,在演乐胡同口上廿四路北行,至东直门内大街转七路无轨往北海公园。由后门入,循北岸西行至五龙亭,登渡船到漪澜堂,遂循长廊西南出分凉阁,度堆云积翠桥出前门。在园中仅在堆云坊东侧小坐而已。出园后乘一路无轨东还南小街,再换廿四路南归。

　　午前十一时,颉刚偕志成过访,谈移时去。承民进中央之关切,屡见惠顾,甚歉。午后转晴,仍多云翳耳。

　　傍晚,湜儿归,遂会家人共饭。饭后,看电视《梅兰芳艺术生活》片段及山东柳子戏《孙安动本》,予未及终场即就寝。

10 月 4 日(九月初六日　乙亥)星期四

　　晴爽,加凉。

　　晨六时起。八时续点《提要》小学类三,毕之。接点小学类存目。竟日未出,遂于灯下完毕小学类存目——厚册。

　　下午错孙来,鉴孙来;傍晚错孙去,汉儿来。琴媳、湜儿亦归,乃共进晚餐。餐后谈家常,至十时,汉等去,予亦就寝。

接润儿十月一日来不列号函报告节日生活。

10 月 5 日（九月初七日　丙子）星期五

晴爽。

晨六时起。八时,潘儿来,因与同出,偕乘廿四路到东单,由广场迤逦入大华路,径诣北京医院门诊部。遇陈劭先、谌小岑、杨东莼、陈达邦、郭一岑、侯外庐。少待即由高丽丽大夫接诊。知最近检查结果,胆固醇已稍降（前为三百另二,今为二百八十五）,仍须续服玉米油（续配三斤）,馀都诊断正常,无变化（血压、脉搏都有好转）,仍配前药用之。属一月后再查。于是心头大为轻松。十时取药离院,步往崇文门友人服务部一看,糕点、果糖及熟肉均有矣。一巡而出,更步往崇外花市口青山居特种艺术品综合门市部随览,以四元购得白玉笔床一架,颇喜之。旋在门前乘三路入城,径达南河沿,乃就餐于政协文化俱乐部。遇李国杰。十一时半即行,乘三路返东单,转廿四路归。

午后一时,潘归去,予乃小睡。三时起,展《提要》小学类存目二重正句读,至晚完四十七页。傍晚,琴媳归,乃共夜饭。饭后,灯下续点小学类存目二,至九时全卷毕。于是《经部》全毕,略告一段落矣。十时就寝。

10 月 6 日（九月初八日　丁丑）星期六

晴间有云,还暖。

晨六时起。八时,潘儿来,本约与同游天坛公园赏月季花,以临时有院中学部通知,九时在南河沿俱乐部举行中心学习组会,遂于八时半乘廿四路转十路以赴之。是日谈国际形势问题,到者甚众,因在大礼厅设长桌围坐之。姜君辰主持,周新民报告日内瓦会议达成协议情况,刘斗奎报告阿尔及利亚独立经过情况,均甚详悉。十二时散,乃就餐厅饭。与叔湘、厚宣同坐。颉刚、昌群、琢如,均晤而未同餐,盖先行归去矣。餐毕,乘十路至中山公园转五路,往西华门访乃乾。长谈至三时半,行。乘五路北至北海,转一路无轨回南小街,再转廿四路归。

傍晚,琴媳、湜儿、元、宜孙俱归,共进夜饭。鉴孙日间来,谓已询得海淀区消息,派在白薯村学校,嘱下星二往洽谈云。六时前去。汉儿有电话来,谓明日又须去通县劳动,未能来省云。上海师大翟君持文协函介来相访,询茅盾在上海时期活动情况,欲了解研究其作品云云。上午曾来未晤,下午又来,乃晤之。谈移时辞去。夜七时后,湜同学杨、管两生来访湜,谈至十时乃去。予则于九时已就寝矣。

10 月 7 日（九月初九日　戊寅　重阳节）**星期**

昙,温。

晨六时起。本有景山登高之兴,以天色昏瞀而止。八时许,接潷儿景山电话。伊却独往,未见予,故电话询云。乃属伊即来。九时半,圣陶、至善乔梓见访,知昨方自宁垣归来,为少子至诚修改剧本,边看边改,初稿已上演,定稿则尚有待也。谈次继文至,予即以托带滋儿之物交之。共谈至十一时皆去。

十时后,湜儿偕其同学管、杨二生及杨夫人赏欣与女友刘苏武从外来,刘即杨、赏绍介与湜之女友也。十二时半,予即与管、杨、赏、刘及湜同饭于西屋。杨名志刚,山西农大毕业,现在农业科学院,专研培养北京鸭,人极浏亮,与谈甚洽。午后二时,管、杨等皆去。镇、鉴二孙来,盘桓至晚归去。濬则夜饭而后行。湜晚往汉儿家,十时后归,予已就寝矣。

是日以接晤宾朋之隙,仍得重正《提要》正史类一句读四十页。又午前接滋儿四日来安十七号复予京十七号。傍晚接漱儿四日夜写五日寄出信,知佩、铿已于三日去甬,伊本人身体已渐复元。赴杭疗养之说亦动摇矣。

10 月 8 日(九月初十 己卯)星期一

阴,午后转晴,气仍和暖。

晨六时半起。八时后写京十八号信复滋儿,京沪新十九号信寄复润、漱先后来信,详示京中各人情况及予身体近状。不觉言多,竟至近午始完毕。午后李妈为予去安定门领购大米时交伊带出付邮。

午饭后小睡,三时乃起,与燕孙逗玩久之。五时自出,往小方家胡同,携燕接宜,遇之于小牌坊,遂同归。少坐后,续点《提要》正史类一,接灯乃毕,至《隋书》矣。琴、湜皆归晚饭。饭后,汉儿来,杨志刚来。九时半志刚去。十时,汉儿去,予亦就寝。

10 月 9 日(九月十一日 庚辰 寒露)星期二

阴,偶昙。气转躁。

晨六时起。八时独出,乘廿四路北转一路无轨到故宫。车上遇陆高谊、华昌泗,伊等去西郊探望同事之病者。予则入神武门,径赴乾清宫东西廊参观文房四宝展览及邓石如墨迹展览。十时四十分始出午门。雇三轮不得,竟步由东华门大街直达东安市场,就五芳斋午餐。此处积年未往矣。前日闻叔湘言,谓已渐复旧观,居然有红烧划水云。遂一试之。果然,并佐以虾片面一碗。食已,在金鱼胡同雇得三轮,即乘以返家。方拟就榻小寝,而农祥至,知痔已割去,十二日可出院,因气闷小假来谈,已先过圣陶矣。谈至二时十分同出,偕乘廿四路南转十路到中山公园,先过来今雨轩,未见一熟人,乃转往春明馆廊下坐,遇计剑华、周莲轩、朱公垂、徐寿龄等皆商务书馆老同事。有顷,圣陶、满子至。又有顷,颉刚至。四时许,轶程至,而农祥返医院。又有顷,汉儿来,谓元善、万里诸位均在来今雨轩矣。予等乃过就之。晤琢如伉俪,万里、元善、季文等。有狄君武之子为予等摄影,五时起行。季文仍先归。予等九人同走至天安门东南,乘四路环行到大华影院下,对面即北方饭店原址新移设之江西餐厅也。入门人已挤满,此店又不接受预订,盘旋无措,窘甚,既而轶程遇一熟人,乃得导入后进一室坐焉。有顷,万里故宫同事顾惕夫至,湜儿亦至,惟乃乾迄未到耳。设席后菜肴甚丰,而质不见高(有数味竟用双份,可见无量之丰矣),饱啖而已。近八时出,予与汉、湜两儿步归家。又谈至十时,汉仍归去。予等亦就寝。

琴媳昨起牙床发炎,肿及右辅,今日早归休卧,惟无寒热,故医疗处不予假日。我总觉目前执行规律太涉死板,灵活应用之谓何?

10 月 10 日(九月十二日 辛巳 辛亥革命纪念)星期三

晴兼多云,气躁返润。

晨六时半起。九时许锴孙来,告昨已陪鉴孙去海淀区教局接洽,谓如能改教其他(除物理)可商量安插,当以俄文、数学对,据云容安排,明日再电话洽定,故特来禀白。即就予处电话该教局询问。据答可派在一百廿五中（在颐和园后汽车两站），应即报到云。但鉴昨日感冒，现尚未愈，说明见愈即往报到也。

十时，锴归去。予亦出，乘廿四路北转七路无轨到北海，在天王殿参观北京市六届国画展览，纳费三分，前后殿及东西庑皆陈列，涉历一周而出。能博欣赏者仍为雪斋、半丁。诸老人则工力积累非可一蹴而就耳。时已近午，乃乘十一路无轨到东单转廿四路，归家正十二时。琴媳以牙床肿未消，到社后仍归休，因共午饭。

饭后小休，三时起，续正《提要》句读至五时，完正史类二之十八页。《宋史》毕。

接润儿八日来沪新十六号函。

五时半，水照来接，同车过接平伯，又过冠英则已偕绍基先行矣。予等乃径往绒线胡同四川饭店聚餐。盖今晨接绍基电话，我所中国文学组全组会餐，与吴世昌介绍晤谈也。至则已有多人在，惟待冠英、绍基、世昌之至，则至七时半乃来，遂分两席列坐，予与世昌、冠英、子书、平伯、默存、共民、于黑、绍基、世德同席。别席为力扬、友琴、晓铃、道衡、叔平、念贻、象钟、赓舜、荷生、水照。于是全组同人无一缺席，惟所长其芳（本兼本组研究员者）有他事未到而已。席散，车送归家已九时矣。

湜儿晚归后出访杨志刚，及其归，予已就寝。

10 月 11 日（九月十三日　壬午）星期四

晴间昙。气转凉。

晨六时半起。八时廿分出，步往文学研究所参加中国古代文学组座谈。冠英主持，到世昌、友琴、晓铃、叔平、力扬、道衡、念贻、象钟、世德、荷生、赓舜、水照、共民、于黑、绍基及予，十七人。于所中编印之文学史讨论得失,发言颇多,十一时五十分散。与冠英、友琴、葛涛同行,至东总布胡同宝珠子胡同口分手。仍循旧路走归。

午饭后,不欲就榻,独出散步,乘廿四路南转十路到王府井南口,再转三路无轨至东安市场下,忆前日轶程言及市场旧书摊发见《苏州住宅园林实测图册》(同济大学建筑系教材也),遂径诣中国书店旧书部,各摊遍检未得。盖此书予知之数载,迄未一遇。大约喜此者不乏其人,早为捷手先得之矣。颇怅然。偶在摊头见两月前北京出版社新印之《清代北京竹枝词十三种》(此书在新华书店却已难购,咫尺之间,荣瘁判然,怪甚),乃购以行。复过百货大楼一转,见货品大增,景象远胜于前两年。经济好转,此其萌乎?离大楼后,在附近乘四路无轨南去,到广安门内牛街始下,转十路返东单,再转廿四路归。

琴媳以牙肿未消,今日休假在家。汉儿来共夜饭,后谈至九时归去。湜亦旋归。予乃就寝。

10 月 12 日(九月十四日　癸未)星期五

晴爽。下午起风,陡转凉,夜月甚姣。

晨六时起。九时前水照见访,商注杜诗十馀条。十时半乃去。潛儿十时来,因与同出,乘廿四路北转一路无轨,到白塔寺下,换三轮赴政协礼堂餐厅午饭,已十一时四十分。遇云彬、元善,遂与同席。食毕出,又晤桂庭、异之。离厅后乘七路到前门,在正阳门南阅市,老正兴等都已稍复本面矣。复在蒋家胡同口乘廿路到先农坛下,走往天坛观赏月季花坛,茶憩于皇穹宇西侧茶棚下。三时起行,登圜丘,历祈年门等处出坛北门。乘电车返崇文门,步入城阇,在友人服务部购得点心数事,复北迈达东单,乘廿四路归。途中风起扬沙,不但感凉,且受尘不少矣。及归,亟加拂拭,然后就坐。潜乃归去。

六时,湜儿归,催饭,遂共进餐。匆匆间,湜已出外会友。有顷,元孙始放学归,予尚未饭毕也。八时半就寝。琴媳何时归,未之闻,湜则十时后乃返。

10 月 13 日(九月十五日　甲申)星期六

晴,大风扬沙,陡见加凉。恐有霜冻矣。

晨六时起。七时后写信两通,一复陈翔鹤婉谢无文可以送登《文学遗产》,一致王水照,详告唐宋八大家之说始于元末朱右,并及朱氏生平出处(复陈信即附入王信托转交)。九时半乃毕,即携出投邮。立史家胡同待车,风烈几卷人。适有廿四路至,即攀登南行,在方巾巷口待转十路。又为风摇,竟倚树而立,乘十路至中山公园转五路到乃乾家。本约绍虞今午偕乃乾往访之(绍虞来京开会,住前门饭店,五七二号,须十天后返沪,承电话见告,因有是约,俾得共叙),讵知到陈宅后风愈吹愈烈,而乃乾又复因红眼不能出,遂电话告绍虞以不能践约之故。予竟留陈宅午饭。饭后复谈至三时,风稍小即乘隙告归。乘五路至北海,转一路无轨返南小街,再换廿四路归。亟拂拭漱口,始得安坐。乃乾以上海中华新印张友鹤辑校会校会注会评本《聊斋志异》见赠,归而展阅,颇见加工之勤,乃翻绉达暮。

湜儿五时即归,先饭后即往接刘苏武。琴媳、元孙六时后归,乃与宜、燕等共进晚餐。七时,湜偕刘来。琴媳偕元孙往前外大众旅店访其沪来之戚李勤之伉俪(琴二兄培之之岳父母)。九时半,刘去,浞送之上车。琴、元亦旋返。予乃就寝。

10 月 14 日 (九月十六日 乙酉) 星期

晴,微风,加凉,不失爽气也。

晨五时即起。屏当一切。七时,潜儿至,遂与同出,乘廿四路南转十路到六部口。在电报大楼前已骈列三大车,盖民进中央办公厅及联络委员会举办郊游会,柬招在京会员之年老及退休诸员共赴香山赏红叶也。例得携家属,故予以潜、汉自随耳。予登第二号车,与颉刚、汉达、幼芝、伯林等同车。有顷,汉儿亦来会。八时十分开车,径发。沿途在社会主义学院及中关村两处停靠接客,九时半乃抵静宜园。今日星期休假,游人特夥,门口购票及食堂就餐售物处买面包均须排队,甚至茶座亦无隙位,其热闹殆有甚于东安市场者。设非预为联系布置,突来此百馀人,无论交通艰困,又安所得食哉? 此集体行动之成效也。入园后分头游眺,期以十二时在红叶餐厅午饭,午后三时在静宜园门开车向卧佛寺,四时返城,遂各结侣分行。予与颉刚及潜、汉先上玉华山庄(有预约茶座)坐赏红叶,然人挤,往来亦仅趁热闹耳。十一时下山,径赴餐厅(亦预设茶座于礼堂后台)暂憩。晤却尘、矛尘、志中、汉达伉俪、冰心、洁琼、景耀、历耕、楚波、均正伉俪诸人。十二时就餐(五菜一汤,馒头一枚,米饭一碗,人各纳费二元,粮票三两,柬中预订),却老及冰心(联络委会主任委员)都起讲话互勉,皆欢饱。一时席散,门口排队者犹未得坐也。予偕汉达夫人、均正伉俪、颉刚、开祥、潜、汉等过见心斋暂憩,坐池轩闲谈久之,相从而来者亦不鲜。三时出园,晤及芝九、心如(伊等以人教社民盟组织而来,可见类似此等组织必不少,宜游人之多矣),略话即握别,开车过卧佛寺随喜又晤及孝

侯、莲轩、公垂等。四时乘原车入城，在干面胡同西口下，与颉刚、
效洵及潸（汉已在马相胡同下，转七路径归其家）分手各归。

夜饭后，潸归去。滠友杨志刚来。九时，予取汤拭身濯足易衷
衣就寝。睡尚佳。

10 月 15 日（九月十七日　丙戌）星期一

晴，冷，类初冬矣。

晨五时半醒，六时起。昨日上午接滋安十八号书，傍晚又接润
沪新十七号书。今日九时后遂复之（寄润者编京沪新二十号，与滋
者编京十九号），交李妈持出付邮。

书友刘清源来，送到新印书张石公《中国古方志考》等四五
种。与谈久之，于新华发行工作颇感不满，往往使伊等为难则事
实也。

午后，不欲小睡，而枯坐烦恼，独出散闷，先乘廿四路北转七路
无轨到西郊动物园，绕水禽湖一周，有鹤数数试翼，迄不能轩举，以
铩羽，故凝视良久，终觉有神虽王弗善也之感，怅怅而出。乘二路
无轨到前门，信步登四路无轨出内城，到外城广内牛街，乃换十路
还东单，再转十路，归家已五时矣。滠儿归夜饭，饭后出浴，浴后
返。汉儿亦至，琴媳亦归。为滠动怒，颇不快。汉儿因留宿。十时
后就枕，气犹未平也。

10 月 16 日（九月十八日　丁亥）星期二

晴，冷。

晨六时起。九时，往访乃乾，遇达人，谈未久，达人去。十一时
偕乃乾乘五路至大栅栏转四路无轨到虎坊桥，走往前门饭店访绍

虞。时方开会,坐待至十二时,会散乃得晤。因同诣饭厅饭。饭后再折五楼就其室坐谈至午后一时,约十九晨会中山公园而别。予与乃乾仍乘四路无轨到前门,伊径归,予乃转七路赴政协礼堂,先登二楼参观黄翔摄影展览,遇李培基、潘光旦、顾颉刚。三时下二楼,参加文史资料研究委员会座谈今后组织文教史料事宜。杨东莼主持,浦熙修、彭子冈协办,到向觉明、陈通大、顾颉刚、翁独健、邵循正、潘光旦、费孝通、吕振羽、吴研因、宋云彬及予。五时半散会,移坐餐厅三号房便饭(由会中供应,仅各出粮票三两)。振羽、东莼皆先去,未与焉。七时饭毕,与觉明、颉刚同乘一路无轨转廿四路行。觉明访昌群,予与颉刚各归。

　　到家湜、琴皆已归来。予九时三刻就寝。

10 月 17 日（九月十九日　戊子）星期三

　　晴,较前昨略温。

　　晨五时半醒,六时起。七时三刻,农祥见过。八时廿分与偕出,乘廿四路南转十路到右安门内南樱桃园,再转五路东达陶然亭。在慈悲院南坛上负暄啜茗。十时起行,略一徜徉即出园。乘五路到蒋家胡同下,已十一时十分,乃就餐于上海老正兴。此馆质量日下,久不过问矣。兹已渐见恢复,居然有鱼,欣然一饱而出,共往正阳门内中华门旧址广场小坐。有顷,穿行天安门广场,在历史博物馆前乘九路还东单。农祥乘八路归其家。予则转廿四路回禄米仓。车中遇袁翰青。

　　下车归家,濬儿在。有顷,晓先夫人雪英来。锴孙亦来,文权亦至。四时许,濬出为购办菜肴,以今日为湜儿庆生日(本为明日,因伊明日须在厂教课,特提前举行),所邀女友系回民,故诣东来顺采取耳。傍晚,湜、琴皆归,惠琳亦至,湜乃出接刘家姊妹,于是淑武(前音讹苏武)偕其妹淑杰联翩至。管生及杨志刚、赏欣伉俪亦于七时后到。遂于北屋小饮啖面。予与文权、濬儿、汉儿、湜及宾客一行共坐宴谈。琴媳今晚社中有事,特赶回照料妥帖后再赴社。予等乃与杨君畅谈。将十时,管生先行回北大,濬、汉等亦皆归去。湜送客后亦归。十时半就寝。琴媳亦自社还家矣。予栗六终日,颇感累。

10 月 18 日 (九月二十日　己丑) 星期四

晴,较和。

晨六时十分起。九时,濬儿来,十时半,锴孙来,因电约汉儿往会政协礼堂餐厅。予等遂行,乘廿四路北转一路无轨到白塔寺,步往餐厅。遇乃乾、云彬父女、孝通、熙休、均正、国华、通夫、宾符、汉达、之芬、志成、楚波、至善等。十二时半食毕,偕乃乾、濬、汉、锴行。仍还至白塔,汉儿乘七路赴新华上班,予等乃乘三路无轨赴北海,在永安寺观赏大丽花,旋坐文艺厅前闲谈,二时廿分起行。乃乾归去,予等亦乘一路无轨转廿四路归。三时,锴孙归去料理书物,明后日终将返窦店矣。

友琴见过。谈张祜诗注及方干诗注各一事,并及《姜斋诗话》数事。近五时乃去。绍虞电话见告,明日中宣部开会,中华之约当自往,请勿至中山公园相候云。因转电乃乾知之。傍晚,琴媳归,汉儿、锴孙都来吃面,湜儿亦于八时下课后赶归吃面。于是,湜初度二十八岁矣。近十时,濬、汉、锴俱归去,予亦就寝。琴媳定后日去安定劳动。予作贺越特金十月革命信即交伊于明日发出。

10 月 19 日 (九月廿一日　庚寅) 星期五

晴,气和如昨。

晨六时起。阅朱一新《京师坊巷志稿》。十时许,汉儿来(伊今日上午因劳动补假),遂偕之同赴中华书局,先乘廿四路南至方巾巷,转一路西行,径达翠微路,先过彬然家,次过调孚家,再过云彬家,则乃乾、达人皆在,汉儿乃往访晓先家。十二时后,汉儿复来宋家,乃共往公主坟商场国强西菜社聚餐。灿然、调孚、彬然、晓先、达人、云彬、乃乾、颉刚及予父女,凡十人。迟绍虞久不至,午后一时许乃先进餐,将毕,绍虞始至,盖中宣部开会至一时方完也。餐已,绍虞乘车往北大等处访友,遂握别。汉儿亦上班去。予乃与灿然等八人重返中华书局,过其办公处所,历访绍华、高谊、昌泗诸人,并在三楼参观为颉刚新设之办事室,即灿然总编室坐憩久之。啖灿然手种之青皮萝卜(俗称心里美),甚爽脆,惜义齿不任大嚼,拾一两片而已。四时半与颉刚、乃乾偕返,同走至公主坟南,乘一路东驰。乃乾在中山公园前下,予与颉刚同在东单下,颉再转四路归去,予则乘三轮归。此次出门竟忘带钱粮票(生平第一次),及聚餐醵资时方发觉,是真耄及之兆矣。只得向汉儿说明,由伊垫付,且撮零钱备用,幸得有资雇三轮耳。稍一自思,诚堪一笑。

琴媳归饭,饭后往掌扇胡同访戚。予久辍点正《提要》之业,爰就灯下重理之,至九时半,点完正史类二,并及存目,毕之。十时就寝。琴媳亦归,整理行装,明晨清早即须赴大兴安定劳动半个月也。湜儿十一时半乃返。

10 月 20 日（九月廿二日　辛卯）星期六

阴。

晨六时半起。琴媳七时即袄被出门，往教育部集合，然后出发云。八时半出门，步往建国门内文学研究所，应所内民盟小组之招，听吴世昌讲中国文学在英国及旅英观感。到者甚众，惟未见平伯与默存。世昌言之娓娓，十二时始毕。予附车至小雅宝西口下，仍徐步以归。到家即饭。饭后小睡，颇酣，近五时乃起。

重正《提要》句读，抵晚点《史部》编年类十页。

湜儿、元孙俱已归，遂共夜饭。饭后汉儿、鉴孙来。看电视越南片《阿甫夫妇》及京剧音乐，欣赏杨宝忠操弄曲牌，甚为佳妙，十时始毕。汉、鉴归去，予亦就寝。

10 月 21 日（九月廿三日　壬辰）星期

阴转晴。

晨六时半起。湜早于六时前出，过访志刚等游香山矣。八时三刻，炉匠来安装南北屋炉。有顷，镇孙亦来帮同料理，工匠去后，伊检察烟筒有冒烟处（近年铝铁皮烟筒买不到，陈年宿货无从添换，只有窗铁纱涂泥者可充数，于是每届装拆，老成个大疙瘩，因此勉强凑合之后，必须检查），都用锡纸及黄泥添糊，又将北屋以至旁屋所有门窗裂缝处亦用布条或纸张糊堵，抵午方罢。舍电影弗看，始终其事，此儿大堪嘉许也。

午后，镇归去。予乃写信两通，一为京沪新廿一号寄润儿，一为京二十号寄滋、佩，告家中近况，并询佩等已否由甬沪返皖也。三时后予出投邮。元孙随同散步。由内务部街、东四南大街、干面胡同、东西石槽胡同等处返小雅宝。到家知汉儿曾来,已去南河沿听曲矣。六时半,汉儿来,遂同进夜饭。七时半,湜儿始自西山归,复具餐焉。九时半,汉归去。予亦就寝。睡尚好。

10月22日 (九月廿四日　癸巳) 星期一

晴,较昨为和。

晨六时半起。竟日未出,看完《都门竹枝词十三种》,讹字至夥,且有韵脚与上一字倒转者,属稿编、校两失之,殊可惜,动辄委过于手民,手民不心服也。上午九时,所中同仁曹道衡、胡念贻见过,告以人民文学出版社意对《史记选》提出修改意见,请指点可否。因畅谈至十时半,即属两君斟酌修改之。两君行后人民大学冯其庸来,以新由中国青年出版社印出之《历代文选》上册见赠,谈至午刻去。潀儿午前来,饭后归去。午后四时,书友刘清源来,送到中华新印之《马氏文通刊误》一册(杨树达遗著)。少坐便去。

傍晚接漱儿二十日来信,琴媳廿一日来信,锴孙廿一日来信,分别告佩、铿返皖,及各安抵工地与学校。

汉儿来同饭。饭后谈至九时去,予亦就寝。

湜儿十一时乃归。闻在同学家吃蟹云。

10月23日 (九月廿五日　甲午) 星期二

晴,起风转冷。

晨六时起。七时后,写信四通,至午乃毕,一复漱儿,一复琴媳,一复锴孙,其一则复中华书局上海编辑所,谢惠贶《文史论丛》,并谢无文堪以附骥。午后风稍停,因出投邮。即乘廿四路南转十路到中山公园,顺访聚餐老友,讵知来今雨轩茶炉已撤,藤椅成叠,仅存空桌,乃折往上林春一带,露坐者甚稀,而屋内人已挤满,却无一熟人,不得不去而之他。遂过唐花坞一行。正布置菊花展览,凌乱难驻足,信步往水榭一观中国摄影学会展出之黄山风景摄影,遇章廷谦、杨耀民。一周而出,拟且还王府井闲逛,迎面正遇颉刚及琢如伉俪,复折入公园坐糕点部饮牛乳,小坐,迄未逢其他预期聚餐之人。至四时半起行,出园东北门,穿阙右阙左门,沿筒子河过东华门外直抵金鱼胡同森隆酒楼三楼。坐定不久,元善、慧远至,轶程至,乃乾、刚主至,平伯至,最近汉儿亦至,凡十一人,遂开宴。七时半予与汉儿先行,以汉为购到今晚吉祥戏院上演山东省济南市吕剧团所演《逼婚记》之票故耳。

到场已开戏(填戏《赶驴》),正戏开始后,颇见精彩,尤以张艳芳扮演蓝中玉及高秀文扮演洪美蓉为特秀。九时半休息,予与汉儿即退出,乘三轮遄返,到家已将十时。鉴孙在家相候,汉遂偕之归去。湜儿与淑武在明星看电影,汉去时方归。予亦就寝。

10 月 24 日（九月廿六日　乙未　霜降）星期三

晴,冷。

晨六时半起。八时接润儿廿一日发沪新十八号复予京沪新二十号,告佩、铿十八日离沪返皖,临行慌乱,颇不放心。午前续正《提要·史部》编年类句读,前后得四十七页,尚馀十多页未毕。

午饭后枯坐无聊,小睡又不甚安,乃出外散步。先乘廿四路北转七路无轨往北海,循东岸出前门,在积翠堆云桥遇王硕甫,此老健步犹昔,可羡也。出北海后乘三路无轨到动物园,在牡丹亭前茶憩。迨日已西斜,颇感衣薄,乃亟起行,乘一路无轨返朝内南小街,车中遇王利器。到南小街再转廿四路还家。潚儿在,谓予行后即至也。

六时，惠林来，元孙亦归，汉儿继至，七时夜饭。越半时，湜儿乃归。饭后观电视西班牙片《房客》，极尽讽刺之能事，其实毁屋撵人到处有之，身受者类能详道也。九时半，潘、汉等皆去。予乃就寝。

10 月 25 日（九月廿七日　丙申）**星期四**

晴，温。

晨六时半起。八时后写信两通，分寄上海及合肥。（复润者编京沪新廿二号，兼及漱。寄滋、佩者编京廿一号，询佩、铿安抵否，俱附锴、慧照片各寄之。）十时半出投邮。即乘廿四路北转一路无轨往白塔寺，步诣政协礼堂餐厅午饭。遇却老伉俪，略谈片晌而别。饭后，乘七路往前门，途中见汉儿于绒线胡同西行，想饭后归家休息也。倏已错过，伊竟未见予。到前门后转九路到东单，复转廿四路返家。抵家正一时，燕孙已饭过就眠矣。予稍坐后展书续正《提要》句读，至四时毕编年类及其存目。以眼酸手倦而止。

念贻电话见询，所中同人有香山看红叶之约，予以看过不久，谢不往（今日政协本有香山之会，亦谢未往）。然感其见招之殷也。五时后，翻阅《营造法原》及《中国石桥》之插图，藉资卧游，垂昏乃罢。

夜与湜、元、宜、燕共饭。饭后看电视转播北昆白云生、卢俊芳等合演《长生殿》，仅《惊变》、《埋玉》、《闻铃》三折，九时半即完。予取汤洗足易衷衣就寝。淑武八时半来看湜，未几即去。管竞存十时后来看湜，即住湜房，翌晨同出。

10 月 26 日（九月廿八日　丁酉）星期五

初阴转晴，气亦转凉。

晨六时起。昨夜左耳内感不舒（已有多日），似灌凉水，似冒寒风，且牵动左辅牙床亦觉紧绷难受，睡眠因而欠佳。今晨精神不振，万分无聊，乃独出散闷，信步登街车，任其四驰（其实此等情况已不止数次）。先乘廿四路北行，在东直门内大街转六路无轨到东单，又转一路到西单，复转五路无轨到平安里，换十一路无轨还东单，转廿四路归家，已十一时，潜儿、硕孙在。硕肝疾已大好（可不须隔离），丰容较昔为佳。病后调理之效也。为之一慰。十二时与潜、硕、燕同饭。

饭后小睡，三时半起。四时，潜、硕为予往政协礼堂购饭菜（近例可凭委员证派人掣取餐券购回食用故也）。予乃展《提要》重正句读，至六时点毕《史部》纪事本末类及其存目。六时，潜、硕归，汉儿亦至，遂同夜饭。饭后看电视吕剧《姊妹易嫁》。湜儿晚饭后归。九时半，电视毕，潜儿等皆去。予亦就寝。左耳里仍感凉、感痛。翌晨四时醒后，似见好些，究不悉何故也。

10 月 27 日（九月廿九日　戊戌）星期六

晴兼多云，又凉于昨。真秋杪矣。

晨六时半起。七时潜儿来，遂偕同潜、湜往北京医院空腹抽血、复检胆固醇等。由廿四路到东单，步以往，到不久即办讫。遇大年，略谈。八时出院，乘六路无轨往前外大栅栏转五路赴陶然亭。循西岸行，遇毛星，亦立谈片晌，绕过云绘楼，茶憩于慈悲院南台上。十时半起行，乘五路到珠市口，转五路无轨到西单商场，就曲园湖南馆饭。菜品已渐复旧,有烧划水,丰腴特甚,又有子龙脱袍者,实为去皮鳝丝,极鲜美。三人食毕,满意而出。过西单商场一行,则新翻修之屋面积加大,光亮宽敞,远胜东安市场矣。在彼购得铝制头号饭盒(椭形)一事,并零买花茶两小包,俱需工业品售货券,离商场南行,在长安戏院门首乘十路回东单,再转廿四路归于家,正下午一时半。

徐荫祥夫人来寻李妈,托代觅保姆,因与谈片响,旋辞去。

三时半,予独往八条圣陶家。乘廿四路以行。至则至美母女已在,有顷,绍铭至,元善至,又有顷,蠖生至,龙文、汉儿偕至,元善夫人亦至,最后江冬乃至。七时始就东屋宴饮,盖今日为圣陶六秩晋九诞辰,满子先期约往共饮者。且饮且谈,九时乃罢。予与汉及元善伉俪同乘廿四路南行,至禄米仓口,予及汉乃下,步归于家。时潜、权及元孙在看电视,知湜儿出参舞会,镇、鉴、预、硕四孙俱往云。九时三刻,四孙先后分别接其亲归去。予亦就寝。湜儿十一时半返,并告竞存舞罢后仍将住来我家云。

今日多食多谈多走路,颇累,就枕后左耳仍作痛,胸次感闷,睡眠大见减折,且断续有梦,不适之至。

10 月 28 日(十月大建辛亥　己亥朔)星期

晴,和。

晨六时半起。上午接佩华廿三日来信,知已安抵合肥,同时接士敦廿六日来信,告政治问题已正式宣告解决,数年重负一旦消除,宜其快然矣。因电话告雪村,伊亦同时得信,彼此道贺,予因即写信分寄太原、合肥(一则备加勉贺,一则复令同庆)。近午,命湜儿出投邮。

午饭后,志刚来访,为湜姻事,长谈三时后偕湜同出。四时后又写两信,一与漱、润(京沪新廿三号),一与琴媳,俱告敫事。

六时后,汉儿与鉴孙来,因同饭。饭将毕,湜偕淑武、志刚来,又具餐焉。八时,志刚去。孙辈看电视。九时湜送武出,汉等旋亦归去,予乃就寝。十时,湜归。十一时许,管生来叩门,宿湜所。

10 月 29 日 (十月初二日　庚子) 星期一

晴,和。

晨六时起。六时半湜儿赴厂。七时半,管生乃行。九时,予独出乘廿四路北转六路无轨南达东单,转十路往南樱桃园,转十九路到阜外大街,复转一路无轨还朝内南小街,仍转廿四路至禄米仓下,顺换十一月月票,然后步归。路上颇见儿童扔石子、砖块相追击者,口中又狂呼冲啊! 追啊! 杀啊! 彼此怒目相向,绝无善态。予甚恶之,此风近来大行,每有因此引起纠纷者,漫无人问,殊不成话。揆厥由来,都由新行电影而起,革命故事固当强调斗争,讵知后果所及又何啻囊日黄色、白色影片之影响乎? 儿童日浸淫于此等空气中,恐非慎其始基之道也。

午后展《提要》重正句读,自二时至五时,点《史部》别史类卅二页。又翻阅假自圣陶所藏《苏州园林》及《苏州旧住宅参考图录》(俱编自陈从周),不啻卧游故乡,且遍访故家矣。

六时汉儿来,为予持布与衣样往南小街成衣店缝制棉袄、裤、罩衣,如早日观成则今冬可不用西式短装矣。七时归,告须十一月十六日始可取云。遂同进夜饭。有顷,潜儿来,湜儿亦归饭。饭后,予与潜、汉长谈,湜则往看淑武。九时半,潜、汉归去。予就寝。十时湜归。

10 月 30 日（十月初三日　辛丑）**星期二**

晴转阴，气还温润，恐将变雨或风也。

晨六时半起。八时写信京廿三号，寄复滋、佩。九时濬儿来，即与同往羊尾巴胡同六号唁金夫人，盖昨日见报，知芝轩已于廿六日下午逝世，卅一日在嘉兴寺公祭也。晤谈之顷，知为肝疾，曾住北京医院一月馀，卒不起耳，为嗟叹久之。勉强致慰而出，步归于家已十一时，少坐便与濬午饭。

饭后，濬小睡，予为锴孙写复信，因今晨接伊来信，有所询问，遂详示之。二时半，濬归去。予则独出散步，乘廿四路南转十路到中山公园，径诣唐花坞观赏菊花展览。甫离坞北行，忽感里急，乃匆匆出园，乘三轮遄返，如厕而后安，足见迩来百不如人也。

傍晚元孙归，汉儿亦来，濬亦来，乃共进夜饭。饭次，文权至，知已饭，但仍筯之。饭后汉以看其戚述琇先去。予等开电视看之，乃吕剧《藏楼搜楼》，予前与汉观此未及见《搜楼》，今乃看完之。已十时，濬、权归去，予亦就寝。有顷，湜儿归，盖已与淑武同看电影，送伊归去而后返矣。

10 月 31 日（十月初四日　壬寅）**星期三**

阴霾，午前曾见细雨，遂大凉，须加衣矣。

晨六时起。八时出，步往干面胡同访颉刚，兼晤其夫人静秋。谈至九时，偕颉刚出，同乘十一路无轨往厂桥走诣嘉兴寺吊芝轩。遇志成，未多驻足，即退出，一则颉刚须陪静秋于十时就诊协和医院，一则予亦畏值雨，即仍偕返耳。仍附十一路无轨行。予至东单乃换乘廿四路返禄米仓。车上遇健吾，因偕归。坐谈良久，近十一时健吾始辞归。

近午,瀋儿至,遂同饭。午后瀋午睡,予乃展《通鉴补正》点阅之。五旬以来辍此矣。四时许完《梁纪十》,既而又续正《提要》句读,及暮亦将别史类毕之。今日为润儿卅七岁初度之辰,夜治面与家人共进,以示庆。文权、瀋儿、汉儿、惠林、昌硕皆来小饮。湜儿、元、宜、燕等皆与,独润、琴夫妇缺席。虽快亦微憾不足耳。

今夜政协礼堂有婺剧招待晚会,演出《三请梨花》。予惮夜出,即以二红券付汉儿及惠林,令往赏之。十时前,瀋、权、硕偕去。予乃就寝。

11 月 1 日[①](壬寅岁十月大建辛亥 　己亥朔 　初五日 　癸卯)**星期四**

阴、润。午后雨,偶亦破块,气返不凉。

晨六时半起。八时后,点读《通鉴补正·梁纪十一》,近午毕之。午饭后天阴无聊,独出散步,乘廿四路到东单下,徐行往王府井,在新华书局〔店〕一转,无可欲者,即去而之百货大楼,值雨,遂上三楼,略一盘桓,俟雨稍止乃下楼,雇得三轮归。抵家正三时。坐定,雨加大有声,少顷又止。三时半,展《提要·别史类存目》重正句读,垂晚毕之。接琴媳安定复信,知四日即可返家云。汉儿六时来,因与同饮。饭已,湜儿亦教课毕归来,乃以馀食与之(以已饭故)。汉儿因天忽转冷,七时后即归去。予与孙辈同看电视婺剧《双阳公主》,戏甚好,而孙辈不懂,令先睡。予乃观毕。就寝已十时半矣。(《双阳公主》即宋狄青《珍珠烈火旌》故事。)

---

①底本为:"习习盦日记第七册"。原注:"一九六二年十一月一日迄六三年一月廿四日,正壬寅岁十月初五日至是岁大除夕也。癸卯二月初二日手缀成册,因志之。七十四叟容堂。"

11 月 2 日（十月初六日　甲辰）星期五

阴霾，大风，早晚感寒矣。

晨六时半起。八时潖儿来，冒风同出，乘廿四路至东单，走诣北京医院门诊部就诊。坐待至十时半乃由高大夫接诊。知胆固醇已降至二百八十三（已降六度），但云照予病状，恐不可能降入二百大关也。血压为一百七十三（低者七十六），脉搏已正常，心音亦无上次所闻之杂音矣。但云此为一时现象，还须注意。后以左耳不舒又转耳鼻喉科，又待至十一时乃由一女大夫（忘询其名氏）延入检查耳穴，无炎状，亦无水，再三看喉（予易作恶，喷麻药后仍难自抑，反复检视，近十次，历时甚久，颇歉），右侧无问题，至左侧耳喉相接处，伊终怀疑有问题，但未经晰视，预约五日下午三时往复诊。据告，徐荫祥将来会诊云。俟配药齐（仍与前同，玉米油仍三斤，氨茶碱则减去矣），已十二时过，护士多下班矣。遂与潖步往南河沿文化俱乐部谋午餐。在场遇李蒸，出门遇陈达。时风已稍戢，只索步往王府井百货大楼及东安市场等处一行。在大楼买得小包，花茶五包，在市场中国书店买得李卓吾《藏书》、《续藏书》六册及商务印书馆所出吴慰祖校订之《四库采进书目》一大册，挟以行。过帅府园美协参观新芽展览，皆美术院校生徒之近作，浏览一周，颇有前途者不少，谓之新芽殊恰当，不亢不卑。近来难见之作风也。三时后乃行，即协和医院门口雇得两三轮，遂与潖分乘以归。

予坐息良久，闲翻新买之书，潖则归去。傍晚接润儿卅一日发沪新十九号复予寄去廿一、廿二号。汉儿来，浞儿亦归，遂共饭。饭后潖、权偕至，杨志刚亦来访浞。予与潖、汉等谈至九时半，伊等归去。予亦就寝。志刚亦旋去。所中贾锦琪电告明日中心组有会（予即请假）。

11 月 3 日（十月初七日　乙巳）星期六

阴，陡冷。

六时半起。坐至九时半，竟不能耐，遂换用丝棉袄裤，并御丝绵袍始能安坐。看李卓吾《藏书》诸总论及诸序，知纪晓岚《提要》所云实诋諆太过耳。

午饭后，展《提要》杂史类重正句读，至暮仅得十馀页。然天气转晴，气虽寒，而呼吸爽则亦适然。

傍晚湜儿、汉儿先后来归，即晚饭。六时半元孙亦自学归，及同饭。饭后，汉儿往文联大楼看昆曲研习社彩排，予以怕风，未偕往。湜儿偕其同学管竞存等出外跳舞，且会淑武云。十时就寝。十一时半湜乃还。隔窗闻声始知之。

11 月 4 日（十月初八日　丙午）星期

晴，冷。

晨六时半起。七时半，湜儿偕竞存出，据云昨晚管舞后已晏，因宿湜所，今晨管别有事，湜则约淑武同往福田展墓也。

予畏风未出，续正《提要》句读。至午后四时，完杂史类及其存目一。琴媳下午三时归来，盖劳动任务完成，今乘早车还城也。有顷，湜儿亦归，谓到福田及八大处等地，淑武已归去，约今晚七时半尚须往西郊看电影云。晨接润儿二日来沪新二十号附来漱儿一日信，知予十九、二十号都已到，并知韵启今晚或明晨可抵京，予旧文两篇已从杂志抄出，托其带来云。琴媳见此即与元孙同往车站一候之。潏儿旋至，湜乃先饭，将赴约。琴、元已接到韵启同来。予与韵启及潏、琴、元、宜等共进晚饭，且小饮焉。饭将毕，湜出，而惠林、鉴孙至，遂与韵启、潏等同看电视香港片《假少爷》。文权亦至。晚接滋儿一日来安廿一号信，复予廿一、廿二、廿三号去示告小铿三周岁矣。九时半，电视毕，韵等诸人皆去，予乃就寝。十时半湜归。

11 月 5 日（十月初九日　丁未）星期一

晴，薄寒。

晨六时半起。八时后，写信分示润、滋（寄沪者编京沪新廿四号兼复漱。寄庐者编京廿四号，兼致佩华），垂午始竟。潏儿来，因共饭。今日琴媳休息，予偕潏午后赴医院复诊耳疾，时约伊于五时左右会南河沿文化俱乐部晚饭。遂行。乘廿四路往东单，时沿途游行队伍塞路，都在各广场集合，共赴古巴大使馆表示一致声援反对美帝国主义侵犯古巴，敌忾同仇，于此觇民气矣。内心不觉与之同奋。予在东单下车，由潏扶掖以往医院，穿隙而行，乃得达北京医院门诊部。先诣心电图室，少憩，便为予施检，检后其工作者亦出参加游行矣。坐待至三时，汉儿亦至，乃共诣耳鼻喉科。日前为予诊耳之王淑云大夫（询护士知之）亦出参加游行，由护士先为予用电机细检予听力，询知予年龄后盛赞聪强，历半时后，诣徐荫祥大夫诊治（荫祥适来，汉已先与洽谈）。据细察喉耳，谓决非生瘤，乃耳穴微破，有血痕，经搽紫药水后即行。辞出时为四时廿分，遂与潏、汉同乘十路往中山公园，在唐花坞一看菊花展览，在文化厅一看西番莲展览。五时即出园，步往南河沿则琴珠已先在，于是点菜共餐。餐次，遇庄明远、力扬、李祖荫、沈从文诸人。六时半离部,乘三路到东单,予雇三轮先行,瀋、汉则转廿四路归。行抵中龙凤口,瀋、汉、湜皆见,乃下车同行返家。九时,瀋、汉皆归去。予亦就寝。

11 月 6 日（十月初十日　戊申）星期二

晴,薄寒。

晨六时半起。七时后为新建设社写阅文意见,电话通知来取。未几,即由该社持条取去。又展点《提要》,正其句读,至午毕杂史类存目二。午饭时,汉儿至,盖方与新华同事游行支古抗美后自古巴大使馆卸队来家也。遂与共饭。

饭后二时半,汉仍往新华上班。予乃独往北海会颉刚、万里、元善、季文及琢如夫妇,乘廿四路北转一路无轨以行。圣陶电约不参加,乃乾则言到而未来,平伯亦未至,轶程则先言不到。故四时四十分,予等即行,乘三路无轨电车径达二里沟,步往新疆饭店聚餐。七人共占一圆桌。菜肴粗劣,大非昔比,二年来,期会所遭为最下,费亦最省,岂勉符节约之旨乎?殊堪自笑耳。六时半食毕,行。在二里沟候一路无轨,久之(皆疾驰而过不肯停)乃得上,到南小街北口,与琢如夫妇别,转廿四路归。湜已归饭讫。其友管、杨等又来。

予九时即寝,易衣卧。耳仍作痛。琴媳旋归。管生仍住湜房。

11 月 7 日（十月十一日　己酉）星期三

晴,薄寒。

晨六时半起,洗足。今日为珏人七十岁冥诞,予亟欲忘之,而儿辈不能恝然,仍买花插瓶,购果饵设供,转使予睹物兴感耳。

八时后,展点《提要》,至午完杂史类存目三及诏令奏议类诏令之属。午饭后无聊之甚,遂独出散闷。信步乘廿四路北至东直内大街,转七路到北海后门,入览美术设计展览于画舫斋,居然消磨多时,然惫甚,即坐残柳下憩息。久之,仍走出后门,乘十一路无轨到东单,转廿四路归,正四时。少坐,打五关三盘,仍续点《提要》。抵晚阅正奏议之属十九页。潏、硕、权、汉先后来,惠林亦至。琴亦早归,遂共夜饭。饭已,权等看电视,而湜归再具餐焉。予不欲看电视,独坐闲翻,至九时半电视毕,潏、汉等皆去,予亦就寝。

11 月 8 日(十月十二日　庚戌　立冬)星期四

大雾转晴,发风加冷。

晨六时半起。今日湜儿休假,八时后遂偕之同出,先乘廿四路北行到东直门,在城外换乘东酒线无轨,直达酒仙桥商场。因逛当地百货商场一周。日用品大致齐全,与公主坟商场相埒,在郊区当推大规模矣。十时一刻返,仍循原路还东直门,转七路无轨西达崇元观,再转七路到丰盛胡同下,走诣政协礼堂餐厅,已十一时四十分。人极稀,坐定良久始遇云彬夫妇及其女庄。又有顷,始见觉农、羹梅、晓村等。

十二时半出厅,乘七路到前门,转九路到东单,再转廿四路归。稍息之后,续点《提要》奏议之属,抵暮毕之,凡阅卅二页。湜儿四时为予出购物,五时往看淑武,旋归。琴媳亦返。元孙、宜孙又早放学,合家乃聚啖水饺。七时看电视故事片《永不消失的电波》。汉儿至。九时闭机就寝。汉亦归去。耳痛仍时作时辍,诚不解何以有此也。晚接漱儿五日晚写,六日寄来一禀,谓六日上午即附车去杭休养云。

11 月 9 日（十月十三日　辛亥）星期五

晴，寒，完全入冬景象矣。

晨五时起如厕，六时半乃起。八时展书点读《通鉴补正·梁纪十三》。愈坐愈冷，乃取丝绵袍着之，仍不胜，复加呢裤焉。九时，潗儿、硕孙来，邀请同往天坛看菊花，以畏冷却之。

近午，硕孙归去。潗则留此共饭。饭后，潗小休，予仍点书。三时，介泉夫人来访，因唤潗起，与其谈，知介泉确患心疾，深为叹惜。五时后介泉夫人去。乃命许妈试笼火，烟突颇有漏气处。六时，湜归，遂命以锡纸糊之，然火炽，时已看不见冒烟，只得想象依约从事耳。灯下点毕《梁纪十三》。

夜饭后，文权、汉儿先后至，湜出访友。九时半，琴归，湜亦旋返，潗、汉等乃去。十时就寝。初御丝绵被及鸭绒褥，外间又有炉火，中宵始未冷觉也。

11 月 10 日（十月十四日　壬子）星期六

晴，寒杀于昨，或初拥炉之故乎？

晨六时半起。八时后写信三通，一复清、歗，附去致张一纯《论学书》；一寄澄儿，寄漱儿四十岁所摄照片去。午后展《提要》续正句读，至四时半，点毕诏令奏议类存目。五时，湜儿归，匆匆饭毕，挟饼去访淑武，同往北大参加舞会云。六时后，琴媳归，元孙、宜孙亦归。遂同进夜饭。饭后看电视，以表现惨酷闭之，乃续点《提要》，灯下尽《史部》传记类一。

九时半就寝。

11 月 11 日（十月十五日　癸丑）星期

晴间多云，还暖，夜月尚明。

晨六时半起。八时接汉儿电话，谓今日锴孙生日，邀往吃面。九时后，锴孙来迓，遂与同乘廿四路南转十路到象来街下，走诣汉家。午间与汉、锴、镇、鉴、惠林及锴同学韩振瀛、韩国华同面，且小饮焉。午后三时，汉儿送予归，仍遵原路行。到家湜儿亦在，盖今日十一时始回家午饭，晚约淑武来饭，且将同出听音乐于民族文化宫云。琴媳则在家操作，适升埻来，已将东屋火炉安装好（埻饭后即去）。六时淑武来，因与同饭。饭至六时半，湜即偕与俱去。

七时半，予与元孙等看电视苏联达格坦共和国歌舞团舞蹈。九时半毕，予即就寝。十一时，湜儿始归。

11 月 12 日（十月十六日　甲寅）星期一

阴，细雨旋止。终阴，似有酿雪意。气亦不甚冷。

晨六时五十分起。八时接漱儿杭州九溪屏风山疗养院来信，知已安抵彼处，住第一分院二〇二室。当即作书复慰之。午后阴森，又时有毛雨，遂惮出。三时，濬儿来，本定偕之同往北京医院耳科复诊，竟未行。即属濬往一询之，顺为予购物，寄漱儿信即令付邮。予只索摊书重正《提要》句读，接点传记类二，近晚接灯光乃毕之。

六时后，元孙、湜儿、惠林、汉儿先后来，濬亦携物归。遂共夜饭。八时，汉、惠归去。九时半，濬亦言旋。琴媳亦归。

十时就寝，以便旋污裤，遂易裤入衾。日来屡有此事，衰征莫得而掩之矣。晚接十日润来沪新廿一号禀。

11 月 13 日（十月十七日　乙卯）星期二

阴,薄寒。

晨六时三刻起。八时写京沪新廿五号复润儿,京廿五号寄滋、佩。十时始毕,即令李妈出投邮。点阅《通鉴补正·梁纪十四》,毕之。

午后重正《提要》句读,抵暮完传记类存目一,并存目二之十五页。

晓先闯然来,谓送静庐去上海,特过谈云。时湜儿亦返,遂共夜饭。饭后,晓先去,予坐至九时,亦就寝。琴珠在长安戏院看婺剧,近十一时乃归。予未之闻,翌晨见告始知之。

11 月 14 日（十月十八日　丙辰）星期三

晴,还暖。炉旁不许久立矣。

晨六时十分起。七时后即摊书续点《提要》传记类存目二,接点存目三,至午毕之。午饭后,思出散步,即信行,乘廿四路南转十路到中山公园下,适有五路车至,乃夷然登之,至西华门下,走访乃乾。乃乾去中华书局,晤其夫人。坐有顷,即出,仍乘五路北行,在北海门首换一路无轨,到朝内大街再转廿四路。返家正三时半。

少坐即接点《提要》传记类存目四,至五时亦毕。

汉儿为予购得长安戏院婺剧券三纸,一其自留,其二则令鉴孙送来,约明晚在院中相晤云(鉴午前十时来,即返去)。

六时半湜儿归,予方与诸孙饭(伊云开会迟归,不必待,今乃早返),遂共食。饭后文权、潚儿来看电视,予乃就灯下点《提要》传记类存目五。九时半电视毕，潴、权去，予亦点竟就寝。

琴媳开会晏归，竟未之闻。

11 月 15 日（十月十九日　丁巳）星期四

阴霾，禺中偶一露日，旋即匿景，而气仍不大凉。其酿雪乎？近午果见雪。

晨六时半起。八时点传记类存目六，至十时半毕之，又接点史钞类及其存目，至午亦竟。午饭后即炉边小盹，旋起续点《提要》。四时许，潴儿至，予已尽载记类，十二页，遂掩卷阖砚。五时偕潴同出，雪早止，而有微风，顿冷于晨矣。乘廿四路南转十路到六部口下，将以俟汉儿，而风渐紧，遂入电报大楼暂苏之。既而复出，则汉儿已来，乃三人联步往西单入大地餐馆谋晚餐。楼下尚有空坐，而应门者属登楼。在梯上遇农祥，谓将往看电影，因购面包为粮即啖以趋时也。予等既上楼，则食客已满，需旁坐以待，遂下楼欲去空地，应门者复留坐楼下，谓照顾老人，可取食来（楼下只供冷饮），遂坐俟之。又遇农祥及征燠（皆在楼下小点）。有顷食至，而农、燠皆先去，予等食已，为时尚早，因徘徊于西单桂香村等处。至六时五十分同人长安戏院观浙江省婺剧团演出。坐十排十八、二十、廿二号，尚能看清。是晚剧目为四折子戏：一、兰溪摊簧《断桥》；二、《对课》，亦兰溪摊簧，演白牡丹对答吕洞宾使嘿退事；三、西安高腔《米团敲窗》即《合珠记》；四、金华摊簧《僧尼会》即《思凡下山》也。七时开场，十时毕。婺剧表演别具风格，舞蹈艺术实罗各剧种之长，顾仲彝所谓粗犷中有风趣，严肃中有幽默，尤以《断桥》所显为突出。至《僧尼会》之和尚饰者为吴光煜（系该团青年演员中名丑角），其造就甚高，昆剧中王传淞、华传浩之所擅,殆能兼之,诚可宝爱。散戏时天渐寒,汉以所御丝绵半臂强予着之,乃离院。

初至十路车站时,人尚不多,而车迟迟不至,迨五分后人极拥挤,车乃来,挤上真不易也。到东单,转廿四路还家。抵门湜儿来开,琴媳亦尚未寝,濧则送到门前即径归矣。予稍坐便寝,已十一时。

11 月 16 日（十月二十日　戊午）星期五

初阴,旋晴。气仍未寒。

晨六时起。八时后,点正《提要》句读。至午后三时半,完《史部》载记类及其存目,又时令类及其存目。濧儿十时许来,旋出购物,午十二时半乃来饭。

元孙鼻炎,今日第一节课后琴媳即偕伊往同仁医院用手术抽脓(昨已初诊,谓鼻炎甚重,约今往动手术,又约下星五再往诊),亦十二时回。遂与濧、琴、元同饭。饭后,濧即归去。接滋儿十二日灯下写,十三日寄安廿二号禀,复予京廿四号。知近状尚好,惟事忙,而佩媳事仍未安排耳。元孙下午在家休息,属引被卧。傍晚惠林、湜儿、汉儿、琴媳先后归,元孙亦起。遂同夜饭。饭后,湜出访友,有顷,汉、惠亦归去,予乃就寝。十时,湜乃归。

藏云下午见过,谈移时去。

11 月 17 日（十月廿一日　己未）星期六

晴,微寒。

晨六时起。元孙仍入学。八时后点正《提要》句读,至午完《史部》地理类一一卷。

午饭后，点《通鉴补正·梁纪十五》，又接点《提要》地理类二，至五时完十三页。以近晚不便再阅书，乃打五关数盘遣之。但等待外人之归，只索续识前卷，接灯完地理类二。

七人夜饭，琴、元皆归，独湜不回。及饭毕，始见归，谓已在外饭过矣。濬、权来看电视，预孙亦至，汉儿亦来。十时电视毕，濬、汉等皆去。予乃就寝。

11月18日（十月廿二日 庚申）**星期**

晴，午后转阴，夜仍有月，气不甚冷。

晨六时起。八时点书，不久陆续有人来，即辍之。是日汉为锴孙庆二十初度，在小雅宝设筵邀客，往办饭菜为饷，计到雪村伉俪、晓先伉俪及濬、权、预、硕、汉、锴、镇、鉴、惠、璐、堉、基，并鉴同事一人。予及琴、湜、元、宜、燕合之，凡廿四人，甚热闹，吃酒三斤。食已，云彬至。

午后三时，予偕云彬、濬、汉、湜、鉴同乘廿四路转十路，往南河沿文化俱乐部参加北京昆曲研习社同期。晤万里、征燠、平伯诸人。四时半即先行，乘三路转廿四路归。濬则径归，汉、鉴则往十二条赴云瑞约，独予与湜偕迈耳。归则诸客皆去矣。晚饭后稍坐至九时就寝。

11月19日（十月廿三日 辛酉）**星期一**

阴，下午有雪，初寒。

晨六时半起。八时续正《提要》句读，至午毕地理类三。午后本须往北京医院耳科复诊，予以天雪暴冷，惮于出行，适濬儿来，亦劝弗行，遂止。濬亦旋归。予接点《提要》至五时，亦将地理类四点正毕。

六时后,元孙、湜儿、汉儿先后归来,遂共夜饭。九时,汉儿去,琴媳归。九时半就寝。

11 月 20 日(十月廿四日　壬戌)星期二

阴转晴,较前昨增寒。

晨七时起。八时后写信复文字改革委员会,以其与平生主张有关,特录存于此。

诸老公鉴:对汉字简化方案的修正意见并附件等均已收到。政协秘书处亦于日前转来同样文件,征询意见。厶对此修改意见基本赞同,其中五十六项将一字代替一个或若干个不同意义的同音字,回复繁体,使不再相混,尤佩贤明勇决。至于另创新字,厶以为殊可不必,数年以来,一般人不能体会政府推行简化文字的苦心,遂尔竞造新字,人自作圣,致使黄茅白苇弥望莫辨。随便乱造者方且吊诡自喜,津津乐道,殊不知认真辨字以寻求文义者反堕入迷惘,疾首痛心。凡此种种,皆与政府推行尽利之旨不侔,抑且非政府始料之能及。方今急图似在厘革正别(当然,结合当前需要简其所当简,并非盲目坚持昔人所谓“正体”“别字”之分),使文字“相别异”之本旨,发挥其功能。若再别创新体,更示端倪,则不知分寸者复效而尤之,不将买菜求益治丝而益纷之乎? 杞忧固属可笑,孔见亦不容不陈。幸垂青察,恕其狂瞽。

廿二日之会已先有他约,未克趋聆教益,殊以为憾。谨即告假。

顺颂撰安。

午后二时出，乘廿四路北转一路无轨到北海，茶憩双虹榭。三时，浞儿至，谓本日得领导指示调外文出版社工作。上午办讫交代后，下午即向出版社报到。社当局嘱明晨径往办事，故寻踪来禀告云。遂留与同坐。有顷，乃乾、轶程、季文、琢如伉俪、颉刚陆续来，共谈至四时半起行。适万里与顾君（故宫同事，前已见过）至，乃偕出园门，而元善来，于是予等齐上五路（乃乾径归未往）直达前门外珠市口，由甘井胡同穿行到煤市街丰泽园。盖今日聚餐先由万里之友许姬传所定，故得从容就一静室，坐待哺啜。坐定，平伯至。六时后姬传始来，又有顷，朱剑华亦至（故宫同事）。遂入坐聚饮。凡十三人，坐虽略挤，而饮啖甚适。近八时乃散。予父子偕琢如伉俪步至珠市口南，共乘六路无轨北归。予与浞在东单下，再转廿四路归家。在禄米仓遇淑武，乃来我家访问者。因与同返，抵家已八时半。九时，浞送淑武出，予即就卧。琴媳早归。诸孙亦尚未睡也。有顷，浞归。

是夕予试停安乐神，竟不能酣眠，十二时后始合眼，翌晨五时即醒矣。

11 月 21 日（十月廿五日　癸亥）星期三

阴，寒。午后微露阳光，迄未显日。

晨五时即起，灯下穿衣。浞儿今日七时前出，径诣外文出版社工作。八时予出，沿途地上有冰矣。乘廿四路北转一路无轨到北海，先往仿膳休息室小坐，盖政协全国委员会招在京老年委员同赏菊展也。至则尚早，为第一人。既而，研因、元善、咏霓、叔衡、涵初、复初、力子、伯昕、朴初诸人皆至。而陈云浩、载涛、周士观、王一桐、浦化人、蔡廷锴、王葆真、仇鳌、李书城、王芸生诸人亦继来。

九时半,乘船至西陂参观菊花展览,元善云其地即昔之上驷院。十时返棹,仍坐原处茶叙并进糕点,诸老兴致甚高,作画赋诗相属,且在观花、乘船、吟诗各情况下摄成影片,予迫于形势,不得不勉凑一绝应景,亦录之资笑噱焉。

　　　　五光十色胜绮罗,万汇千名本一科。齐立臻臻点首笑,西风纵急奈吾何。

十一时半散,予乘一路无轨转三路到南河沿文化俱乐部午餐。遇陈达、贺麟。十二时半,乘三路转廿四路还家。下午续点《通鉴补正·梁纪十六》,未及终卷,汉、湜均归,因与元、宜等同晚饭。

饭后,湜持予政协招待晚会券约淑武同往民族文化宫看总政文工团所演舞剧。汉未几亦归去。予偕孙辈看电视苏联影片《越过深渊》,九时半罢,琴媳亦归。十时就寝。十一时,湜儿乃归。

11 月 22 日(十月廿六日　甲子)星期四

晴,寒。

晨六时半醒,卧听广播新闻,七时起。续点《梁纪十六》,至九时毕。午饭后,在炉旁略盹片时。展卷重正《提要》句读,接灯至六时乃点毕地理类存目一、二、三卷。

上午接汉达电话,谓予去信已看到,仍望予能赴人大会堂参加座谈。因天寒惮出,谢未往,而托其转达诸公云。

傍晚前,硕孙来,以所习字课请正,取近日各报章去。琴媳归来夜饭,湜儿则饭而后归。饭后看电视故事片《枯木逢春》。九时半毕。即就寝。

傍晚接太原清儿十八日信、杭州漱儿十九日信。

11 月 23 日（十月廿七日　乙丑　小雪）星期五

晴，寒。

晨六时半起。八时，琴媳伴元孙往同仁医院鼻科复诊，仍刺孔吸脓，约下月再往诊。还时元孙归休（今日请假不上课），琴则仍往上班。

予为硕孙批改字课，并为汉达看《三国新编》稿第七册，至下午三时半阅毕。午前亲涤所御朱墨砚，各一拂拭，都盛盘时失手将花青墨跌成三段，殊可惜。四时，重正《提要》地理类存目四句读，六时许接灯毕之。

汉、琴、湜皆归夜饭。饭后看电视，汉早归去，湜则出访友。十时就寝，湜亦旋归。

11 月 24 日（十月廿八日　丙寅）星期六

晴，寒，下午阴。

晨六时半起。八时出，乘廿四路南转十路到民族文化宫，参加学部中心学习组座谈。文学所到棣华、冠英、平伯、健吾及予四人。馀所到者亦多。晤及琢如、颉刚、昌群、厚宣、文弸、宝钧、叔湘、志韦、铁生、介石、声树、懋绩、独健等。导生主席，谈中印边境问题，本约友渔作报告，讵伊为陪外宾耽延，近十二时始至，乃改约下周再谈。同赴餐厅午饭。凡三席，予与友渔、叔湘、独健、颉刚、宝钧、宝三等同座，人纳粮票三两、人民币三元。菜肴数简而量丰，有蒙古烧羊（截羊后半身整烧之）、新疆铁钎串烧羊（用嫩羊小块串烧之）为特异，味不恶而形制不免粗犷，馀则红烧鱼、炒菜花、熬白菜、西红柿鸡子汤而已。一时食毕，予乘十路返中山公园，转五路到西华门访乃乾。伊家尚未饭也。与谈至三时半行。取还《书目答问补正》并假缪子彬抄本以归。在西华门雇得三轮行。

到家已四时许矣。案上有所中转来人大常委会招听周总理报告入场券,已不及往,只得放弃之矣。

重正《提要》句读,抵晚完地理类存目五廿六页。琴媳、湜儿俱归夜饭。硕孙来取报,即以所批字课等付之。夜看电视,九时半毕,即就寝。

11 月 25 日 (十月二十九日　丁卯) 星期

晴,寒,较昨稍和。

晨六时半起。八时后点毕《提要》地理类存目五,而伯恳来访,因与话旧。十一时半,镇、鉴两孙至,伯恳乃去。湜十时三刻出,十一时五十分归。

午后一时许,汉儿与基孙始自政协礼堂购菜果归,乃共午饭。饭后,湜之友淑武、竞存、征平来,在其室尽情歌唱,予则与诸外孙大讲为人涉世之道。

四时半,农祥来,遂与长谈,伊携来其结婚纪念册属题,盖已届二十周年矣。谈至近六时去。志刚来,淑武、竞存、征平去。

六时四十分夜饭。饭后,湜偕志刚往其家。予又就灯下续点地理类存目六、七两卷,皆毕之。九时就寝。十时,湜乃归。

11 月 26 日 (十月三十日　戊辰) 星期一

晴,寒。

晨六时半起。八时后,写信五封,分寄清、敫太原;澄、熊贵阳;漱儿杭州;润儿上海;滋、佩合肥。及午乃毕。潩儿十时来,曾为予出购糕点，午刻返。方同进午饭，而琴媳归，盖为予在八面槽全素斋购得素什锦送还也，遂共饭。

饭后，琴仍上班去，潏亦于二时归去。予乃出缪子彬录本《书目答问》过录增添之目于旧藏《补正》之上。垂暮仅及《经部》诗类。掌灯后续点《提要》职官类。六时半，汉儿来共饮，予完廿三页。有顷，湜儿亦归，因与孙辈共饭。

饭后，汉、湜挈宜孙往看潏家，予又续点《提要》职官类，九时毕之，乃就寝。未几，汉等亦返，汉留宿焉。琴媳因偕同事看话剧《红岩》，十一时半始归。

11 月 27 日（十一月大建壬子　己巳朔）星期二

晴，寒。

晨六时半起。七时，潏儿来，因即与潏、汉偕出，同乘廿四路南行。汉在方巾巷口转十路上班去，予与潏则至东单，步往北京医院化验室抽血验胆固醇及血糖。空腹而往，幸到即作好，因就彼进早点，且顺挂星六上午内科号。遂出走至台基厂，乘三路无轨径抵西郊动物园。历象房、熊山、狮虎山、羚羊馆、河马馆、长颈鹿馆而后出，已十时半。在河马馆时，适见饲养员依时喂食，有小河马同出水，饲养员手握饲料塞其口，厥状甚可笑也。出园后乘七路到丰盛胡同下，走诣政协礼堂餐厅午餐。遇周新民、陈通夫。十二时离彼，步往白塔寺乘一路无轨还朝内南小街，转廿四路归。

在炉旁略一打盹，即续正《提要》句读。至四时毕职官类存目。潏儿亦归去。傍晚琴媳归同饭。饭后，伊复诣社开会，予不看电视，灯下续点《提要》。九时，阅政书类一之二十页，即取汤濯足拭身易衣就寝。未几，琴媳即归。又有顷，湜儿乃归。盖在外听音乐,并晚饭亦在外用过也。

是夕,睡不好,十二时许始入寐,三时即起溲便,入衾后竟不能寐,忍至五时不得不燃灯起,穿衣盥漱矣。

11 月 28 日 (十一月初二日　庚午) 星期三

晴,寒。

晨五时起,就灯下续点政书类提要一,至七时毕之,天始大明也。八时后,过录《书目答问》资料,近午始罢。《经部》犹留少半也。午后点正《提要》句读,抵暮完政书类二,四十页,接灯后毕全卷。基孙下午四时来,为予购到腊肠壹斤。傍晚汉儿来,亦为予购到同物(二两)。因共饭。元孙、宜孙均归与焉。

饭后,基孙返校,潏儿、权婿偕来。湜儿、琴媳亦后先归。九时,潏、汉等皆去。予乃就寝。

11 月 29 日 (十一月初三日　辛未) 星期四

雾转阴,旋复晴。气寒如昨。

晨六时半起。上午埋头过录《书目答问》资料。饭后少息,复过录。三时半,政协文史资料会彭子冈见访,谈移时去。适书友刘清源送书来,又接谈达暮乃行。琴媳归来晚饭。湜儿在厂教课,饭而后归。予询问工作情况,谈至九时,各就寝。

11 月 30 日 (十一月初四日　壬申) 星期五

晴,寒。

晨五时醒,六时半起。八时后过录《书目答问》资料,抵午过完《史部》。午饭后二时出,步往干面胡同访颉刚。阅其所藏《水经注》刻本十许种、戴本、全本、赵本上推至明朱郁仪本、项细本,并及杨守敬本、李希闵本,与杨、汪两家《水经注图》。四时半乃归。假其赵本前刻之有毕沅序者以归,备补钞于予藏之赵本上。去时不知干面胡同东口正在挖沟,按水道管,从土山上越过殊险,归途乃改由中石槽、东石槽行,到家未久即暮色上。

接廿七日漱儿安字廿三号禀,知予廿五号已到,廿六号尚未看及,故颇为惦念云。琴媳、湜儿皆归晚饭。淑武来访湜儿,八时半,湜送武归,旋返。九时就寝。

12月1日(十一月初五日　癸酉)星期六

晴,寒不甚烈。

晨六时三刻起。阅《水经注》,用王葵园合校本。九时,潨儿来,乃同出乘廿四路至东单,走往大华路北京医院门诊部。遇李俨,略谈。待半时许,由高丽丽大夫延诊。据告心电图并无大变异(指前次送存者比较言之),胆固醇又回高少许,但无大关系,血压认为正常矣(高一百五十,低八十耳)。仍配前药及玉米油。取药出,父女二人走至台基厂乘三路无轨到东安市场下,复步往椿树胡同康乐餐馆午饭。二人共进过桥面一碗,蒸饺十枚,香糟肉片一盘,甚适。十二时食毕,步至灯市西口乘八路无轨至东单,再转廿四路归家。车上遇宝权。

到家小坐便取张刻赵本《水经注》毕序校于王本上,省重钞之劳也。下午过录《书目答问·子部》资料,琐屑钩稽,进行颇不易。日将暮,打五关为节。潨为予修制羊皮大氅之下摆,伸延之皮毛割去重缀云。元孙下午以老师开会,即归。傍晚琴媳归。遂与潨、元、宜等共进夜饭。饭后,文权来共看电视天津市曲艺团相声晚会。予坐斋中阅王校《水经注》，但闻外间笑声狂作耳。九时半电视毕，瀋、权皆去，予亦就寝。十时，湜归。盖与淑武在首都影院看电影也。

12 月 2 日（十一月初六日　甲戌）星期

晴，寒稍戢。

晨五时醒，拥被阅《水经注》，七时乃起。八时后过录《书目答问》资料。九时半，汉达电话招饭，并云约高谊伴予前往。十时后，高谊来，遂与同往，乘廿四路北转九路无轨以赴之。谈至十一时半，汉达伉俪偕予及高谊同诣西单商场对面曲园酒家午饭。以星期休假，食客拥挤，立俟良久始与人并桌而食。午后一时仍回林家长谈，即以《三国新编》内容为题。四时起行，仍与高谊同行，乘四路环行到东单，再转廿四路归。

志刚在，与谈，因留共饮。晚饭后，湜偕志刚往访淑武。汉儿、鉴孙乃自瀋所来。有顷，汉家旧同院住之游家姊妹班琪、班琳来，而湜、刚又偕淑武姊妹来，俱在西屋听乐。十时许，汉儿先归，予就寝。有顷，鉴、琪、武等皆去。

12 月 3 日（十一月初七日　乙亥）星期一

晴，气温与昨略同。

晨六时半起。竟日未出，过录《书目答问》资料，至午后三时完《子部》各目。接写京沪新廿七号及京廿七号两信，分寄沪润与庐滋（湜有信附致滋，又单寄清、澄各一）。至五时，李妈出门接取宜孙时交伊带外投邮，凡四件。上灯前打五关两盘，调节之。

傍晚汉儿来，湜儿亦旋返，乃共夜饭。饭后小坐闲谈，九时，汉归去,已风作。九时半,琴媳归,风大作矣。十时就寝。

12 月 4 日（十一月初八日　丙子）星期二

晴,有风添寒。

晨四时醒,倚枕阅《水经注》,六时三刻许乃起。八时后过录《书目答问》资料,至午后四时乃辍,已及别集类清人集矣。

出门访颉刚,步以往,即将前假《水经注》头本还之。未坐即偕行,诣东安市场东来顺会诸友小叙。坐定后陆续有人来,六时开饮,到琢如伉俪、元善、万里、铁符、平伯、轶程并予及颉刚,凡九人。治肴逊于前矣。近八时乃散。予乘三轮归。到家见湜儿留条,已偕淑武往大华看电影。予坐息未久即就寝。九时半,琴媳归。十时后,湜儿乃返。

12 月 5 日（十一月初九日　丁丑）星期三

晴,寒,风稍止。

晨六时起。七时阅《水经注》,至九时毕第七卷。旋过录《书目答问》资料。直至午后二时半,全部过毕,为之一快。

潏儿十二时来,盖自朱砚农牙医生处试装义齿也。因同饭。午后三时,重点《提要》,抵暮完政书类存目一及存目二之廿二页。

傍晚琴媳、汉儿、湜儿先后归来,元孙、宜孙亦早返,乃合坐夜饭。饭后,湜儿携宜孙出就浴,文权、硕孙来看电视。予坐斋头阅《水经注》。九时半,潏、权、硕、汉皆归去。湜、宜亦返。予乃就寝。

12 月 6 日（十一月初十日　戊寅）**星期四**

晴，无风，寒气较和。

晨六时三刻起。八时后续点《提要》政书类存目二，并接点目录类，至午后五时，点毕目录类一及二两卷。

高谊电话商取点完之《提要》三函，俾先令人过点于待印之本。三时许派人持条来取去。明晨九时，政协文史资料研究会开会，而同时文学研究所亦开所务会议，皆有通知，权衡二者，自以出席所中为宜，乃作函向政协请假。傍晚觉心头闷闷，百不舒服，遂废饮。琴媳归饭，湜则以教课故，饭而后归。予灯下又续点目录类存目，十二页。八时半即就寝。

12 月 7 日（十一月十一日　己卯　大雪）**星期五**

晴，寒。晨有大雾。

六时半起。八时半出，缓步往建国门科学院文学研究所参加扩大所务会议。听其芳报告与青年研究人员谈话中提出的有关工作和培养问题，历三小时，又以讨论故，延长半小时。十二时半始散，仍步归。去时途遇葛涛同行，归途与晦庵同程。

到家已将午后一时。啜面片汤以代饭。盖昨日积闷，犹未宽舒也。二时后，续点《提要》，至四时半完目录类存目及史评类。

傍晚汉儿来，因与共饭。饭后，韵启来，知明晨即须返沪，即以琴媳预备之物一提包托伊带去。谈至九时，行。十时许，汉儿归去，予亦就寝。有顷，湜儿返，谓社中工会请看电影云。又久之，琴媳始返。

12 月 8 日(十一月十二日　庚辰)星期六

晴,寒。

晨四时起便旋,五时复入睡,七时乃起。

八时出门,乘廿四路南转十路,到民族文化宫出席科学院哲学社会科学学部第卅三次中心学习座谈会。由张友渔谈关于第二届亚非法律工作者会议情况及问题。自十时始,至十二时毕,绵延三小时不辍,而滔滔无倦容,此老精神真健也,可羡! 可羡! 会后仍在餐厅聚餐,仍三席,予与棣华、冠英、叔湘、琢如、昌群、厚宣、君辰、贺麟及一不识者同席。午后一时半返,抵家与厚宣、棣华、冠英同车。

二时后,续点《提要》史评类存目,抵晚完存目一、二两卷。

琴媳、湜儿俱归夜饭。饭后,湜出访友,予就灯下续点《提要·子部》,至八时刚完儒家类一廿二页。锴、镇二孙至,长谈移时,九时半乃去。予始取汤洗身濯足易衷衣就寝。湜归已将十二时,竟未之闻。

12 月 9 日(十一月十三日　辛巳)星期

晴,有雾,气还暖。

晨六时半起。八时出,乘廿四路南转十路,到南河沿文化俱乐部参加民进中央组织生活(两小组联办)。晤伯昕、恪丞、之介、志成、陈慧、汉达、颉刚、纯夫。谈内外形势,谈生活,颇活泼。十二时散,予与颉刚、汉达、陈慧同过北京餐厅午饭。饭后即归,乘九路转廿四路行。

湜儿、淑武在,旋偕出访友。

三时半,农祥来,有顷雨岩来。谈至五时,振甫来,农祥、雨岩偕去。振甫告予冯其庸与曹道衡打交道事殊可笑,旋辞去,即以前假杨家骆《唐诗简编》还之。

夜饭后,潽儿、文权来看电视;湜亦偕淑武自外来,谓已饭过云。予则就灯下点《提要》,至九时,点毕儒家类一,即就寝。潽、权、武皆去。

12 月 10 日（十一月十四日　壬午）星期一

晴,暖。

晨六时五十分起。八时半出,步往米市大街江西餐厅二一七号,应本所两所长之招,参加谈话会。到何其芳、唐棣华、余冠英、俞平伯、吴世昌、蔡仪、贾芝、力扬、王卓凡、张书铭、王燎荧、路坎、陈翔鹤、孙剑冰、劳洪、汪蔚林、范宁、唐弢及予十九人。泛谈所中工作及其他感想,甚惬。十二时半乃移别室聚餐。翔鹤、剑冰以事先行,未与焉。予与棣华、平伯、书铭、唐弢、贾芝、力扬、路坎同席。菜以预定,且用所中宴请专家名义,故特见出色,较月前予等另一次聚餐时迥不侔矣。一时半散席,仍步归,到家已将二时。少坐后即伸纸写信,分寄太原敫、清;杭州漱儿;上海润儿(京沪新二十八号),合肥滋、佩(京二十八号)。直至接灯方毕。

汉儿下班后来,为携到鲥鱼半尾。湜儿亦归。元孙与其叔皆嗜此,乃用好酒蒸食之。惜琴媳未归饭,不得不令向隅矣。予方午食过饱,竟仅沾少许耳。夜饭后,湜儿出访友,即以日间所写四信交伊付邮。九时,琴媳归,汉儿留宿焉。十时就寝。湜亦归。

12 月 11 日（十一月十五日　癸未）星期二

阴昙间作，午后显日，但不久即若隐若现矣。气不甚寒，而亦森森袭人。

晨六时五十分起。汉儿七时三刻出，往东郊参观，然后返新华上班。八时后，续点儒家类提要二。午饭后作书与觉明，谢其惠寄《桃坞百绝》。欲访颉刚、乃乾，乃电话约之，均已外出，遂独乘廿四路南转八路无轨到灯市西口下，走锡拉胡同八号旁门访元善。讵亦外出开会，乃取得其尊人《通鉴校记》末册留条而出。复走至东安市场雇三轮而归。仍续点儒家类二提要，抵暮毕之。

琴媳归饭，留昨鲜鲥鱼蒸享之。饭后独坐打五关。听广播知今晚有雪，今夕月当头，顾乃藐之乎？九时就寝。十时后，湜乃归。谓下午听报告后与淑武在看电影云。予与讲话后竟不入寐，反复至十二时后，感饱胀不舒，强起服药，心泛几致呕吐。庭中乃月光如昼，岂但无雪，乃至无云，奇矣（天气预报往往如此）。镇定良久，乃复入衾，但终夜不能好睡焉。（冠英以部分唐诗注稿交小马送来，属为一看。）

12 月 12 日（十一月十六日　甲申）星期三

晴，似仍有雾。

晨七时强起，头晕神疲，进粥少许，稍稍安。八时后续点《提要》，至下午三时毕儒家类三、四两卷。午间雪村为予买得活鲫鱼数尾，烹食甚鲜，颇能振胃，殊感之。

下午三时后，作跋文一首，灯下即书诸章氏胡刻《通鉴》正文校《宋纪》后，爰录存如次：

有清一代,吾乡以校勘目录之学鸣于时者先后相望:屺瞻何氏倡导于初期,涧薲顾氏、茪圃黄氏接武于中叶,迨同光之世,鞠裳叶氏、建霞江氏、复崛然为之后劲。而绥之胡氏、章丈式之尤为鲁殿之灵光。章丈励贞松之操,染翰自娱,晚岁旅居津沽,一意丹铅,校籍纵横,著书满家。其校注钱氏《读书敏求记》版行之初,予即受而读之,弥佩精勤;而朔南暌隔,每以不能奉手亲炙为憾。比予北来京师,丈墓已有宿草,深叹人琴俱逝,徒滋怅结而已。近年,坊间印行胡注《通鉴》亦采丈所著胡刻正文校《宋纪》,排次印入。顾从事者以意去取,不能深体当时手摹心追之迹业,良用慊然。盖校书之业必骈罗众本,宗核异同而后乃得其实;乃刺取者享其成,而泯其进程,讵得谓事理之乎?一日,偶与元善兄谈及,颇以未见原刻为言,兄即以家藏初刻朱印本见示。循读一过,辄识所见归之;示后生矜式之意焉。

傍晚汉儿、湜儿皆归饭。饭后元孙始归,因就其母处浴,预为禀白,故留餐与之。七时半,汉、湜往看瀋,途遇伊与文权来,遂同折还看电视。有顷,硕孙亦至。九时电视毕,瀋、汉等皆归去。琴媳亦返。十时就寝。

12 月 13 日(十一月十七日　乙酉)星期四

晴,午后转阴,仍不甚寒。

晨六时半起,较昨为稍舒。为冠英看所注唐诗。九时,水照来访,亦以所注唐诗见商,移时去。仍续看馀注,至午后三时看毕。揭签四五处,供参酌。

午前尝复书政协文史研究会,说明只能参加三次。下午四时写信与冠英，属小马来取稿。刚封讫待发，接道衡电话，谓明晨九时所中开组会，乃停发，备届会时面交之。

琴媳、汉儿、元孙皆归来，共进晚餐。餐后看电视北昆两出，一《思凡》，一《嫁妹》。北昆武功特长，钟馗及五鬼皆表现多方，极好看。九时，汉儿归去。湜儿教课归。予亦就寝。寝前，儿辈看视，予在灯下点阅《提要》儒家类存目一廿六页。

12 月 14 日（十一月十八日　丙戌）星期五

晴，寒。

晨六时半起。八时半出，步往文学所二楼会议室参加组会。当即以唐诗注稿还冠英。先由冠英致词，继由道衡报告明年度本组研究计画，后由念贻提出本年度国内古典文学研究动态报告，列举肯定与否定两面的作品，经会上讨论修改或将发表也。十一时三刻散，仍步还午饭。

饭后少休即出，乘廿四路南抵东单，拟转九路、七路赴政协礼堂，乃八路无轨适至，遂登以至王府大街，再转一路无轨到沟沿，复步往礼堂第二会议室，应文教组之召，讨论文化部提出之第二批全国重点文物保护单名单。愈之主席，由文物局长王冶秋先说明原委，继而大家讨论，美意络绎，颇有献替，而以梁思成所提应行注意两点为最切实，即：一、必须整旧如旧，二、切忌喧宾夺〈主〉。在场晤云彬、祖荫、万里（陈、赵二公）、老舍诸人。五时半尚未散，予先行过餐厅晚餐，遇半丁。月前北海赏菊知半老病，未及参加，深为惦念，今得康复，甚引慰也。与握谈久之。六时半，离厅步回白塔，乘一路无轨东归，在南小街换廿四路返。

近来颇不习夜行，虽有路灯，终如摸索耳。到家琴媳、湜儿俱已饭过。元孙今日又去复诊,亦在家休息云。有顷,琴媳出访均正,接洽稿件。湜亦以买齐衣料,持赴成衣处量制衣裳,顺便往访淑武。九时就寝。琴、湜亦后先归来。

12 月 15 日（十一月十九日　丁亥）星期六

晴,寒。

晨五时半醒,六时起。八时后点《提要》,至午后四时,点毕儒家类存目一及二,竟日为之,亦遣寂之良法也。

湜儿、琴媳、元孙、宜孙皆归晚饭。饭后,湜候淑武不至,乃御车往访。孙辈则看电视《李双双》并观主要演员张瑞芳与郊区公社女社员会面情形。予则就灯下点《提要》儒家类存目三,至十时就寝,点完廿一页。湜儿归未久,管生竟存来,因宿于湜舍。

12 月 16 日（十一月二十日　戊子）星期

晴,寒。

晨六时三刻起。竟日未出,而来者至夥,上午汉儿、镇孙、鉴孙来,午硕孙来同饭。淑武亦于午前来。饭后湜送之出。下午,潏儿、文权、预孙、硕孙皆至。农祥亦来,谈次取其结婚纪念册,将先请圣陶题首云。旋去。至晚,颉孙亦来。五时,镇孙先饭,饭毕即入校。六时半,遂与潏、权、汉、琴、湜、预、颉、鉴、硕、元、宜、燕等同饭。饭后,同看电视,淑武偕其妹来与焉。九时半毕,潏、汉、淑武等皆去。予乃就寝。扰扰终日,颇疲劳矣。

12 月 17 日（十一月廿一日　己丑）星期一

晴，寒。

晨七时起。八时后写信复人民教育出版社中语室问周处访陆事。又写京沪新廿九号信寄复润儿。

下午点《提要》，至四时毕儒家类存目三、四，又兵家类一卷，继点阅《通鉴补·梁纪十七》，至晚完九页。潜儿、硕孙先后来，预孙则有电话见白，今晚听报告，不来矣。

夜饭时，琴媳、汉儿、湜儿皆归。合家吃面，为琴媳寿。盖琴媳明日生辰也。予日来耳痛稍戢，而影响似及于食道深处，每饮热汤辄有烈酒一线而下之感，今晚强饮两杯，终觉不舒。九时，汉先去。有顷，潜、硕亦去。予则早就寝矣。

12 月 18 日（十一月廿二日　庚寅）星期二

晴，寒。

晨七时乃起。九时，书友刘清源来，送到新书四种，谈有顷去。顷以身体不舒，影响情绪。

午前乃乾有电话约下午二时在双虹榭茶叙，因于饭后稍憩便出，乘廿四路北转九路无轨到北海，走至双虹榭，乃乾已在，顾人挤不克舒坐，有顷便与乃乾起行，往其家闲谈。乃在北长街北口坡路上为冰屑（扫街者懒于清除，往往散匀在道旁）所滑，倾跌于地，乃乾从后攀援亦牵而颠焉，幸冬衣厚实，右肱右股略受震荡而已。强起行，仍诣陈家坐谈。适妙中来，遂同谈。

五时出陈家，乘五路南达中山公园，有三轮西来，遂雇以乘之。六时前抵家。琴媳、元孙、湜儿先后归。遂共饭。予啜粥而已。夜看电视天津越剧团少年演员所演《梁山伯与祝英台》。九时完,乃取汤洗足拭身,以臂肱又感不灵,属湜儿为予擦拭焉。十时就寝。

是日上午接滋儿信,傍晚接润儿信。

12 月 19 日(十一月廿三日　辛卯)星期三

晴,西北风大作,卷土扬尘,益扇燥烈干冷。

晨七时起。湜儿往医院诊目疾,以左角膜有炎象,故七时半乃出。元孙今晨又往同仁医院治鼻窦炎,九时许还,谓院中拈差挂号号码,属明日再往,徒劳一行。因明日又须请假,不得不即令仍赴校就学。九时,潖儿来,谓已挂好高大夫号,约十时。遂于九时半偕同出门,乘廿四路到东单,穿行公园,径诣北京医院门诊部。候至十一时乃由高大夫接诊。血压等等均正常,惟因食道异感一事复开单就 X 光室照验,经服白药一匙,就机检视,结果一切正常,绝无异状,大概因神经性耳痛牵及,积疑成癔,此之谓矣。既经科学判断,疑团冰释,即将该室回单交还高大夫,大夫亦惟有一笑而已。配药后出。在院晤及李书城、吴研因,在途遇唐弢。时已风起,亟乘十路到南河沿文化俱乐部餐厅就餐,已十二时矣。在彼遇吴容、冯宾符、徐伯昕。餐毕,乘三路到东单,再转廿四路归。风正大吼,到家亟拂拭洗涤,然后即安。

三时写信,分寄漱、润与滋、佩(前者为京沪新卅号,后者为京二十九号),就灯乃毕。足见近日晷短之甚矣。潖留家晚饭。薄暮朱士春来,送到过点《提要》样两册,属覆照。

琴媳、湜儿俱以有事在外未归饭。饭后,文权来看电视,予灯下打五关为遣。九时,电视毕,潖、权去,即以下午所写两信交伊等带出付邮。琴媳旋归。予就寝后,湜儿亦归。

12 月 20 日（十一月廿四日　壬辰）星期四

晴,寒。

晨七时起。八时后续点《四库提要·子部》兵家类存目。十时,云彬见过,为沈衡山年谱纂写事商榷移时,十一时半辞去。

午饭后一时即出,乘廿四路北转一路无轨到白塔寺,雇三轮到政协礼堂,服务员告车停政协前院(故顺承王府大门前),遂以往。先坐办公室稍憩,晤颉刚、载涛、培基、陈达等。二时上车,则溥仪、聿明、希濂等俱先在。乃开车直驶,出阜成门径达白石桥北首科〔社〕学〔会〕主义学院参加全国文史工作会议预备会。到各省区代表(西藏未到)四十馀人。二时半开会,米暂沉主持,申伯纯讲话,报告文史资料研究委员会成立经过及所以召开此会之旨趣,历一时半,米略述招待情况,即散。予在场晤异之、桂庭、元善、觉明、东莼、立斋等,立斋即为代表上海来参会者。与元善、颉刚、载涛、培基等登车候发时,仅四时一刻,乃久待同行者不齐,至竟坐待至一小时馀,载涛、培基均别乘他客小汽车先行矣。五时半,始驶还。车中识李建勋、戈定远。六时许抵政协,乃偕颉刚、元善同诣餐厅晚餐。遇邹秉文、李书城、高君箴、陈宣昭、夏满子及汉达夫人等,盖今日下午政协妇女组学习会,故女同志特多也。六时半离厅,颉刚走西单商场访旧书,予与元善同走至白塔,元善乘三路无轨,予乘一路无轨东归。予到南小街北口,再转廿四路回禄米仓。比到家,湜儿方与元、宜等晚饭。

饭后,予续点兵家类存目毕,接点法家类提要九页。九时半就寝。琴媳何时归竟未之闻。

12 月 21 日（十一月廿五日　癸巳）星期五

晴，寒。

晨三时起溲，复睡。七时乃起。八时后续点《提要》，至午完法家类及其存〈目〉，并农家类及其存目亦毕之。

潏儿十一时来，午饭后伊小休，予亦就炉旁打盹。三时续点医家类提要一，至晚完廿七页，未能毕卷也。世昌四时许来访，与谈移时始去。明日或能同在民族宫复晤也。

潏儿偕硕孙去政协礼堂餐厅购份餐，盖今夕为冬至夜，旧例当得好好吃夜饭耳。傍晚文权、预孙来，潏、硕亦归。元孙、宜孙及湜儿亦先后到家。六时三刻，同进夜饭，予乃勉饮两杯。饭后看电视。许彦生来访。八时半，汉儿亦来，复具餐享汉儿。九时半，彦生去。潏、汉等亦皆归去。十时就寝，琴媳始归。盖人教社又在赶教本，连日加夜班，下星期天亦须加班云。

12 月 22 日（十一月廿六日　甲午　冬至）星期六

晴，寒。

晨七时起。八时出，乘廿四路南转十路往民族宫，车上遇冠英、厚宣，同入会场参加学部卅四次中心学习座谈会。在场晤藏云、叔湘、琢如等，梓年主持，先由语言所副所长赵洵介绍访问阿尔巴尼亚情况，继乃谈十二月十五日《人民日报》社论，梓年、友渔、铁生发言最多，至十二时一刻始散。仍登楼就餐厅午饭。仍列三席，予与冠英、大冈、懋绩、志韦、世昌、赵洵、声树、贺麟同坐，馀一人已忘之矣。

越半小时饭毕即行。予独行至十路站，乘车返东单，转廿四路归家。久不点《通鉴补正》，归后偶取《梁纪十七》点阅之，至四时毕。又续点《提要》医家类一，抵暮亦毕。

琴媳、湜儿、元孙、宜孙均归晚饭。饭后，澄、权来看电视《雷雨》影片。淑武亦来。予就灯下续点医家类二提要。迨十时半电视毕，澄等皆去，予亦点过十七页，遂掩卷就寝。

12 月 23 日（十一月廿七日　乙未）星期

晴，寒。

晨六时半起。八时后续点《子部》医家类二提要，抵午毕之。

午后，湜儿挈宜孙往看汉儿。予点读《通鉴补正·梁纪十八》，抵暮亦毕。四时，湜儿先归，谓与汉争口。五时，鉴孙送宜孙归，少停便去，谓其母今晚不来矣。

夜饭后，看电视广播剧苏联卫国战争时话剧《花圈》。九时半完，琴媳始返。盖以小语教本急待赶供，今日星期加班也。十时就寝。十二时后始入睡。盖心头有所不快，便即影响睡眠耳。

12 月 24 日（十一月廿八日　丙申）星期一

阴，寒，微雨轻雪尘细莫辨，但滋地湿而已。

晨六时即起。七时半后点正《提要》句读，至十二时半，尽医家类存目，二十七页，仅过此卷之半耳。饭后闲翻旧藏，于王子若所刻《百汉碑砚》展玩尤久，幽窗无绪，只索耽此已。

午前琴媳有电话来，谓到社上班接润信，知版本图书馆已有通知寄伊，谓可与王佩瑶假归度春节。本月底可返京云。闻之颇为感慰。午后续点医家类存目，四时许全卷点竟。于是，全书及半矣。

湜儿归来夜饭。饭后,予为元孙补课,讲列子《愚公移山》(盖其校中课本所选,因诊鼻遗下者也)。管竞存、文征平来访湜,九时同出。予乃就寝。九时,竞存偕湜返宿焉。琴媳十时三刻乃归,竟未之闻。

12 月 25 日 (十一月廿九日　丁酉) 星期二

晴兼多云,寒。

晨二时起溲,顺看炉火,遂致不寐,五时始合眼。七时乃起。八时后点正《子部》天文算法类提要一,至午后二时毕之。旋点读《通鉴补正·梁纪六十三》,至五时亦毕。

今日下午本拟外出,乃先后电话询乃乾、圣陶,一则赴文化部听报告,一则往松竹园洗澡,遂未果行,只索伏案点书。湜儿、元孙皆归夜饭。饭后,湜往访淑武。汉儿来,谓将以年假赴晋看清家。八时半,湜归。九时,汉去。予就寝。十时后,始闻琴媳启门归。

12 月 26 日 (十一月三十日　戊戌) 星期三

晴,寒。

晨三时起溲,复睡。七时乃起。阅《水经注》王校本,至九时半止,积前已得廿二卷半。十时后点正《提要》句读,至下午四时完天文算法类二及存目。续点术数类一,抵暮得六页。

濬儿今日去朱砚农处装义齿,十一时半归来。因与同饭。傍晚汉儿、湜儿皆归,因与濬等共夜饭。淑武姊妹来看湜,有顷去。湜送之。武以手书交湜,有所表示,湜又不怡。文权来。八时半,汉先归去。濬、权亦继去。予乃就寝。十时,琴媳始归。

12 月 27 日 (十二月小建癸丑　己亥朔) 星期四

阴,寒。午后微晴。

晨六时起。七时,潗儿来,遂偕往北京医院。乘廿四路到东单,步行以赴之。至则大夫均尚未上班,即由值班护士作抽血验胆固醇。八时乃取所携干糒食之,顺便挂号访高大夫,以预挂者多未到,予乃得拔号先诊。一切无变动,添药治嗽而已。复诣化验室待诊处坐俟至十时,再取血验血糖(结果均须六七天后始知之)。遂出院,穿公园至崇内大街,见路东食品店有人在排队,询知限售糖炒栗子,因亦参列其间,居然各买到一包(五角一包)。遂到廿四路站候车。未几即上,驶至小雅宝口,见雪村与都良在边道南行,度系访予而值者,下车后与潗儿急追之,雪村已弯入遂安伯,仅及都良于无量大人胡同东口,立谈片晌而别。遂过访雪村,遇满子,坐谈至十时三刻乃起行走归。

到家接润儿明信片封,明日下午五时四十八分可抵京站云。为之大喜。傍晚湜儿、元孙皆归。潗则三时即归去矣。是日下午读《水经注》。夜饭后,硕孙来,与湜谈。予与三孙看电视,九时就寝。琴媳何时归竟未之闻。

12 月 28 日 (十二月初二日　庚子) 星期五

阴,寒。

晨四时即醒,陡忆润儿归途此刻当已度淮去徐兖道上矣。今夕必可相见,喜而赋诗,五时起录之:

　　　昨在江之湄,今过淮之涯。飘轮逐晨曦,顷刻千里驰。枕上数归期,相见定无差。汝既遂乌私,我亦慰望儿。时平澹远离,承颜乐更滋。

八时后读《水经注》竟不能释。十时一刻,潆儿、硕孙先后来,属令往政协礼堂餐厅购菜肴,备今晚夜宴用。午后一时,潆、硕始归来,遂同饭。宜孙以感冒,昨今俱属在家休息。三时,文权来(以下午无课)。至四时半,元孙亦自校归,乃与文权、昌硕、宜孙四人同往车站接润儿,予与潆在家候之。

六时一刻,润儿一行俱归。琴媳亦在站迎候同还。一别又七月,备见苦念矣。今得承颜,欣何如之。有顷,汉儿踵至,于是,团座夜饭。即以日间所购之菜,益以家厨,共为小饮焉。湜儿今晚适为厂中同事上文化课,七时后乃归。留菜享之。食后,共谈,至快!近十时,潆、汉等乃归去。家人亦各就寝。润儿归,携到起潜书,并以陈叔通酿印、叶揆初遗著《卷盦剩稿》一册见贻。此书颇类甘泉乡人《曝书杂记》,甚可观,即于枕上观之。

12 月 29 日(十二月初三日　辛丑)星期六

朔风怒号,晴日高悬,严寒即至矣。

晨七时起。续看《卷盦剩稿》,尽半日力毕之。润儿往版本图书馆汇报工作。十一时回,又往六部口及台基厂两处为人送托带之物。十二时半归,遂同饭。饭后写信三通,分寄上海潄儿、合肥滋儿(编京卅号)、贵阳澄儿。润儿四时又出送物,即以此三札交伊付邮。

傍晚,汉儿来,已购得往太原车票,明晚九时即如晋看清儿一家云。有顷,润亦归,又有顷,湜儿归。日间适令润儿开旧藏陈坛绍酒,香醇清美,十许年未得之矣。遂合坐取饮,快慰之至。琴媳本以工作忙,不归饭,乃临时得假亦遄返共赏此酒,尤足慰也。饭后,潴儿、文权来看电视,所映话剧并不佳,乃闭而罢之。九时,潴、汉、权皆去,予等乃各就寝。

12月30日(十二月初四日　壬寅)星期

风止而晴寒。夜又大风撼户。

晨七时起。点正《提要·子部》术数类句读,点毕其一卷及卷二之十一页。十时半,偕润儿挈宜孙往南河沿文化俱乐部午餐。大概年阑事冗,顾客竟稀如星凤矣。回忆两年前光景,迥不相同,盖当年各处无供应,持有凭证者不得不麇集于斯,而今各处供应已较宽,不必群趋俱乐部乃始得食,自然势缓,亦一理耳。于以征一切好转之先声,实不为过也。琴媳、湜儿均归晚饭。饭后,润儿挈元孙往访汉儿,俾送伊上车赴晋。湜儿则出访友。予九时就寝。润、元十时归。湜之归竟未之闻。

12月31日(十二月初五日　癸卯)星期一

晴,寒。

晨七时半起。在床听广播《人民日报》今日社论《陶里亚蒂同志同我们的分歧》。前后历两小时馀,理直气壮,足以折一切反动派之心,虽若辈强作答辩,亦只能含胡无赖而已。

九时后续点《提要》术数类。十时后接均正夫人电话,谓有孙姓客人寻予,已指引前来云。至十一时许,一廿馀岁青年果叩门来访,询悉名毓桂,系先师伯南先生嗣子彦衡之子,从未见过,现在上海铁道医学院肄业(已历四年),暑后派在天津铁道医院实习,明年即可毕业云。因留饭。饭后与润、湜两儿偕伊乘廿四路往八条访圣陶。谈至四时后仍与毓桂同归。傍晚锴孙、镇孙、惠林来,因共夜饭。饭后,润儿送毓桂去。堉孙、基孙来,硕孙来。予等同看电视,九时三刻,锴、堉、硕等皆去。十时,予亦就寝。